Entretempos
mapeando a história da cultura brasileira

FUNDAÇÃO EDITORA DA UNESP

Presidente do Conselho Curador
Mário Sérgio Vasconcelos

Diretor-Presidente
José Castilho Marques Neto

Editor-Executivo
Jézio Hernani Bomfim Gutierre

Superintendente Administrativo e Financeiro
William de Souza Agostinho

Assessores Editoriais
João Luís Ceccantini
Maria Candida Soares Del Masso

Conselho Editorial Acadêmico
Alberto Tsuyoshi Ikeda
Áureo Busetto
Célia Aparecida Ferreira Tolentino
Eda Maria Góes
Elisabete Maniglia
Elisabeth Criscuolo Urbinati
Ildeberto Muniz de Almeida
Maria de Lourdes Ortiz Gandini Baldan
Nilson Ghirardello
Vicente Pleitez

Editores-Assistentes
Anderson Nobara
Jorge Pereira Filho
Leandro Rodrigues

Ettore Finazzi-Agrò

Entretempos
mapeando a história da
cultura brasileira

© 2013 Editora Unesp

Fundação Editora da Unesp (FEU)
Praça da Sé, 108
01001-900 – São Paulo – SP
Tel.: (0xx11) 3242-7171
Fax: (0xx11) 3242-7172
www.editoraunesp.com.br
www.livrariaunesp.com.br
feu@editora.unesp.br

CIP – Brasil. Catalogação na publicação
Sindicato Nacional dos Editores de Livros, RJ

F53e

Finazzi-Agrò, Ettore
   Entretempos: mapeando a história da cultura brasileira / Ettore Finazzi-
-Agrò. – 1. ed. – São Paulo: Editora Unesp, 2013.
   il.; 21 cm.

   ISBN 978-85-393-0487-5

   1. Civilização – História. 2. Cultura – História. I. Título.

13-04451   CDD: 909
                                                                CDU: 910(100)

Editora afiliada:

Sumário

Introdução
    Os fios da meada 1

I – O tempo preocupado:
    para uma leitura genealógica
    das figuras literárias 13
II – O espaço medido 91
III – Fronteiras, cruzamentos, transgressões 131
IV – A origem em ausência:
    a figuração do índio na cultura brasileira 187
V – Economia da modernidade:
    prodigalidade e pobreza 235
VI – Força de lei: figuras da violência
    e da marginalidade 319

Referências bibliográficas 395

"*What a useful thing a pocket-map is!*" *I remarked.* "*That's another thing we've learned from your Nation,*" *said Mein Herr,* "*map-making. But we've carried it much further than you. What do you consider the largest map that would be really useful?*" "*About six inches to the mile.*" "*Only six inches!*" *exclaimed Mein Herr.* "*We very soon got to six yards to the mile. Then we tried a hundred yards to the mile. And then came the grandest idea of all! We actually made a map of the country, on the scale of a mile to the mile!*" "*Have you used it much?*", *I enquired.* "*It has never been spread out, yet,*" *said Mein Herr:* "*the farmers objected: they said it would cover the whole country, and shut out the sunlight! So we now use the country itself, as its own map, and I assure you it does nearly as well.*"[1]

Lewis Carroll, *Sylvie and Bruno Concluded*

---

1 Trad.: "Que coisa útil é um mapa de bolso!", comentei. "Essa é outra coisa que aprendemos com sua nação", disse *Mein Herr* [meu senhor], "fazer mapas. Mas nisso avançamos muito mais que vocês. O que você considera que seria o maior mapa, de fato, útil?" "Cerca de seis polegadas para uma milha. – "Apenas seis polegadas!", exclamou *Mein Herr*. "Nós, muito rapidamente, chegamos a seis jardas por milha. Então, depois, tentamos uma centena de jardas por milha. E veio então a maior ideia de todas! Nós, realmente, fizemos um mapa do país na escala de uma milha para uma milha". "E vocês o usam com frequência?", perguntei. "Ele jamais foi empregado", disse *Mein Herr*: "Os fazendeiros se opuseram: disseram que iria cobrir todo o território e tapar a luz do sol! Desse modo, usamos o país como seu próprio mapa, e eu lhe asseguro que isso funciona muito bem. (N. E.)

E o esplendor dos mapas, caminho abstracto para a
imaginação concreta,
Letras e riscos irregulares abrindo para a maravilha.
O que de sonho jaz nas encadernações vetustas,
Nas assinaturas complicadas (ou tão simples e esguias) dos
velhos livros.
(Tinta remota e desbotada aqui presente para além da
morte,
Ó enigma visível do tempo, o nada vivo em que estamos!)
O que de negado à nossa vida quotidiana vem nas
ilustrações,
O que certas gravuras de anúncios sem querer anunciam.

Tudo quanto sugere, ou exprime o que não exprime.
Tudo o que diz o que não diz,
E a alma sonha, diferente e distraída.

Álvaro de Campos, *Poemas*

Con el tiempo, esos Mapas Desmesurados no satisficieron y los Colegios de Cartógrafos levantaron un Mapa del Imperio, que tenía el Tamaño del Imperio y coincidía puntualmente con él. Menos Adictas al Estudio de la Cartografía, las Generaciones Siguientes entendieron que ese dilatado Mapa era Inútil y no sin Impiedad lo entregaron a las Inclemencias del Sol y de los Inviernos. En los desiertos del Oeste perduran despedazadas Ruinas del Mapa, habitadas por Animales y por Mendigos; en todo el País no hay otra reliquia de las Disciplinas Geográficas.

Jorge Luis Borges, "El hacedor"

Introdução
Os fios da meada

[O pensamento poético], alimentado pelo presente, trabalha com os "fragmentos do pensamento" que consegue extorquir ao passado e reunir sobre si. Como um pescador de pérolas que desce ao fundo do mar, não para escavá-lo e trazê-lo à luz do dia, mas para extrair o rico e o estranho, as pérolas e o coral das profundezas e trazê-los à superfície, esse pensar sonda as profundezas do passado – mas não para ressuscitá-lo tal como era e contribuir para a renovação de eras extintas. O que guia esse pensar é a convicção de que, embora o vivo esteja sujeito à ruína do tempo, o processo de decadência é ao mesmo tempo um processo de cristalização.

Hannah Arendt, "Walter Benjamin",
in: *Homens em tempos sombrios*

Esta poderia ser uma história. Não no sentido habitual, obviamente, e ainda uma obra em que o passado e a memória dele, as práticas materiais e as suas reelaborações imaginárias estão perenemente em jogo. Sobretudo, talvez, uma obra em que os fatos e as suas representações não se dispõem de forma lógica ou cronológica, mas se amontoam ou se espalham num tempo complexo, se dispersam ou se coadunam num espaço "enredado", produzindo uma cartografia parcial e virtualmente aberta dos lugares-comuns culturais.

A ambição de me tornar uma espécie de "cartógrafo" no sentido borgesiano, a vontade de escrever uma história da cultura (da cultura letrada, em particular) brasileira, vem crescendo há muito tempo e com certeza não vai ser satisfeita por este livro. E isso, não porque ele nasceu sob o signo da insuficiência e da falta – sendo eu consciente de ser incapaz e, aliás, de não estar interessado em cobrir todo o arco temporal ocupado pelo surgimento, pela ampliação e articulação da produção intelectual e artística brasileira, sem falar da dificuldade em identificar *um* início e *uma* linha de desenvolvimento –, e sim porque eu estava convencido de antemão da inutilidade de qualquer síntese, da impossibilidade de escrever, hoje, uma história tradicional, marcada pelo caráter consequencial dos acontecimentos.

Uma obra desse tipo correria, de fato, o risco (na verdade, incontornável) de ser arbitrária e ideologicamente orientada, de ser, em suma, apenas uma narrativa montada à vontade do autor. Porque, diante da necessidade de ser exaustiva, uma historiografia de cunho clássico deveria, em princípio, ser capaz de alistar uma série praticamente infinita de nomes e de fatos, que não satisfazem, contudo, que não poderiam chegar a satisfazer todas as possibilidades que a cada momento aparecem ao longo do tempo, e que, por isso, devem ser filtrados, escolhidos, dispostos numa ordem que responderia, no máximo, a uma exigência classificatória ou taxionômica (fatalmente subjetiva), de origem espacial ou temporal. Só para dar um exemplo, para falar do Modernismo seria, a meu ver, impossível fornecer um panorama desse movimento apenas a partir ou dentro da óptica paulista: claro que a Semana de 22 representou um marco indelével, mas no tempo ela foi preparada e seguida por outros acontecimentos também marcantes e, no espaço, aquilo que aconteceu no Teatro Municipal foi rodeado e acompanhado, fora e longe dele, por outros acontecimentos nas várias partes do País – que não possuindo, com certeza, a mesma repercussão nacional, tiveram, todavia, um papel importante no plano local, combinando-se num mosaico de eventos culturais dignos de serem levados em conta. Fazer a história do Modernismo relatando só aquilo que aconteceu em São Paulo no começo dos anos 1920 deixaria fora, afinal, excluiria do quadro tanto os "antigos modernistas" (na bela, oximórica definição utilizada recentemente por Francisco Foot Hardman, remetendo, aliás, à visão histórica do Modernismo esboçada por José Veríssimo no começo do século XX) quanto as modernidades locais, vividas, de forma diferente, em Porto Alegre, por exemplo, ou no Recife, ou em Minas Gerais. E na exclusão aquilo que se perderia é, justamente, a dimensão vertical e a horizontal, o tempo e o espaço na sua totalidade, motor e alvo de qualquer pesquisa histórica realmente científica e exaustiva.

Melhor, então, muito melhor diante desse fracasso anunciado, assumir desde o início a obrigação de pensar a dimensão histórica de forma parcial e fatalmente inconsequente, ou seja, melhor levar em conta a impossibilidade de uma revisão completa do passado e aceitar de antemão as lacunas do ponto de vista sincrônico e a intempestividade do ponto de vista diacrônico, montando, então, uma estrutura (memorial e cognitiva) em forma de rede. Um paradigma imperfeito, certamente – um paradigma mergulhado, aliás, no mar da grande crise paradigmática que estamos vivendo –, em que as ligações entre os vários fatos, dispostos no espaço e no tempo, não dependem de nenhuma necessidade ou consequencialidade, mas apenas do eventual encontro ou da sobreposição momentânea de instâncias diferentes. A história assumiria, assim, a forma de um tecido atravessado por fios de natureza e de cor variadas, que se entrelaçam ou que correm em paralelo sem nunca se encontrar. Deste modo, o Modernismo paulista voltaria a ser apenas um nó ou uma conjuntura: um novelo importante, certamente, mas apenas uma nódoa visível entre muitas outras menores e, olhadas de longe, quase imperceptíveis – "suspeitas de cor", "marcas quase apagadas", como diria Foucault, mas com as quais seria todavia necessário "tomar cuidado", dentro de uma meada multicolor, de um enredo temporal não homogêneo.

Tudo isso depende não apenas da amplidão geográfica e da diferenciação sociocultural e ambiental do território brasileiro, mas também (e antes disso) do questionamento constante do estatuto da historiografia, a partir, sobretudo, da perda de valor, do desmoronamento do Estado-nação e da interrogação sobre o nível de verdade ou de verossimilhança de todo discurso historicista. Não por acaso, seja no contexto europeu seja no americano, nunca foram tantos os livros, os artigos, os manuais tentando definir "como se escreve a História": obras produzidas por filósofos ou historiadores de profissão, refletindo, em primeira instância, sobre o modo (ou os modos) de entender o trabalho historiográfico e sobre como armar, mais em particular, uma história da cultura que leve em conta as mais variadas formas de manifestação daquilo que se entende por "cultura". Quanto à "escrita da História", como se sabe – a partir, sobretudo, da reflexão de Friedrich Nietzsche sobre a noção de Origem e sobre a questão do lugar de onde fala quem fala do passado –, temos assistido, ao longo do século XX, a tentativas sucessivas de definir aquilo que eu chamaria uma "epistemologia do fazer histórico", envolvendo problemas de caráter ideológico e ético, social e metodológico que desembocaram, de um lado, na afirmação, por exemplo, da micro-história ou na definição dos *lieux de mémoire* e, do outro, na proposta de Hayden White de considerar toda reconstrução do passado apenas como um relato metafórico ou ficcional daquilo que realmente aconteceu. Quanto à maneira de entender a história da cultura, também nesse caso temos assistido a uma evolução significativa dos modos de representação das práticas e dos produtos culturais, sobretudo no âmbito, justamente, dos *Cultural Studies*, exigindo a recuperação e a análise dos discursos dos marginais, das minorias, dos subalternos.

Diante desse imenso panorama de teorias e de estudos em perene andamento, a minha proposta (modesta, muito modesta) é a de voltar a pensar – e a pisar – o chão histórico sem nenhuma pretensão de chegar a uma síntese, mas tomando cuidado com as fendas que se abrem ao longo do caminho ou se colocando nos cruzamentos entre caminhos diferentes (numa posição *trivial*, como diria Roland Barthes): para tentar apanhar, enfim, um sentido que se oferece apenas por instantes à nossa vista, nos percalços, nas clareiras ou nas encruzilhadas que povoam o panorama das relações entre a realidade e a sua representação. Porque acho que é justamente aqui, nesse enleio entre o mundo e a imagem dele, entre conceito e fantasia, entre "o que foi" e "o que pôde ser", que vamos encontrar um outro modo de pensar o passado: não na forma de uma sequência ordenada, e sim no modo ainda enredado e complexo embasado num conjunto inextricável de realidades e virtualidades, de fatos e artefatos. Esse "outro pensamento" foi, na verdade, já teorizado e aplicado, sobretudo à sua análise da noção de Moderno, por um importante filósofo italiano, Franco Rella, que ligou esse raciocínio heteróclito ao termo *Andersdenken*, utilizado por Robert Musil e que indicaria o estatuto transitório, precário de um tempo crítico pretendendo ser pensado de outra forma, de forma, justamente, também crítica.

O resultado (um dos resultados) pode ser também este livro, que tenta falar da cultura brasileira não nos termos categóricos ou normativos de uma História no sentido clássico, e sim colecionando fragmentos de ideias, imagens parciais que surgem ao longo (ou ao redor) do percurso ou discurso historiográfico: noções desconectadas e aparentemente incompatíveis que aparecem na viagem através dos textos ou à margem deles, reorganizadas em volta de alguns lugares-comuns onde se misturam o acontecido e o imaginado. O tempo (a relação entre passado, presente e futuro: a história, enfim) é visto assim não como um *continuum* de acontecimentos interligados, mas como um panorama – anacrônico, intempestivo e espacialmente indeterminado – povoado por vozes e silêncios, por experiências e fantasias que encontram a sua razão de ser apenas num trabalho perseverante de reconstrução de um sentido possível. Há, de resto, um poema de Drummond, incluído em *Esquecer para lembrar (Boitempo III)*, que desde a primeira leitura me impressionou pela sua capacidade de dizer de forma muito clara, no seu andamento obviamente metafórico, como nós podemos nos relacionar com o passado: desenterrando "da horta", com "mãos impacientes", os estilhaços de louça, "coloridos e vetustos", para formar uma estranha coleção. Trabalho demorado e penoso, que pode ferir os dedos ou até expor ao risco de contrair o tétano, mas que permite descobrir "um ouro desprezado por todos da família". Colecionar os cacos – "os cacos da vida", como o mesmo poeta tinha escrito num outro poema (*Cerâmica*) – pode, de fato, levar a reconstruir "uma estranha xícara": um objeto "sem uso", mas que, de maneira inquietante, "nos espia do aparador". Pois bem: acho que a minha perspectiva de leitura da história cultural brasileira tem bastante a ver com essa imagem do "Colecionador de cacos" drummondiano, que por sua vez parece remeter à visão do materialismo histórico por parte de Walter Benjamin (e, numa espécie de estranho círculo hermenêutico, para a revisão do próprio historicismo benjaminiano por parte de Hannah Arendt), ligada ao personagem de Eduard Fuchs, ao mesmo tempo "colecionador" e "historiador". A tarefa é, em todo caso, a de juntar, colar fragmentos diferentes desenterrados do passado ou – tal como o "pescador de pérolas" a quem Benjamin é assimilado por Arendt – recompor os corais despedaçados, os tesouros encontrados no "fundo do mar" até chegar a um conjunto – parcial, provisório, a ser continuamente atualizado – de "figuras" em que materialmente se coalha e se firma, por instantes e de forma descontínua, uma história possível da cultura brasileira.

Entretempos

Aquilo que resulta, então, é um tecido esgarçado e sem fim cerzido, um panorama povoado de restos, em que as ruínas ou as falhas podem todavia ser revividas (e revivificadas) enquanto cristalizações de "eras extintas". E o texto-mapa no qual se espelha o processo histórico pode, afinal, apresentar-se ainda como um "museu de sonho", como a reconstrução arbitrária e a disposição inconsequente de objetos "sem uso", coligidos num espaço difuso e num tempo confuso, mas é também um modo para juntar e redistribuir, numa óptica diferente – "ruminando", talvez, os acontecimentos e as possibilidades como o "tempo-boi" imaginado por Drummond –, as duas "meias verdades" (os conceitos e as imagens, os fatos e os mitos, as certezas e as crenças...) que sempre despontam das fendas de todo processo cultural, que sempre habitam nos entretempos de todo tempo histórico.

****

Esta poderia ser a minha história. *Historia cum figuris*, talvez, parafraseando o título de uma famosa peça de Jerzy Grotowski (tirado, por sua vez, de uma conhecida série de xilogravuras de Albrecht Dürer sobre o Apocalipse). Encenação, no meu caso, de uma longa fidelidade às culturas de língua portuguesa e, em particular, aos temas e às figuras, justamente, que contribuíram e continuam contribuindo para a formação e a afirmação de uma identidade (autenticamente?) brasileira – com a sua origem e o seu desenvolvimento, com as suas grandezas e as suas misérias, com as suas glórias e as suas contradições, com os seus períodos plúmbeos, com os seus aspectos trágicos e a sua aérea, envolvente capacidade de viver até o fim e até o fundo os momentos festivos.

A minha "horta", (quase) desde o início, foi esta; foi sempre esta a dimensão que eu lavrei conseguindo, às vezes, descobrir, com os dedos ensanguentados e a alegria daqueles que sabem o valor da tristeza e a fatalidade do fracasso, tesouros escondidos que não revelavam apenas aspectos da cultura pesquisada, mas, numa perspectiva do avesso, contribuíam para uma forma de autoconsciência, de revelação progressiva de mim por parte de mim mesmo. Nesse sentido, também eu não fiz mais nada, ao longo da minha vida de estudioso, do que desenterrar, polir, colar, com paciência e espanto, excertos de uma verdade que sempre me fugiu na sua inteireza. "Não me venham com conclusões!", escreveu um dos poetas a quem dediquei uma longa, desassossegada atenção que dura até hoje: "se têm a verdade, guardem-na!". Foi com Fernando Pessoa, de fato, que apreendi a decepção de quem tenta armar paradigmas em cima daquilo que foge a qualquer definição e a qualquer vontade de síntese: uma grande lição para todos aqueles que, trabalhando com literatura, querem "chegar depressa a um final". Porque a escrita e a leitura são práticas difíceis, caminhos pelos quais, nas palavras do outro grande pilar do meu pessoal portal crítico, se pode proceder, às vezes, como um "burro no arenoso": apanhar o sentido é possível, nesses casos, só "olhando mais longe do que o fim; mais perto".

De fato, eu, italiano com uma sólida formação filológica, estudei sempre de longe e de fora a cultura brasileira, mas ao mesmo tempo tentei habitar essa distância chegando a estabelecer uma espécie de intimidade com o imaginário desse País longínquo: aproximação se tornando proximidade (ou até cumplicidade) com um discurso que parecia tão diferente e se revelava a cada passo muito mais familiar, muito mais parecido, na sua peculiaridade e irredutibilidade, com o meu próprio percurso cultural. A filologia, o "amor à palavra" que eu tinha praticado nos meus primeiros anos de universidade, por exemplo, se tem revelado muito importante na minha análise, justamente, da obra de João Guimarães Rosa: uma estranha filologia, na verdade, que na sua exatidão me introduzia num mundo duvidoso, onde tudo era "muito misturado". E mais uma vez, apreendi com um grande escritor que o sentido nunca se dá na evidência e na clareza da sua unicidade, mas aparece como um novelo, com um enredo, como um emaranhado de signos de natureza diferente: a verdade, afinal, está na complexidade, a resposta está na própria interrogação – "mais longe do que o fim; mais perto".

Para dar mais um exemplo, quando eu comecei a me interessar pela representação do Brasil como ilha, fui encontrando dezenas de provas que confirmavam a expansão e a duração dessa "figura" emblemática. E isso não apenas no âmbito da cultura nacional, mas em diversos e inesperados territórios culturais, do latim até o árabe, e num tempo muito longo que vai da Idade Clássica até o século XVII. Um elemento topográfico, real ou inventado, conseguia assim me dar acesso a uma possível interpretação da cultura do Brasil, ou, pelo menos, a uma análise da formação tanto territorial quanto histórica da sua identidade, revelando também muito sobre a mentalidade dos descobridores e colonizadores europeus. Nessa espécie de novelo simbólico, nessa combinação de experiência e fantasia atravessando os séculos, achei, nesse sentido, uma confirmação de que uma história nacional e cronológica, medida por um tempo "datado" e circunscrita a um espaço delimitado por fronteiras convencionais, não consegue dar conta de uma verdade que só pode ser entrevista numa rede, virtualmente infinita, de elementos heterogêneos, suspensos entre o imaginário e o real, entre o local e o global, entre, mais uma vez, história e geografia. A prova são os inúmeros mapas que, a partir da metade do século XVI até, mais ou menos, a metade do século XVIII, certificam a existência de uma "Ilha Brasil": representações materiais de uma fantasia, concretizações icônicas de um sonho – "puras misturas", enfim.

O livro que agora apresento é, portanto, o testemunho de uma lenta, demorada aprendizagem sobre como é, talvez, possível desenhar o paradigma de uma cultura, através da coleção e colocação de elementos dispersos dentro de um quadro sem moldura. Certamente não (que Paulo Prado me perdoe) um *Retrato do Brasil*, mas o desenrolar-se e o entretecer-se, às vezes inesperado, de fios textuais e para-textuais, de provas e conjeturas que podem ou não formar uma figura, levando quase sempre, porém, a uma espécie de "apocalipse". Sem querer retomar o título da obra-prima "impossível" de Adrian Leverkuhn no *Doktor Faustus* de Thomas Mann, também o meu livro poderia ser definido, de fato, como uma *apocalyspsis cum figuris*, uma "revelação com (e pelas) figuras". *Quod erat demonstrandum*.

****

Este é, ainda, um livro de memórias: *mon cœur mis à nu*. Testemunhos de uma vida gasta na procura daquela verdade estilhaçada que às vezes desponta das fendas textuais, dos entretempos ou dos entrelugares que sempre constelam a nossa leitura. Testemunhos de ausências em que se manifesta a presença de um sentido possível: panorama de *inter-ditos*, de significados possíveis que só se apanham no desenterro daquilo que é dito-entre, nos intervalos e nas falhas da significação.

Trabalho arqueológico, em suma, que tem muito a ver com a minha formação filológica, de "amor à palavra", não por aquilo que ela diz, mas por aquilo que ela, dizendo, esconde, entretém nas suas malhas. Um autor a quem devo muito, Giorgio Agamben, escreveu – e confirmou várias vezes nas suas obras – que na etimologia pode esconder-se o valor poético da língua: eu acrescentaria que é no espaço que se abre entre a origem presumida da palavra e os seus multíplices reúsos, ou melhor, que é na decifração das palavras se escondendo, na hipótese de Saussure, "sob as palavras", que podemos, por vezes, delinear uma história "poética" dos conflitos e dos cruzamentos entre o *ser* e o *poder ser*, entre o fato e a sua virtualidade, entre a lógica e o seu oposto aparente (fantasia, desrazão, mito...). Poesia, repare--se, ainda como *póiesis*, como um "fazer" sem predeterminação e sem termo, sem uma origem certa e sem alvo, a não ser a possibilidade de descobrir, enfim, que realmente "o fato é um ato", respondendo positivamente a uma pergunta colocada pelo narrador incerto de *A hora da estrela*. Porque depois de tantos anos dedicados à leitura (ao seu prazer e aos seus tormentos), disso eu fui me convencendo cada vez mais: que a resposta a qualquer procura de um significado estável está dobrada na própria ação de procurar, que a verdade, enfim, se esconde dentro da pergunta. Desvendar o significado é possível, sabendo, porém, que a descoberta é apenas a abertura para outro significado a ser decifrado, que o nosso raciocínio chega apenas a riscar a superfície de um "outro pensamento", de uma lógica inaudita que pretende ser explorada e, justamente, escutada na sua fala (no seu *lógos*) emaranhada e aparentemente incompreensível. E este livro é o resultado concreto dessa *quête* inconclusa, é a tentativa de perseguir (como, mais uma vez, tão bem apontou Pessoa/Campos) "tudo quanto sugere, ou exprime o que não exprime./ Tudo o que diz o que não diz".

Não sei se estas páginas, plenas de "letras e riscos irregulares", cheias de imagens e de reflexos de imagens, de evidências e de sombras, de afirmações e de sugestões desconectadas, conseguem realmente abrir "para a maravilha". Aquilo que eu sei é que elas se apresentam como o resultado de uma pesquisa ao mesmo tempo ocasional e necessária e se esquadrinham diante de mim num sentido nem lógico nem cronológico, mas como páginas avulsas de um livro de memórias: produtos precários, gestos parciais de interpretação que eu acenei durante anos e aos quais tentei dar agora – incluindo-os, justamente, num "mapa" virtual, numa rede cheia de remendos – uma espécie de coerência. De resto, como se sabe, a memória, como o sonho ou o desejo, tem uma razão própria que a razão não chega a entender senão confiando no poder congregante, mediano e mediador, da "figura".

****

Este pode ser – e é enfim – um livro de afetos: afeto ou dedicação à cultura brasileira e aos seus expoentes, escritores ou críticos, literatos ou teóricos da literatura; afeto e estima pelas pessoas e pelas instituições que me ajudaram ao longo do caminho. Sendo uma lista muito comprida e temendo esquecer nomes fundamentais, acho que posso aqui deixar um agradecimento a todos e a cada um: quem ler o livro irá encontrar no texto ou em nota muitos nomes – e mesmo assim não consegui citar todos aqueles a quem fico devendo uma sugestão, uma crítica ou apenas a amizade com que acompanharam o meu trabalho.

Como sempre, ele foi escrito graças à Carolina, à sua presença e às minhas ausências.

I
O tempo preocupado: para uma leitura genealógica das figuras literárias

Inventando a pátria

> Mas vocês já se perguntaram suficientemente a que alto preço foi paga a elevação de qualquer ideal sobre a terra? Quanta realidade deveu sempre ser, a esse fim, caluniada e desconhecida, quantas mentiras foram santificadas, quantas consciências foram estragadas, quanta "divindade" foi sacrificada cada vez? Porque um santuário seja erguido, outro santuário deve ser reduzido em destroços: a lei é esta – me indiquem o caso em que não foi cumprida!
>
> Friedrich Nietzsche, *Genealogia da moral*

A obrigação é reconstruir uma sequência, isto é, decretar uma história, edificar um templo da memória na terra sem tempo e sem termos que se alarga e se abisma no vazio de um espaço infinito. A nação pretende este trabalho "glorioso" de reinvenção de um *continuum*, de costura de um tecido (crono)lógico com o qual agasalhar a sua nudez.

E pouco importa, nesse sentido, que essa história recosida – mitificante, mistificadora, "inventada" (*inventum* é, etimologicamente, aquilo que é "encontrado") – seja a reconstrução de uma continuidade institucional, política ou social, ou de um encadeamento cultural, artístico ou literário, visto que aquilo que sobretudo importa na construção é começar a encostar os tijolos, ligando-os com a cal de uma necessidade que, aparentemente, vem da própria sucessão dos fatos (estranho paradoxo, este, de uma causalidade fundada sobre si mesma, ou melhor, sobre uma razão interna a ela própria). Pouco importa porque, uma vez levantado um patamar do edifício, ele se virá construindo quase por si mesmo, ganhando uma evidência, impondo um sentido e modificando o panorama em volta dele.

Temos exemplos ilustres dessa tarefa ideológica difícil, dessa lavra penosa que leva a inventar uma nação, a fazer um povo a partir de uma comunidade que não o é – que é conjunto indistinto e sem coerência de pessoas, de tradições, de instituições heterogêneas. Como italiano, todavia, não poderia não lembrar aqui, de saída, o caso emblemático de Francesco De Sanctis, autor daquela *História da literatura italiana* que, escrita entre 1870 e 1871, representa, à distância de dez anos da Independência política, o primeiro monumento historiográfico da (e à) Itália unida. A celebração da nação, na obra tanto histórica quanto crítica do estudioso, é sobretudo glorificação de uma ausência, ou, mais claramente, tentativa de projetar sobre um tempo partido, sobre um passado em frangalhos, esse fantasma de uma continuidade ideal, essa lógica unitária que deveria impor, mitificando-a e mistificando-a, a evidência de uma comunidade. E é curioso, nesse sentido, que para tanto ele utilize com frequência a metáfora da "construção", do edifício a ser levantado utilizando as ruínas do passado. Cito apenas, como exemplo, alguns trechos dum estudo sobre Nicolau Maquiavel:

Nós já temos esboçada uma parte do edifício moderno construído pela mente de Maquiavel. Ao topo dele vimos ter o Estado; na base o indivíduo com a imortalidade do seu espírito criativo. O corpo é a sociedade. E o que é ela para Maquiavel? É a nação. E esta, por sua vez, o que é? É uma ideia, cujo objeto correspondente estava escondido naquele tempo, porque era sufocado entre uma grande generalidade e uma grande particularidade, entre o Império e a Cidade. [...] Maquiavel antecipou de três séculos o seu país, quando previu a situação que nove anos atrás penetrou no sentimento popular. Analisando a Itália ocupada pelos estrangeiros e as nações que se iam formando, dizia que a queda da Itália dependia do não ter tido a virtude da França e da Espanha, de reatar os seus membros.[1]

Essa ordem improvável, ondeando entre desejo, fantasia e memória, esse tempo suspenso entre presente, passado e futuro possui, todavia, a capacidade de "fazer" um sentido: sentido político e cultural em que se pode espelhar um país finalmente unido, recompondo os *disiecta membra* num organismo solidário. Aquilo que era apenas um território baldio, ou melhor, um cúmulo de ruínas, se torna, então, chão livre onde erguer o edifício da nação: efeito finalmente, etimologicamente, maçônico (e sabe-se, de fato, que a maçonaria, a *sociedade dos pedreiros-livres* exerceu na Itália um papel fundamental na construção do Estado unitário), que faz de uma vaga noção uma ideia a ser sem fim (re)pensada.

A função política de De Sanctis foi, justamente, a de reintegrar a legitimidade da pátria, ou, para usar novamente a metáfora do tecelão, de destrinçar e de retecer os fios emaranhados de uma história comum, a partir de dois elementos de continuidade: a literatura e obviamente, antes dela, a língua. Ambientes, também eles, bastante destroçados, visto que, sobretudo em

---

[1] De Sanctis, *Storia della letteratura italiana e antologia* (Organizado por C. Bassi e E. Conte), v.3, p.255 (tradução do autor).

termos de oralidade, em lugar de uma língua única o que havia era uma variedade infinita de dialetos e que, por outro lado, a literatura tinha mais a aparência de uma colcha multicor de estilos, gêneros, temas diferentes, tratados segundo perspectivas heterogêneas. Mas, uma vez seguro na mão o fio de uma história a ser recosida, era relativamente fácil enxergar e seguir, no caos da desigualdade linguística e da variedade cultural, as diretrizes de homogeneidade e de continuidade: bastava, de fato, saber o que procurar e como questionar aquilo que se vinha achando para delinear uma trama histórica, uma lógica imanente e "necessária", uma sequência e uma causalidade rumo à construção de uma instância ideal (o Estado ou o povo, a religião ou a economia...), agindo, por sua vez, no interior do tempo.

Seria interessante, a esta altura do discurso, aviar uma reflexão mais alargada sobre o lugar e o papel da historiografia na cultura contemporânea, sobretudo levando em conta as teorias a respeito do "fim da história" ou as propostas tentando assimilar, de modo apodíctico, ficção e história – que é, também, conto ou ilustração orientada de eventos, mas não só; que chegou com certeza a uma conclusão, renascendo, todavia, de forma diferente, interrogando, justamente, o seu próprio estatuto "póstumo". Temos assistido, nesse sentido (e, não por acaso, na passagem entre o segundo e o terceiro milênio), a um extenso e muito interessante debate capaz de levar a um reajuste dos parâmetros de avaliação e de análise do passado que, em vez de apagar a função da historiografia, tem contribuído para confirmar a sua centralidade e relevância num mundo sempre mais virado para uma rasura vertiginosa da memória ou da tradição.[2] Não quero, porém, adiantar-me nessa reflexão porque, em primeiro lugar,

---

[2] Uma reflexão importante sobre o tratamento do tempo nas sociedades contemporâneas e sobre o esquecimento compulsivo (à sombra da ideia do "fim da História") encontra-se no livro de Virno, *Il ricordo del presente. Saggio sul tempo storico*, p.51-118. Cf. também Bodei, *Se la Storia ha un senso*, p.17-18 e 5-59.

eu não tenho exatamente as competências para levar a cabo a tarefa – já outros especialistas, com efeito, muito mais ilustres do que eu, enfrentaram esse tema de modo exemplar e articulado – nem, na verdade, seria capaz de me arriscar no chão escorregadio da filosofia da história, e aliás, em segundo lugar, isso escaparia ao tema da minha reflexão, que visa apenas a questionar o problema de como uma certa ideia de nação, de comunidade ou de continuidade se inscreve e se escreve no âmbito da historiografia e da prática literárias num contexto pós-colonial e, em particular, no caso de um país americano.

Se, de fato, é certo que a descoberta da América tirou à historiografia um dos seus postulados de partida (a finitude e a "medida" do mundo conhecido),[3] sendo um dos fatores que impossibilitaram uma visão global, coerente e progressiva, da história da humanidade – tendo como cerne ou eixo o tempo europeu –, é indubitável que o problema de "como escrever a história", colocado num contexto, por assim dizer, "segundo", isto é, numa dimensão colonizada como é a americana, leva a um impedimento muito mais difícil de contornar. Aqui, com efeito, o obstáculo é representado pela impossibilidade objetiva de estabelecer uma serialidade lógica, de costurar uma sequência causal: ou seja, enquanto De Sanctis tinha a possibilidade – subjetiva, arbitrária quanto se quisesse, porém efetiva – de (re)criar uma coerência temporal, de "edificar" uma história, assentando numa continuidade presumida, baseando-se na existência de uma noção em volta da qual reinventar, em retrospecto, um passado comum (a comunidade da pátria, da língua, da cultura e, sobretudo, do tempo nacional em que tudo isso se passa), no caso americano, evidentemente, existe uma cisão temporal e (con)sequencial que impossibilita qualquer relação entre "fatos" incomparáveis: essa incongruência, essa "dobra" é, obviamente,

---

3 Ver, a esse respeito, o capítulo seguinte.

aquela que corre entre o tempo colonial e o tempo nacional, entre a cronologia importada e a autóctone.

Divisão, esta, que torna objetivamente inviável qualquer pressuposto de continuidade ou comunidade nacional, tanto sob o perfil linguístico (fala-se e escreve-se, afinal, em uma língua imposta de fora) quanto no âmbito da expressão artístico--literária. Se, em outros termos, Francesco De Sanctis consegue apresentar Maquiavel como precursor e profeta da nacionalidade é porque esse autor se expressava em italiano e se punha na esteira de uma tradição secular, provindo da cultura clássica. Como é possível supor a mesma operação (para ficar no âmbito luso-brasileiro e retomando, a propósito, questões banalizadas pelo reúso incessante) no caso, por exemplo, de um Gregório de Matos, ou, pior ainda, de um Botelho de Oliveira, visto que eles – ambos formados, aliás, na Universidade de Coimbra, como tantos outros antes e depois deles – não só não manifestam nenhuma consciência de uma identidade nacional, mas se utilizam de uma forma linguística e de modelos poéticos tributários da tradição ibérica?[4] Como é possível, então, incluí-los *no início* de uma cultura peculiar? Como é possível colocá-los (tanto do ponto de vista sincrônico como do diacrônico) às origens de um sistema artístico ou expressivo autônomo? A resposta negativa a essa pergunta leva diretamente a um impasse historiográfico, ao menos de não naufragar no grotesco que se poderia definir, em termos brasileiros, como o "triste fim de Policarpo Quaresma" – isto é, excluindo o não autêntico ou o importado, para considerar apenas aquilo que, de modo mais uma vez mitificante e mistificador, é tido por "essencialmente brasileiro".

Na realidade (como demonstra, aliás, magistralmente a obra de Lima Barreto), a situação se apresenta logo muito mais complexa, visto que, tanto no caso europeu quanto no americano – ou

---

4 Veja-se, nesse sentido, a posição radical de Kothe, *O cânone colonial*, p.279-294 e 319-344.

seja, tanto no caso de uma literatura nascida a partir da dissolução do mundo clássico quanto naquele de uma literatura que se enxerta ("galho secundário...") e cresce no tronco de uma tradição importada –, devemos considerar como o verdadeiro problema está, de fato, *no início*, ou melhor, que o problema essencial *é* o início: ou seja, quando e onde é a origem? E o que é, aliás, uma origem? Afinal, como é que se consegue reconhecer em um ato, em um gesto, em uma palavra ou em um texto, que é ali, exatamente, que tudo realmente começa? Um problema, como se vê, que são dois; uma interrogação que se desdobra e que se alastra, abrigando na verdade, na fissura que se cria no interior dela, um enredo problemático, um enleio duvidoso de elementos heterogêneos que deve ser indagado – sabendo porém, de antemão, que a solução não existe ou existe apenas como hipótese de solução. De um lado, teremos, de fato, a questão substancial da localização, no espaço e no tempo, daquilo que pode ser considerado o Princípio; do outro, teremos a ver com a possibilidade de uma forma originária, isto é, do modo de ser daquilo que consideramos o fundamento de tudo o que virá a ser.

O lugar do início, nesse sentido, só pode ser indicado a partir da forma que ele assume e que o delimita e o institui, do mesmo modo como a forma é função do espaço e do tempo em que tudo começa. Dito isso, porém, deveríamos reiniciar tudo de novo, visto que, afinal de contas, a origem, entendida na sua forma e na dimensão que a contém e a molda, apresenta-se como uma noção autorreferencial, afigura-se, justamente, como uma torção lógica remetendo para si mesma: o início seria apenas aquilo que, por convenção, uma pessoa ou um grupo de pessoas decide assumir como início. Nessa tautologia, em que se revela o caráter *de--cisivo* (isto é, produto de uma "de-cisão", de um corte arbitrário) e altamente ideológico do princípio, pode-se, todavia, descobrir uma verdade importante que se encontra em todo início: que a dimensão e a estrutura dele são, na sua essência, puramente convencionais e, na sua forma, meramente ficcionais.

Quase todos aqueles – filósofos ou teólogos, cientistas ou historiadores – que refletiram sobre a origem acabaram, de fato, por reconhecer que dela só se pode fazer experiência enquanto mito da origem; acabaram, em geral, por admitir que aquilo que está no exórdio só se pode configurar como conto ou como ficção. E isso, repare-se, vale tanto para os que confiam na unicidade do começo quanto para aqueles que certificam o caráter dual e diferencial dele: em ambos os casos, aquilo que "se esconde desde a fundação" só pode ser inscrito, só pode ser continuamente lido e incessantemente interpretado, no interior de uma narração em que os elementos fundamentais (e de fundação) pululam e vêm à tona, combinando-se em uma constelação mítica, harmonizando-se em uma configuração precária e ao mesmo tempo cheia de sentido, em que o que conta, de fato, não é a origem, mas sim o destino em que tudo encontra, *a posteriori*, a sua (arbitrária) razão de ser. A História, então, como (re)construção de um *mythos* (isto é, de um modo de contar, de um "enredo" narrativo), não seria, nessa perspectiva, tanto um modo para lembrar quanto, sobretudo, uma maneira particular e necessária de esquecer – aspecto, aliás, que foi fortemente sublinhado pelos teóricos contemporâneos.[5]

Usei, não por acaso, o verbo "configurar" e o substantivo "configuração": uma repetição necessária se considerarmos a outra noção decisiva – incorporando a de mito – para entender o modo de ser do começo, a forma do início que está escondida na definição de figura. De fato, a figura, segundo um importante filósofo italiano, é:

> o próprio movimento de um "outro pensamento", em relação àquele da filosofia clássica, de um pensamento que transita pelas "imagens" literárias e pelos conceitos, que junta as duas "meias verdades"

---

5 Cf., por exemplo, Veyne, *Comment on écrit l'histoire*, p.50-69, e Weinrich, *Lete. Arte e critica dell'oblio*, p.287-301.

que sempre se manifestam no tempo da modernidade: a abstração máxima do conceito e a máxima força daquilo que foi sucessivamente denominado como mito, desrazão, analogia, imagem.[6]

Uma definição útil, então, para entender a sobrevivência do mito no interior desse tempo híbrido que é o Moderno, mas que dá conta também de um modo diferente de se aproximar da origem, que não é nem aquele ligado à filosofia tradicional (digamos, à filosofia que se delineia e toma forma a partir do eixo platônico/aristotélico) nem aquele que a História relegou ao âmbito do irracionalismo, do "pensamento" outro e inconsequente, analógico ou mitológico – sendo, porém, ao mesmo tempo, uma combinação e uma neutralização dos dois no interior de um "pensar de outra forma", de um relacionar elementos diferentes ou até opostos dentro do enigma fundamental instituído pela linguagem figural e dela constituído (considerando, aliás, a expressão enigmática, na esteira de Aristóteles, como um "pôr em conjunto coisas impossíveis").

Para um tempo pré-ocupado

> Ce que vise l'histoire, c'est non seulement le vivant d'autrefois, à l'arrière du mort d'aujourd'hui, mais l'acteur de l'histoire échue.[7]
>
> Paul Ricoeur, *La mémoire, l'histoire, l'oubli*

> A história que ainda não o é, a história pautada pelos ponteiros do relógio, a história proliferando no momento em que escrevo, se acumulando instante por instante e que

---

[6] Rella, *Miti e figure del Moderno*, p.10. Veja-se também, do mesmo autor, *Pensare per figure. Freud, Platone, Kafka, il postumano*.
[7] Trad.: O que a história visa é não só o vivo de outrora, atrás do morto de hoje, mas o ator da história fracassada. (N. E.)

mais bem será entendida pelo futuro de que por nós. Aquele "nós" a que não se pode escapar: o momento presente, a sorte comum, o atual estado de alma, o espírito do nosso país, a contingência da história que é o nosso tempo. Deslumbrado pela natureza espantosamente provisória de tudo.

Philip Roth, *The Human Stain*

Acho, no fundo, que a questão que nos interessa e que nos invade – ou seja, de como se possa tentar escrever uma história da literatura e, mais em particular, de como essa história possa ser inscrita no contexto de um país pós-colonial – pode ser mais bem compreendida e parcialmente resolvida apenas dentro daquilo que eu chamaria "o horizonte da pré-ocupação". Eu estou, de resto, desenvolvendo esta minha reflexão justamente sob o signo do desassossego, sendo habitado por uma inquietação que tem a ver, obviamente, com o tema escolhido: tema vasto, complexo, sobrecarregado e quase abafado por indagações eruditas e por implicações ideológicas múltiplas, mas que remete também a um modo problemático e altamente arriscado de se colocar diante do fenômeno histórico e da sua representação, do fato e do rasto, do evento e da imagem.

Para fundamentar de partida essa minha preocupação, posso citar um dos maiores historiadores da literatura brasileira dos nossos tempos:

> Uma história da literatura brasileira que pretendesse ser verdadeira, isto é, fiel ao seu objeto, deveria admitir que os textos dispostos no tempo do relógio não têm nem a continuidade nem a organicidade dos fenômenos da natureza.[8]

---

8 Bosi, "Por um historicismo renovado: reflexo e reflexão na história literária", *Teresa*, n.1 (1º semestre de 2000), p.11. Seria interessante, para cultivar mais um pouco a questão das analogias e das diferenças entre a cultura italiana e a brasileira, lembrar-se das palavras com que Goethe assinalava a diversa percepção e computação do tempo entre alemães e italianos que, segundo

Na mesma perspectiva, mas em sentido mais abrangente, seria possível ainda lembrar outro trecho do mesmo autor:

> A cronologia que reparte e mede a aventura da vida e da História em unidades seriadas, é insatisfatória para penetrar e compreender as esferas simultâneas da existência social.
>
> Nos países de passado colonial como o Brasil [...], a co-habitação de tempos é mais evidente e tangível do que entre alguns povos mais sincronicamente modernizados do Primeiro Mundo.
>
> Talvez o nosso processo de aculturação euro-afro-americano ainda esteja longe de ter-se completado. E certamente os seus descompassos e a sua polirritmia ferem os ouvidos afinados pelo som dos clarins e das trombetas evolucionistas.[9]

Como, então, construir uma história que não seja nem sequencial nem tampouco consequencial, no sentido clássico? Uma história descompassada e inconclusa que não se ordene segundo um eixo cronológico? Que não tenha em conta não apenas o "tempo do relógio", mas – eu acrescentaria – o tempo como nós o conhecemos e como estamos acostumados ao pensar na sua tripartição clássica entre passado, presente e futuro? Essa história sem relógio seria, de fato, uma história dominada pela falta, marcada por uma perda sem remédio de qualquer suporte (crono)lógico, isto é, uma história sem data e sem tradição e, por isso, não coletiva nem pública, mas abstrata e, ao mesmo tempo, totalmente subjetiva:

---

ele, "se estivessem obrigados a seguir um relógio de bolso alemão, ficariam atrapalhados" (*Viaggio in Italia*, p.43-44). Como se sabe, o autor de *Fausto* chegou a elaborar um "círculo comparativo" entre a hora alemã e a italiana (publicado já em 1788, com o título *Das Stundenmass der Italiäner*, na revista *Teutsche Merkur*).

9 Bosi, "O tempo e os tempos". In: Novaes (org.), *Tempo e história*, p.32.

Esta datação pública em que cada um confere a si mesmo o seu próprio tempo e sobre o qual cada um pode igualmente "contar", serve-se de uma medida publicamente acessível. Esta datação faz as contas com o tempo no sentido da medição do tempo, medição que pretende um medidor, do tempo, isto é um relógio. Disso provém que com a temporalidade do Existir [*Dasein*] [...] é desde sempre descoberto algo como o "relógio".[10]

Para tentar entender o problema e para começar a entrever uma solução, acho que não se pode senão transitar pela reflexão de Martin Heidegger sobre o ser e o tempo, começando justamente pelo capítulo em que ele trata explicitamente da historiografia e daquilo que ele denomina como "intratemporalidade".

De fato, o nosso ser, segundo o filósofo alemão, se realiza sempre como ser-no-mundo que, por sua vez, só pode ser avaliado como ser-no-tempo. Daí, desse nosso existir junto às coisas e em conjunto com os outros, vem a necessidade de uma medida única do tempo, isto é, daquele "utensílio" público marcando desde sempre – antes mesmo da sua invenção enquanto "relógio" – a infinita repetição do tempo astronômico. Sem esse limite necessário, aquilo que fica é apenas um espaço baldio e inefável, uma dimensão noturna e sem rumo, anterior a qualquer possível localização, como, pelo contrário, pressupõe o próprio fato de nós existirmos, o nosso incontornável "ser-aí" e a nossa incapacidade de prescindir do "agora".

No interior desse pensamento sobre o tempo, encontramos, todavia, uma noção, por assim dizer, oblíqua como a de Cuidado (*Sorge*), que Heidegger liga explicitamente ao "ser-no-tempo", chegando até a afirmar que a intratemporalidade é um "tomar--cuidado" do tempo, ou melhor, que o tempo humano só se dá como "tempo preocupado".[11] Seria aqui impossível resumir a

---

10 Heidegger, *Essere e tempo*, p.494.
11 Ricoeur, *La mémoire, l'histoire, l'oubli*, p.499-500.

função do Cuidado no interior do pensamento heideggeriano sem se embrenhar pelos caminhos tortuosos da filosofia, mas acho fundamental, para tentar ultrapassar o limiar do relógio e as suas medidas, para entrar numa dimensão mais próxima do nosso fim – que é apenas o modo de compor uma história literária num contexto pós-colonial em que o relógio, como vimos, "não vale" –, procurar reter e usar, justamente, essa ideia de um "tempo preocupado", na perspectiva de pensar uma história que não se submeta ao tempo linear, continuando, porém, a ser pública apesar do seu anacronismo e da sua anomia, continuando a ser efetiva apesar do seu instalar-se numa falta.

De fato, é exatamente neste ponto que a proposta de Heidegger vai além tanto da divisão clássica do tempo entre passado, presente e futuro quanto da sua crítica, por assim dizer, "presencista", que relê (sobretudo a partir de Santo Agostinho) aquela tripartição como presença do passado, presença do presente e presença do futuro. A instância da preocupação, pelo contrário, assenta essencialmente sobre o futuro, sobre o porvir, dimensão que foi bastante negligenciada pela historiografia e, mais em geral, pela reflexão sobre o tempo humano.[12] O "tomar--cuidado" do tempo chama, em suma, a atenção para a nossa tendência em ser atraídos pelo que pode vir a ser ou pelo que vai acontecer – aquilo que em Heidegger toma a forma extrema do "ser-para-a-morte", ponto paradoxal de partida para a revisão preocupada da nossa temporalidade.

Nesse sentido, para me aproximar da historiografia literária, quero juntar mais uma citação, tirada de outro importante teórico e historiador alemão, Reinhart Koselleck, que assim resume as três possibilidades de tratamento do tempo:

---

12 Cf. Bornheim, "A invenção do novo". In: Novaes (org.), *Tempo e história*, p.103.

Lembrarei os três modos temporais de experiência rigorosamente formalizados: (1) a irreversibilidade dos eventos, o antes e o depois nas diversas conexões do seu decurso; (2) a repetibilidade dos eventos; seja com o subentendido de uma identidade deles, seja como volta de constelações, seja como sua coordenação figural ou tipológica; (3) a contemporaneidade do não contemporâneo.[13]

É óbvio que, se a primeira categoria remete para o tempo linear e a segunda, para a teoria agostiniana ou para qualquer outra interpretação do tempo como repetição ou volta, a terceira – que ele vai buscar nas páginas de Ernst Bloch[14] – considera a cronologia como uma dimensão mais complexa e emaranhada, na qual convivem modos temporais diferentes e em que o acento é colocado mais uma vez, como já em Heidegger, sobre o futuro – sendo, aliás, o título do livro do qual acabo de extrair a citação, justamente, *Futuro passado* (publicado pela primeira vez em 1979). Quero dizer que, sem mencionar nem compartilhar a "preocupação" de Heidegger, Koselleck chega a uma conclusão semelhante em relação a um tempo que só pode ser avaliado a partir de um "tomar-cuidado", de uma antecipação pressurosa, de um futuro que confere ao passado um sentido virtual. Ou, para utilizar mais um pouco as palavras do mesmo autor:

> Ao caráter imaginativo dos eventos contados corresponde, no plano das estruturas, o caráter hipotético da sua "realidade". [...] Cada conceito ativo numa narração ou exposição [...] permite ver conexões, complexos de eventos, exatamente na medida em que não são reduzidos à sua unicidade temporal. Os conceitos não nos ensinam apenas a compreender a unicidade de significados passados (para nós), mas contêm ainda possibilidades estruturais,

---

13 Koselleck, *Futuro passato. Per una semantica dei tempi storici*, p.112.
14 Cf. Moretti, *Opere Mondo: saggio sulla forma epica dal* Faust *a* Cent'anni di Solitudine, p.46-47.

tematizam contemporaneidades no não contemporâneo, que não podem ser reduzidas ao puro decurso cronológico da história.[15]

Qual é o intuito desta reflexão senão o de colocar em dúvida o uso do tempo feito pela historiografia anterior? Senão o de contestar, diante daquela "co-habitação de tempos" evocada por Bosi, a validade de uma ordem única e irreversível dos eventos? Contra esse tipo de estrutura, tida por "natural", podemos, então, conjeturar uma disposição não taxionômica, em que se cruzam cronologias diferentes, numa conexão não consequencial de fatos e de imagens, de eventos e de representações, de ideias e de práticas dispostos apenas no horizonte da pré-ocupação, isto é, de uma ocupação antecedente ou adiantada por parte de quem olha e interpreta, do historiador que lê o passado e prediz o futuro dentro de um presente em que convivem, potencialmente, formas temporais diferentes e em que aquilo que domina é apenas o estado virtual do que já foi ou do que vai ser, e de que devemos sempre "tomar-cuidado".

Não por acaso, essa opção por uma historiografia não ligada a uma sucessão lógica e cronológica dos eventos é, no âmbito da cultura europeia, uma aquisição bastante recente, visto que o modelo historiográfico veiculado pelo Estado-nação oitocentista contemplava apenas uma leitura (con)sequencial e finalista do passado, dispondo os eventos numa série fechada e linear, a partir de uma origem para chegar até o presente e para *pré-escrever* o futuro a partir do passado (segundo o lema *historia magistra vitae*). Por conseguinte, também a representação da história literária respondia a essa ordem causal, em que aquilo que vinha "depois" era predeterminado pelo que tinha acontecido "antes", sem nenhuma pré-ocupação em relação ao tempo e ao espaço e sem nenhuma possibilidade de confundir o contemporâneo com o seu contrário, ou seja, aquilo que acontece "aqui" e

---

15 Koselleck, op. cit., p.131-132.

"agora" com aquilo que, ao mesmo tempo, se dá "ao lado", num presente que é diferente e, por assim dizer, mais antigo do que aquele vivido pela cultura europeia.

Todos os grandes perfis esboçados pelas histórias literárias nacionais seguiam (e em parte continuam seguindo) esse paradigma sequencial, dividido por séculos. No âmbito brasileiro, pode-se lembrar como sendo justamente isso o que lamenta o primeiro grande historiador da literatura nacional, ou seja, que:

> Na história do desenvolvimento espiritual do Brasil há uma lacuna a considerar: a falta de seriação nas ideias, a ausência de uma genética. Por outros termos: um autor não procede do outro; um sistema não é consequência de algum que o precedeu. [...] Na história espiritual das nações cultas cada fenômeno de hoje é um último elo de uma cadeia; a evolução é uma lei. [...] Neste país, ao contrário, os fenômenos mentais seguem outra marcha.[16]

Sílvio Romero, como se vê, não consegue – nem, na verdade, podia conseguir naquela época – desvencilhar-se do paradigma histórico dominante, apontando apenas, à margem, e lamentando, aliás, a exceção representada pela história "espiritual" do Brasil, a qual, não sendo pautada pela "seriação", pela linearidade do "tempo do relógio", era destinada fatalmente a se identificar numa "lacuna", numa "falta" impreenchível.

De fato, aquela ordenação "natural" já vinha sendo posta em dúvida por Nietzsche e pela sua crítica contra os "falsos historiadores" ou contra o "excesso de história", mas é bem possível que Romero (como, aliás, muitos outros historiadores europeus seus contemporâneos) nunca tenha lido nem *A segunda consideração intempestiva*, nem tampouco *A genealogia da moral* e as outras obras em que, pela primeira vez de modo explícito, a cultura europeia começava a repensar a sua concepção temporal

---

16 Apud Fiori Arantes; Arantes, *Sentido da formação*, p.15.

e, por conseguinte, o seu modo de escrever a história ou de se colocar diante do passado e da sua representação. Com efeito, é com Nietzsche, sobretudo, que começa a ser questionada a noção de origem, vista como o princípio indiscutível a partir do qual tudo fatalmente se constrói, o fundamento único de todas as "coisas vindouras". A essa história impregnada de metafísica, a esse pensamento que postula um início absoluto, o filósofo alemão contrapõe, como se sabe, a "verdadeira história" (*wirkliche Historie*), que não sai à procura de Aquilo que está antes de tudo – antes do corpo, antes do tempo, antes da lei... – mas que trabalha, pelo contrário, para descobrir os "inúmeros inícios" de uma realidade complexa, de uma existência intrincada em que o homem é jogado sem ter nas mãos nenhum fio de Ariadne que o leve até o centro do labirinto, até descobrir a razão de seu "ser-no-mundo", até decifrar a sua natureza fatalmente intratemporal e o seu "ser-para-a-morte".

E é com certeza significativo que quem experimentou uma nova forma de leitura do tempo e dos seus rastros no corpo social foi, no Brasil, não um historiador, mas um artista, o escritor mais injustamente censurado por Sílvio Romero: o uso da inversão temporal em *Memórias póstumas de Brás Cubas* ou, embora de forma mais convencional, em *Dom Casmurro*, mostra a aguda consciência ou o cuidado de Machado com o tempo – tempo revivido a partir do futuro, respectivamente por parte de um morto-vivo e de um vivo-morto, que parece prenunciar a visão heideggeriana da existência como existência pré-ocupada pela morte. São, em suma, fundamentalmente essas "histórias sem data" que, longe de serem não representativas da cultura brasileira,[17] figuram, pelo contrário, poeticamente e com acerto, aquela "outra marcha", aquele tempo descompassado, polirrítmico e "sem relógio" típico da história nacional, explorando a

---

17 Romero, *História da literatura brasileira*, v.5, p.1630.

não contemporaneidade (ou a "intempestividade") de eventos contemporâneos.[18] Só um "mestre na periferia do capitalismo" podia, nesse sentido, significar (tanto do ponto de vista estrutural, quanto no plano dos conteúdos) os anacronismos constelando a história brasileira, ilustrando e denunciando – justamente pelo seu lateralismo, pela sua marginalidade em relação a um hipotético centro – uma condição histórica duvidosa, em que passado e futuro se equilibram num presente "cheio de tensões". Nesse sentido, se é verdade que "uma sociedade [...] depois de ter afirmado alguma coisa numa linguagem, não tem nenhum interesse em a repetir tal e qual para si mesma numa outra linguagem",[19] podemos concluir que lá onde Sílvio Romero, vinculado ainda a uma visão consequencial e finalista, chega a ver apenas uma seriação falhada, Machado, intérprete daquela mesma sociedade, vai mais além, decretando, na linguagem que lhe é própria, a importância da falha, ou seja, o fim de qualquer pretensão de interpretar a realidade sociocultural brasileira de modo orgânico e não contraditório, em uma perspectiva, enfim, ordenada e progressiva. E isso podia e devia bastar.

Mas é óbvio que não bastou, é óbvio que um país como o Brasil na virada do século, vivendo a euforia da passagem do regime monárquico ao republicano, não podia espelhar-se no "desalento mórbido" denunciado por Sílvio Romero na prosa machadiana. O orgulho de ter finalmente conquistado uma independência efetiva, política em relação à Europa, o desejo de afirmar o papel e a importância do país no plano internacional, levou o poder e os intelectuais a ele ligados a considerar Machado uma exceção no panorama cultural nacional – embora uma exceção monumental, a ser cultuada enquanto tal, glorificada exatamente a

---

18 Veja-se, sobretudo, o estudo fundamental de Roberto Schwarz, *Um mestre na periferia do capitalismo: Machado de Assis*, p.197-200 e passim.
19 Moretti, op. cit., p.51.

partir da sua denegação e da sua sagração. O paradigma historiográfico e o modelo temporal voltaram a ser vinculados a uma ideologia progressiva e linear, mas com a consciência de que, pela sua vastidão, o Brasil não podia ser incluído por completo em uma história única, que ainda havia de fato, no interior do espaço nacional, lugares de atraso, clareiras de não contemporâneo que se abriam na contemporaneidade do tempo do progresso. O positivismo tentou responder a essa consciência da falha e da falta de modo, por assim dizer, militar: uma batalha travada contra qualquer vestígio do passado, contra toda persistência do antigo e do intempestivo dentro da modernidade e atualidade da Nação.

Basta, por isso, considerar a estrutura de uma obra de fundação como *Os sertões* para ver como a geografia é aí relida numa óptica histórica, interpretando o "depois" como um "ao lado",[20] isto é, tornando o tempo uma metáfora do espaço. Euclides, aproximando-se de Canudos (tanto no plano da invenção e da escrita quanto no plano pragmático, físico, do "movimento para"), relê em vertical a formação nacional, procurando no espaço uma resposta às suas preocupações históricas; cavando na terra, com o empenho do arqueólogo, até chegar à camada mais secreta e originária, até descobrir a mais íntima essência, "a rocha viva" da nacionalidade. Alcançado, porém, o âmago do tempo e do espaço nacionais, ele se dá conta de que o apagamento violento do antigo, a rasura forçada do não contemporâneo, arrasta consigo, na sua destruição, também a contemporaneidade nacional, ou melhor, elimina qualquer possibilidade de construir uma história que seja efetivamente progressiva e moderna. Como em um castelo de cartas, a queda da "Troia de taipa" leva a uma implosão do tempo *em* e *sobre* si mesmo, e aquilo que fica é, mais uma vez, um espaço baldio e oco.

Pela segunda vez, então, não é um historiador de profissão quem aponta para a impossibilidade de recompor para o Brasil

---

20 Ibid., p.49.

e de escrever no Brasil uma história no sentido europeu; não é um crítico da literatura quem denuncia a veleidade de considerar o tempo nacional como uma dimensão estruturada, pautada pelo relógio e marcada pela ordem e pelo progresso, tentando, por isso, encontrar um sentido diferente para aquela "outra marcha" seguida pelo "desenvolvimento espiritual" do País. Como se sabe, Euclides morreu, de fato, na ilusão de ter encontrado no coração da selva um espaço "ao lado", "à margem da história": um território liminar e oscilando sobre e fora do tempo, a partir do qual se pudesse reconstruir uma cronologia eventual. Foi, realmente, esta a sua última utopia – embora ele não tenha tido a oportunidade de completá-la e, por assim dizer, de *mobiliá-la*, de torná-la discursivamente orgânica; foi este o seu "imperfeito" legado imaginário: a visão de um tempo primeiro e último, de um espaço anterior a qualquer geografia, no qual instalar finalmente uma nova história, baseada em um presente assincrônico, colocada em um lugar ambiguamente arquetípico e vindouro.

No limiar do século XX, então, um intelectual de ponta, inscrito até o fim dentro do horizonte positivista e dilacerando, ao mesmo tempo, os seus confins, deixa atrás de si a possibilidade de interpretar a Nação só a partir daquela falta que a institui e em que ela se pode reconhecer. Mais uma vez um espaço branco e inexplorado, um lugar desmesurado e aparentemente sem memória é apontado como ninho e, ao mesmo tempo, como cova da história: dimensão em que se pode dar uma libertação do tempo do seu ser tempo, da sua obrigação "pública" e da sua mensurabilidade. Aquilo que fica e que sobra é, de fato, apenas o que "pode vir a ser", é apenas a eventualidade, é um "agora" nebuloso com que devemos nos preocupar e que nos preocupa.

Michel de Certeau, falando da escrita da história, afirmou (e a essa afirmação vamos voltar mais adiante) que ela tem duas funções:

> De um lado, no sentido etnológico e quase religioso do termo, a escrita joga o papel de um rito de enterramento; ela exorciza a morte introduzindo-a no discurso. De outro lado, ela tem uma função simbolizadora; ela permite a uma sociedade situar-se, dando-se, na linguagem, um passado, e ela abre assim ao presente um espaço próprio: "marcar" um passado significa abrir espaço ao morto, mas também redistribuir o espaço dos possíveis, determinar negativamente aquilo que deve ser feito e, por conseguinte, usar a narratividade que enterra os mortos como meio para fixar um lugar aos vivos.[21]

Creio que a cultura brasileira, na sua tentativa de escrever a sua própria história, tenha seguido contemporaneamente e de modo labiríntico esses dois caminhos: ou seja, que ela tenha, por um lado, negado o passado, sacralizando-o em uma espécie de recalque simbólico, sem, todavia, esquecer, por outro, que esse espaço oco pode ser um "tempo em palimpsesto" em que pulula o eventual, que, melhor, o lugar do morto pode vir a ser a dimensão dos vivos, o lugar narrativo em que o presente se localiza, no "fazer memória" daquilo que "já foi".

Oscilando entre essas duas funções, também a historiografia literária tem chegado a construir uma complexa rede de relações com o passado e com a tradição, tentando, de um lado, reconstruir uma sequência a partir de uma origem absoluta, mas continuando a negar, do outro, o peso do passado, para dar lugar ao presente, para "determinar negativamente aquilo que deve ser feito". Para se expressar com as palavras de Alfredo Bosi, no Brasil:

> Lembra-se tão só o que interessa aqui e agora, o resto se esquece: *les morts vont vite*, diz o Conselheiro Aires, versão só aparentemente mitigada do humor negro de Machado. E quando

---

21 Certeau, *L'écriture de l'histoire*, p.139-140 (tradução do autor).

os mortos se vão depressa, não há História consistente. Cada momento que sobrevém é o atestado de óbito do que se foi, só resta a imediação do corpo lutando pela sua sobrevida.[22]

Na verdade, essa obrigação ao presente, esse enterro pressuroso dos mortos, não chega, a meu ver, a negar a História, mas aponta, isto sim, para uma outra história, dominada justamente pela heterogeneidade do corpo, pela sua anomia e impermanência, pelas suas faltas e falhas.

Nesse sentido, ab-rogando o relógio – negando a importância das Datas, questionada, de modo brilhante, pelo mesmo Bosi – não vamos chegar a uma anulação da tradição e do tempo, mas alcançamos, isto sim, uma dimensão histórica complexa, marcada por uma disseminação de tempos e de espaços, de práticas ligadas ao que deve (e a como deve) incessantemente ser feito. Uma história, em suma, sempre "em processo" ou "em formação" (e uso aqui, de modo consciente, um termo tão presente na historiografia brasileira e sobre o qual iremos voltar mais adiante), mas nunca verdadeiramente resumida em uma "forma" estável, nunca realmente "per-feita". Não, então, uma história única, predeterminada pela origem e orientada em direção a um Fim, mas uma história plural e "polirrítmica", marcada pela falta e determinada pela precariedade das instâncias culturais e pela variedade dos seus cruzamentos e dos seus desdobramentos eventuais.

Na minha opinião, deveria ser essa história improvável e fora do eixo o objeto da nossa preocupação, o fim para o qual devemos trabalhar, ajudados pelo fato de nós lidarmos com fenômenos que, embora produtos de uma prática, remetem a um universo imaginário que foge, em princípio, à predeterminação do evento natural, ao tempo pautado e objetivo do relógio. Nessa perspectiva, acho ainda que, em lugar da história, seria talvez necessário identificar precariamente as encruzilhadas

---

22 Bosi, "O tempo e os tempos", p.25.

discursivas, as cristalizações momentâneas de sentido que procedem de uma perspectiva genealógica; em vez do início e da sua sagração, seria talvez útil apontar para os "inúmeros inícios" de que descende uma realidade múltipla e cambiante, que deve ser narrada e que pode ser contada em modos diferentes e reversíveis.[23] A minha sugestão, nesse sentido, seria compor, em vez de uma História da Literatura, dando conta de uma sucessão "necessária" e normativa dos eventos, uma constelação de "histórias" que admitiriam a possibilidade de falar contemporaneamente de fatos não contemporâneos e vice-versa – ou seja, de descobrir, por um lado, a diacronia implícita na sincronia e, por outro, o funcionamento sincrônico de fatos dispostos numa sequência diacrônica.

Não tanto, repare-se, uma história das ideias quanto uma tentativa de pensar o passado de "outra forma", desenhando uma constelação de "figuras" que resumiriam em si mesmas – pelo fato de elas "transitarem através das 'imagens' literárias e dos conceitos"[24] – um decurso temporal feito de avanços e retrocessos, do que foi e do que pôde ser, de experiências e de ideias. Figuras ambíguas, aliás, apresentando-se como "lugares de memória", seja no sentido de Pierre Nora – isto é, pensando a continuidade apenas como "resto"[25] –, seja, mais em geral, como dimensões habitadas por uma lembrança não sistemática, oscilando também entre a fantasia e o esquecimento; dimensões históricas, enfim, abertas tanto para o mito quanto para a ciência, colocadas no entremeio da dimensão social e a literária, e em que tempo e espaço se combinariam de modo inextricável. Para dar um exemplo, aquela que se pode definir como a macrofigura do sertão poderia ser "historiada" a partir de uma avaliação dos usos dessa imagem na cultura portuguesa, para depois passar a

---

23 Leia-se, a respeito, o parágrafo 4 deste mesmo capítulo.
24 Rella, op. cit., p.10.
25 Cf. Ricoeur, op. cit., p.527.

considerar como ela entrou no léxico e no imaginário nacionais, sem perder de todo as conotações iniciais, mas se enriquecendo aos poucos de sentidos sociais e ideais sempre mais complexos (ao ponto de se pluralizar em *Os sertões*), até chegar (com Guimarães Rosa, sobretudo) a ter uma ressonância universal. Dei esse exemplo porque já existe, na verdade, uma tentativa de ler o valor não só "histórico-cultural", como também social e imaginário, do sertão na cultura brasileira,[26] mas poderiam ser propostas, na mesma óptica, outras figuras como, enumerando quase ao léu, *índio, fronteira, ilha, cidade, selva* etc., ou para citar apenas figuras de outro tipo, que poderiam ser incluídas na tradição do Moderno, *doença* e *memória, identidade* e *alteridade, corpo* e *máquina* etc.

Claro que, pela abertura própria da figura e pela reversibilidade típica do método genealógico, qualquer tentativa de fechar em uma sequência única e irreversível o estudo desses tópicos históricos seria destinada ao fracasso: aquilo a que se poderia chegar seria, de fato, apenas um mapa (no sentido espacial) ou um arquivo (no sentido temporal) testemunhando práticas a serem estudadas na sua vertente literária, inventariando imagens e fatos que se sobrepõem sem parar em um discurso-percurso que deveria atravessar os outros e ser atravessado por eles (na lista improvável que eu acabo de montar, por exemplo, é óbvio que, entre as figuras da modernidade, entraria também a cidade, e nesta se incluiria aquela, em um horizonte compromissório no qual poderíamos contemplar formas misturadas como "a patologia da lembrança", "a alteridade do eu" ou "o homem máquina"...). Um patrimônio inesgotável de discursos em formação e em ampliação perene: seria esse, então, o resultado, sempre perfectível e nunca perfeito, de uma história não (con)sequencial e fora de qualquer poder normativo, tendo em conta a

---

26 Refiro-me, obviamente, ao livro de Nísia Trindade Lima, *Um sertão chamado Brasil*.

assincronia dos eventos e a sua disseminação espaçotemporal – isto é, o seu ser lugares espalhados num tempo virtual e tempos colocados em uma geografia sempre hipotética. Aquilo que deveria permanecer, dentro desse paradigma lacunoso e subjetivo *e todavia* pontual e objetivo ao extremo, deveria ser, justamente, aquela "ondulante conduta de confronto com as coisas diante das quais se está"[27] que é a "preocupação". Seria esse, então, o horizonte necessário dentro do qual inscrever uma história e escrever histórias, garantindo o seu caráter público e a sua eficácia em um contexto como o brasileiro que é atravessado por uma falha, dividindo e ligando o tempo colonial e o pós-colonial, separando e conjugando o "excesso" do espaço geográfico e a "escassez" dos lugares de elaboração cultural, em uma mistura inextricável de cheio e vazio, de rapidez e estagnação, de moderno e de arcaico. Só se reconhecendo nessa cronologia partida e plural e, ao mesmo tempo, una e orgânica se pode chegar, a meu ver, a construir uma história da literatura que finalmente dê conta desse movimento descompassado e "sem relógio", oscilando entre um passado que não passa e um futuro que nunca se alcança – que dê conta, enfim, dessa presença fundada sobre uma ausência, dessa tradição que se instala na sua negação, dessa memória se alimentando de olvido, porque, sim, "os mortos vão depressa", mas eles deixam, contudo, atrás de si, um lugar cavado no tempo, que é preciso, ao mesmo tempo, cultuar e preencher.

Cruzando histórias

> Precisamos de um outro tempo de escrita que seja capaz de inscrever as interseções ambivalentes e quiasmáticas de

---

27 Nunes, "Experiências do tempo". In: Novaes (org.), *Tempo e história*, p.133.

tempo e lugar que constituem a problemática experiência "moderna" da nação ocidental.

Homi Bhabha, *The Location of Culture*

Tentando, enfim, traduzir tudo isso no âmbito da prática ou da escrita historiográfica – e da historiografia literária em particular –, teremos de tomar consciência da impossibilidade de uma história linear e consequencial, teleológica no sentido mais pontual, que vai desde o início até o fim, que explica o futuro a partir do passado e faz do presente uma ponte continuamente reconstruída sobre um tempo que, infinitamente e sem parar, transcorre. A essa visão de uma cronologia plena e contínua, acho que, na dimensão pós-colonial, só é possível contrapor um mapa de lugares heterogêneos, uma série discreta de tempos que podem correr paralelos até o infinito ou que se podem cruzar, chegando assim a delinear uma dimensão cheia de fendas, de vazios, de limites porosos, onde aquilo que "faz sentido" está, justamente, escondido e patente nas passagens, nos entrelugares, nos *in-between* de diferentes dimensões de significado.

Esse trabalho paciente e erudito, esse inventário das origens plurais, esse estudo das ordens infinitas que constituem a trama do real (e vale talvez a pena lembrar que o latim *ex-ordium* tem a ver justamente com uma nova "urdidura", com uma ordem retecida), assume como vimos, a partir de Nietzsche, um nome alternativo ao de história, no seu sentido tradicional: para ser verdadeira ou efetiva a história deveria, de fato, transformar-se em *genealogia*, isto é, no estudo da proveniência dos eventos, dos valores, dos conceitos, em um caminho ao contrário que (como sublinhou magistralmente Foucault) não tende a descobrir uma evolução ou um destino, mas a "manter aquilo que foi na dispersão que lhe é própria",[28] de modo que o papel do historiador

---

28 Foucault, "Nietzsche, la généalogie, l'histoire". In: *Hommage à Jean Hyppolite*, p.152.

não seria o de remontar o curso do tempo para descobrir no passado uma possível razão de ser do presente, mas o de investigar a disseminação dos fatos e das imagens, até recompor uma constelação precária de figuras em que se pode – e nos pode – surpreender um sentido comum (aquele de nação, por exemplo, escondido na ideia, aparentemente longínqua, de "DissemiNação", à qual voltaremos mais adiante).

Quanto à cultura brasileira, é fácil verificar como a historiografia mais acreditada tem descoberto desde cedo – de modo análogo ao de Nietzsche – a impossibilidade de uma história linear e consequencial, provindo de uma origem e prevendo um Fim, isto é, funcionando como um sistema peculiar ou como um organismo autônomo. O impasse entrevisto foi, porém, em boa medida recalcado por quase todos os historiadores: no dar conta do problema da autenticidade nacional e da sucessão dos fatos, eles acabaram, de fato, preenchendo e escondendo as lacunas, impondo uma continuidade onde existia apenas uma linha esgarçada e despedaçada, onde era impossível reconstruir uma seriação, a não ser no interior de uma visão no fundo mítica que poderia ser resumida na fórmula da "tradição afortunada".

Na verdade, o problema da origem da literatura nacional se apresentou desde o começo (e a repetição é, aqui, necessária) da historiografia literária. E podemos talvez, para tentar entender qual foi – desde o início, justamente – o modo de responder ao desafio da ausência de uma tradição, se não "afortunada", pelo menos autêntica, reproduzir um trecho daquele que muitos consideram o primeiro historiador da literatura brasileira:

> *C'est un admirable instinct que la nature a mis en nous pour que nous ne fussions pas toujours malheureux quand le hasard nous aurait forcés à demeurer sur des rives étrangères. Mais pour être en quelque sorte à l'abri des reproches des hommes, elle les avertit puissamment pendant des années entières, elle met tout en usage pour que la voix de la patrie ne soit pas méconnue; elle murmure continuellement comme la vague qui ne cesse de se briser:*

Étranger, ne reste pas sur ces rivages, si tu penses devoir regretter éternellement ceux que tu as quittés.

L'absence fait naître encore dans le cœur de l'homme le moins susceptible d'affections tendres, un doux sentiment de bienveillance dont la poésie peut s'emparer, et qui se répand non-seulement sur nos compatriotes, mais sur tous les Européens.[29]

A questão do surgimento, no Brasil, de uma consciência nacional a partir do estímulo fornecido pelos integrantes da conhecida "Missão francesa" levanta e, ao mesmo tempo, encerra uma série de problemas relacionados, sobretudo, com a prática historiográfica, isto é, com a possibilidade de escrever uma história intelectual, artística e social do País – levando também em conta a situação política e as mudanças institucionais que ele sofreu naqueles anos cruciais. Vou tentar abordar, aqui, alguns desses problemas, referindo-me, em particular, à historiografia literária, ou seja, por um lado, ao papel desempenhado por Ferdinand Denis (que, como se sabe, não tomou parte, de forma oficial, da *Mission française*, mas cuja estada no Brasil coincidiu, em boa medida, com aquela dos outros artistas e cientistas franceses, com quem compartilhou igual impacto no meio intelectual brasileiro) e, por outro lado, à atitude que, no mesmo âmbito teórico de pensar (e escrever) a história cultural

---

[29] Denis, *Scènes de la nature sous les tropiques*, p.58. ["É um instinto admirável que a natureza tem colocado em nós: o de não sermos sempre tristes no caso em que a sorte nos obrigue a morar em terras estrangeiras. Mas para se livrar, de certo modo, das acusações dos homens, ela os avisa com força anos a fio; ela se utiliza de tudo para que a voz da pátria não seja ignorada; ela murmura continuamente como a onda que não cessa de se romper: Estrangeiro, não fiques nesta terra, se creres dever lamentar sem fim aqueles que deixaste. A ausência faz nascer no coração do homem menos suscetível à ternura um doce sentimento de benevolência de que a poesia se pode apoderar, e que se alastra não apenas sobre os nossos compatriotas, mas sobre todos os europeus."]

do País, tomaram os jovens intelectuais brasileiros reunidos, em Paris, ao lado de Denis e em torno da revista *Niterói*. Descendem, de imediato, dessa situação de deslocação mútua (franceses no Brasil e brasileiros na França), as primeiras perguntas que poderiam ser formuladas nos termos seguintes: é possível construir uma nação fora e longe dela? Construir, repare-se – e não apenas imaginar – no sentido concreto de armar um tempo e delimitar um espaço, de fazer materialmente uma história e a dilatar numa geografia, ou vice-versa?[30] É possível, enfim, produzir uma pátria, um lugar efetivamente "pátrio", onde não há a sepultura e o culto dos pais?[31] Onde não habitamos no sentido integral, ou seja, onde não possuímos senão o nosso "estar desenraizados", o nosso puro estranhamento? E que papel têm, nessa espécie de quiasmo espacial ou de encruzilhada temporal, tanto a distância e a estranheza quanto a proximidade e o desejo de pertencer e de permanecer? Quais são, afinal, as diferenças que afloram na semelhança dos pressupostos e das perspectivas ideológicas entre aqueles que estão procurando uma pátria longe dela e aqueles que enxergam – numa proximidade marcada pelo distanciamento do viajante, por uma atitude fatalmente exótica – um caráter nacional naquilo que é ainda procura indistinta de um sentido pátrio? Creio que essas (e mais outras possíveis) perguntas sejam preliminares e não contornáveis no

---

30 Sobre a relação entre tempo "contado" e espaço "construído" e entre construir e habitar, ver Ricoeur, op. cit., p.183-188.

31 Voltarei várias vezes sobre a sepultura como gesto eminentemente histórico, produzindo, através do culto dos pais, o fundamento visível da ideia de pátria, mas quero desde já mencionar o estudo magistral de Robert Pogue Harrison, *The Dominion of the Dead*, em que é explorada a relação entre o ato de enterrar e o surgimento de um território literário. A definição da historiografia como prática ambivalente que cultua e, ao mesmo tempo, excetua o passado como "ausência" deve-se, em compensação, sobretudo a Michel de Certeau, *L'absent de l'histoire*. Dada a relevância, para o meu discurso, das análises desse grande estudioso francês, voltarei a ele várias vezes ao longo deste texto.

momento em que nos deparamos com a "invenção do Brasil" e com a vontade de lhe escrever uma história que se deu na segunda e terceira década do século XIX, a partir justamente da "descoberta francesa" do país.[32]

E já nessa estranha reviravolta do pensamento, nessa contramão da lógica nacional, encontramos o primeiro paradoxo: o fato absurdo de uma comunidade que, para se encontrar e se reconhecer, na sua figura ainda indefinida e sem forma, na sua identidade ainda nebulosa, na sua natureza ainda idealizada, deve espelhar-se no olhar do outro. Na verdade, se pensarmos bem, algo de mais ou menos semelhante acontece, na mesma época, com outros países europeus, despertados para um sentimento nacional pelo olhar e pelo estímulo proporcionados pelos intelectuais estrangeiros. O que teria acontecido com a Itália e a Alemanha sem a presença e a ação cultural, por exemplo, de uma Madame de Staël? A história não se faz com as hipóteses, mas é certo que em *Corinne ou l'Italie* e, mais ainda, em *De l'Allemagne* os dois países encontraram, respectivamente, um lugar comum no qual se reconhecer na sua homogeneidade cultural e artística, no seu compartilhar as mesmas raízes linguísticas e a mesma *Geistesgeschichte*. Aquilo, todavia, que produz a diferença entre o despertar do nacionalismo na Itália e na Alemanha e a procura paralela de uma pátria por parte dos brasileiros é, justamente, a dificuldade em encontrar, nesse olhar afastado e mediado pelo olhar do outro, a natureza peculiar, os sinais característicos e singulares de uma identidade e de uma história nacionais, crescidas, por assim dizer, no seio de uma história e de uma identidade "impróprias".

Esse dualismo se mostra de modo claro nas primeiras tentativas de historiografia literária: de um lado, temos estudos

---

32 Na verdade, muitas dessas questões já foram respondidas por Maria Helena Rouanet em sua obra de referência *Eternamente em berço esplêndido. A fundação de uma literatura nacional*. De minha parte, tentarei enfrentar o problema do surgimento da historiografia literária no Brasil em uma óptica parcialmente diferente.

(como os de De Sanctis, já lembrados) instituindo uma disposição sintagmática de autores e de obras, e chegando a fundar um cânone nacional; do outro, aquele complexo bastante disperso de obras, produzidas sobretudo a partir de 1826 – isto é, a partir justamente do *Résumé de l'histoire littéraire du Brésil*, de Ferdinand Denis –, conjeturando uma história literária do Brasil e que vai desembocar, quase sessenta anos depois, no *opus magnum* de Sílvio Romero (e, transposto o limiar do século XX, nos trabalhos historiográficos de José Veríssimo e Araripe Jr.).[33] Se no âmbito europeu foi bastante fácil para os historiadores, uma vez conquistada a unidade política do país, construir, sobre a literatura ou, mais em geral, sobre a noção de *Geist*, um edifício histórico que, a partir das origens, abrigasse todas as manifestações artísticas, prescindindo das diferenças ou censurando os aspectos heterogêneos de um discurso ou percurso cultural secularmente partido, no Brasil aquilo que se deu não foi tanto a dificuldade no acesso às fontes (sempre lamentado, aliás, pelos autores de *Bosquejos* ou *Parnasos* literários) quanto a efetiva impossibilidade de separar o nacional do não nacional, de distinguir o que podia ser atribuído ao gênio brasileiro do que devia ficar no álveo da literatura portuguesa.[34]

---

[33] Estou plenamente consciente da arbitrariedade desse paralelo entre a Europa e o Brasil, tanto do ponto de vista cronológico (mais ou menos quarenta anos separam, com efeito, os textos de Denis e Gonçalves de Magalhães da *História* de De Sanctis), quanto do ponto de vista sociocultural e ideológico, mas, em primeiro lugar, isso me dá a possibilidade de falar, como italiano, daquilo que eu conheço melhor, e, em segundo lugar, me permite aproximar duas situações históricas, no fundo heterogêneas, para tentar entender a questão, no fundo comum, de como se constrói uma Pátria literária a partir de um acontecimento político fundamental e "fundacional" como é a Independência.

[34] Quanto às origens da historiografia literária no Brasil, devo chamar a atenção para o importante trabalho de descoberta e análise de textos exordiais levado adiante, há anos, por um grupo de pesquisadores da PUCRS. Dentro do amplo panorama de publicações por eles dedicado ao tema "Fontes da Literatura Brasileira", quero destacar apenas o importante livro, organizado

Empenhados em dar corpo à nação, em suma, os intelectuais europeus descobriram, na substancial unidade linguística e na possibilidade de entrelaçar e colocar em sequência os vários autores e as várias correntes literárias, a eventualidade de uma história comum. O seu olhar é, por isso, todo virado para o passado, no intuito de recuperar e dar forma ao caos e ao particularismo das expressões locais: o seu quadro acerta no alvo na medida em que constrói um cânone – cânone, aliás, que vai, depois, permanecer inalterado durante muito tempo. Essa "invenção da tradição" se torna, ao contrário, extremamente problemática no âmbito brasileiro. Folheando sobretudo o *Discurso sobre a história literária do Brasil*, de Gonçalves de Magalhães, aquilo que surpreende, de fato, é a quase total ausência de referências concretas, a falta de indicações, senão marginais, a obras ou autores do passado, a não ser uma alusão aos cantos indígenas e uma consequente assimilação daqueles "cantores" a "esses trovadores que de paiz em paiz peregrinavam, e ante os quaes se abriam as portas dos castellos dos senhores da idade media".[35] Como se vê, muito antes da inclusão dos índios no rol dos poetas surrealistas ("Já tínhamos a língua surrealista"...), proposta por Oswald de Andrade no *Manifesto Antropófago*, o futuro bardo imperial tinha tentado "usar" os autóctones como fetiches de uma identidade poética associada a figuras da tradição europeia.[36] Uso arbitrário, obviamente, mas que denuncia,

---

    por Regina Zilberman e M. Eunice Moreira, intitulado *O berço do cânone*. Ali, é fácil encontrar várias obras em que se lamenta a escassez das informações bibliográficas sobre o passado literário "brasileiro".

35 Magalhães, "Discurso sobre a história da literatura no Brasil". In: *Opúsculos históricos e literários*, p.267. Como se sabe, o *Discurso* saiu pela primeira vez na revista *Niterói*, em 1836. Escolhi manter o texto na sua grafia original, assinalando apenas as gralhas e os erros de impressão.

36 Sobre o uso instrumental e arbitrário da figura do indígena na literatura brasileira, me seja permitido, todavia, remeter para o quarto capítulo deste livro.

mais uma vez, a obrigação de passar pela história dos outros na construção de uma história própria.

Na verdade, aquilo que se percebe no *Discurso* é justamente a constatação da ausência sobre a qual deveria assentar a historiografia nacional – fruto, talvez, de uma consciência adiantada e aguda de que todo discurso sobre a (ou da) nação encobre e revela apenas o vazio da sua própria origem, apresentando-se como incompreensível "algaravia",[37] ou seja, como rede babélica de significantes a serem continuamente atualizados, a serem permanentemente associados a um referente fixo. Escrito longe da pátria e dirigido, via de regra, a um público estrangeiro, o texto aparece, de fato, construído na forma optativa e todo orientado para o futuro:

> *Nós pertencemos ao futuro. Como o passado nos pertence. A gloria de uma Nação que existe, ou que já existio, não é senão o reflexo da gloria de seus grandes homens. De toda a antiga grandeza da pátria dos Ciceros e dos Virgilios apenas nos restam suas immortaes obras, e essas ruínas que tanto attraiem os olhos do estrangeiro, e no meio das quaes a moderna Roma se levanta, e se enche de orgulho. [...]*
>
> *O apparecimento de um grande homem é uma epocha para a historia; e similhante a uma joia preciosa, que só possuimos quando podemos possuil-a, o grande homem jamais se apresenta quando o não merecemos. Ele póde existir em meio de nós sem ser conhecido, sem se conhecer a si mesmo, como o ouro nas entranhas da terra, e só espera que o desencavem para adquirir o seu valor; e a incapacidade que o desconhece, o annulla. Empreguemos os meios necessarios, e teremos grandes homens.*[38]

Quais seriam esses "meios necessários" Gonçalves de Magalhães não explicita de forma clara, mas o que interessa é que ele

---

37 A alusão explícita é ao importante trabalho de Raúl Antelo, *Algaravia: discursos de nação*.
38 Magalhães, op. cit., p.247-248.

utiliza, por um lado, a imagem das ruínas de uma civilização extinta no meio das quais "se levanta" o Moderno e, por outro, uma metáfora ligada à riqueza oculta da terra: a opulência potencial do Brasil, a ser ainda explorada, vai refletir-se necessariamente na descoberta de uma riqueza espiritual e realmente moderna brotando de um passado em frangalhos e não recuperável na sua integridade, na aparição e valorização de "grandes homens", sendo por sua vez (e não apenas marcando) "épocas para a história".

Essa atitude de considerar essência histórica vindoura aquilo que deveria ser o resultado de um percurso político-social demorado, no qual se espelharia o discurso literário nacional, distingue o escritor brasileiro do seu mentor francês Ferdinand Denis: onde o historiador europeu vê uma continuidade entre uma ideia, já presente na passagem entre os séculos XV e XVI, e um referente (um "correlato objetivo", seria possível dizer) que vai ser desvelado só três séculos depois, desenhando uma (falsa) lógica consequencial e uma relação quase orgânica entre Estado, povo e nação, Gonçalves de Magalhães vê, ao contrário, um tempo ainda fragmentário, constituído de uma sequência dispersa de indivíduos, de "grandes homens" que, cada um por si mesmo, vão construindo uma história. Só na trama dessas histórias em potencial poderá ficar presa uma imagem de nação, seguindo, e não acompanhando, a formação do Estado (que, de fato, já se tinha constituído, pelo menos no plano político-legislativo, no Brasil):

> Toca ao nosso século restaurar as ruínas e reparar as faltas dos passados séculos. [...] É pois mister reunir todos os títulos de sua [da nação] existência para tomar o posto que justamente lhe compete na grande liga social, como o nobre recolhe os pergaminhos da sua genealogia para na presença do soberano fazer-se credor de novas graças. Si o futuro só póde sair do presente, a grandeza daquelle se medirá pela deste.[39]

---

39 Magalhães, op. cit., p.254.

A alusão ao método genealógico e a imagem do intelectual como "restaurador de ruínas" confirmam, a meu ver, a visão da história como sucessão discreta de eventos, como coleção (fatalmente subjetiva) de fatos heterogêneos que desemboca em um presente atemporal, visto como limiar ideal, como tempo parado e restante em que se jogam os destinos do passado e do futuro.

A visão de Ferdinand Denis é ainda outra: por um lado, ele não pode evitar sublinhar a natureza recente, a "novidade" da nação brasileira, mas, por outro, tenta operar uma inversão temporal significativa:

> Ao Novo Mundo não podem faltar imponentes tradições: dentro de alguns séculos, a época a que chegamos, a época em que se fundou a sua independência, lhe proporcionará nobres e comovidas lembranças.[40]
>
> Eu não tenho medo de o dizer: o Americano em quem tantas raças se fundiram, o Americano, orgulhoso do seu clima, da sua riqueza, das suas instituições, virá um dia visitar a Europa como nós dirigimos os nossos passos rumo as ruínas do antigo Egito.[41]

A frase aponta, mais uma vez, para o futuro, mas um futuro em que o presente, que será então passado, irá desenvolver um papel fundador, recompondo, mais uma vez, as ruínas – mas as ruínas, por paradoxo, da cultura europeia, assimiladas às do antigo Egito.

---

40 "*Le Nouveau-Monde ne peut manquer d'imposantes traditions; dans quelques siècles, l'époque où nous sommes parvenus, l'époque où se fonda son indépendance, lui donnera de nobles et touchants souvenirs*" (Denis, *Résumé de l'histoire littéraire du Portugal, suivi du résumé de l'histoire littéraire du Brésil*, p.516 – tradução do autor).

41 "*Je ne crains point de le dire, l'Américain en qui tant de races se sont confondues, l'Américain, fier de son climat, de sa richesse, de ses institutions, viendra un jour visiter l'Europe comme nous portons nos pas vers les ruines de l'antique Egypte*" (ibid., p.520 – tradução do autor).

De forma plenamente consequente, Ferdinand Denis, diferentemente de Magalhães e em consonância com a historiografia literária europeia, tenta delimitar um cânone, isto é, tenta justamente recriar uma sequência (crono)lógica que a partir de Bento Teixeira chega até Santa Rita Durão e Basílio da Gama, por um lado, e até os conjurados, por outro. Oscilando, todavia, entre os tempos ou os relacionando de modo pessoal, colocando-se, enfim, naquele estranho "futuro do passado" – que vamos reencontrar, não por acaso, também na interpretação que De Sanctis nos oferece da obra e das ideias de Maquiavel –, o historiador francês sente-se legitimado a reler a história cultural do Brasil de forma arbitrária, sem se interrogar sobre o que poderia ser considerado autenticamente nacional, sem mesmo respeitar a ordem cronológica dos textos (tanto assim que, no *Résumé*, *Caramuru* antecede *Uraguai* – por pura ignorância das datas de publicação?), sem levar realmente em conta aquela ausência que tanto angustiava Magalhães e os seus contemporâneos – sem se colocar, enfim, aquela pergunta, decisiva mas irrespondível, que aparece logo no *Discurso*: "qual é a origem da literatura brasileira?".[42]

A atitude do "descobridor" francês do Brasil, nesse sentido, é marcada por um exotismo que o leva a considerar sinais ou sintomas da nacionalidade expressões artísticas ligadas, ao contrário, a um localismo sem nenhuma ambição nacional e sem nenhum alcance identitário, a não ser, justamente, o do próprio local a partir do qual ele nos fala. Trata-se, em suma, de obras que, longe de prefigurar uma brasilidade inexistente, representam apenas o desejo de dar voz a uma ideologia ou a um ponto de vista particulares. Gonçalves de Magalhães não por acaso, embora leitor declarado do *Résumé*, não aproveita esse critério de reconstrução hipotética de uma nacionalidade cultural, preferindo, como já vimos, acalentar, por um lado, a ideia da

---

[42] Magalhães, op. cit., p.244.

existência de uma literatura autóctone, e, por outro, imaginar uma trama de obras futuras chegando a constituir uma cultura autenticamente brasileira. Aquilo que ele está tentando fazer é, no fundo, criar o espaço e o tempo da sua (como de outros, por exemplo, daqueles que se vão utilizar da mesma perspectiva) inclusão na história literária nacional.

Como ele escreveu na "Advertência" que antecede a primeira edição no Brasil do *Discurso*, quase trinta anos depois da sua publicação em Paris, na revista *Niterói*:

> Tivemos a fortuna de ver bem depressa realisar-se a nossa patriotica idéa, não obstante a fraqueza do orgam [a revista *Niterói*] juvenil que a proclamava. A originalidade do engenho brasileiro appareceo logo com todo o brilho nos [sic] inspirações dos Senhores Porto-alegre, Gonçalves Dias, Dr. Macedo, Teixeira e Souza, Norberto da Silva e de tantas outras felizes intelligencias.[43]

Era, então, o grupo de *Niterói* que, na altura em que desenhava o seu quadro histórico ainda "em branco", ele estava na verdade tentando promover a artífice de uma nova literatura: uma produção literária fortemente coesa, fora de qualquer tradição preestabelecida e dentro de uma cultura surgindo das ruínas de uma civilização extinta. Um programa, nesse sentido, muito menos romântico do que se poderia imaginar ou, pelo menos, muito menos ligado à interpretação de Ferdinand Denis de um uso instrumental da tradição e um relacionamento íntimo entre natureza e cultura. Não sendo propriamente "histórico", o *Discurso* de Magalhães tenta, de fato, pensar a literatura não como um conjunto lógico de expressões artísticas que provém do passado e legitima o presente, e sim como um processo de formação ainda não começado, mas que desemboca em um sistema literário autônomo (mais ou menos no sentido que

---

43 Ibid., p.239.

Antonio Candido vai atribuir ao termo "sistema").[44] A diferença, evidentemente, entre essa previsão do surgimento de uma rede de "grandes obras" produzidas por (e destinada a) "grandes homens" e a ideia de "formação" que se vai impor pouco mais de um século depois consiste, em primeiro lugar, no conteúdo, por assim dizer, hipotético do *Discurso* oitocentista que o leva, de fato, a imaginar uma história em palimpsesto – segunda e mais radical diferença com o olhar desencantado do historiador novecentista, que não pode contornar o problema da condição pós-colonial da cultura brasileira, adotando, por isso, a famosa metáfora da "árvore" e do "galho secundário".[45]

Em vez disso, só a partir de um terreno baldio, de um vazio enorme e sem forma, os intelectuais de *Niterói* podiam tentar erguer o "edifício moderno" (para usar as palavras de De Sanctis) de uma literatura autenticamente nacional. O tempo descompassado e não consequencial, típico dos processos artísticos e culturais no mundo pós-colonial, acaba, então, barrando a estrada para qualquer tentativa de imaginar uma história literária que, partindo da *Carta do achamento* de Caminha, chegue, descendo a escada cronológica, até o presente. Isso, evidentemente, não impediu nem Sílvio Romero nem outros historiadores, antes e depois dele, de compor quadros históricos ou de desenhar mapas geográficos em que tudo tivesse o seu lugar, com a ressalva prévia de ser um evento acontecido no Brasil ou uma obra que tem a ver com a sua natureza "peculiar". Só para dar dois exemplos, podemos ir da reescrita da própria *Carta do achamento* por Varnhagen – que a torna uma "lenda fundadora", isto é, um texto que "há de ser lido" numa óptica nacional (como, aliás, já

---

44 Veja-se, em particular, o bem conhecido capítulo inicial ("Literatura como sistema") da *Formação da literatura brasileira*, sobre o qual voltarei a falar, de forma mais demorada, em um parágrafo adiante.
45 Cf. Candido, *Formação da literatura brasileira*, v.1, p.9: "A nossa literatura é galho secundário da portuguesa, por sua vez arbusto de segunda ordem no jardim das Musas [...]".

tinha percebido Ferdinand Denis, traduzindo para o francês o texto de Caminha em 1821, pouco depois da sua primeira edição organizada por Manuel Aires do Casal)[46] – até o mito ufanista da "tradição afortunada" ou até as tentativas, mais recentes e mais ou menos bem-sucedidas, de compor manuais histórico--literários em que se assume como brasileiro tudo aquilo que teve inspiração ou foi escrito por alguém que morou durante tempo suficiente no Brasil – sem levar em conta o arbítrio desse critério temporal e a impossibilidade de atribuir uma medida certa que determine o que seria "suficiente".

A leitura do *Discurso* nos proporciona, em vez disso, uma visão muito mais falha e problemática da história brasileira, marcada por uma lacuna impreenchível sobre a qual oscila uma ponte precária que liga o obscuro passado indígena – que por sua vez se sustenta sobre o pilar da cultura medieval europeia – a um futuro a ser ainda desvendado. E tudo isso mantém a cultura brasileira em um estado de atemporalidade, de intempestividade (também no sentido nietzschiano) ou de acronia em que não é possível uma escrita da história no sentido clássico, ou seja, a inscrição de um fato no interior de uma lógica contínua (de uma cronologia), mas apenas uma representação estática ou uma reprodução arbitrária do histórico, tomado pelo seu lado ficcional ou simbólico. É isso, no fundo, aquilo que vão fazer os artistas de *Niterói*: tentar montar um discurso/percurso artístico a partir da instituição de um passado hipotético, mergulhado no mito de uma origem, funcionando, por sua vez, como espaço baldio ou como lugar do

---

46 Cf. Dias, *Catalogue du fonds Ferdinand Denis*, p.49; Rouanet, *Eternamente em berço esplêndido*, p.300. Denis, depois dessa primeira versão em revista, vai publicar novamente a *Carta do achamento* nos seus volumes *Le Brésil*, de 1822, e *Brésil*, de 1837. De resto, encontramos citações ou alusões à *Carta* em vários outros lugares da sua vasta obra. Como se sabe, a "releitura" romanceada do texto de Caminha por Francisco Adolfo de Varnhagen (*Crônica do descobrimento do Brasil*) foi publicada em 1840. Cf. Süssekind, *O Brasil não é longe daqui. O narrador, a viagem*, p.184-192 e passim.

excesso natural – como dimensão promissora, enfim, na qual instaurar uma possível prática. Na perspectiva de Gonçalves de Magalhães e dos seus compatriotas "exilados" na Europa, em suma, a única possibilidade de fazer uma história era a de estabelecer, ou melhor, de pressupor um começo imperscrutável, para enchê-lo, depois, de significados presentes (e de intenções vindouras).

É aquilo que vai acontecer com a *Confederação dos Tamoios* e é aquilo que já se entrevê, por exemplo, na representação icônica da pátria montada por Manuel de Araújo Porto-Alegre, que, em vez de uma descrição objetiva da paisagem e dos costumes nacionais, como acontece com o seu mestre Debret ou com Rugendas, prefere produzir gravuras como a *Gruta,* em que se percebe "um movimento de alegorização do cenário, fazendo o calcário assumir aspecto espectral e deter, atemorizando-o, um pequeno grupo de visitantes".[47] Não é visível, tanto no caso do *epos* indigenista quanto no quadro, aquele destaque, aquela distância em relação ao evento representado/historiado que encontramos na figuração da realidade brasileira pelos naturalistas e viajantes estrangeiros. E nesse sentido, José de Alencar tinha plena razão na sua polêmica contra Magalhães, mas apenas porque a obra épica era somente uma prancha ou uma arquitetura, uma representação intempestiva e estática daquilo que interessava verdadeiramente tanto ao autor quanto ao seu mecenas imperial: o uso ideológico, voltado para o presente e o futuro, de um passado acrônico, de uma origem vazia e sem nenhuma perspectiva espaçotemporal. A *Confederação dos Tamoios*, em suma,

---

47 Süssekind, op. cit., p.160. Não por acaso, a prancha de Araújo Porto-Alegre (realizada em 1845) é várias vezes lembrada nesse magistral estudo sobre o surgimento da narrativa brasileira, como se na *Gruta* a autora identificasse uma espécie de alegoria da natureza e, ao mesmo tempo, de absorção e apagamento dela, tornando visível apenas o "vazio" da fundação, o fantasma assustador e a fantasia espantosa de uma origem "em falta" (ibid., p.30-32). Irei, aliás, voltar mais adiante – no quarto capítulo – a essa questão.

ficava longe da poética do romance histórico, sendo o seu autor mais interessado em apresentar uma natureza atemporal, da qual emergisse a identidade cultural, moderna e específica, de um país que era pensado, em larga medida, sem história própria. Se os romances indianistas de Alencar oscilam, então, entre o passado e o presente, tentando fingir uma conexão entre "o que foi" (mítico) e "o que é" (histórico), a obra de Magalhães, por sua vez, é inteiramente colocada no presente, ou melhor, em uma espécie de *epokhé*, de tempo parado e uniforme, em que a ligação com o passado é apenas um pretexto ou um limiar simbólico: a temporalidade, a distância absoluta que separa o *hoje* do *naquele tempo*, é tratada como ficção em si mesma, preliminar e, por assim dizer, autorreferencial em relação ao fato contado. E o mesmo poderia ser dito do famoso quadro de Porto-Alegre que, aparentando representar o espanto diante da natureza brasileira, na verdade manifesta de forma simbólica aquela ausência originária que na *Gruta*, justamente, se esconde e se descobre. Aqui o que conta é mais o gesto, é mais a indicação apontando para uma origem mítica e para um presente *performativo* e *polêmico* (em relação, sobretudo, ao tempo colonial e à dominação cultural portuguesa) de que a reconstrução cuidadosa – embora fatalmente arbitrária – de um início possível, marcado pelo compromisso "político" e pela procura de um "enredo" (narrativo, identitário, étnico...) que dê conta ou motive o presente, como acontece em *O Guarani* e em *Iracema*, ou – de forma em boa medida (crono)lógica e exemplar, ou seja, histórica e pedagógica – em *As minas de prata*.[48]

A visão que o grupo de *Niterói* nos oferece é, nesse sentido, marcada pelo desejo não de *narrar* a Nação, mas de mostrá-la em

---

48 Sobre a distinção (embora lida de modo em parte diferente do meu) entre o tempo pedagógico e o performativo na "escrita da nação", veja-se o ensaio fundamental de Homi K. Bhabha, "DissemiNation: Time, Narrative and the Margins of the Modern Country". In: *The Location of Culture*, p.145-147.

toda a sua pujança e grandeza natural: uma espécie de enorme painel cheio apenas de um vazio vegetal, ou melhor, mais uma vez, uma espécie de palimpsesto no qual inscrever significados peculiares, realmente individuais, contra qualquer tentativa de reduzir tudo a um pan-americanismo ou a um pantropicalismo em que se apagariam as características, os traços marcantes de uma pátria a ser construída. Por isso, a distância entre o "mestre" Denis e os "discípulos" brasileiros parece aumentar na medida em que é focalizado o objeto-nação: de um lado, teremos um erudito buscando, do interior da Bibliothèque Sainte-Geneviève,[49] no meio dos seus livros e das suas lembranças, uma chave para entender o Brasil dentro de uma mais ampla visão do Novo Mundo e da realidade tropical (como se verifica sobretudo nas suas obras *Scènes de la nature sous les tropiques et de leur influence sur la poésie*, de 1824, e *Brésil*, de 1837);[50] do outro lado, teremos Gonçalves de Magalhães, Porto-Alegre e muitos outros tentando identificar a natureza peculiar e o caráter não assimilável, refratário a qualquer contextualização supranacional e intelectualista da cultura brasileira.

E se, no seu *Résumé*, Ferdinand Denis assim exortava os historiadores e os viajantes:

---

[49] Como se sabe, Denis, depois dos três anos passados no Brasil (de 1816 a 1819) – quando era ainda muito jovem (desembarcou no Rio de Janeiro com 18 anos) –, consumiu o resto da sua longa vida (morreu aos 92 anos) como "embaixador" e ponto de referência, em Paris, das culturas de língua portuguesa, hospedando ou se tornando amigo de inúmeros representantes, tanto brasileiros quanto portugueses, daquelas culturas. Conservador da Biblioteca Sainte-Geneviève, perto do Panthéon, ele deixou a sua imensa coleção de livros e obras sobre Brasil e Portugal a essa instituição, embora grande parte desses documentos e textos tenha sido leiloada e dispersa pouco depois da sua morte. Sobre a vida de Ferdinand Denis, seu papel de "fundador" da literatura brasileira e seu imenso patrimônio bibliográfico, vejam-se, sobretudo: Dias, *Catalogue du fonds Ferdinand Denis*, e Rouanet, *Eternamente em berço esplêndido*.

[50] Denis, *Scènes...*; id., *Brésil* (pode-se também consultar a edição brasileira mais recente dessa obra, publicada em 1980, pela Itatiaia).

Que se estudem os débeis testemunhos escapados de três séculos de destruição, aí se vão observar ainda todos os pensamentos primitivos, excitando com força a imaginação; [...] que se penetre no seio das florestas, que se interroguem as nações livres, os seus campos estão ainda animados por pensamentos verdadeiramente poéticos.[51]

Magalhães, ao contrário, constatava já no seu *Discurso* que:

A poesia brasileira não é uma indigena civilisada; é uma Grega vestida à franceza e à portugueza, e climatisada no Brasil. [...] Despimos nossas plumas para nos apavonar com velhas gallas, que não nos pertencem. Em poesia requer-se mais que tudo invenção, genio e novidade.[52]

A controvérsia, como se vê, é centrada na "novidade", no caráter efetivamente "moderno" da produção nacional. E se o ilustre francês convida a estudar a *pensée sauvage* habitando poeticamente os *tristes tropiques* ("O americano escuta com melancolia, uma lenta tristeza se desenha muitas vezes no seu olhar"),[53] o escritor brasileiro manifesta o seu desejo de "construir", sem-

---

51 *"Qu'on étudie les faibles tributs échappés à trois siècles de destruction, on y verra encore toutes les pensées primitives qui excitent fortement l'imagination; [...] qu'on pénètre au sein des forêts, qu'on interroge les nations libres, leurs campagnes sont encore animées de pensées vraiment poétiques"* (Denis, Résumé..., p.518, tradução do autor).
52 Magalhães, op. cit., p.256-257.
53 *"L'Américain écoute avec mélancolie, une lente tristesse se peint souvent dans ses regards"* (Denis, Résumé..., p.523). Aliás, já em vários lugares do livro *Scènes de la nature sous le tropiques*, Denis tinha mencionado a "tristeza", ou melhor, a "melancolia" tropical – basta lembrar, como exemplo, esta breve passagem: *"Le Sertanejo et l'Arabe du désert [...] errent, sans dessein, dans ces vastes plaines, et portent continuellement avec eux des idées sombres et mélancoliques, nées d'une mystérieuse uniformité"* ("O sertanejo e o árabe do deserto [...] erram sem rumo nestas amplas planícies, e levam sempre consigo ideias sombrias e melancólicas, nascidas de uma misteriosa uniformidade"; Denis, *Scènes de la nature sous le tropiques*, p.75-76, tradução do autor).

pre a partir das ruínas de uma civilização extinta, uma tradição inédita:

> Convêm [sic], é certo, estudar os antigos e os modelos dos que se avantajaram nas diversas composições poeticas, mas não escravisar-se pela cega imitação. (...) A estrada aberta pelos nossos illustres maiores, que podemos considerar em caracol em uma montanha, ainda não tocou o seu cume; si aspiramos chegar a elle, o mais seguro caminho é trilhá-la, mas com cuidado que nos não deixemos encantar pela harmonia das vozes dos cysnes que a ladeam.[54]

O francês, então, tenta instituir uma continuidade entre presente e passado, entre arte e natureza, entre civilização e barbárie, enquanto o brasileiro, não ignorando o peso da história e a influência da geografia, acalenta o surgimento de uma expressão cultural autônoma, livre da "cega imitação" dos modelos estrangeiros.

De resto, não obstante Magalhães reconheça, no seu *Discurso*, o papel exemplar do *Résumé*, as alusões que ele dedica à obra de Denis não podem ser decerto consideradas de plena admiração. De fato, depois de ter lembrado o nome do erudito francês, junto com Bouterwek[55] e Sismondi, entre aqueles que disseram "alguma cousa" sobre a literatura no Brasil, volta, poucas linhas depois, ao citar desta forma:

> No resumo da historia litteraria de Portugal e do Brasil por Mr. [sic] Ferdinand Denis, posto que separadas estejam ellas, e porventura mais extenso desenvolvimento offereça a segunda,

---

[54] Magalhães, op. cit., p.270.
[55] É curioso que, apesar de ser várias vezes lembrado, o nome de Friedrich Bouterwek apareça de forma errada (Bouterweck) em Denis (*Résumé*..., p.XXIII) e (Bouterwech) em Magalhães (op. cit., p.245).

comtudo basta um lance d'olhos para ver-se que ainda está longe de ser completa, servindo apenas para dar uma idéa a estrangeiros.[56]

De obra fundadora, o *Résumé* parece aqui se transformar quase em *Baedeker*, em guia para turistas culturais, assimilando o seu autor aos outros "estrangeiros" (entre os quais os portugueses não são mencionados, *et pour cause*) que, de forma vaga e insuficiente, falaram de uma literatura produzida no Brasil.

Uma curiosa confirmação dessa atitude de recusa em relação a explicações eruditas para fenômenos naturais ou para a cultura popular como origem de pobres artefatos (eles, sim, autenticamente "brasileiros", embora primitivos) – explicações à luz de um saber "estrangeirado", impregnado de exotismo e de vontade de instituir uma história para aquilo que está fora ou antes dela –, nos vem de uma peça teatral composta por Manuel de Araújo Porto-Alegre e que foi magistralmente estudada por Flora Süssekind (a quem devo o conhecimento do texto).[57] De fato, esse artista poliédrico escreveu, em 1848, uma "comédia arqueológica" intitulada *A estátua amazônica*, em que satirizava um grupo de intelectuais franceses empenhados em explicar a origem de uma "bronca estátua de pedra quase parecida a um macaco", descoberta pelo conde de Castelnau, personagem real,[58] mas que aqui é apresentado como exemplar do *exote*,[59] do viajante francês despreparado e sem capacidade de interpretar a realidade brasileira. O protagonista e dono do burlesco *salon*

---

56 Magalhães, op. cit., p.245.
57 Süssekind, op. cit., p.50-55.
58 O conde Francis de Castelnau publicou, entre outras coisas, a obra monumental em seis volumes *Expédition dans les parties centrales de l'Amérique du Sul, de Rio de Janeiro à Lima et de Lima au Pará, exécutée par ordre du gouvernement français pendant les années 1843 à 1847*.
59 Sobre esse termo – que vai depois adquirir, na interpretação novecentista de Victor Segalen (*Essai sur l'exotisme*, 1914-1918), um valor positivo –, cf. Todorov, *Nous et les autres. La réflexion française sur la diversité humaine*, p.362-367 e *passim*.

em que se debatem a origem e a natureza da estátua é, na verdade, um tal de Sarcophagin de Saint-Crypte, nome que remete de imediato a Bernardin de Saint-Pierre, um dos mestres de Ferdinand Denis e por ele várias vezes lembrado nos seus estudos sobre o Brasil;[60] além disso, o nome do próprio Francis de Castelnau aparece, como referência, nas obras do historiador francês.[61]

O conde Sarcophagin/Bernardin não só tem a capacidade de interpretar o presumido achado arqueológico como testemunho de uma civilização arcaica, ligando o Brasil às culturas babilônica, japonesa e mongol, mas também, empolgado pelas suas teorias primitivistas e universalistas em que tudo corresponde a tudo, se atreve a reler a paisagem carioca, que ele nunca viu, em uma chave absolutamente fantástica, prestando fé aos relatos descabidos de outros viajantes europeus:

> Numa carta que recebi do doutor Klopstmein tenho notícia de que em uma pedra, que lá existe à esquerda da entrada da barra, a que chamam Pão de Açúcar, há uma inscrição em caracteres rúnicos que prova que aquela pedra imensa é uma estátua arminada pelos séculos e que figurava um índio sentado, sustentando na mão esquerda o carro do sol e com a direita acariciando uma baleia no fundo do mar. Ainda se vê claramente da parte da cidade o lugar donde se despegou o braço. Consta-me mais, por este profundo observador, e por outros viajantes, de inscrições gigantescas em várias pedras e em ilhas no meio do mar, como sejam a do monte Gávea e a da ilha do Arvoredo, e toda em caracteres rúnicos.[62]

Para um artista que durante anos viveu em contato com grandes figuras da *intelligentsia* francesa, a ridicularização do

---
60 Vejam-se, por exemplo, as *Scènes...*, p.II, 16, 55 e *passim*.
61 Cf. Dias, op. cit., p.128.
62 Apud Süssekind, op. cit., p.53.

espírito erudito europeu não poderia ser mais arrasadora. O que anima esta crítica feroz é, sobretudo, a interpretação intelectual e historicizada da paisagem brasileira, totalmente contrária à "atemporalização paradisíaca da Natureza" e à "singularização nacional de possíveis origens étnico-culturais",[63] sustentada pelo grupo de *Niterói* e por outros integrantes do primeiro Romantismo brasileiro.

A verdade sobre a estátua vai ser enfim restabelecida pela *Revista Trimestral* do Instituto Histórico e Geográfico em que é publicada a carta de um "jovem brasileiro" comprovando que ela é "obra de Antônio Jacinto de Almeida, um dos pedreiros empregados na colocação dos marcos das últimas demarcações": desfecho cômico para a reunião dos eruditos franceses, mas que mostra, na verdade, como os intelectuais brasileiros teriam chegado, já nos anos quarenta do século XIX, a desprezar uma interpretação que colocasse o País dentro de um processo histórico global e universalizante, apagando as características nacionais. Não creio que seja um acaso, nesse sentido, que o autor da presumida obra-prima – assimilada a um "Baal na atitude de repouso", a "um ídolo caldaico" e a outras figuras igualmente fantasiosas pelos interlocutores de Sarcophagin – seja, de fato, um "fazedor de fronteiras": Antônio Jacinto de Almeida pertence idealmente à raça dos conquistadores do deserto, a aquela progênie mítica de bandeirantes e aventureiros a quem se deve, em uma óptica nacionalista, a construção material do tempo e do espaço brasileiros, emblemas de uma nação que foge a qualquer lógica ou teoria da história para fundar uma nova história, a princípio rude e elementar (como a estátua), mas cheia de promessas e projetada no futuro – e não em um passado arqueológico como aquele conjeturado pelos seus ridículos intérpretes estrangeiros.

---

[63] Ibid.

Obviamente, Araújo Porto-Alegre salva da sua crítica feroz os membros da expedição francesa, afirmando no prefácio ao seu texto:

> O Brasil tem tido a glória de ser visitado por viajantes franceses dignos de todo o respeito e veneração, como sejam os senhores Auguste de Saint-Hilaire, Ferdinand Denis e Debret, que estão longe da classe dos Jacquemonts, Arsennes, Aragos, Suzannets e outros muitos miseráveis mentirosos que – *visant à l'effet* – escrevem o que não viram e degeneram o que viram. Aos primeiros é do nosso dever tributar veneração, respeito e gratidão; mas aos segundos desprezo, e só desprezo.[64]

É igualmente óbvio, todavia, que o laivo de tanto "desprezo" por uns chega a contaminar a "veneração" declarada por outros: a glorificação dos mestres, na sua deriva "degenerada", se transforma em culto dos ausentes e em arquivamento de uma experiência cultural. O Brasil pode e deve caminhar com as suas pernas, abandonando as trilhas abertas pelos integrantes da *Mission* e, mais em geral, pelos viajantes franceses:

> A leviandade da maior parte dos viajantes franceses e a superficialidade com que encaram as coisas na nossa pátria, unidas a um desejo insaciável de levar ao seu país novidades, têm sido a causa desses grandes depósitos de mentiras que se acham espalhados por muitos livros daquele povo, que as mais das vezes sacrifica a verdade às facécias do espírito e o retrato fiel dos usos e costumes de uma nação ao quadro fantástico de sua imaginação ardente, auxiliada livremente pela falta de conhecimento da língua e pela crença de que tudo o que não é França está na última escala da humanidade.[65]

---

64 Apud Süssekind, op. cit., p.55.
65 Ibid., p.51.

Se não se trata de uma recusa completa dos ideais formalmente sustentados até então, é com certeza uma despedida, uma página virada na história cultural da nação: pouco mais de dez anos depois do aparecimento, em Paris, de *Niterói*, um dos seus fundadores considera superada a tutela da cultura francesa sobre a brasileira, achando que um anônimo jovem compatriota podia, muito bem e de forma brilhante, contradizer os disparates arqueológicos, as hipóteses, entre o esotérico e o exótico, formuladas por um grupo de eruditos europeus.

Com isso, não irá com certeza acabar a função modelar que a França, de fato, desempenhará no âmbito da cultura brasileira sucessiva (basta pensar no papel da produção teórica e artística daquele país tanto na narrativa quanto na poesia posteriores – até a *belle époque* carioca com a sua carga de positivismo ou de simbolismo "à francesa" – e, depois, no Modernismo paulista), mas, em matéria de historiografia, os grandes autores da segunda metade do século XIX parecem considerar o paradigma desenhado por Ferdinand Denis uma espécie de preliminar, em parte falho e em parte fantasioso, daquela escrita da história que envereda para um positivismo cientificista, contornando a questão da tradição em prol de uma exaltação do "meio".

A geografia vai, de fato, primeiro fundar e depois determinar a história, transformando o espaço em uma grande metáfora do tempo. Para citar mais uma vez Sílvio Romero, basta apenas lembrar as frases que ele colocou quase no início do seu *Compêndio de história da literatura brasileira* (publicado em 1906):

> Na imensa pêra sul-americana, como dizem uns, no enorme presunto da America do Sul, como se poderia chamar, o Brasil, ocupando talvez mais do terço, constitui uma região especial que se distingue por mais de uma singularidade.
>
> Tendo em geral a mesma configuração dessa parte inteira do continente, é, no seu núcleo central, a região mais antiga do Novo Mundo e, talvez, da terra. Era uma enorme ilha primitiva, que se

veio a ligar ao planalto mais recente dos Andes e ao das Guianas, por movimentos geológicos específicos e mais diretamente pela ação dos dois consideráveis rios que a circulam – o Amazonas e o Paraguai-Paraná-Prata.[66]

Apesar do tom quase coloquial, marcado pelo uso de metáforas "gostosas", agradáveis ao paladar de um público de estudantes (visto o destino evidentemente escolar do *Compêndio*), as noções aqui expressas – quase como as de Sarcophagin de Saint-Crypte – podem resultar indigestas para quem tenha um conhecimento, mesmo rudimentar, da geofísica continental. De fato, mais que com uma consideração de ordem geográfica, temos a ver com um arbítrio geológico a que se liga uma consequência de natureza, por assim dizer, ecológica: ou seja, Romero, retomando – talvez de modo inconsciente – o mito antigo e fundador da "Ilha-Brasil",[67] o transforma em um axioma, em uma premissa inconteste na qual embasar a especificidade da cultura nacional. Se, em suma, o Brasil é uma enorme massa insular e se, por isso, ele goza de uma identidade telúrica – isto é, mais uma vez "arqueológica", subterrânea e, por assim dizer, ctônia –, de uma caracterização climática e racial, indiscutível, torna-se então "natural" que tudo aquilo que vem de fora (uma tradição artística, um passado histórico, uma estrutura social...) seja imediata e fatalmente transformado pela ação do meio, do ambiente peculiar em que os adventos (artísticos, históricos, sociais...) europeus se inserem, dando assim lugar e tempo a eventos específicos que, embora remetam às formas originais, geram com certeza conteúdos diferentes e outros.

---

66 Romero; Ribeiro, *Compêndio de história da literatura brasileira*, p.25 (edição comemorativa, organizada por L. A. Barreto).
67 A esse mito (ou "figura") vai ser, aliás, dedicado o segundo capítulo do presente livro.

O lento processo de autonomização da historiografia nacional, aviado a partir da independência política, vai assim desembocar, na passagem entre o século XIX e o século XX, em uma visão na qual aquilo que conta não é tanto o resgate dos restos, a recomposição dos fragmentos de uma civilização extinta, quanto a descoberta daquilo que "está escondido desde a fundação",[68] desde a origem (geográfica) do País: aquilo a que se presta atenção é, enfim, mais o fundamento em ausência, mais o horizonte em fuga de uma identidade arbitrariamente predeterminada, do que a reconstrução de uma tradição, do que o estabelecimento de um cânone. A tônica do caráter nacional é colocada sobre a "cor local", em algo que, no fundo, não tem nem passado nem futuro, não *foi* nem *será* mas *é*, na sua natureza acrônica, suspensa sobre o tempo e imóvel. Contra esse "essencialismo" da localidade, como se sabe, contra essa transformação do espaço em tempo parado e uniforme se dirige a crítica pacata e, ao mesmo tempo, contundente de Machado de Assis – ele, sim, liquidador, de um lado, do legado de Ferdinand Denis e, mais em geral, da historiografia europeia baseada na imagem de um Brasil *naturaliter* poético e "canoro",[69] composta a partir do preconceito romântico de uma arte específica provinda de uma natureza igualmente específica, e, do outro lado, inimigo

---

68 A alusão, aqui implícita, é ao título do importante livro de Girard, *Des choses cachées depuis la fondation du monde*.
69 Cf. Denis, *Résumé*..., p.581: "*La musique est cultivée dans tous les états, ou plutôt elle fait partie de l'existence chez le peuple, qui charme ses loisirs en chantant, et qui oublie même les soins d'un pénible travail toutes les fois qu'il entend les simples accords d'une guitarre ou d'une mandoline*" ["A música é cultivada em todos os estados, ou melhor, ela faz parte da existência do povo, que alegra cantando os seus momentos festivos e que até se esquece das mágoas de um trabalho penoso todas as vezes que escuta os simples acordes de uma viola ou de um bandolim"]. Ver, ainda, Magalhães, *Discurso*..., p.266: "Este abençoado Brasil com tão felizes disposições de uma prodiga natureza, necessariamente devia inspirar os seus primeiros habitantes; os Brasileiros musicos e poetas nascer deviam. E quem o duvida? Elles o foram, e ainda o são".

convicto do mito de um Brasil-Ilha, de um país desligado de qualquer tradição extranacional e dobrado sobre a sua origem imaginária e sobre a sua essência edênica.[70] Depois de quase cinquenta anos passados na afirmação do "instinto de nacionalidade", na procura de uma história autenticamente nacional, no desejo de construir uma pátria em que se deem o enterro e o culto dos pais, surge finalmente um daqueles "grandes homens" auspiciados por Gonçalves de Magalhães, sendo em si mesmo uma "época para a história". Só que Machado desmente, com a sua obra, tanto a ideia de que a nação possa ser vinculada ao seu estatuto espacial ou ao seu tempo contínuo, quanto que ela possa reivindicar um caráter realmente pátrio: a historiografia, para ele, não é tanto uma escrita sobre o morto, sobre o "ausente da história", quanto (como ele mostra, sobretudo, em *Memórias Póstumas de Brás Cubas* e, em parte, em *Dom Casmurro*) uma escrita do "ausente", de um ser póstumo a si mesmo, de um morto agindo e falando na (e da) imutabilidade do tempo humano. Nessa inversão, talvez, o Brasil podia finalmente encontrar uma possibilidade concreta de contar e recontar a sua história, habitando a difícil consciência de que o caráter nacional depende não de um futuro a ser edificado nem de um passado a ser cultuado, mas de um passado que parece não passar e de um presente incerto e difuso no qual impera o arbítrio, a reconstrução subjetiva dos fatos, a aleatoriedade de uma memória sem resgate.

Com Machado, em suma, poderiam ser definitivamente arquivados tanto a experiência romântica quanto o desejo dos brasileiros "de ter uma literatura" e de lhe escrever a história seguindo uma lógica consequencial. Se isso não aconteceu, foi

---

70 A referência óbvia é o famoso texto de Machado de Assis, "Notícia da atual literatura brasileira. Instinto de nacionalidade" (de março de 1872), complementado, sete anos depois, por "A nova geração" (de dezembro de 1879). Cf. Assis, *Obra completa*, v.3, respectivamente p.801-808 e 809-836.

porque o tempo desafinado e, de algum modo, "bem-temperado" em que habitam os grandes romances machadianos não foi levado em conta como proposta de revisão da historiografia nacional, mas apenas como sugestão literária, como intuição e não como conclusão inevitável de um processo lógico, colocando em discussão a própria epistemologia do "fazer histórico".[71] Pensar o Brasil continuou sendo, de fato, também depois de Machado, um lamentar, por um lado, a sua origem em falta ou o seu ficar à margem de uma história ainda por vir (Euclides da Cunha),[72] ou, por outro lado, um imaginar o País como espaço coeso e coerente de um tempo ainda partido e heterogêneo, mas em via de ser recomposto e tornado harmônico. A reconstrução de um passado bárbaro e feliz por Ferdinand Denis e a ânsia de futuro de Gonçalves de Magalhães, baseadas ambas no mito de uma natureza peculiar e paradisíaca, vai continuar sendo, de fato, o princípio e a finalidade de boa parte da escrita da história, pelo menos até a afirmação do conceito de formação que, em pleno século XX, irá ultrapassar e liquidar de modo definitivo a prática historiográfica oitocentista.

---

71 Depois dos trabalhos pioneiros de Roberto Schwarz (cf., em particular, *Um mestre na periferia do capitalismo: Machado de Assis*) e de John Gledson (cf., em particular, *Machado de Assis: ficção e história*), a possibilidade de interpretar as obras de Machado de Assis como tentativas de leitura da história brasileira foi recentemente legitimada por um historiador *en titre d'office* como Sidney Chalhoub, *Machado de Assis, historiador*.

72 A visão da história brasileira de Euclides é, na verdade, muito mais complexa, articulada e, às vezes, ambígua do que aquilo que o meu resumo deixa entender. Sobre o assunto, todavia, temos felizmente as contribuições magistrais de Luiz Costa Lima que, enfrentando, em geral, a questão da historiografia e da sua relação com a literatura, empreendeu uma análise importante da figura de "Euclides-historiador", mostrando a tensão não resolvida entre o plano documentário e o ficcional, entre o relato científico e a invenção poética, presente sobretudo em *Os sertões*, mas que se alarga até os textos incluídos em *À margem da história* (cf. Lima, *Terra Ignota. A construção de* Os sertões, p.195-212; id., *História, ficção, literatura*, p.373-386).

Aquilo que resta, afinal, são apenas os restos: o difícil processo de construção de uma pátria a partir de uma óptica afastada e hipotética, de uma história marcada pelo desejo de encontrar uma voz própria e original, apagando a herança de uma colonização falha e, ao mesmo tempo, autoritária. A identidade da nação, todavia, como em todo o mundo pós-colonial, se encontra apenas no fracasso desse projeto, ou seja, em uma "DissemiNação" (para usar, mais uma vez, o termo de Bhabha)[73] de fatos e de ideias em que se conjugam tanto a perspectiva estranhada do outro quanto o legado da dominação portuguesa e das civilizações que a antecederam ou que a ela se sobrepuseram. Só nessa contínua dispersão e contaminação de coisas diferentes, de restos ou escombros de culturas diversas a ausência pode ser transformada em presença – embora precária e híbrida, "neutra" e "terceira" –; só assim a memória individual pode tornar-se tradição compartilhada, sobre a qual fundar, finalmente, uma comunidade – imaginária, com certeza, mas, ao mesmo tempo, espaço de uma possível prática.

Para concluir com as frases de Michel de Certeau – um grande compatriota, então, de Ferdinand Denis – a historiografia brasileira chegaria talvez, desse modo, a assumir (e, talvez, a superar) o paradoxo implícito em qualquer escrita da história, pelo menos no mundo ocidental:

> A historiografia supõe que se tenha tornado impossível crer nesta presença dos mortos que organizou (ou organiza) a experiência de civilizações inteiras, e que é por isso impossível "confiar" nela, aceitar a perda de uma solidariedade viva com os desaparecidos, tornar interino um limite irredutível. O perecível é o seu dado; o progresso é a sua afirmação. Um é a experiência que o outro compensa e combate. A historiografia tende a provar que o lugar onde ela se produz é capaz de compreender o passado:

---

[73] Bhabha, op. cit.

procedimento estranho que supõe a morte, corte sempre repetido no interior do discurso, e que nega a perda, destinando ao presente o privilégio de recapitular o passado em um saber. Trabalho de morte e trabalho contra a morte.[74]

A tarefa de uma historiografia autenticamente nacional poderia, de fato, consistir em ostentar "a perda", em habitar, de forma manifesta, esse limiar "irredutível", para construir enfim uma pátria – pátria talvez inexistente, mas que se legitima todavia, aos poucos, nessa inexistência e na infinita liberdade que dela provém, balançando, em plena consciência, entre o culto e o apagamento do passado, entre a retomada das instâncias culturais locais e a aceitação da continuidade e contiguidade em relação a uma cultura global, entre a instituição de uma tradição e a determinação "negativa" de um futuro possível.

Na miragem de uma identidade literária "positiva", de um discurso cultural finalmente autônomo, por sua vez, o Romantismo, dos dois lados do Atlântico, tentou sempre tornar mítica (e, por outro viés, colmatar) a falta e, contemporaneamente, elaborar o luto através da invenção de uma tradição "natural", submetida ao presente e funcional a uma visão ideológica ligada ao poder, à sua legitimação e à sua manutenção. É óbvio, porém, que aquela com que lidavam Ferdinand Denis, Gonçalves de Magalhães e os outros era uma diversa e mais incipiente ideia de história, isenta de qualquer preocupação metodológica. E, com

---

74 Certeau, *L'écriture de l'histoire*, p.18-19, tradução do autor. (*"L'historiographie suppose qu'il est devenu impossible de croire en cette présence des morts qui a organisé (ou organise) l'expérience de civilisations entières, et qu'il est pourtant impossible de 's'en remettre', d'accepter la perte d'une vivante solidarité avec les disparus, d'entériner une limite irréductible. Le périssable est sa donnée; le progrès, son affirmation. L'un est l'expérience que l'autre compense et combat. L'historiographie tend à prouver que le lieu où elle se produit est capable de comprendre le passé: étrange procédure, qui pose la mort, coupure partout répétée dans le discours, et qui dénie la perte, en affectant au présent le privilège de récapituler le passé dans un savoir. Travail de mort et travail contre la mort."*)

certeza, era uma outra e mais hipotética nação, onde, no fundo, não se supunha haver mortos, ou melhor, onde *"les morts vont vite"*, na já lembrada opinião do Conselheiro Aires.[75]

O fato e o fazer: história de um desejo

> O historicismo postula uma imagem "eterna" do passado, o materialista histórico uma experiência única com ele. Ele deixa que outros gastem as suas forças com a meretriz "Era uma vez" no bordel do historicismo.
>
> Walter Benjamin, *Teses de filosofia da história*

Pode-se afirmar que decorre desta constatação negativa – ou seja, do apagamento rápido dos "fatos", da desmemória coletiva e da impossibilidade de cultuar "o que foi" – a tendência, ao longo do século XX brasileiro, em produzir obras históricas nas quais, porém, a palavra "história" não aparece no título. Com efeito, em vez de história (termo sobrecarregado, aliás, e até consumido pelos seus significados, a ponto de se tornar, na definição de Benjamin, um "bordel"), encontramos frequentemente, como se sabe, estudos em cujo título é utilizada a definição de formação: termo, talvez, mais eficaz para pensar e dar conta da "outra marcha" seguida pela cultura nacional. Em um livro publicado poucos anos atrás,[75] foi justamente estudado o sentido da formação presente nas reflexões mais agudas sobre a cultura brasileira, mas o que acho importante sublinhar é a ligação, que poderia ser esclarecedora, entre esse modo de entender a história e a memória nacionais e a genealogia nietzschiana.

---

75 Veja-se, a respeito dessa frase de Machado de Assis ("os mortos vão depressa") e das consequências que ela tem na visão do "tempo brasileiro", o estudo, já mencionado, de Bosi, "O tempo e os tempos", p.25.
76 Arantes, "Providências de um crítico literário na periferia do capitalismo". In: Fiori Arantes; Arantes, *Sentido da formação*, p.11-66.

Na obra talvez mais conhecida que traz no título a palavra "formação" (a *Formação da literatura brasileira*) esse parentesco se destaca de modo evidente, até se tornar coincidência no uso do atributo genealógico utilizado para os fenômenos considerados, pelo autor, exordiais da cultura literária brasileira. Tanto na obra maior como em vários outros lugares da sua pesquisa historiográfica e crítica, Antonio Candido tem sublinhado, com efeito, a "tendência genealógica" que está inscrita na origem da literatura brasileira – ou melhor, "na história dos brasileiros no seu desejo de ter uma literatura"[77] – e que ele considera "típica da nossa civilização".[78] Tendência que ele liga ao afã de ter – ou melhor, de inventar – uma tradição por parte dos intelectuais da colônia no século XVIII, mas que se transforma a meu ver (ou já o é, implicitamente, desde o início) em método de análise, na medida em que o próprio Candido, recusando o papel tradicional de historiador, como investigador da origem e defensor da continuidade entre passado e presente, se torna, afinal de contas, ele mesmo genealogista no sentido nietzschiano, tentando justamente fazer a história daquela falta, daquela ausência que Sílvio Romero tinha assinalado em 1878.[79]

Paradoxo interessante este de construir uma história a partir de uma lacuna, de um vazio histórico, mas paradoxo que acaba por fazer sentido no momento em que consideramos a possibilidade – que é obrigação para um país colonial – de instituir um discurso e de seguir um percurso não na direção da homogeneidade e da unidade, mas no da heterogeneidade e da diferença, inventariando as figuras que aparecem no caminho, sem pretender descobrir nelas uma coerência necessária, uma continuidade lógica com uma suposta origem – que não existe ou que, pelo

---

77 Candido, *Formação da literatura brasileira: momentos decisivos*, p.25.
78 Id., "Estrutura literária e função histórica". In: *Literatura e sociedade*, p.171.
79 Refiro-me à denúncia de Romero sobre "a falta de seriação nas ideias" (cf. *supra*, § 2 e nota 15).

menos, nunca está onde a procuramos –, mas considerando os eventos na sua dispersão, na sua singularidade e na sua irredutibilidade ao uno da metafísica historicista. Para entender e reconhecer a cultura brasileira, em suma, teremos mais uma vez de "pensar de outra forma", inventariando vagarosamente as diferentes figuras que nelas se inscrevem; aviando-nos pelo caminho íngreme de uma indagação assistemática de um objeto que se apresenta, já nas palavras de Romero, como assistemático, fora e longe de qualquer dialética histórica.

De resto, ainda Antonio Candido, no prefácio à segunda edição da sua *Formação*, aponta, justamente, para o processo de constituição da literatura brasileira, definindo-o como uma prática de configuração:

> [A literatura] brasileira não nasce, é claro, mas se configura no decorrer do século XVIII, encorpando o processo formativo, que vinha de antes e continuou depois.[80]

A noção de origem, como se vê, se dilui e some na perspectiva dinâmica de um "processo formativo" sem começo nem fim, que, por sua vez, é incluído em uma "configuração" instável dos fatos literários. Apontar para essa constelação figural, significa, com efeito, pensar a literatura não como continuidade, mas como acumulação discreta e aparentemente inconsequente de "momentos decisivos" que se entretêm (e se entretecem) na sua natureza provisória e, ao mesmo tempo, dispersa, até formar, mas só depois de um lento e difícil caminho, um sistema – isto é, o famoso "triângulo autor-obra-público".

A natureza não dialética dessa avaliação da história literária se mostra com clareza quando, um pouco mais adiante, Candido afirma a sua vontade de "jamais considerar a obra como *produto*", atento, em contrapartida, a "analisar a sua *função* nos processos

---

80 Candido, *Formação da literatura brasileira: momentos decisivos*, p.16.

culturais".[81] Essa sincronia contida na diacronia, ou melhor, essa *epokhé* em que se suspende por instantes a cronologia – entendida como acumulação de fatos ou de coisas, como irreversibilidade da "construção" –, reafirma, a meu ver, a importância da atitude "arqueológica" no estudo das figuras disseminadas ao longo da história. E isso, partindo justamente do princípio de que *"il n'y a pas d'objets naturels, il n'y a pas des choses. Les choses, les objets ne sont que les corrélats des pratiques"*,[82] até chegar, enfim, ao paradoxo foucaultiano, ou seja que *"ce qui est fait, l'objet, s'explique par ce qu'a été le faire à chaque moment de l'histoire; c'est à tort que nous nous imaginons que le faire, la pratique, s'explique à partir de ce qui est fait"*.[83] A atenção emprestada à prática que dá forma e consistência ao objeto permite, então, aquele processo de desmistificação, de desmascaramento da história como causalidade, fazendo enfim reaflorar os nexos ocultos que ligam as "meias verdades" sobre as quais assentam as configurações literárias, na sua função, ao mesmo tempo, provisória e necessária dentro dos "processos culturais" (e atente-se na forma plural empregada por Candido).

De resto, como foi já magistralmente notado,[84] sublinhar a possibilidade de falar em literatura – e, consequentemente, na possibilidade de uma história nela embasada – só a partir da sua constituição em sistema orgânico, prevendo a existência de alguns elementos fundadores, remetendo por sua vez a uma estrutura fincada no tempo, coloca em jogo a questão da tradição e da sua articulação com a dialética do "novo". Se, com efeito, podemos considerar a formação como um "processo", como é

---

81 Ibid., p.17.
82 Veyne, *Comment on écrit l'histoire*, p.402. [Trad.: não há objetos naturais, não há coisas. As coisas, os objetos não são mais que correlatos das práticas. (N. E.)]
83 Ibid., p.403. [Trad.: *o que está feito*, o objeto, se explica porque tem sido o *fazer* em cada momento da história; é um equívoco imaginarmos que o *fazer*, a prática, se explique a partir do que é feito. (N. E.)]
84 Vejam-se, por um lado, Pedrosa, *Antonio Candido: a palavra empenhada*, p.30-32 e *passim* e, por outro, Lima, *Pensando nos trópicos*, p.152-166.

que esse movimento de aquisição ou recuperação do passado e, ao mesmo tempo, de rompimento com ele, de superação constante daquilo que é (já) formado, se ajusta com a exigência de estabilidade, quase de cristalização do tempo e no tempo, presumida pelo termo "sistema"? Dito de outra forma, se a formação é entendida como formação de um sistema, qual seria o lugar (e o tempo) da mudança? E como estudar um objeto ou um fenômeno em constante devir se colocando do lado da estabilidade do conceito de "sistema"?

Sei que essas questões podem parecer marginais – e o são de fato, surgindo justamente às margens do discurso historiográfico, ou seja, sobretudo no início e no fim do percurso empreendido por Antonio Candido, sem todavia deixarem de ser perguntas que envolvem o estatuto teórico nuclear sobre o qual assenta a *Formação*. Como frequentemente acontece, seria possível dizer que é a partir dos limiares e movendo-se sobre ou entre eles que se pode apanhar o sentido geral e, ao mesmo tempo, profundo e escondido daquilo que, no caso presente, eu chamaria de "panorama hermenêutico". E de resto, o grande crítico parece se aperceber logo da aporia que se instala na dicotomia entre "formação" e "sistema", acrescentando a eles a perspectiva "momentânea": ou seja, construindo uma história que se sustenta sobre (ou oscila entre) os dois polos da transformação e da estabilidade, ele chega de imediato a entender que apenas em uma fragmentação infinita da continuidade é possível recuperar uma dimensão temporal de compromisso, em que o processo de formação e a cristalização dentro de um sistema se combinam apenas em "momentos decisivos" – definição que eu leio, de fato, como opção para uma temporalidade discreta, em que cada instante (cada presente) é resumo do passado e possibilidade de futuro.

Esse caráter continuamente virtual do fato literário, remetendo, por um lado, para a fatal "inatualidade" ou "intempestividade" de cada (grande) obra de arte, não esquece, por outro, que toda criação ou indicação de um tempo novo prevê a recuperação ou a manutenção do tempo na sua totalidade. Como o esquecimento habita necessariamente dentro da memória – e um só existe em função da outra –, assim todo processo de reconstrução hipotética do passado assenta em um ato de (de)cisão (os momentos são, de fato, "decisivos"), isto é, etimologicamente, em um "corte" que deixa fora a tradição no mesmo gesto com que a inclui no presente e a projeta para o futuro. Nesse sentido, a *Formação* é um tratado histórico (e, ao mesmo tempo, um discurso ou percurso crítico, por isso mesmo "discreto" e "discricionário") que exclui na inclusão, que excetua integrando no interior dele tudo aquilo que, aparentemente, é marginalizado ou até descartado.

Por isso, aliás, parecem-me totalmente fora do eixo ou do foco, na sua peremptória e magistral atribuição de sentido, as polêmicas (também recentes) sobre a inadequação ou a inadimplência da obra de Candido: porque, de fato, ele não quis fazer uma História no sentido clássico e tradicional do termo, adotando um critério – também ele fatalmente subjetivo – de ordenação consequencial dos eventos, a partir de uma origem suposta e hipotética para chegar a um presente duvidoso e escorregadio, mas sim assinalar o funcionamento peculiar do tempo brasileiro, feito de avanços e retrocessos, de polirritmias e descompassos, de anacronismos e de acelerações vertiginosas.[85] A noção de "sistema" funciona, nessa proposta problemática, apenas como indicação de uma duração dentro da fluidez e da reversibilidade do tempo histórico brasileiro. Seria possível até afirmar que Candido tenta conjugar, à maneira de Bergson, *durée* e *évolution créatrice* supondo que *"la détente et la contraction sont relatives, et relatives l'une à l'autre. [...] Il y a toujours de l'étendue dans notre durée, et toujours de la durée dans la matière"*[86] – e precisando,

---

85 Veja-se, a respeito, ainda o ensaio de Alfredo Bosi, "O tempo e os tempos", p.19-32.
86 Deleuze, *Le bergsonisme*, p.89-90. [Trad.: a descontração e a contração são relativas, e relativas uma à outra. [...] Há sempre extensão na nossa duração, e há sempre duração na matéria. (N. E.)]

obviamente, que a *res extensa*, sobre a qual se debruça o Eu que, fazendo história, reflete e critica, é a materialidade da prática artística, da experiência literária pensada como algo que permanece na sua constitutiva volatilidade e ulterioridade; como, enfim, algo de sólido (o texto) "desmanchando", fatalmente, "no ar" do seu contínuo e imprevisível reúso e consumo.

Acusar Candido de ter deixado fora da sua análise, de ter recalcado ou até sequestrado a fase Barroca, ou a "tradição afortunada", ou ainda a herança literária portuguesa, significa, a meu ver, desentender aquilo que está em jogo na dialética "imperfeita" oscilando entre formação, sistema e decisão. De fato, combinando os três termos podemos chegar a compreender que aquilo que conta não é o que fica fora, mas aquilo que é "tomado fora" (no sentido etimológico da "exceção"). O Barroco, nesse sentido, assim como mais vagamente "o espírito brasileiro" e, do lado oposto, o legado da cultura portuguesa ecoam, justamente, no vazio da sua ausência, tornando-se presentes nos momentos decisivos em que o processo formativo deságua em formas sistemáticas: todo o passado é ali recuperado no seu caráter virtual, suspenso, por instantes, em um presente anacrônico em que memória e esquecimento se sustentam de forma mútua. Ou seja, o que não está ali é todavia ali, recuperado ou antecipado, mas sempre virtualmente presente na forma enigmática do "desejo": e a história da literatura se torna, enfim, a "história dos brasileiros no seu desejo de ter uma literatura" – o que impediu, aliás, quem partia da ideia da existência de uma "consciência da brasilidade", de ver que em Candido essa consciência é fruto mais de uma ilusão ou de uma construção simbólica (como aliás toda forma de nacionalismo), que de uma concreta situação mental e material.

Longe de qualquer localismo, a visão sustentada pelo grande crítico brasileiro é, em contrapartida, a de um espaço atravessado por forças heterogêneas, cada uma ligando-se à outra de que é condição e pela qual é condicionada, em um quadro multilinear em que os fatores sociais se juntam aos dados propriamente históricos sem chegar, porém – senão dentro e através de momentos decisivos –, a definir um quadro coerente, em que uma determinada ordem social chegue a produzir certo tipo de expressão artística.[87] O processo formativo, nesse sentido, não tem nem origem nem fim, ou melhor, o início é apenas uma hipótese (a poesia arcádica, tributária, porém, do modelo europeu) e a conclusão (que, na verdade, se manifesta como exclusão – ou, mais uma vez, como "exceção inclusiva" da figura e da obra de Machado de Assis) não tem muito a ver com o início do processo, sendo por sua vez a origem hipotética de outra coisa ainda, de outra linha de evolução produzida por um desvio. Um tempo plural, enfim, que pretende um discurso também ele polifônico e sem limites certos, nem históricos nem de significado.

Estamos, nesse sentido, antes e longe de certo determinismo crítico que começou a circular e a se firmar poucos anos depois: ficando no âmbito da teoria e da crítica italianas, por exemplo, não enxergo pontos de contato entre a noção de sistema utilizada por Candido e a visão da "literatura como sistema e como função" teorizada por um importante estudioso italiano de inspiração marxista e divulgada poucos anos depois da publicação da obra brasileira.[88] Escrevendo em uma época anterior à chegada da onda estruturalista e ainda marcada, em parte, pelo *New Criticism*, Candido, com efeito, se furta a

---

[87] Nesse quadro de repensamento da relação, postulada pelas teorias marxistas, entre estrutura e superestrutura, seria bom lembrar a definição que ainda Gilles Deleuze deu, justamente, da primeira das duas noções: "cada estrutura apresenta estes dois aspectos: um sistema de relações diferenciais, segundo as quais os elementos simbólicos se determinam de forma recíproca; um sistema de singularidades que corresponde a essas relações e delineia o espaço da estrutura. Cada estrutura é uma multiplicidade" (Deleuze, "À quoi reconnaît-on le structuralisme?". In: Châtelet (org.), *Histoire de la philosophie. Idées, doctrines*, v.VIII [*Le XXe siècle*], p.200). Creio que essa visão orgânica e, ao mesmo tempo, plural se ajuste bastante bem ao funcionamento da ideia de sistema dentro da obra de Candido.

[88] Guglielmi, *La letteratura come sistema e come funzione*.

qualquer "funcionalismo" rígido, a qualquer esquema de pensamento que visse na literatura apenas um epifenômeno dos fatos sociais e legível, então, segundo paradigmas totalizadores. Tanto é assim que, mais uma vez, a óptica por ele utilizada não é a da história de eventos ideologicamente determinados, e sim de um desejo comum, ou melhor, de um desejo fundando uma comunidade e sendo por ela sustentado – uma espécie de "comunidade imaginada", para utilizar uma expressão muito em voga alguns anos atrás.

Como todos os desejos, também o desejo de ter uma literatura não tem nem uma origem pontual nem um desenvolvimento linear, submetendo-se a uma lógica própria, desligada de qualquer determinismo histórico ou social. Não que o fator social seja ausente ou desconsiderado, assim como a forma do discurso é ainda aquela ligada a um tratamento histórico dos fatos literários, mas é como se ambas (história e sociedade) fossem determinantes para a literatura e, ao mesmo, determinadas por ela. O que, aliás, conhecendo um pouco a evolução cultural brasileira, pode ser facilmente verificado, a partir, por exemplo, da figura de José de Alencar, cuja literatura é, certamente, dependente e tributária de uma ideologia burguesa e de cunho nacionalista, mas que sendo, por um lado, um "fato" dentro da história literária, cria ou inventa, por outro, "fatos" (personagens, situações, linguagens, metáforas...) que configuram uma história nacional. E nessa circularidade se torna impossível definir o que é produto e aquilo que produz, reabrindo continuamente o discurso propriamente historiográfico, visto que a história é, mais uma vez, espelho de uma dinâmica social colocada no tempo e fruto, por sua vez, de uma prática simbólica que cria o seu tempo, misturando, de modo arbitrário e mistificador, memória e esquecimento.

De resto, o próprio Candido irá explicar poucos anos depois da publicação da *Formação* – com palavras mais claras do que as minhas e sempre a partir de um romance de Alencar (*Senhora*) –

como ele via a relação entre literatura e sociedade em um dos seus ensaios mais conhecidos:

> Uma crítica que se queira integral deixará de ser unilateralmente sociológica, psicológica ou linguística, para utilizar livremente os elementos capazes de conduzirem a uma interpretação coerente.

E ele acrescentará um pouco mais adiante:

> O perigo, tanto na sociologia quanto na crítica, está em que o pendor pela análise oblitere a verdade básica, isto é, que a precedência lógica e empírica pertence ao todo, embora apreendido por uma referência constante à função das partes.[89]

A coerência, enfim, pode estar ou não estar na obra (ou em um conjunto de obras), sem a necessidade de atribuir sentido a partir de uma óptica de análise predeterminada, tanto mais que, no exemplo considerado, se, por um lado, o Romantismo de Alencar é com certeza produto da história e da sociedade do seu tempo, ele pretende, por outro, inventar uma história e uma sociedade, pretende – e consegue, em boa medida – criar uma cronotopia própria, colocando-se fora ou ao lado do presente; (auto) legitimando-se, mais uma vez, apenas dentro e através de um contexto que eu chamaria de "optativo" e que interpreta, de forma imaginária, a ideologia (as aspirações para o futuro e os mitos de fundação) da comunidade letrada.

Voltamos assim, na minha opinião, a enfrentar as questões colocadas acima: como é que se pode formar e firmar um sistema sociocultural (o famoso triângulo autor-obra-público)

---

[89] Candido, "Crítica e sociologia". In: *Literatura e sociedade*, p.7-8. Nessa coletânea de ensaios, como todos sabem, Candido colocou em foco, de forma crítica, as teorias sobre o "espelhamento" entre estrutura e superestrutura.

dentro de um processo formativo que responde a uma lógica do "desejo", desligada de qualquer verificação empírica e funcionando de forma cambaleante e inconsequente? Come se pode, finalmente, instalar a *durée*, como manutenção memorial do passado, no corpo da *évolution créatrice*, como projeção optativa (ou intuitiva) no futuro? Repito, mais uma vez, que a resposta a essas perguntas pode ser encontrada nas margens do livro: ou seja, na constituição do sistema literário ao longo do século XVIII e na ausência de Machado de Assis que representa, na verdade, o ponto final da formação daquele mesmo sistema. Podemos inferir, desse duplo movimento de inclusão e de exclusão, de aceitação e recusa, que na verdade aquilo que interessa a Antonio Candido não é a construção de um discurso histórico formalmente "fechado", e sim a indicação de um sistema literário "aberto", atravessado por linhas de força que não têm, propriamente, nem começo nem fim, mas apenas cortes ou pontos de sutura, mudanças improvisadas de rumo ou permanências, sobreposições ou distanciamentos, inovações ou recapitulações, fugas para a frente, enfim, ou suspensões epocais (ainda no significado originário da palavra *epokhé*). Desse movimento contínuo e continuamente interrompido, desse conjunto multilinear de tempos é possível fazer apenas uma cartografia provisória, continuamente reversível e revisível, mantendo, todavia, a capacidade de ler "em geral" essa acumulação contínua e ziguezagueante de eventos.

A noção de "sistema" é funcional a essa vontade de sublinhar a descontinuidade dentro de um *continuum* discursivo, que, como já tentei explicar, retoma cada vez o passado no "momento decisivo" de uma mudança de direção daquele discurso/percurso histórico: o passado é toda vez recapitulado no presente da decisão e projetado em um futuro que, por sua vez, se dispõe a funcionar como base para uma "outra história". Falar das Academias e da poesia arcádica como começo da formação e não abordar a obra de Machado de Assis como ponto de chegada significa, nesse sentido, instituir fronteiras movediças para um processo histórico que evolui aos solavancos, através de resumos e distensões, através de retrocessos e saltos para a frente, através de hiatos e persistências. De resto, o método histórico-crítico de Candido é também, como já foi notado,[90] resumo e superação de modelos historiográficos vindos do século anterior: a *Formação* seria, nesse sentido, um "momento decisivo" recapitulando as leituras e atualizando os discursos de Sílvio Romero e de José Veríssimo e os "fazendo passar" para o presente de uma escrita crítica que se apresenta, por sua vez, como provisória, como "formativa" de um cânone, e que se dispõe a ser, ela mesma, ultrapassada por uma "outra história", por novos cânones e novos argumentos. Para retomar a famosa metáfora vegetal (entendida ainda como um "levar através", um "fazer passar", justamente, para outro sentido ainda em gestação ou em formação), a obra poderia ser considerada um "ramo secundário" de uma árvore historiográfica também secundária no jardim da história (literária) – sempre que se saiba que "secundário", aqui, não significa exatamente "menor", mas, ainda no seu sentido etimológico, o que vem depois e, ao mesmo tempo, se coloca ao lado, propondo-se como começo virtual de um novo sistema discursivo, de um novo paradigma; o que fica fora do lugar ou do "local" da cultura e, contemporaneamente, dentro de um sistema histórico-crítico global, mantendo sempre o seu caráter seminal e incontornável.

Relendo essa obra escrita há mais de cinquenta anos, podemos, finalmente, colocar em perspectiva o aparato de polêmicas que a acompanhou (e, em certa medida, continua acompanhando) desde o seu aparecimento, confirmando que, apesar (ou exatamente por causa) da sua assumida reversibilidade, ela representa um marco crítico fundamental em um processo de revisão da historiografia pós-colonial. Sua importância e sua

---

90 Cf. Arantes, op. cit., p.22-27.

duração, em suma, continuam sendo garantidas pela sua natureza, ao mesmo tempo, sistemática e aberta, suspendendo-se na evolução de um discurso hermenêutico que a excetua e a retoma como um externo que fica sempre interno a qualquer avaliação crítica da literatura brasileira – como, enfim, um "momento decisivo" de um percurso histórico que, como toda a história, deveria se manter necessariamente sem origem e sem destino, pairando livre na concretude cortante da sua indecisão.

Adiantando-nos na leitura da *Formação*, vamos encontrar, aliás, expressões que parecem reafirmar o caráter provisório e multíplice do trabalho historiográfico, na tentativa de "reter o máximo de vida com o máximo da ordem mental":

> Para chegar o mais perto possível do desígnio exposto, é necessário um movimento amplo e constante entre o geral e o particular, a síntese e a análise, a erudição e o gosto. É necessário um pendor para integrar contradições, inevitáveis quando se atenta, ao mesmo tempo, para o significado histórico do conjunto e o caráter singular dos autores. É preciso sentir, por vezes, que um autor e uma obra podem ser e não ser alguma coisa, sendo duas coisas opostas simultaneamente – porque as obras vivas constituem uma tensão incessante entre os contrastes do espírito e da sensibilidade. [...] Por isso, quem quiser ver em profundidade, tem de aceitar o contraditório, nos períodos e nos autores, porque, segundo uma frase justa, ele "é o próprio nervo da vida".[91]

Aceitar o desafio da complexidade, então, sem pretender chegar a uma conclusão, a um "destino", porque a única coerência possível se pode dar apenas na neutralização incessante, sempre recomeçada, das antinomias (o que é, de fato, o neutro senão o "ser e não ser alguma coisa, sendo duas coisas opostas

---

91 Candido, *Formação...*, p.31.

simultaneamente"?), ou seja, na convivência, no espaço precário da figura, de verdades contraditórias.

Esse parentesco entre o neutro e a figura constitui um ponto crucial do discurso, que seria bom reler e entender melhor através das palavras iluminantes pronunciadas por Roland Barthes durante uma aula no Collège de France:

> *Nous allons procéder par une suite, une consécution de fragments dont chacun reçoit un intitulé. Ce seront les "figures du neutre".* [...] *En donnant une suite de fragments, je réaliserais (conditionnel), l'opération suivante: de mettre quelque chose, – c'est-à-dire le sujet, le neutre –, de le mettre en état de variation continue, et non plus de l'articuler en vue d'un sens final.* [...] *Je dirai que mettre le neutre en figures, en suite inorganisée de figures, c'est là une procédure qui est demandée par le neutre lui-même, en tant qu'il est refus de dogmatiser. L'exposition du non-dogmatique ne peut être elle-même dogmatique. Et donc le fait d'inorganiser les figures revient à "inconclure", à ne pas conclure: le neutre demande de ne pas conclure, c'est une opération de suspension, d'*épokhè, *comme on dit en grec.*[92]

Acho que a "ordem do discurso" barthesiana pode ajudar a compreender a minha perspectiva de análise da atitude de Candido diante da hipótese de uma (re)construção histórica do

---

92 Barthes, "Le désir du neutre (Introduction au cours de 1978, et première 'figure')", *La règle du jeu*, v.2, p.50-51. [Trad.: Vamos proceder por uma sequência, uma sucessão de fragmentos cada um dos quais receberá um título. Eles serão as "figuras do neutro". [...] Dando uma sequência de fragmentos, eu realizaria (condicional), a operação seguinte: colocar uma coisa – isto é, o sujeito, o neutro –, colocá-lo em estado de variação contínua, e não mais articulá-lo visando um sentido final. [...] Eu diria que colocar o neutro em figuras, em sequência não organizada de figuras, é um procedimento exigido pelo próprio neutro, na medida em que ele é recusa de dogmatizar. A exposição do não dogmático não pode ser ela própria dogmática. E, portanto, o fato de não organizar as figuras equivale a "inconcluir", a não concluir: o neutro exige não concluir, é uma operação de suspensão, de *epokhé*, como se diz em grego. (N. E.)

passado, como a que encontramos, por exemplo, em Francesco De Sanctis ou em Sílvio Romero. A procura da origem e a identificação, a partir dela, de uma coerência possível – a hipóstase, em suma, de um paradigma – fogem, de fato, do horizonte das intenções declaradas, que apontam, em contrapartida, para uma operação, complexa e reversível, de reorganização "genealógica", de rearticulação em figuras dos fragmentos achados durante o trabalho "arqueológico" de investigação das "práticas". E é bom sublinhar, nesse sentido, que eu não quero, evidentemente, chegar à conclusão de que a metodologia empregada por Antonio Candido descende diretamente, antecipando Foucault, da "genealogia" nietzschiana (outras são, com efeito, as referências explícitas do ilustre crítico brasileiro), mas o que eu quero é, isto sim, apontar para algumas consonâncias implícitas que desembocam, a meu ver, no efeito de "desmascaramento" de toda metafísica historicista e de tanta mitologia ligada à presunção de um princípio único, de que descenderia uma evolução linear e consequente do discurso literário no Brasil.

Eu poderia, aliás, citar outros críticos que, depois de Candido, empreenderam, a meu ver, esse mesmo caminho – a já citada Flora Süssekind, por exemplo, em vários lugares do seu trabalho hermenêutico, e em particular naqueles em que ela reconstrói os vínculos ficcionais juntando história, genealogia e paisagem na literatura brasileira,[93] ou Raul Antelo, a quem devemos um texto magistral intitulado, significativamente, "Genealogia do vazio".[94] Prefiro, porém, ater-me ao propósito de analisar como a cultura brasileira tem enfrentado o problema do começo e da sua ausência, passando do âmbito da historiografia e da teoria literárias para o plano da praxe artística. Irei tratar

---

93 Veja-se, sobretudo, o seu estudo: "O escritor como genealogista". In: Pizarro (org.), *América Latina: palavra, literatura e cultura*, v.2, p.451-485.
94 Antelo, "Genealogia do vazio", *Rivista di Studi Portoghesi e Brasiliani*, v.1, p.57-68.

exemplarmente, nesse sentido, de alguns poucos escritores que, com maior clarividência e com mais aguda consciência, se colocaram diante da questão de representar o sentido e a forma da identidade nacional sem recorrer a hipotéticas reconstruções históricas da origem, mas, pelo contrário, escrevendo justamente a partir da falta, ou seja, instalando-se nesse caráter paradoxalmente "não histórico" da história brasileira.

O caso que eu considero exemplar e paradigmático – do qual já falei e ao qual irei voltar mais adiante pela sua natureza fundamental e fundadora – é, obviamente, ainda o de Euclides da Cunha: brasileiro que, dentro da sua adesão inquieta ao positivismo, teve a coragem de descobrir e denunciar aquilo que outros brasileiros tinham escondido sob o tapete da história e das boas intenções nacionalistas. Ou seja, que, sendo a sua pátria uma "terra sem a pátria" (o que significa também sem *pai*, sem descendência ou tradição *paterna*), sendo um espaço imenso e fundamentalmente sem história, era preciso pensar o País a partir não do tempo que ele ocupa, que ele organiza e pelo qual é supostamente organizado, mas, justamente, a partir do espaço – espaço fundamentalmente vácuo – que ele realmente preenche e que lhe dá sentido. Toda a sua obra maior pode, de fato, ser lida como uma grande tentativa, finalmente consciente, de substituir a história com a geografia e, por isso, de encontrar o passado no longínquo, o antigo no distante e, sobretudo, de identificar o princípio histórico com o centro geográfico. "Finalmente consciente", eu disse e repito, porque a paisagem não é tomada, em *Os sertões*, no seu sentido puramente cenográfico ou ambiguamente prosopopeico, como na produção anterior – em que a exaltação do País passava obrigatoriamente pelo enaltecimento das peculiaridades geográficas, metáforas, nem tanto disfarçadas, da autonomia histórica[95] –, mas pela primeira vez

---

95 Cf. o famoso estudo de Candido, "Literatura de dois gumes". In: *A educação pela noite e outros ensaios*, p.163-180.

se tenta reescrever a geografia como história, interpretando o "ao lado" como um "antes", em uma adesão implícita àquela "ideologia do progresso" (fundamental para a leitura da obra de Euclides) que "privilegia a *não contemporaneidade* do que é contemporâneo".[96] O Homem, de fato, é função e produto da Terra que age nele e o deserto (que é aqui o sertão como o será depois a selva) é o espaço emblemático e "ignoto" de uma luta ímpar, na qual um presente degradado, opaco, mestiço, destrói o seu passado anacrônico, porém ainda incrustado de *mythos*, embora incontaminado e "cristalino", condenando o brasileiro a ficar suspenso em um tempo sem tempo, em um lugar marginal que é apenas uma beira, uma orla, uma borda sem dentro.

O sertanejo, nesse *epos* negativo, é o *mostrum*, fascinante e terrível, ocupando um centro medonho onde se manifesta e, ao mesmo tempo, se oculta o passado nacional: ele é o mito racionalizado da origem, ele é o ser irracional que logicamente, como todo fundamento, "vai a fundo e some",[97] deixando no seu lugar apenas e sempre um vazio. Desse espaço que está no começo dos tempos, desse homem primordial que fica à margem da história, só um geógrafo disfarçado de cronista, só um autor épico mascarado de cientista, tenta manter viva a lembrança, tenta dar voz ao seu silêncio, tenta recuperá-lo, justamente, como figura, isto é, como presença de uma ausência. E não estamos muito longe, como se vê, de uma outra obra fundadora da literatura brasileira, dado que no epílogo de *Macunaíma, o herói sem nenhum caráter* temos a ver, basicamente, com os mesmos elementos, os mesmos temas, só que, nesse caso, a figura não é a de um sertanejo, mas a de um indígena. Um índio, repare-se, que é tão longe de Peri ou de Iracema, como o sertanejo de Euclides o é do *Sertanejo* do mesmo Alencar ou de Bernardo Guimarães: em ambos os casos a história mítica ou o mito historicizado dão

---

96 Moretti, *Opere mondo*, p.49.
97 Cf. a respeito, Agamben, *Il linguaggio e la morte*, p.49.

lugar a uma genealogia da falta, a uma linhagem interrompida, a uma história que, na sua imperfeição e na sua abertura, fica a única possível história, verdadeira e efetiva, do ser brasileiro. *Wirkliche Historie* que nos conta, de fato, uma identidade que é apenas uma paródia da identidade, visto que

> o plural a habita, almas inumeráveis disputam nela, os sistemas se entrecruzam e se dominam uns aos outros. [...] E em cada uma dessas almas, a história não descobrirá uma identidade esquecida, sempre prestes a renascer, mas um sistema complexo de elementos, por sua vez multíplices, distintos, e que nenhum poder de síntese domina.[98]

Nessa "constelação" de coisas diferentes (basta lembrar, a respeito disso, a metamorfose final – em um conjunto de estrelas, justamente – do "herói de nossa gente": "Então Pauí-Pódole teve dó de Macunaíma. Fez uma feitiçaria. Agarrou três pauzinhos jogou pro alto fez em encruzilhada e virou Macunaíma com todo o estenderete dele, galo galinha gaiola revólver relógio, numa constelação nova. É a constelação da Ursa Maior");[99] nessa combinação precária de elementos heterogêneos – que se faz figura da identidade e da sua origem implausível – resta a considerar evidentemente o papel e o uso da memória.

A cultura e a literatura brasileiras estão ensopadas de memorialismo. Mas que tipo de memória atua nesse lugar do esquecimento, nessa terra sem história descrita por Euclides e por Mário e lamentada por Sílvio Romero? A resposta talvez

---

[98] Foucault, "Nietzsche, la généalogie, l'histoire". In: *Hommage à Jean Hyppolite*, p.168-169 (tradução do autor).

[99] Andrade, *Macunaíma o herói sem nenhum caráter*, p.166 (edição crítica organizada por Telê Porto Ancona Lopez). Já foi notado, aliás, que a metamorfose definitiva desse singular herói brasileiro o transforma em uma constelação do hemisfério norte: por sua natureza exemplar em um sentido "planetário"? Voltarei ao romance de Mário, de forma mais demorada, no terceiro capítulo.

mais lúcida e mais elucidativa se encontra em um famoso poema de Drummond:

> Já não coleciono selos. O mundo me inquizila.
> Tem países demais, geografias demais.
> Desisto.
> [...]
> Agora coleciono cacos de louça
> quebrada há muito tempo.
> Cacos novos não servem.
> Brancos também não.
> Têm de ser coloridos e vetustos,
> desenterrados – faço questão – da horta.
> [...]
> Lavrar, lavrar com mãos impacientes
> um ouro desprezado
> por todos da família. Bichos pequeninos
> fogem do revolvido lar subterrâneo.
> Vidros agressivos
> ferem os dedos, preço de descobrimento:
> a coleção e seu sinal de sangue;
> a coleção e seu risco de tétano;
> a coleção que nenhum outro imita.
> Escondo-a de José, por que não ria
> nem jogue fora esse museu de sonho.[100]

Em uma terra sem pátria ou em uma pátria que devorou – que "canibalizou", nos moldes oswaldianos de um ritual antropofágico – os seus pais, a memória só pode recolher os restos ocultos de uma tradição extinta, de uma civilização sepulta, que por sua vez se espelha, com todas as suas falhas e lacunas, em

---

100 Drummond de Andrade, *Nova reunião: 19 livros de poesia*, v.2, p.734-735.

um "museu de sonho". Tanto quanto em uma Europa sacudida pelo vento que arrasta consigo o anjo da modernidade, assim em um Brasil cujo passado se apresenta desde sempre como um "cúmulo de ruínas", a única figura que nos fala de uma redenção possível desse tempo em frangalhos, dessa memória esfarrapada, é o colecionador, aquele para quem, segundo Benjamin, a história "se torna objeto de uma construção cujo lugar não é o tempo vácuo, mas aquela determinada época, aquela determinada vida, aquela determinada obra": a sua tarefa é a de tirar "a época do âmbito da continuidade histórica coisificada, e assim a vida da época, e assim a obra da obra de uma vida" – até chegar a "uma consciência do presente que detona a continuidade da história".[101]

O memorialismo, nesse contexto, representa o trabalho minucioso de quem desenterra da "horta" – não, repare-se, de uma indeterminada terra sem pátria, mas de um lugar delimitado e paterno, do *hortus clausus* da tradição familiar – os indícios dispersos da sua existência presente, em um movimento que é, ao mesmo tempo, arqueológico (no sentido etimológico de "estudo de – e amor pelo – início") e genealógico (por sua vez, análise do *genus*, de uma possível filiação ou seriação que não exclui outras hipóteses, outras reconstruções virtuais daquilo que leva a uma determinada conclusão). Trabalho fatalmente arbitrário que só pode fazer sentido se, graças a ele, se consegue reconstruir a origem plural e o destino incerto de uma comunidade que não tem, na verdade, nada em comum senão, justamente, o nada que a institui, o esquecimento que a funda. A memória, por isso, sai à procura da identidade, mas volta trazendo consigo apenas fragmentos do tempo vivido, segmentos do espaço percorrido: "cacos coloridos e vetustos" que cada um

---

[101] Benjamin, "Eduard Fuchs, il collezionista e lo storico". In: *L'opera d'arte nell'epoca della sua riproducibilità tecnica*.

recompõe a seu modo em tantos, pessoais, museus de sonho, nas mil pátrias que não fazem uma pátria.[102]

O exemplo mais próximo dessa tentativa falha de desvendar a origem e de assentar nela uma eventual comunidade nos é oferecido por um amigo de Drummond: por aquele Pedro Nava que tentou, justamente, construir um monumento à memória pessoal e através dela, por via analógica ou metonímica, à do grupo a que pertencia, tendo talvez em mente o modelo "perfeito" do *Theatrum memoriae* renascentista, mas seguindo um método genealógico, uma atitude de colecionador, que o levou, afinal, a se extraviar em um labirinto sem saída de coisas, pessoas, imagens, eventos heterogêneos, em que lhe era, no fim, impossível recuperar uma "prática" realmente comum, ou seja, recompor um sentido sobre o qual "fundar", finalmente, uma identidade – tanto individual quanto coletiva.[103]

O resultado, mais uma vez, é que a procura do princípio e a tentativa de instituir uma continuidade e uma comunidade a partir dele se concretizam apenas em uma disseminação memorial, em um percurso caótico e emaranhado que se reflete e encontra a sua possível razão de ser apenas em um discurso novo e outro, oblíquo em relação a qualquer lógica historicista, suspenso entre a verdade e o desejo, entre a coisa e a palavra que a diz, entre a memória e o esquecimento. Em um contexto, aliás, no qual a dialética histórica tende a se resolver na forma estática de uma descrição geográfica; em uma terra onde o passado se espelha apenas em uma coleção de coisas diferentes, juntadas e reconstruídas de modo subjetivo, a única possibilidade (para citar ainda Foucault, parafraseando mais uma vez Nietzsche) que fica é a de "fazer da história uma contramemória – e de desenvolver nela, por conseguinte, uma forma de tempo

---

102 Cf. Miranda, "Imagens de memória, imagens de nação", *Scripta*, v.I, n.2 (1º semestre 1998), p.132-135.
103 Arrigucci Jr., "Móbile da memória". In: *Enigma e comentário*, p.83-88.

totalmente diferente".[104] Uma forma plural e esgarçada, em que a identidade não se recompõe na sua perfeição e integridade, mas se mantém (como acontece na obra de Nava) na maravilhosa complexidade e opacidade das suas origens, na dissipação de um espaço heterogêneo, na forma inacabada e arbitrária de uma genealogia que se ramifica e se dissipa em vez de se concentrar em um fim, de se recolher em uma coerência, de se solidificar em um sentido.

Não por acaso, um historiador como Antonio Candido – atento à complexidade e preocupado em salvaguardar, na objetividade da história, os direitos do sujeito olhando para ela – enveredou, também ele e com frequência, pelos caminhos tortuosos da memória pessoal, produzindo textos (o caso exemplar é, talvez, uma obra magistral como *Teresina etc.*)[105] em que os "feitos" históricos se colocam dentro de um "fazer" sempre provisório e sempre incompleto, ligado mais à lembrança e à interpretação pessoais, mais a uma visão fatalmente orientada – ideológica ou apenas sentimental – do que à reconstrução científica e inconteste do acontecido. Porque "escrever história" significa, como ele mostrou desde o início da sua *Formação da literatura brasileira*, levar em conta também a dialética do desejo (aquele de "ter uma literatura", por exemplo): uma instância irracional chegando, porém, a constituir um "sentido comum", sobrepondo-se à dispersão e à falta ou tentando ocultar as insuficiências de uma realidade sempre relativa e perenemente mutante.

---

104 Foucault, op. cit., p.167.
105 Candido, *Teresina etc.* Veja-se, a respeito do viés memorialista na obra do historiador e crítico paulista, o ensaio de Lígia Chiappini, "Além do eu: literatura, história e memória em *Teresina etc.*, de Antonio Candido", *Letterature d'America*, XXII, n.92, p.31-51. É talvez útil consultar também a tese de mestrado – um tanto polêmica e muito engajada, mas bem documentada – de Rodrigo Cerqueira, *Crítica, memória e narração: um estudo dos textos memorialísticos de Antonio Candido*.

Sobre as ruínas, de fato, sobre os vazios que se entreabrem na compacidade ilusória do espaço e do tempo, não se pode – nunca, talvez, foi possível – construir uma história, decifrar um destino, supor uma origem única. Aquilo que resta são, de fato, apenas os restos: os míseros restos de um tempo morto e irrecuperável na sua inteireza, de um passado que só com amor e paciência, com os dedos feridos e com o desencanto irônico do genealogista, pode ser desenterrado e reorganizado em novas constelações de sentido, em muitas pequenas "pátrias". Em figuras precárias, enfim, nas quais a razão coabita com o seu contrário, nas quais a identidade convive com a pluralidade, nas quais cada presença esconde uma ausência, nas quais o início guarda a forma antiga e enigmática de uma interrogação sem resposta.

II
O espaço medido

A invenção da ilha

> En posant la figure j'établis une tête de pont.
> Si vous voulez bien me suivre, vous passez le
> pont. Mais ensuite vous vous égaillez dans la campagne,
> dans votre campagne à vous.[1]
>
> Roland Barthes, *Le désir du neutre*

> Há no Oceano uma ilha visível à distância no mar; quando alguém quer se aproximar dela, ela se afasta escondendo-se, mas se a mesma pessoa volta lá de onde se partira, novamente, como dantes, a vê.
>
> Ibn Wasif Sah, *Compêndio das maravilhas*

---

[1] Trad.: Determinando a figura, eu estabeleço uma cabeça de ponte. Se quiser vir comigo, você passa a ponte. Mas depois você some no campo, no seu campo. (N. E.)

Para tentar explicar aquilo que eu entendo por figura, acho que devo começar por um lugar (por um *topos*, também no seu sentido literário) que se encontra na confluência de dois espaços; por um tempo se manifestando apenas no cruzamento entre cronologias diferentes. Trata-se, de fato, de um cronótopo fundamental e fundador que poderá, talvez, tornar-se útil na decifração do sentido histórico-cultural ou, mais ainda, na avaliação do impacto ideológico e mítico-simbólico das descobertas geográficas (e das Américas, em particular), além de ajudar na compreensão da formação de uma identidade e de uma autoconsciência "autenticamente brasileiras": esse lugar e esse tempo intercalados são plenamente representados pela figura da Ilha.

A história das grandes navegações dos séculos XV e XVI é, com efeito, crônica de eventos, é sucessão de fatos e de atos concretos, mas é, ao mesmo tempo, repertório de sonhos ou de imagens aprendidas, de fantasias sem fundamento – senão aquele constituído por uma tradição onipotente e intransponível – que o homem europeu projeta sobre o novo, sobre o desconhecido, para tratar de reduzi-lo às proporções habituais, para compreendê-lo à luz daquilo que ele sabe por tê-lo lido ou ouvido. História de equívocos, então – trágicos ou apenas grotescos –, aquela das relações com as terras e com os povos encontrados; história em que têm amplo espaço a imaginação, o mito, a lenda; história, enfim, em que o que sobressai são as perspectivas maravilhosa ou monstruosa sobre as quais a cultura medieval tinha modelado o seu saber preconceito das *terrae incognitae*.

Nessa história, com efeito, a experiência material "é sem peso" ou desempenha, em todo caso, uma função claramente acessória, conformando-se forçadamente com uma experiência emblemática (isto é, procedendo por emblemas) que a domina e a guia, recebendo os dados naturais no âmbito de uma sabedoria "prejudicial" que tudo justifica, na sua autoridade indiscutível, no seu ser garantida pela evidência de Deus e da tradição (pelas *Auctoritates*, justamente). É isso, de fato, o que acontece também com aquele mundo desconhecido que ficava às margens do mundo conhecido: com aquelas terras atlânticas, por exemplo, de que muitos tinham falado sem nunca as terem visto, que muitos tinham representado nos mapas sem ter nenhuma noção delas e que, por isso mesmo, acabavam por se desconjuntarem, na fantasia ou no desejo, em tantos fragmentos insulares – cada um, repare-se, dotado de um sentido único, cada um individualizado por um caráter não repetível, mas precisando, todavia, de uma leitura global, precisando, em outros termos, de um arquipélago "lógico" dentro do qual situar-se. E os navegadores, por conseguinte, encontram apenas ilhas nas suas viagens rumo ao Oriente pela via ocidental: dimensões primeiro reais, depois só inventadas, ou, mais em geral, dimensões realizando-se na invenção e inventando-se na sua realidade.

Considerando essa consistência ao mesmo tempo real e fantástica, a ilha em que eu penso e de que eu quero falar aqui acaba por ser sobretudo uma figura. Figura geográfica, claro, mas também figura na acepção mais ampla de "espaço projetivo"[2] em que se condensam uma série de práticas representativas, em que se coalham, em nível ideal, experiências heterogêneas: espaço, enfim, que se expõe à precariedade sem fim da interpretação simbólica, ao flutuar histórico das alegorias morais, políticas, religiosas.[3] Nesse sentido, a ilha de que falo tem, desde o início,

---

2 Cf. Barthes, op. cit., p.51. Sobre a relação, vigente na Idade Média, entre realidade e imagem mental no que diz respeito ao mundo natural, veja-se a bela introdução de Gioia Zaganelli à sua edição da *Carta do Preste João* (*La lettera del Prete Gianni*, p.7-44). Como se sabe, já Erich Auerbach tinha definido "interpretação figural" o modo em que a Patrística se valeu de fatos e personagens do Antigo Testamento para explicar situações e imagens presentes nos Evangelhos (cf. *Mimesis. Il realismo nella letteratura occidentale*, v.I, p.83-84 e *passim*). Para a definição do grande estudioso alemão – com referência, dessa vez, à literatura de viagens e de descoberta do Novo Mundo – remeteu também Guillermo Giucci no seu importante livro *Viajantes do maravilhoso*, p.31-34 e *passim*.

3 Veja-se, por exemplo, a leitura simbólica da ilha fornecida por Rabanus Maurus no seu *De Universo*: "*Insulae dictae, quod in salo sint, id est in mari*

uma consistência topográfica e uma imaterialidade tópica: ou seja, ela é um fragmento espacial reconhecível, dotado de uma identidade cartográfica própria, mas é, ao mesmo tempo, uma condensação retórico-discursiva, é o lugar ilocável em que se juntam e se sedimentam imagens muitas vezes contraditórias. Para tentar ilustrar melhor essa ambiguidade, bastará, por exemplo, fazer referência às famosas *Ilhas Afortunadas* a que correspondem, quase sempre, aquelas ditas *Infortunadas*: ilhas "vistas" pelos navegantes e registradas nos mapas dos séculos XV e XVI, objeto até de doações ou de negociações, mas que permaneciam, ao mesmo tempo, projeções espaciais de desejos ou de medos, territórios inscritos entre "fortuna" e "azar", entre esperança e horror, cuja existência é atestada apenas pela autoridade da tradição, é certificada por uma escrita que dispõe sobre a carta geográfica lugares do imaginário, que compendiam, em si mesmos, contraposições ideais, antíteses éticas.[4] Nem poderia ser de modo diferente dentro de um universo – como

---

positae, quae in plurimis locis sacrae Scripturae aut Ecclesias Christi significant aut specialiter quoslibet sanctos viros, qui traduntur fluctibus persecutionum, sed non destruuntur, quis a Deo proteguntur" (tiro a citação da edição italiana do livro de Jacques Le Goff, *Tempo della Chiesa e tempo del mercante*, p.270, nota 33). [Trad.: Ilhas são chamadas *insulae* porque estão colocadas *in salum*, isto é, no mar; estas, em numerosos lugares da Escritura sagrada, significam quer as Igrejas de Cristo, quer, especificamente, cada um dos homens santos que são levados pelas ondas de perseguições, mas não são destruídos por elas, porque, como as referidas ilhas, são protegidos por Deus. (N. E.)] Não se pode, de resto, esquecer como à ilha sagrada – a que alude Rabanus Maurus e que se tornará, com efeito, durante a Idade Média, tanto o lugar da santificação eremítica quanto o espaço paradisíaco por excelência – correspondem as muitas ilhas infernais, espalhadas ao longo da história cultural do Ocidente.

4 No âmbito da cultura medieval, como se sabe, um papel fundamental é jogado pela *Naturalis historia* de Plínio o Velho, verdadeira enciclopédia do saber – também geográfico – para toda a Europa. Nessa obra monumental (em 37 volumes), entre tantas outras coisas, o autor descrevia, como se sabe, as *Insulae fortunatae*, que tanto peso tiveram no estabelecimento de uma cartografia transatlântica (sendo enfim identificadas como as Ilhas Canárias).

aquele que se estende entre a Idade Média e o Renascimento – dominado ainda por uma lógica "irrepreensível", que dá lugar, por sua vez, a uma geografia que nada tem a ver com o mundo sensível, ou que, melhor, reduz o mundo sensível a simples pretexto daquele texto sublime que o homem tem de ler analogicamente através e além da experiência natural.[5]

A ilha participa, então, desde o início, de duas modalidades do ser: ela se situa na encruzilhada entre o virtual e o real, entre a lenda e a existência, entre o mito e a história; ela se apresenta, em suma, como o objetivo de uma descoberta e como o produto de uma invenção. Todos sabem, aliás, do uso regular, em relação às novas terras, do verbo latino *invenire* (de que *inventare* poderia, de fato, ser considerado apenas uma forma intensiva ou frequentativa) a que pode ligar-se a hesitação terminológica entre "descobrir" e "achar" (ou "encontrar") que percorre as primeiras crônicas.[6] E é justamente nessa alternativa, no âmbito semântico que ela delineia, que está escondida – a meu ver – a figura da ilha, já que esta me parece o resultado mais claro de uma indecisão significativa entre o *conhecer* e o *reconhecer*, entre a aceitação do que é ignoto e a fidelidade ao que é sabido. Colocados, em outras palavras, diante da opção entre admitir, por

---

5 Pode-se lembrar como exemplo, no interior da cultura de língua portuguesa, a muito conhecida *Machina Mundi*, o "globo" aéreo e translúcido mostrado por Tétis aos navegantes no canto X de *Os Lusíadas*, em que se condensa e se concentra simbolicamente a ordem universal. Como se sabe, na obra de Camões a revelação se dá no topo do "monte espesso" dominando a "Ilha dos Amores": outro lugar (do) imaginário que, curiosamente, alguns intérpretes – também modernos – da obra tentaram localizar em um mapa, verificando a persistência da confusão entre real e fantástico ainda na modernidade. Seja-me, aliás, permitido remeter ao meu ensaio "A epifania do herói na *Ilha dos Amores*", *Brotéria*, v.111, n.1, 2, 3 (jul.-set. 1980), p.89-100.

6 Vejam-se, também para extrair deles maiores indicações bibliográficas, os meus ensaios: "Ir algures: a delimitação do ilimitado na literatura de viagens dos séculos XV e XVI", *Vértice*, v.2, n.11 (fev. 1989), p.81-89; "L'isola meravigliosa: l'invenzione del Brasile". In: Ceccucci (org.), *Le caravelle portoghesi sulle vie delle Indie*, p.139-50.

um lado, as novas terras como um espaço desconhecido pela tradição, e negar, por outro, tal novidade, os europeus acabam por não fazer nem uma coisa, nem outra, delimitando lugares que são, ao mesmo tempo, conhecidos e desconhecidos, reais e fantásticos – espaços, enfim, que se deviam explorar como se fossem figuras indecifráveis, mas figuras, por paradoxo, inscritas desde sempre nas profundidades da memória coletiva.

O'Gorman já falou, com efeito, de uma "invenção" do espaço americano; Todorov já ilustrou a imagem de um Colombo "hermeneuta":[7] só falta, a meu ver, a tentativa de fazer convergir tais leituras no corpo figural da ilha. Se, em outras palavras, conseguimos perceber a ambiguidade do movimento, a ambivalência do sentido da descoberta da América, entendida como um *ir* que é, ao mesmo tempo, um *vir*, ou, mais ainda, um *in-venire*, um "vir em" – ou seja, o resultado de uma *inventio*, um reencontrar no âmbito da tradição: um "experimentar inventando", afinal[8] –, eis que deveremos também reconhecer que os lugares descobertos podem ser ainda vistos como *tópoi* mal escondidos nas dobras de uma escrita milenar; como *loci communes* de um saber perdendo-se na noite dos tempos; como figuras arquetípicas, enfim, constelando desde sempre o discurso cultural europeu.[9]

As muitas ilhas (Marco Polo, por exemplo, contava 12.700 delas, só no mar Índico, enquanto um mapa catalão de 1375, com paradoxal exatidão, baixava o seu número para 7.548...), as ilhas infinitas de que nos falam cronistas e geógrafos seriam, nesse sentido, os marcos de um percurso recusando-se a perder o seu caráter de discurso, as parcelas de um mundo – ao mesmo

---

7 Vejam-se, a respeito, O'Gorman, *La invención de América*, e Todorov, *La conquête de l'Amérique*, cap. I.
8 Cf. ainda, em relação ao emprego do verbo *invenire* e às suas conexões com a *inventio*, o meu "Ir algures", p.83.
9 Sobre o papel e a importância do imaginário na percepção europeia das Américas, veja-se também o importante estudo de Surdich, *Verso il Nuovo Mondo: l'immaginario europeo e la scoperta dell'America*, p.152-175 e *passim*.

tempo existente e inventado, vivido e lido, não chegando a se organizar numa estrutura específica, não conseguindo afastar-se do universo mental que o gerou, mas alcançando, todavia, uma autonomia própria imaginária, figural. Basta lembrar, a esse respeito, o número de *Insularii* produzidos entre o século XV e o século XVI:[10] representações de um mundo disperso na quantidade e na heterogeneidade dos seus "lugares", disseminado por espaços singulares, e todavia, por paradoxo, recolhido em um sentido único, anterior e intangível, compreendido em uma totalidade que o explica e o desenvolve na sua diferença infinita.

A ilha, a figura da ilha, dada a sua "de-finição", apresenta justamente tais vantagens: permite fazer experiência do que é novo sem contudo abandonar a segurança do que é sabido; proporciona a possibilidade de conhecer reconhecendo, no interior de um espaço fechado; relaciona o absolutamente outro com uma imagem fincada no coração do idêntico, suspendendo as contradições dentro de uma ambiguidade que tudo assimila. Uma espécie de *epokhé* – como veremos também mais adiante –, de interrupção das antinomias, que entretanto deixa passar o sentido; deixa transitar – falando em termos concretos – para a segurança do conhecido. Movendo-se, com efeito, no vácuo imenso interposto entre a Europa e a Ásia, entre duas dimensões "certas" (dando por certa a visão fantástica do mundo oriental), os navegadores descobrem obstáculos territoriais imprevistos, descobrem um

---

10 Sobre a história e o sucesso dos *Insulários* – em uma época, aliás, que se alarga do século XV até o século XVII –, vejam-se, em particular, os importantes estudos de Frank Lestringant, "Fictions de l'espace brésilien à la Renaissance: l'exemple de Guanabara" (In: Jacob; Lestringant, *Arts et légendes d'espaces*, p.205-256) e, sobretudo, "Fortunes de la singularité à la Renaissance: le genre de l'*Isolario*" (*Studi Francesi*, v.28, n.3, set.-dez. 1984, p.415-436. Como se sabe, entre os autores dos *insularios* se conta também o cosmógrafo André Thevet, membro da expedição de Villegagnon e autor de *Singularitez de la France Antarctique*, que tinha até projetado (por volta de 1586) compor um *Grand Insulaire*, ou seja, um atlas com todas as ilhas do mundo (cf. Lestringant, "Fictions...", p.209 e *passim*).

espaço impensado e, após ter até tentado, no início, negá-lo (pense-se apenas em Colombo e na sua teimosia em identificar as terras encontradas com aquelas do Grande Khan)[11] – depois, então, de uma recusa inicial, começam a recortar aquele espaço em tantos fragmentos insulares, com função de lugares de trânsito, de lugares intermédios entre dois espaços "consolidados", "conhecidos". Quanto ao Brasil, poder-se-á, por exemplo, considerar como ele foi longamente avaliado como simples ponto de passagem na rota para o Cabo da Boa Esperança: uma ilha providencial na qual parar, na qual abastecer-se na carreira das Índias.[12]

Pois bem, esse caráter precário apresenta-se como um dos conotados fundamentais do Novo Mundo: enorme, labiríntico arquipélago em que os navegantes se mexem à procura de um trânsito para o Oriente. E nessa imagem, que é mental antes mesmo de ser real, refletem-se quer o desejo de ganhar ao conhecimento (e ao domínio) novas terras, quer o contradesejo de negar a elas uma consistência territorial, continental. Nem mar nem terra, nem espaço desconhecido nem lugar conhecido, e, por outro lado, todas essas coisas ao mesmo tempo, a ilha converte-se em uma espécie de "entremeio" – provisório, mas imprescindível – em que a diferença se deposita, se coalha, se espessa, tornando-se, desse modo, visível, palpável. E, com a ilha, os seus habitantes: aqueles índios que não se sabe ou não se quer encaixar dentro de um paradigma racial e que acabam assim por ser os emblemas viventes daquele processo de neutralização

---

11 Cf. Surdich, op. cit., p.27-28.
12 Cf., entre outros, a tradução italiana do livro de McAlister, *Dalla scoperta alla conquista. Spagna e Portogallo nel Nuovo Mondo*, p.340-41, e Serrão, *História de Portugal*, v.3, p.129-130. O historiador português menciona, aliás, a carta, datada 28 de agosto de 1501, com que Dom Manuel informou oficialmente os Reis Católicos do achamento da Terra de Santa Cruz, definida por ele "mui conveniente e necessária à navegação da India, porque alli [*Cabral*] corregiu suas naus e tomou água": como se vê, a função da nova terra, como desembarcadouro conveniente na rota para o Oriente, é já clara nestas indicações régias.

das diferenças de que a figura da ilha é, ao mesmo tempo, causa e efeito. A leitura da *Carta do achamento* de Pero Vaz de Caminha pode resultar, nesse sentido, iluminante.

Documento, evidentemente, dos mais preciosos no plano histórico, mas também monumento literário ao desassossego europeu perante um território que se suspeita imenso, ilimitado, e que, por isso mesmo, se tenta definir, delimitar. Tanto que se, na parte final da *Carta*, o escrivão da frota de Cabral confessa a impossibilidade de dar uma medida à terra ("pelo sartaão nos pareceo, do mar, muito grande, porque, a estender olhos, nom podiamos veer se nom terra e arvoredos, que nos parecia mui longa terra", f. 13v),[13] após, então, ter certificado o caráter desmedido do que ele, de fato, teima em definir como terra, conclui a sua carta ao rei D. Manuel datando-a "da Vossa *ilha* de Vera Cruz".[14] Por que oferecer ao soberano uma ilha, depois de lhe ter insinuado, ao longo do texto, a suspeita de ter adquirido aos seus domínios uma nova terra (nunca antes a palavra "ilha" é mencionada)? Após lhe ter apresentado e descrito uma terra firme, um espaço imenso e imprevisto? Cautela tardia de um literato não afeito às navegações, às mensurações cartográficas, claro,[15] mas também – e, talvez, sobretudo – dívida paga, forçosamente, a uma tradição cultural antiquíssima que afigurava (e prefigurava) só ilhas naquele que já os cartógrafos e os viajantes árabes apelidavam "Mar das Trevas", pontilhando-o, também eles, com ilhas portentosas, povoando-o, também eles, de *mirabilia*.[16]

---

13 Cito – com poucas intervenções gráficas – da edição diplomática organizada por Unali, *La carta do achamento di Pero Vaz de Caminha*, p.76-77.
14 Ibid., p.77.
15 O escrivão, com efeito, antepõe à sua descrição uma declaração de incompetência quanto às coordenadas da nova terra: "da marinhagem e singraduras do caminho não darei aqui conta a Vossa Alteza, porque o não saberei fazer e os pilotos devem ter esse cuidado" (ibid., p.82).
16 Veja-se pelo menos, a esse respeito, a bela antologia de Angelo Arioli, *Le isole mirabili: periplo arabo medievale*.

Que o Atlântico (como, de resto, outros oceanos e mares da incerta cartografia medieval) fosse repleto desses fragmentos de um território fantástico, o certificam, aliás, tanto os textos como os mapas-múndi europeus de que ele era o cenário ou o protagonista. Entre as obras literárias, valerá talvez a pena mencionar pelo menos a *Navegação de São Brandão*, um dos protótipos daquele gênero, muito frequentado na Idade Média, chamado de "viagens ao outro mundo". A procura penosa do lugar paradisíaco por parte do lendário monge irlandês e de seus intrépidos companheiros tem, com efeito, as características de uma romaria por ilhas: viagem que tem a forma de uma longa expiação, de uma oração interminável desenvolvendo-se entre lugares – ou "estações" – fascinantes e terríficos, até o cumprimento, também ele mirabolante ou milagroso (já que se apresenta como um achamento realizado através de uma perda, como uma descoberta resultante de um extravio dentro de um mágico nevoeiro) na "Terra da Promissão de Todos-os-Santos". Ora bem, essa peregrinação oceânica mostra, como foi justamente apontado, um aspecto histórico-geográfico muito interessante, visto que, para alcançar o Paraíso terrestre que os mapas medievais colocavam no Extremo Oriente, os monges navegadores fazem proa rumo ao Ocidente, navegando em um mar povoado por ilhas maravilhosas.[17]

Que esse antigo *iter ad Paradisum* seja o arquétipo – progressivamente contaminado, claro, por mil outras leituras, até perder-se em uma espécie de paradigma esquecido e labiríntico, até confundir-se em um esquema genérico e inconsciente da viagem por mar –, que a *Navegação*, então, fique um exemplo textual incontornável, nunca transgredido, nem pelos primeiros

---

17 Para uma análise detalhada da navegação e para uma informação completa sobre a ampla bibliografia relativa a esse texto, remeto à tese de doutorado de Bartoli, *La "Navigatio Sancti Brendani" e la sua fortuna nella cultura romanza dell'età di mezzo*.

cronistas do Novo Mundo, o demonstra, entre os outros, também o "achamento" do Brasil na descrição que dele nos dá Pero Vaz de Caminha. Nesse documento, por exemplo, encontramos a estranha coincidência temporal da chegada à ilha almejada durante o período subsequente à Páscoa – como já acontecia, justamente, na obra medieval[18] – e, além disso, todo o conjunto de elementos tópicos (de origem antiquíssima) marcando esse lugar longínquo como já tinham marcado a ilha paradisíaca visitada pelo santo navegador e por seus companheiros. Entre eles, em particular, o rio apresentando-se como um limite ao andar, que já existia na *Navegação*[19] e que, na relação do escrivão, se torna um "rio de muita água" correndo paralelamente à beira do mar e desenhando-se como uma fronteira (tênue e, ao mesmo tempo, muito firme) entre o conhecido do espaço explorado e o desconhecido do "sertão" desmedido, apenas entrevisto do alto dos navios.[20]

---

18 Na primeira versão da lenda, a Páscoa era, na verdade, celebrada sobre a ilha móvel – de fato, um monstro marinho – de Jasconius, enquanto o desembarque no paraíso terrestre só se realizava após mais quarenta dias de navegação (cf. ibid., p.127). A chegada de Cabral à ilha de Vera Cruz se dá, pelo contrário, logo depois da festa e, mais exatamente, na quarta-feira de *pascoela* (o que justifica, aliás, o nome de Monte Pascoal atribuído ao primeiro elemento paisagístico da nova terra avistado pelos navegantes; cf. *La carta do achamento...*, p.84). Parece-me, todavia, indiscutível a função de "iniciação", de acesso ao mundo encantado, desempenhada pelo rito pascoal que, lá como cá – na *Navigatio* como no relatório de Caminha –, se realiza sobre uma ilha precária, oscilando entre a solidez da terra e a fluidez do mar (sobre a imagem e sobre a função do "ilhéu grande", em que Cabral manda celebrar a missa da oitava de Páscoa, cf. *infra*).
19 Sobre a *"frontière humide"* que separa, em muitos textos medievais – embora se alterne, em outros, com um muro de fogo –, o mundo conhecido do mundo outro, veja-se ainda Bartoli, op. cit., p.60, 140 e *passim*.
20 Cf. Unali, *La carta do achamento...*, p.93 e *passim*. Embora o cronista afirme, mais adiante, que o rio "não é mais largo que um jogo de mancal" (p.100), o vai e vem dos dois grupos, para aquém e para além dele, acaba por assumir as feições de uma aproximação ritual entre grupos diversos. Assim, por exemplo, é descrito o episódio do encontro festivo entre os portugueses e

A referência a esse modelo literário, tão distante no plano cronológico (a primeira redação em latim da *Navigatio* remonta ao século X), não deve, aliás, estranhar, visto que, a nível histórico, se sabe que o próprio Dom Manuel, destinatário da carta de Caminha, cedeu, poucos anos depois (em 1519), à Espanha, com o tratado de Évora, a "Ilha perdida",[21] ou seja, aquela mesma Ilha do Paraíso achada por São Brandão e nunca mais reencontrada pelas muitas expedições organizadas a esse fim – o que atesta, pelo menos, a vitalidade e o crédito de que ainda gozava aquele texto devoto no Portugal do século XVI. E que sobre a carta que trata do achamento do Brasil atuem, de resto, modelos literários reconhecíveis, o demonstram seja a abundância de elementos tópicos – que remetem não apenas para uma geografia edênica, mas, mais em geral, para muitas descrições de *loci amoeni* presentes primeiro na literatura Clássica e depois na da Idade Média –, seja um outro elemento, inserido no texto, que talvez valha a pena analisar em detalhe.

---

os indígenas: "Além do rio, andavam muitos deles dançando e folgando, uns diante dos outros, sem se tomarem pelas mãos. E faziam-no bem. Passou-se então além do rio Diogo Dias [...] que é homem gracioso e de prazer, e levou consigo um gaiteiro nosso com sua gaita. E meteu-se com eles a dançar, tomando-os pelas mãos; e eles folgavam e riam, e andavam com ele muito bem ao som da gaita" (p.102-103). É aqui evidente, a meu ver, a função simbólica – de fronteira cultural – desempenhada pelo rio: Diogo Dias o atravessa aceitando, por um lado, entender-se com os outros na base do código corporal e gestual da dança, mas introduzindo, por outro lado, elementos de novidade próprios da cultura europeia (segurar-se pela mão, gesto ausente no baile dos "selvagens").

21 Cf., também pela rica informação bibliográfica relativa a esse evento, a introdução de Maria Antonietta Grignani à edição de duas versões antigo-italianas de *La navigazione di San Brandano* (a notícia da cessão da "ilha perdida" encontra-se na p.20). A existência de uma "ilha de São Brandão", aliás, perdura no imaginário geográfico até o século XIX: ela é, com efeito, ainda presente – embora relegada à parte mais setentrional do Atlântico – no Atlas de Stieler, datado de 1867! Cf., a esse respeito, Luís de Albuquerque, *Introdução à História dos Descobrimentos Portugueses*, p.155.

De fato, no interior da narrativa de Caminha encontra-se a descrição de uma missa solene – a de Pascoela – que Cabral manda celebrar, não sobre a terra, mas em um "ilhéu grande" que se acha, por sua vez, no centro da Baía de Porto Seguro.[22] O rito sacro, a que os portugueses assistem com grande recolhimento, trajados com suas vestes de cerimônia, à sombra de um baldaquim e desfraldando os seus vexilos militares ("ali era, com o Capitam, a Bandeira de Cristo com que saiu de Belém, a qual esteve sempre alta, à parte do Evangelho", f. 5r) – a missa, então, representa um momento importante de aproximação (de aproximação na diferença, claro) entre os europeus e os indígenas: estes assistem da praia, nus e barulhentos, àquela estranha pantomima, respondendo com a sua festividade instintiva à compunção de um culto teatralizado:

> Enquanto estevemos à misa e à pregaçam, seriam na praia outra tanta gente, pouco mais ou menos como os d'ontem, com seus arcos e seetas, os quaes andavam folgando e olhando-nos; e asentaram-se. E, despois de acabada a misa, asentados nós à pregaçam, alevantaram-se muitos deles e tanjeram corno ou vozina, e começaram a saltar e a dançar huu pedaço.[23]

Observem-se neste trecho, entre outras coisas, os movimentos especulares e contrapostos de portugueses e indígenas,

---

[22] Cf. Unali *La carta do achamento...*, p.96-99. Os historiadores e os geógrafos contemporâneos enfrentaram, não por acaso, muitos problemas na identificação desse ilhéu, que se apresenta, com efeito, mais como um espaço "cenográfico" do que como um espaço real (cf. Pizzorusso, "Uno spettacolo per il Re: l'infanzia di Adamo nella 'Carta' di Pero Vaz de Caminha", *Quaderni Portoghesi*, n.4 (outono de 1978), p.49-81). Dessas ilhas providenciais, no interior de baías sempre muito amplas e "seguras", são, aliás, disseminados os relatos e os mapas europeus referentes ao Novo Mundo: vejam-se, a respeito, as considerações de Lestringant em "Fictions de l'espace brésilien", p.223-234.

[23] Unali, *La carta do achamento...*, p.66-67.

dominados pela oposição entre sentar-se e levantar-se: a imagem que resulta dessa descrição tem quase as marcas características de uma dança ritual, desembocando, enfim, no verdadeiro baile dos índios. Porém, mais do que esse elemento *carnavalesco* inscrito na gravidade do período pascoal, parece-me todavia que uma outra "inscrição" denuncie a literariedade do texto de Caminha, já que, com efeito, depois da missa o sacerdote conta aos navegantes "de nossa viinda e do achamento desta terra, conformando-se com o sinal da cruz, sob cuja obediência viemos" (f. 5r).[24]

Um conto, então, dentro do conto, uma *mise en abyme*, no interior do discurso sobre a descoberta da terra de Vera Cruz, de um discurso menor, ainda desenvolvido no "sinal da cruz" e em que o maior, claramente, se espelha. Nem isso chega, visto que, como já apontei, a pregação se realiza em um ilhéu incluído na grande ilha encontrada, o que torna ainda mais evidente a relação duplamente especular entre topografia e tópica, entre geografia descrita e história contada, denunciando, ao mesmo tempo, os limites de um texto que remete, afinal de contas, apenas a si próprio, isto é, que encontra em si mesmo a sua referência (o que é, de fato, um dos efeitos mais conhecidos do mecanismo artístico dito da *mise en abyme*, produzindo, no âmbito da narrativa, o que se costuma definir como *"récit dans le récit"*, ou melhor, como *"récit spéculaire"*).[25]

Poucos anos mais tarde, aliás, aparece uma obra que, para além das intenções e das circunstâncias em que foi composta, apresenta, a meu ver, afinidades notáveis com a carta de Caminha: refiro-me à *Utopia* de Thomas Morus.[26] Nesse caso também

---

24 Ibid., p.66-67.
25 Cf., sobretudo, Dällenbach, *Le Récit spéculaire: Essai sur la mise en abyme* (em particular, p.100-138).
26 É, talvez, quase inútil lembrar que, na verdade, a *Carta* de Caminha não teve nenhum impacto sobre as obras contemporâneas ou posteriores, visto que ela ficou escondida no arquivo régio português (a Torre do Tombo) até

se fala da descoberta de uma ilha (por um português, repare-
-se): ilha inventada e contada assim como é "achada" (*inventa*) e
narrada aquela de Vera Cruz; também ela fora dos mapas e das
rotas tradicionais, lugar "indeterminado" que é colocado a uma
distância incomensurável em relação a qualquer lugar conhecido; também ela acabando por se propor como uma realidade de
ordem puramente textual; também ela, enfim, *"une représentation
figurative que le texte inscrit sous son discours et par lui"*.[27] Essa última
citação, que tirei do importante estudo de Louis Marin sobre
a obra de Morus,[28] leva-me ainda a circum-navegar a figura da
ilha, a marcar os seus limites, a traçar o seu perfil ambíguo, visto
que a dimensão imaginada pelo escritor inglês apresenta-se,
mais uma vez, como uma espécie de "entremeio" entre Velho e
Novo Mundo: ou seja, segundo se expressou Marin em relação
à *Utopia*, como *"un entre-deux, [...] le moment neutre d'une différence,
l'espace hors lieu d'une distance ou d'un écart qu'il n'est possible ni
d'inscrire sur une carte de géographie ni de consigner dans une histoire"*.[29]
Não é difícil detectar essas características na ilha de Caminha,
suspensa entre dois espaços que ela negando reafirma e afirmando nega – surgindo, então, como lugar de compromisso em
que conhecido e desconhecido, topologia e topografia, literatura

---

ser encontrada em finais do século XVIII e publicada no começo do século seguinte. Não existindo uma influência direta, podemos supor apenas uma coincidência simbólica, um tratamento comum do desconhecido por parte da cultura europeia, de que a figura da ilha é um exemplo importante. Nesse sentido, no âmbito das crônicas de descoberta, basta cotejar a descrição do Novo Mundo por Colombo e a visão que, da Nova Terra, nos oferece Caminha para encontrar uma atitude bastante semelhante (por exemplo, quanto às considerações sobre o clima edênico, sobre as quais cf. *infra*).

27 Trad.: Uma representação figurativa que o texto inscreve sob seu discurso e por ele. (N. E.)
28 Marin, *Utopiques: jeux d'espaces*, p.84. [Trad.: um entremeio, [...] o momento neutro de uma diferença, o espaço fora de lugar de uma distância ou de um desvio que não é possível nem registrar num mapa nem inserir numa história. (N. E.)]
29 Ibid.

e crônica, a necessidade de um paradigma, enfim, parece como que interromper-se em uma temporalidade neutra, em uma espécie de *epokhé*, de suspensão, do discurso histórico-cultural. Bastará, por isso, reportar-se às descrições da nova terra, boiando entre a impossibilidade de instituir qualquer confronto entre o que se vê e o que se sabe e a tendência contrária de traduzir tudo em termos analógicos ("a terra, em si, é de muito bons ares, asi frios e temperados coma os d'Antre Douro e Minho", f. 13v).[30] Do mesmo modo, aliás, o escrivão procede em relação aos indígenas, de quem ele dá uma descrição toda marcada pela neutralização dos opostos: nem negros nem brancos, e todavia partícipes de características somáticas (e éticas) tanto brancas quanto negras; nem selvagens nem civilizados, mas representantes de uma alteridade que se pode com facilidade reconduzir sob o signo da identidade ("esta gente nom lhes falece outra cousa para ser toda cristãa ca entenderem-nos", f. 13r).[31]

Assim, essa ilha achada acaba por colocar-se na encruzilhada das contradições, inscrita em uma temporalidade fundamentalmente interrupta: tempo neutro, de fato, marcado pela ausência de uma sucessão de estações – segundo a fórmula ditada, vários séculos antes, por Isidoro de Sevilha quanto ao paraíso terrestre: "*Non ibi frigus, non aestus*".[32] Neutralização climática esta que se encontra em quase todas as crônicas dos descobridores e que delimita, afinal de contas, um "lugar-comum" cultural no qual compreender e conter a diferença relacionando-a com uma identidade, passada ou futura e, em todo caso, insituável em relação ao presente.[33] Desvio ou distância, aliás, que do plano temporal

---

30 Unali, *La carta do achamento...*, p.77.
31 Ibid., p.76.
32 Veja-se Buarque de Holanda, *Visão do paraíso*, p.XX-XXI, 162-167 e *passim*. Cf. também Graf, *Miti, leggende e superstizioni del Medio Evo*, v.I, p.30-32.
33 "Esse mundo paradisíaco, fosse ele cristão ou pagão, permanecia invariavelmente no passado, ou no futuro, ou no sonho, alheio e adverso à vida atual" (Buarque de Holanda, *Visão do paraíso*, p.147). Diante (ou dentro) da imagem

transborda, de modo inevitável, naquele espacial, produzindo um afastamento indefinido (e indefinível) da nova terra de qualquer possível *aqui*, uma deslocação dela para um *antes* ou um *depois* que parecem irredutíveis a qualquer *agora*: assim, por exemplo, a ilha de Vera Cruz é localizada, na carta de Caminha, a uma distância exagerada (660 ou 670 léguas das Ilhas de Cabo Verde)[34] e, na realidade, incomensurável em relação ao sabido. Lugar paradisíaco preservado pela lonjura, tornado intangível pelo seu ser fora de qualquer rota conhecida...

A acronia, nessa perspectiva, o estar suspenso do Novo Mundo em um tempo fora do tempo, aponta para uma atopia, revelando, por um lado, as suas características utópicas, mas manifestando, por outro, a sua força desviante em relação a qualquer realidade presente, localizável, tangível. E é também essa, talvez, a razão pela qual, perante tal aporia espaçotemporal, os cronistas das novas terras – e Caminha entre eles – abrigam-se no interior do *topos* insular: já que nele, apenas, pode manter a sua credibilidade o "entrementes", o "meio-tempo", entendido, aqui, como intervalo, como dimensão ambígua, como tempo de hesitação interposto entre uma inocência perdida, um estado de natureza desejado e uma evangelização divisada, uma aculturação auspiciada.

---

da Idade de Ouro ou da imagem edênica – diante, enfim, ou dentro do sonho de uma condição anterior e, em todo caso, irrecuperável – encontra-se, com efeito, a utopia de um paraíso por construir, de um futuro "jubiloso", não localizável em relação ao presente: pense-se só (num âmbito ainda religioso, mas, dessa vez, não ortodoxo) na interpretação do Novo Mundo como "terra prometida" que impeliu os judeus e os cristãos reformados para as Américas. Nem é tampouco possível omitir o papel do milenarismo, de raiz joaquimita, insinuando-se ainda nas dobras da visão ortodoxa, católica, de uma terra por evangelizar: como se sabe, esse componente messiânico marcou profundamente a religião popular do Brasil, acompanhando sempre a história do País.
34 Cf. Unali, *La carta do achamento*..., p.61. Vejam-se, a respeito, as considerações de Jaime Cortesão na sua *História dos descobrimentos portugueses*, v.2, p.193-198.

O que eu quero dizer é que a espera de um sentido, que se tem de recuperar nas dobras da memória coletiva ou que se tem de imprimir sobre o espaço encontrado, não pode senão se condensar na figura da Ilha – lugar de compromisso e de compreensão, justamente, que não só pelo seu encerramento, pela sua finidade, mas também pelo seu caráter provisório, de ínterim, permite tomar consciência do novo sem produzir um abandono traumático do conhecido: dimensão local, enfim, em que a globalidade pode espelhar-se sem se perder. Nem espaço outro nem idêntico, e tanto uma coisa quanto a outra, a ilha--texto de Pero Vaz de Caminha apresenta-se, na realidade, como o intertexto em que se entrecruzam vários discursos – sem se anular, todavia, entretecendo-se, antes, em uma neutralidade cheia de tensões. De maneira que ela representa, em vez da linearidade da peregrinação por ilhas de São Brandão, o emblema único em que se coadunam e se sobrepõem todas as imagens contraditórias experimentadas, de cada vez, pelos monges navegadores medievais. O Brasil, então, como *Insula fortunata* e *infortunata* ao mesmo tempo: como lugar intercalado entre horror e esperança, entre medo e desejo do desconhecido, entre natureza e cultura, entre perda e reencontro. Ou, ainda, o Brasil como não lugar (*ou-tópos*, justamente) cheio de todos os lugares, espaço destinado a ocupar espaços diversos que nele se neutralizam, se condensam em qualquer coisa que fica a meio caminho entre o Antigo e o Novo Mundo.

Esse caráter utópico, que marca desde o início o Brasil, parece, aliás, confirmado por um mito que surge mais tarde, por volta da metade do século XVI, e que chega mesmo a receber uma imponente confirmação cartográfica: trata-se da lenda da Ilha-Brasil.[35]

---

35 Cf, em particular, Cortesão, op. cit., v.2, p.254-260, e, mais recentemente, Avella, "L'Eden, il buon selvaggio e l'isola: considerazioni su alcuni topoi mitologici nella cultura brasiliana", *Letterature d'America*, v.2, n.8 (verão de 1981), p.89-111.

De fato, justamente na época em que os portugueses começam a se familiarizar com a nova região; justamente na época em que iniciam a exploração do interior do país, torna-se, por paradoxo, mais firme a convicção de que aquela terra "achada" por Cabral seja, na verdade, uma ilha imensa, cujos limites seriam o Amazonas, ao norte, e o Prata, ao sul: os dois rios, com efeito, teriam ambos a sua origem em um grande lago interno, às vezes chamado Lagoa de Ouro ou Lago Dourado (nome ligado, claramente, ao mito do Eldorado), às vezes denominado, em língua indígena, Eupana ou Paraupava. Mais uma vez, então, à percepção assustadora de um espaço sem fronteiras responde a lógica do desejo, fechando uma terra desmedida e, por isso mesmo, inefável, dentro de limites certos, pensáveis: já que só aquilo que se recorta e se delimita em um lugar pode "fazer sentido" (ainda que um sentido da diferença, visto o caráter "compensativo" desse Brasil-Ilha), ao passo que o espaço infinito não tem voz nem nome, não chegando a ser nem identificado nem dominado.

Não pode, aliás, escapar, aos olhos dos historiadores contemporâneos, o significado ainda político desse mito cartográfico, que "dava ao Império Português na América do Sul uma base geográfica e servia os propósitos do imperialismo português contra o seu vizinho espanhol".[36] Dito em outras palavras, se a terra achada por Cabral era uma ilha, ela pertencia, por lei e por completo, ao rei de Portugal, legitimado, por isso, a infringir e a ultrapassar os limites entre os domínios espanhóis e portugueses estabelecidos pelo Tratado de Tordesilhas. A situação, todavia, não é tão simples como parece, visto que (ao que se sabe) o primeiro que difundiu – pela metade do século XVI – a lenda de um "Brasil-Ilha" foi João Afonso,[37] piloto e cartógrafo que era, certamente, de origem portuguesa, mas que viveu na França e trabalhou durante muito tempo a serviço do rei francês

---

36 Marques, *História de Portugal*, v.I, p.481.
37 Cf. Cortesão, op. cit., v.2, p.256-258.

(até assumir, nos documentos da época, os nomes "afrancesados" de Jean Alphonse Saintongeois ou de Jean Fontenau).[38] Que interesse podia ter, com efeito, um francês naturalizado em difundir, na sua pátria de eleição, um mito geográfico funcional ao expansionismo lusitano – e isso, aliás, em uma época em que a França estava projetando ou estava, até, já sustentando a sua aventura "antártica"? De resto (como lembra o próprio Oliveira Marques), a lenda da "Ilha-Brasil" não é acolhida, entre a segunda metade do século XVI e a primeira metade do século sucessivo, apenas pela cartografia ibérica, mas também pela italiana ou holandesa – e os Países Baixos, em particular, estavam também eles empenhando-se, naquele mesmo período (precisamente entre 1598 e 1654), em arrancar grandes pedaços de território brasileiro ao domínio português.

Tudo isso parece confirmar que, mais que apenas a uma escolha política, a imagem de um Brasil-Ilha devia responder a uma exigência de origem diferente e mais complexa. Para ilustrar melhor esse mecanismo (que é ideológico, mas também psicológico, parecendo-se com aquele – todo mental, claro, mas com efeitos ainda em âmbito material – da *Verleugnung* freudiana, que é, ao mesmo tempo, aceitação e recusa de uma experiência), bastará talvez lembrar o que acontece na Europa, mais ou menos na mesma época das descobertas geográficas, em relação à loucura. Também nesse caso, de fato, assistimos à descoberta de um "território" até então impensado; isto é, deparamo-nos com a consciência incipiente de uma dimensão da existência toda externa à dimensão conhecida, normal, habitual. E também nesse caso, para transitar no mar da indecisão entre aceitação e recusa, o homem do século XVI arma um navio em que o louco "é o Passageiro por excelência, isto é, o prisioneiro da Passagem", visto que ele "não tem nem verdade nem pátria senão

---

38 Cf. Matos, *Les Portugais en France au XVIe siècle*, p.22-77, e Albuquerque, *As navegações e a sua projecção na ciência e na cultura*, p.37-55.

nessa extensão infecunda entre duas terras que não podem pertencer-lhe".[39] Suspensa nessa condição ambígua, também a *déraison* não tardará em encontrar a sua moradia em uma figura insular – primeiro identificada nas *Ilhas Afortunadas*, em que nasce, de fato, a loucura elogiada por Erasmo de Roterdã; depois circunscrita naquela ilha simbólica (e real) que virá a ser o manicômio, o hospício mental: lugar de detenção do não sentido em que o sentido se espelha no seu "ser-outro".[40]

Espaço de neutralização das diferenças, a Ilha permanece, por isso, o lugar esperado e temido no qual fazer experiência da alteridade sem nela se perder; o lugar de passagem que permite reduzir em um tempo suspenso, que é dentro e fora do decurso temporal, a perspectiva infinita de uma *terra incognita*. Uma espécie de miniaturização, de resumo – embora em um espaço não obrigatoriamente reduzido, como no caso da Ilha-Brasil imaginada durante o século XVI – que permite combinar as contradições dentro de uma figura que não só não as anula, mas que, pelo contrário, as exalta, sem todavia alterar o sentido das proporções, sem desatar, sobretudo, os *"verrous de sûreté"* que vinculam o idêntico ao seu outro. De forma que, se nas primeiras crônicas o que sobressai, em particular, é uma imagem edênica do Brasil, isso não impede – ao contrário, prevê – a possibilidade de uma leitura oposta: a de uma dimensão infernal em que o homem europeu é condenado a expiar as suas culpas. Leitura com duas faces, contraditória, que já se entrevê na *Carta de achamento*, em que parece possível contrapor à escolha dos dois

---

39 Cito, traduzindo, da versão italiana da obra, já clássica, de Michel Foucault, *Histoire de la folie à l'âge classique* (ed. italiana: *Storia della follia*, p.19). A referência textual implícita nessas considerações é, obviamente, *Das Narrenschiff*, de Sebastian Brant (publicado em 1494).
40 Devo essa interpretação "insular" da instituição manicomial – que atravessa, de fato, a obra de Foucault – ao importante estudo de Michel Serres, "Géométrie de l'incommunicable: la Folie", *Hermes I. La Communication*, p.167-190.

grumetes portugueses – que abandonam de noite, às escondidas, os navios para se perderem naquela ilha maravilhosa – a resignação ou, talvez, o medo manifestado no comportamento dos dois degredados, deixados por Cabral entre os "selvagens".[41] Leitura, contudo, cuja ambiguidade passará a ser muito mais clara, ao longo do tempo, nas descrições da nova terra feitas pelos cronistas sucessivos: por um lado, o inferno antropofágico (já presente nas notícias de Américo Vespúcio sobre o *Mundus Novus*, mas ilustrado, sobretudo, pelo famoso relato de Hans Staden); por outro, o paraíso perdido, sempre descrito ou sugerido por muitos viajantes europeus.[42]

---

41 Cf. *La carta do achamento...*, p.115-116. É preciso notar que o número de marinheiros portugueses que abandonaram, voluntariamente e às escondidas, os navios de Cabral sobe a cinco em uma carta (de 17 de outubro de 1501) com que Alberto Cantino informa, de Lisboa, o duque Ercole d'Este, em Ferrara, sobre a descoberta da nova terra. Uma fuga que o célebre cartógrafo italiano relaciona claramente com o caráter paradisíaco do "mundo encontrado": "*in un locho che si chiama Santa Croce, per essere dilectevole, di bona aria et di dolcissimi fructi abondante, fugirono cinque marinari de la nave del Re, et non volsero no più tornare in nave et lì restarono*" (transcrevo de Buarque de Holanda, *Visão do paraíso*, p.289, nota 13). [Trad.: num lugar chamado Santa Cruz, por ser ele deleitável, de bons ares e de frutos dulcíssimos e abundantes, para lá escaparam cinco marinheiros da nave do Rei, de lá não quiseram mais tornar à nave e ali ficaram. (N. E.)] Por outro lado, o desespero dos dois degredados é descrito de modo muito mais claro na relação do "Piloto Anônimo" sobre a viagem de Cabral ("*similmente, come [Cabral] scrisse, lassava duoi uomini banditi in detto loco, li quali cominciorono a piangere, e gli uomini di quella terra gli confortavano e mostravano avere di loro pietà*"). [Trad.: igualmente, como [Cabral] escreveu, deixou dois malfeitores naquele local, os quais começaram a chorar, e os homens daquela terra os confortavam, mostrando que lhes tinham piedade. (N. E.)] Desse relatório ao rei, como se sabe, só ficou a tradução italiana, incluída primeiro na obra de Fracanzio de Montalboddo, *Paesi novamente ritrovati et novo mondo da Alberico Vesputio Florentino intitulato* (Vicenza, 1507), depois publicada – como, aliás, o texto completo de Fracanzio – no primeiro volume da coletânea de Giambattista Ramusio, *Delle navigationi et viaggi* (Veneza, 1550; ed. moderna: v.I, 1978, p.619-653, org. por Marica Milanesi).
42 A obra de Hans Staden foi publicada pela primeira vez em Marburg, em 1557, com um longo título que começava por *Wahrftige Historia*, "Verdadeira

Entre essas duas conotações extremas, o Brasil continuará isolando-se: laboratório de uma diferença experimentada sem nunca infringir – senão de modo marginal – os limites do conhecido; sem nunca exceder um patrimônio mítico e ideológico que, por paradoxo, permite conhecer a diversidade através do reconhecimento, isto é, através das analogias com estereótipos às vezes perdidos entre as dobras (e os devaneios) de um discurso cultural milenar. De modo que não surpreende o fato de também o nome da ilha achada acabar por ser quase o fruto de um compromisso entre a realidade e a lenda, entre o que se vê e o que se sabe, entre experiência e desejo.

Com efeito, se é verdade que a denominação da nova terra, embora entre mil dúvidas, acaba por se fixar no nome de uma árvore (o "pau-brasil"), tão copiosa e tão copiosamente exportada pelos portugueses, não é menos verdade que nessa dívida paga à experiência (e à experiência mercantil, sobretudo) continua ecoando um nome mítico que remonta, mais uma vez, à outra experiência, aquela – fantástica, nesse caso, literária – vivida por São Brandão. Já que, de fato, dentro do *corpus* dessa tradição antiquíssima encontra-se uma ilha atlântica, registrada também nos mapas medievais e procurada com teimosia pelos navegantes ao longo do século XV, denominada *Bressail* ou, de modo ainda

história" (cf. a ed. bras.: *Duas viagens ao Brasil*). O relato de Staden é, sim, posterior a outras crônicas sobre o Novo Mundo, mas é particularmente importante para a afirmação do Brasil como dimensão antropofágica, promovendo, talvez mais do que qualquer outro texto, a difusão na Europa da imagem do índio canibal (cf., sobre isso, o meu "O duplo e a falta. Construção do outro e identidade nacional na Literatura Brasileira", *Revista Brasileira de Literatura Comparada*, n.1 (mar. 1991), p.52-61. Sobre a proximidade, também espacial, entre "lugares" edênicos e infernais, ver Graf, op. cit., v.1, p.30. Pelo que se refere, enfim, à conotação dúplice (positiva/negativa) do Brasil no interior do discurso cultural europeu – enquanto, justamente, lugar suspenso na ambiguidade entre divino e demoníaco –, vejam-se os livros fundamentais de Mello e Souza, *O diabo na Terra de Santa Cruz* e *Inferno atlântico: demonologia e colonização, séculos XVI-XVIII*.

mais claro, *Brazil, Braçir* ou *Braçile*, topônimo que em língua celta devia, justamente, significar "ilha afortunada".[43] Como não se espantar com essa analogia nominal que emparelha a ilha achada por Cabral com a ilha perdida de um santo fabuloso? Ilha que vaga entre o norte e o sul nas representações medievais do mar Atlântico e que parece fixar-se, sem realmente consistir, naquela terra antes denominada, religiosamente, de Vera Cruz ou de Santa Cruz, depois rebatizada, laicamente, "dos Papagaios".

Se o batismo nominal do Novo Mundo equivale, como foi amplamente sublinhado,[44] a uma tomada de posse, no caso do Brasil isso se dará apenas no âmbito de um compromisso que neutraliza a realidade através da fantasia, ou bem esta através daquela, chegando a uma denominação ambivalente que aceita possuir a verdade observada no desapossamento de uma imaginada, proposta por uma tradição antiquíssima. Inscrito nessa ambiguidade, interposto entre o que é novo e o que é sabido, entre água e terra, entre inferno e paraíso, o Brasil – talvez mais do que outros lugares americanos – guardará longamente esse caráter misto, permanecerá para sempre (também por causa das

---

43 Na ampla bibliografia relativa a essa ilha inventada, bastará apenas mencionar o volume de Meira Penna, *Utopia brasileira*, p.21-26. No âmbito propriamente histórico-geográfico, seria bom consultar o estudo clássico de Capistrano de Abreu, *O descobrimento do Brasil pelos portugueses*, p.47-50, e a mais recente contribuição de Luís de Albuquerque, *Introdução à História dos descobrimentos portugueses*, p.154-57. Em particular, na página 167 deste último livro encontra-se uma tábua comparativa com os vários nomes atribuídos aos Açores em documentos dos séculos XIV e XV: depois do que dissemos até aqui, não é de espantar o fato de encontrar entre os topônimos não só Brasil (ou seja, "Ilha do Paraíso"), mas também o de "Ilha do Inferno". Mais um sinal do equilíbrio inevitável entre o Bem e o Mal, da proximidade necessária entre lugares edênicos e infernais, no interior da "geografia moralizada" vigente durante a Idade Média. Uma excelente recapitulação do valor simbólico da "ilha" se encontra, enfim, no importante livro de Diegues, *Ilhas e mares: simbolismo e imaginário*.
44 Veja-se, por exemplo, Todorov, *La conquista dell'America*, p.32-34.

suas fronteiras linguísticas) um continente com traços insulares ou uma ilha que é um continente.[45] Figura que se encontra na encruzilhada entre duas realidades, espaço ubíquo que se localiza na sobreposição de vários espaços, história que se conta em um presente eternamente suspenso entre passado e futuro: é isso, no fundo, o Brasil sempre perdido e sempre reencontrado pelos viajantes europeus – tanto pelos reais quanto pelos imaginários, desde os primeiros até os modernos.

---

45 Na verdade, a figura insular – além de ser, obviamente, um arquétipo frequentado desde sempre pela literatura – parece, em particular, habitar de modo estável a autoconsciência americana até os nossos dias. Quanto à América hispânica, bastará apenas mencionar a imagem "fundadora" e, ao mesmo tempo, simbólica da ilha de Macondo em *Cien años de soledad*, de Gabriel García Márquez, remetendo – para outros exemplos e para um estudo sobre "La isla como paradigma utópico" – ao importante volume de Ainsa, *Identidad cultural de Iberoamérica en su narrativa*, p.269-271, 299-302, 462-465 e *passim*. É, todavia, sobretudo no Brasil, a meu ver, que ela se torna obsessão geográfico-literária, a partir da *Ilha da Maré* de Botelho de Oliveira até os *Passeios na ilha* de Carlos Drummond de Andrade, passando, obviamente, pela "Fundação da Ilha", na *Invenção de Orfeu* de Jorge de Lima (de que tirei, aliás, a sugestão para o título da presente seção). Não é este, com certeza, o lugar para empreender uma análise pormenorizada da frequência e das metamorfoses dessa figura nas letras brasileiras: bastará, aqui, assinalar a importância dela na interpretação da identidade cultural brasileira – apoiada também na "insularidade" linguística da nação dentro da imensidão territorial sul-americana, dentro do "oceano" hispanófono. Quanto a outras imagens que evocam, de forma quase obsessiva, a figura da ilha, é, talvez, possível remeter a textos díspares como a visão que, do Brasil como "enorme ilha primitiva", nos deu Sílvio Romero (cf. *supra*, cap. 1, nota 66), ou como a imagem de um "sertão-ilha" – complementar, em certo sentido, à de um "sertão-mar" – que encontramos nas páginas iniciais de *Os sertões* (cf. Euclides da Cunha, *Os sertões*, p.91: "Por mais inexperto que seja o observador [...] tem a impressão persistente de calcar o fundo recém sublevado de um mar extinto, tendo ainda estereotipada naquelas camadas rígidas a agitação das ondas e das voragens..."). Quero ainda lembrar, em conclusão, apenas o título de uma conferência de Gilberto Freyre (pronunciada em 1940) sobre, justamente, a formação do Brasil e sobre a história da(s) mentalidade(s) brasileira(s): "Continente e ilha" (texto agora reeditado em Freyre, *Problemas brasileiros de antropologia*, p.141-172).

Uma utopia sem tempo, então, que se oculta e se desvela nas profundezas insondáveis do tempo: a sua descoberta será, como para a ilha de São Brandão, o resultado vertiginoso de uma perda, de um extravio que aproxima, na perspectiva concludente da ilha.

O mundo sem medida

> Onde te encontravas quando eu lançava os fundamentos da terra? Diz-o, se tens tanta inteligência! Quem fixou as suas dimensões, se o sabes, ou quem estendeu sobre ele a medida?
> *Livro de Jó*, 38, 4-5
>
> The time is out of joint.[46]
>
> W. Shakespeare, *Hamlet*, ato I, cena V

Se for lícito me adiantar mais um pouco na questão, tanto ideológica quanto empírica, da relação que a cultura europeia travou com o desconhecido (constituído, no caso, pelo continente americano), acho que seria importante e quase obrigatório sublinhar como, na análise dos primeiros documentos relativos à descoberta e à colonização do Novo Mundo, muitos estudiosos descuidaram, às vezes, de levar em conta o impacto que a imensidão desse território, aparentemente não mensurável, teve sobre a concepção do espaço (e do tempo) na cultura europeia. Ou seja, mais em particular, aquilo que parece faltar é a avaliação da mudança radical de hábitos – isto é, daquilo, também, que entra na esfera habitual e privativa da posse, do *habitat*, do *habere* como *habitare* (em latim, como se sabe, o segundo verbo é apenas um frequentativo do primeiro); da modificação, enfim, das noções de *ter* e de *morar* de que depende, em grande parte,

---

46 Trad.: O tempo está fora do eixo. (N. E.)

a identidade pessoal – provocada justamente pela percepção de uma terra sem termos, sem confins visíveis, dispersa em uma distância inacessível.[47]

Ao que parece, a América se apresentou, de fato, aos seus descobridores admirados, aos seus extraviados exploradores, como uma dimensão totalmente impensada e inefável – imprevisível, aliás, apesar da sua ideal previsibilidade, visto que, se é verdade que à existência dela preparava uma mitologia geográfica sedimentada e assimilada ao longo da Idade Média, um lento acostumar-se ao espanto e à maravilha, compartilhado também pelos navegantes, não é menos verdade que a experiência concreta acabou por exceder e eludir qualquer expectativa, acabou por ultrapassar todos os repertórios de *mirabilia* e de *monstrua* produzidos durante a Idade Média, embaralhando os postulados sobre os quais assentavam todas as constelações de imagens, todas as concepções figurais do mundo e do universo elaboradas pela cartografia anterior e pela antiga astronomia. E é justamente nessa dialética imperfeita (no fundo, de natureza poética), colocando-se entre a espera de "alguma coisa" e a surpresa provocada pelo aparecimento e pela experiência de "toda outra coisa", que tem lugar (em sentido pleno) a ideia do Novo Mundo: ideia, esta, que penetra lentamente na consciência europeia, manchando e corrompendo aos poucos as certezas culturais sobre as quais ela se fundava; emaranhando, por assim dizer, os mapas mentais graças aos quais ela se localizava e se orientava, "se situava", afinal, tanto em sentido espacial quanto temporal.

Dimensão, de fato, escancarada sobre o além, sobre o fora, em que não podiam ter vigência as categorias habituais; em que as distinções de espaço acabavam de funcionar; em que os lugares se confundiam em uma indicação confusa; em que,

---

47 Sobre a relação entre o ter e a perda, em situações de descentralização do sujeito, veja-se o estudo fundamental de Klein, "Appropriazione ed alienazione". In: *La forma e l'intelligibile*, p.507-522.

finalmente, a distância e a proximidade perdiam toda precisão – a América surge no horizonte europeu, por essas e outras razões, como o domínio da pura possibilidade ou da evidência impura: espaço vazio que deve ser preenchido de signos, ou melhor, espaço já cheio de signos impuros e intrincados, a serem desenleados. Imposição de um sentido conhecido, então, ou decifração paciente de um sentido confuso e inesperado: operações essas que, no seu combinar-se e no seu mútuo desdizer-se, delineiam todavia um percurso hermenêutico em que, justamente, procura o seu espaço o espaço americano, subvertendo, no fim desse processo, todos os dados ou os valores de partida.

Sobre a cronologia "ética" ou sobre a topologia "moralizada" elaboradas pela Idade Média, sobre aquela totalidade harmônica, iluminada pela certeza divina, de que descendiam a visão do mundo e o seu estar nele do homem europeu, a descoberta de uma *terra incognita* produziu, enfim, efeitos arrasadores, desarticulando conjuntos lógicos ou ideológicos, obrigando a repensar as hierarquias espirituais e as taxionomias materiais, e levando, fatalmente, à formulação de um universo aberto e sem confins (isto é, infinitamente problemático) que assola as antigas certezas, que desfaz os limites daquele mundo fechado, rigorosamente organizado, dentro do qual se tinham entrincheirado a sociedade e a cultura medievais.[48] Ou seja, se a geografia ideal que a ciência antiga – não sem controvérsias e sem contradições, na verdade – tinha chegado a definir, e que contemplava uma Terra articulada em três continentes, três mares, cinco climas e doze ventos,[49]

---

48 Entre os muitos estudos dedicados à grande "revolução epistemológica" que acompanhou a passagem da Idade Média para a Época Moderna, merecem destaque, pelo menos, os estudos, já clássicos, de Koyré, *La révolution astronomique*, e, sobretudo, *Du monde clos à l'univers infini*.

49 Sobre as "medidas" do mundo medieval e sobre o seu caráter preconceituoso e sagrado, veja-se o livro fundamental (em que se inspira, em grande parte e a partir do seu título, o presente capítulo) de Paul Zumthor, *La mesure du*

pode ver desmentida a verdade e a perfeição também simbólica desses números, ela perde, com isso, o seu caráter axiológico e interpretativo em relação ao real, e tudo acaba, por conseguinte, por "se enviesar", isto é, tudo se torna periclitante, sobre a realidade toda se alarga o cone de sombra da dúvida e da incerteza, sobre todas as coisas se propaga a escuridão do erro e do caos.[50] É certo que a perda da centralidade e a inclinação irremediável do eixo em volta do qual giravam e se organizavam as sabedorias e as praxes medievais não foram logo registradas, dado que a cultura europeia e os agentes dela na nova terra (descobridores e colonizadores de toda espécie) tentaram uma defesa acirrada da sua cidadela, isto é, continuaram durante muito tempo e, em parte, continuam ainda pensando a si próprios como "centrais", mas é também certo que na compacidade desse aparato de defesa – que agride, por sua vez, e racionaliza a seu dispor o "alhures" em relação a ele, em relação ao seu "aqui" –, na segurança, afinal, dessa cidadela penetram, quase de imediato, o desassossego da interrogação e da hipótese, a hesitação perante o desconhecido, a percepção nebulosa e perturbadora de uma alteridade não assimilável, não mensurável com o metro antigo. As respostas, aliás, não faltam, como não faltam as tentativas de suprimir, representando-a, concretizando-a em uma figura, essa inquietante percepção de um mundo sem medida: os sinais desse imenso "recalque coletivo", desse trabalho de apagamento de uma alteridade fora dos cânones, são, de fato, espalhados

---

monde. Em particular, sobre a divisão geográfica e climática apontada no meu texto – que acaba por se generalizar na primeira metade do século XIV –, cf. ibid., p.229-230.

50 Sobre as concepções mitológicas e cosmogônicas fixando ou regulando o "tempo antigo" e sobre o seu declínio gradual – em um clima de progressiva incerteza e angústia – na passagem para a moderna cronologia, vejam-se os estudos de Giorgio de Santillana, *Reflections on Men and Ideas*, e, sobretudo, *Hamlet's Mill: An Essay on Myth and the Frame of Time* (escrito em colaboração com Herta von Dechend).

pela arte e pela cultura do século XVI, basta saber achá-los e inventariá-los, estudando-os segundo aquele método que, por paradoxo, representa um dos legados mais importantes e preciosos da própria civilização europeia.

Entre esses sinais, um, pelo menos, já procurei ler e interpretar no parágrafo anterior, servindo-me, aliás, também de leituras e de interpretações de outros:[51] refiro-me, mais uma vez, à figura da ilha, tão presente na primeira e, obviamente, não confiável cartografia das Américas – aquela ilha procurada com tanta obsessão e tantas vezes falaciosamente identificada pelos descobridores delas. Nessa óptica, a representação do Novo Mundo como um gigantesco arquipélago (de que o Brasil não seria senão uma parcela) pode justamente ser considerada um sintoma geográfico macroscópico e espetaculoso desse mal-estar que surpreende a cultura europeia no limiar de uma dimensão sem dimensões, de um espaço aparentemente sem história, que nunca ninguém tinha previsto, de que não se tinha rastro nos tratados ou nos mapas medievais, nem, tampouco, nos textos dos autores gregos e latinos – no âmbito, enfim, daquelas *auctoritates* que tinham norteado a "experiência" durante a Idade Média.

Como já mostrei, de fato, o "Mar das Trevas", conforme uma tradição secular, podia ser apenas ponteado por ilhas: e ilhas, por conseguinte, enxergam os navegadores, atestando e redesenhando sem fim uma geografia do desejo que coloca sempre dentro dimensões conhecidas, controláveis, tranquilizadoras, esse enorme, inquietante novo que eles vão enfrentando.

---

51 As obras e os autores citados na primeira parte deste capítulo representam, de fato, apenas uma pequena amostra da ampla bibliografia que existe sobre o tema da "ilha". Para dar mais um exemplo, posso aqui lembrar outro fundamental volume coletivo, organizado por Daniel Reig e que contém vários estudos importantes: *Île des merveilles: mirage, miroir, mythe* ("Colloque de Cerisy", 2-12 de agosto de 1993). No âmbito brasileiro, veja-se o belo livro de Ana Claudia Aymoré Martins, *Morus, Moreau, Morel: A ilha como espaço da utopia*.

Recortar aquele espaço continental e sem nome, aquela extensão sem confins, em tantos lugares parciais, definidos, sobre os quais imprimir um nome próprio, responde, nessa perspectiva, a uma vontade de compreender, nos limites de uma figura usual, a incompreensibilidade de uma experiência inusitada e extrema. E significa, além disso, a possibilidade de dar um sentido (um sentido, mais uma vez, próprio) à insensatez de um espaço infinito: de encontrar, então, as palavras para o dizer, fazendo dele, desse modo, um lugar, ou seja, uma dimensão localizável, tópica, no interior do discurso geográfico elaborado pela cultura medieval.

Não é, portanto, casual que, como já apontei, Pero Vaz de Caminha, após, então, ter repetido por duas vezes a palavra *terra*, que era quase sinônimo de *terra firme*, e depois de tê-la qualificado de "muito grande" e "mui longa", acabe datando o seu texto "da vossa ilha de Vera Cruz".[52] Não é casual tudo isso, justamente porque a ilha, como dimensão local e localizável, pode ser denominada e dela o rei se pode apropriar (*"vossa* ilha"); enquanto a "terra", pelo contrário, como dimensão global, como espaço ilimitado, não poderia ser compreendida, escaparia a qualquer apropriação, recusaria qualquer nome próprio, ficando, assim, indefinida e inefável. Aliás, depois de "achado", quase todo o continente americano conheceu, na demarcação das suas fronteiras, aquele *esprit de géométrie* que ainda se (e nos) surpreende na cartografia atual: traçar linhas retas ou retículos regulares, ignorando qualquer "incidente natural", foi uma das escolhas mais significativas do poder europeu em relação ao Novo Continente, tratando o território como um enorme espaço vazio e sem história, como um imenso palimpsesto sobre o qual desenhar medidas harmônicas e racionais. Uma espécie de domesticação do desconhecido, então, que se estende até o século XIX (pense-se apenas, quanto à América do Norte, no desenho dos confins externos e internos entre os vários estados,

---

52 Unali, *La carta do achamento...*, f. 14v, p.77; f. 13v, p.76-77.

ou, relativamente ao Brasil da Primeira República, sobretudo no perfil dos estados da Região Norte) e que denuncia, mais uma vez, a tentativa de recortar uma terra imensa e, por isso, "ilógica" impondo a ela confins lógicos: fronteiras certas, mais uma vez, que "façam sentido", contrapondo-se à insensatez de um espaço desconhecido e selvagem. O gesto fundador é ligado, em suma, a uma definição das medidas – como é, aliás, claramente mostrado pela definição inicial das capitanias brasileiras por parte da Coroa portuguesa, que se limitou a traçar linhas horizontais, delimitando verdadeiras fatias territoriais a partir da costa e se perdendo no vazio do sertão.

De resto, lendo as crônicas portuguesas sucessivas ao *Achamento*, nas quais o Brasil tem enfim adquiridos o perfil e os contornos geográficos de uma terra firme, é fácil descobrir que, na descrição desse país imenso, a atenção aparece sempre, quase obsessivamente, focalizada sobre as ilhas: basta consultar, a esse respeito, seja o *Tratado da Terra do Brasil*, seja a *História da Província de Santa Cruz* de Pero Magalhães de Gândavo, obras nas quais – em relação pelo menos a quatro das oito capitanias – aquilo que o autor sublinha com força não é tanto a riqueza do interior, mas sobretudo a existência de muitas ilhas, de incontáveis ilhéus, sobre os quais, aliás, surgem as feitorias ou os estabelecimentos principais.[53] Aquilo que se apresenta aos olhos do leitor português é, assim, uma topografia bastante esfarrapada, um território esmigalhado, muito mais tranquilizador, no fundo, de um espaço sem medida e sem nome certo. É bem por isso, aliás, que Gândavo, depois de ter utilizado, no título do primeiro

---

53 As capitanias, cuja capital ou cidade principal é colocada sobre uma ilha, são, na descrição de Gândavo, Tamaracá, Espírito Santo e São Vicente. Para a capitania da Bahia, ele precisa na sua *História*: "Tem dentro em si muitas ilhas de terras mui singulares. Divide-se em muitas partes, e tem muitos braços e enseadas por onde os moradores se servem em barcos para suas fazendas" (Gândavo, *Tratado da Terra do Brasil – História da Província de Santa Cruz*, p.89).

texto escrito por ele, a designação de Brasil, volta na sua *História* sobre a questão do nome, tomando com decisão o partido da denominação de Santa Cruz: é justamente porque ele se dá conta, a meu ver, de que só um nome próprio (isto é, tirado do código religioso e cultural europeu) pode eliminar toda ambiguidade, toda a carga de "duplicidade" em relação a um território marcado por uma designação incerta, dupla e, por isso, diabólica (lembre-se, de fato, de que o significado do verbo grego *dia-bállo* era justamente "dividir, separar"). Confirmar ou restabelecer o nome sagrado significa, como ele escreve, subtrair a colônia ao domínio do Diabo "que tanto trabalhou e trabalha para extinguir a memória da Santa Cruz":[54] a denominação funciona aqui, de modo evidente, como exorcismo da divisão e da alteridade, como delimitação certa de um território ameaçado por uma indeterminação demoníaca, por uma infernal incompreensibilidade.

Dimensão, então, que deve ser recuperada ao sentido cultural e à memória cultural europeias, esconjurando aquela não finitude em que adeja (em sentido pleno) a confusão diabólica; espaço, então, que se deve tornar contíguo aos lugares habituais e a eles assimilável, recalcando aquela distância absoluta que altera as perspectivas e que é, por sua vez, o efeito de uma perspectiva alterada. As Américas, de fato, foram durante muito tempo subordinadas a essa tentativa de aproximação ou, até, de homologação que encontra a sua expressão mais clara no rabelaisiano *tout comme chez nous*, frase em que se resume ironicamente, como se sabe, a experiência vivida por *Alcofribas* no *nouveau monde* descoberto por ele dentro da boca de Pantagruel. Esse episódio – que, como mais em geral a obra de François Rabelais em que ele é incluído, registra com clareza o abrir-se do Velho Mundo para a imensidão e para a distância do Novo[55] – nos devolve (não

---

[54] Ibid., p.80.
[55] A referência obrigatória é a análise magistral sobre "O mundo na boca de Pantagruel", incluída por Erich Auerbach no seu famoso *Mimesis. O realismo*

por acaso, a meu ver, em um registro paródico e carnavalizado) aquele clima epocal marcado pela estupefata percepção de um espaço desmedido e impensado por parte do homem europeu, em consequência das descobertas geográficas. Só que, nesse caso, o "alhures" é apresentado como um prolongamento do "aqui", como uma espécie de reprodução e de continuação dos lugares habituais, guardando deles tanto as qualidades quanto os defeitos. A Alcofribas, com efeito, são suficientes duas léguas de caminho sobre a língua do gigante para entrar em um universo que, embora seja outro, reivindica a sua paradoxal identidade em relação ao "fora": tanto assim que, quando o seu descobridor pergunta a um camponês, que vive nessa dimensão "oral", se ela seria um novo mundo, o segundo responde: *"Certes [...] il n'est mie nouveau; mais l'on dist bien que hors d'icy y a une terre neufve où ilz ont et soleil et lune, et tout plein de belles besoignes; mais cestuy-cy est plus ancien"*.[56]

No *monde à l'envers* imaginado por Rabelais, o habitar além de um limiar, guardando todavia as características essenciais daquilo que fica aquém dele, dir-se-ia que distorce toda perspectiva espacial e temporal, corrompendo e confundindo as categorias do "dentro" e do "fora", do "aqui" e do "ali", do "antes" e do "depois", até tornar indistinguíveis essas noções, apesar da distinção dos espaços e dos tempos (visto que, afinal, Alcofribas entra e sai da boca de Pantagruel). Algo de semelhante, de resto, acontece também em muitas crônicas de descoberta e de exploração, em que se pode surpreender uma sensação de desassossego em relação a uma humanidade colocando-se

---

na literatura ocidental (na ed. italiana: v.2, p.3-27). Como se sabe, o personagem de Alcofribas Nasier é uma projeção romanesca e anagramática do próprio autor François Rabelais.

56 *Gargantua et Pantagruel*, livro II, cap. 32. Cito de Rabelais, *Oeuvres complètes*, Paris: Seuil, 1973, p.345: "Certamente que não é novo. Mas dizem que fora daqui existe uma terra nova, onde eles têm o sol e a lua, e que é todo cheio de coisas lindas; mas este aqui é mais antigo".

nos alicerces do tempo, na margem inferior da história e que parece, por isso, viver em uma espécie de passado sem redenção, atualizando-se, porém, e movendo-se sob os olhos do europeu. O habitante do Novo (Mundo) apresenta-se assim, ao mesmo tempo, como emblema do antigo: o agente de um tempo primitivo e natural (a Idade do Ouro) de que, entretanto, o homem europeu se tem afastado por sua culpa, perseguindo e realizando um ideal de "inovação" que parece torná-lo, por paradoxo, mais velho do que a jovem, inocente, humanidade que o cerca. E nessa aparente reviravolta dos tempos, nesse esfacelamento progressivo da cronologia e da história, se revertem e se subvertem, obviamente, também os cânones espaciais europeus, até chegar a perturbar as fronteiras estabelecidas, até chegar a confundir os lugares circunscritos e distintos, criados, ao longo dos séculos, por discriminações lógicas, éticas, jurídicas, religiosas.

O que entra em crise, em outras palavras, é aquele maniqueísmo europeu que tinha rigorosamente categorizado e ordenado o mundo tanto em sentido horizontal quanto vertical; que tinha fixado, dentro de paradigmas e de hierarquias indiscutíveis, os lugares do bem e do mal, do justo e do injusto, do santo e do danado, do patrão e do escravo. Uma ideologia que tinha tornado a Europa medieval um continente atravessado e atormentado pelos confins, em que o imobilismo preponderante da população se tinha aos poucos transformado (sendo, por sua vez, por ele confirmado) em um código rígido de comportamentos admitidos ou proibidos, determinados, em grande parte, pelo "lugar" – territorial e social, físico e jurídico – de nascimento (basta pensar, apenas quanto ao Portugal medieval, naquele conjunto de direitos e de deveres que ia sob o nome de "lei natural", que vinculava para sempre o indivíduo à sua origem, em todos os sentidos).[57] É, por isso, imaginável como, provindo desse

---

[57] Sobre a identificação entre espaço real e "espaço social", cf., em todo caso, Zumthor, op. cit., p.31-47 e *passim*.

sistema "fechado" e adiantando-se no interior de uma dimensão aparentemente ilimitada, o homem europeu não consiga orientar a si nem orientar o seu olhar: ou seja, ele se encontra na impossibilidade de definir, de compreender, em sentido pleno, aquela alteridade sem medida e sem lei, ou melhor, dominada por uma "lei natural" muito diferente daquela que vigorava no Velho Continente e cujas regras ele ignorava completamente. Basta considerar, nessa perspectiva, as acusações incessantes contra os indígenas americanos movidas pelos evangelizadores e pelos colonizadores: a impermanência, o nomadismo dos índios, o seu não enraizamento nos lugares, os condena à incompreensão, os relega a uma ausência ideal, a um espaço infinito, a uma falta de determinações, sejam morais, sejam materiais.

A conexão entre nomadismo e marginalidade (social, ética, mental...) vem, aliás, também ela do imaginário medieval, no interior do qual o "afastamento" e o "desvio" ideais têm uma verificação material em termos espaciais, no sentido de uma vagabundagem e de um afastamento em relação aos lugares estabelecidos pela norma, ou melhor, de um abandono de qualquer normalidade e de qualquer hábito.[58] A condenação do nomadismo indígena é frequente, por exemplo, no epistolário jesuítico: leia-se, por exemplo, o que escreve, em uma carta a Inácio de Loyola, o padre Luís de Grã:

> Andan pellas Aldeas muchos que erão christanos y moravão en una Aldea que estava aquí junto de la cibdade [Baía] entre los quales los Padres, que aqui estuvieron al principio tenían casa y heremita y allí los enseñavan a grandes y pequeños, hombres y mugeres. Y como su costumbre sea mudárense mui amenudo, que no tienen más que por qualquer antojo quemar su lanço en que moran – y ninguno le va a la mano aunque aian de quemar toda l'aldea – mudáronse muchos y finalmente toda la Aldea se mudó.

---

58 Ibid., p.150-166.

Por éstos trabajava yo más, pero de todo están sin señal de christianos en los costumbres, que en la fee no tienen ellos en que la mudar: dexan escaecer todo.[59]

O indígena, enfim, se torna, na visão dos europeus, atópico e inclassificável, assim como ele é acrônico, fora de um tempo normal e da norma: a frequente denúncia da sua preguiça – que, como se sabe, vai tornar-se proverbial, sendo um dos traços mais persistentes do preconceito racial dos colonizadores em relação aos colonizados –, a acusação incessante da sua propensão a "perder o tempo", deriva, a meu ver, justamente dessa incapacidade de reconhecer, na cronologia do outro, aquelas cadências que, pelo contrário, qualificavam a temporalidade europeia, dividida em fases, distinta entre tempo da festa e tempo do trabalho, ao passo que a temporalidade do índios era uma temporalidade difusa e descompassada, em aparência sem distinção e, por isso, sem possibilidade de ser acumulada – ou seja, já em sentido "paleoburguês", os indígenas não ganhavam, não "capitalizavam" o seu tempo, mas o perdiam, o desperdiçavam.[60]

Furtando-se, finalmente, à natureza tanto "sagrada" quanto "econômica" das divisões europeias, ignorando os confins entre os lugares ideológicos e éticos estabelecidos pelo culto e pela cultura do Velho Continente, o índio se expõe, por isso, à acusação mais geral e mais terrível de anomia, ou seja, de total falta de

---

59 Carta de 27 de dezembro de 1554. In: Leite, *Cartas dos primeiros jesuítas do Brasil*, v.2, p.135-136. Uma importante análise, enfim, dessa "inconstância" dos índios (em uma perspectiva, dessa vez, antropológica) encontra-se no estudo fundamental de Eduardo Viveiros de Castro, *A inconstância da alma selvagem*, p.181-264.
60 A "preguiça" do índio – que se tornará, até sua consagração irônica em *Macunaíma*, uma espécie de *leitmotiv* no interior do discurso (do) colonizador – já é com clareza denunciada pelos padres da Companhia de Jesus. Leia-se, por exemplo, Leite, op. cit., v.2, p.354: "Isto lhes acontece por serem naturalmente muy priguisossos [sic], e taes que o que lhes é necessário pera seu mantimento por esta causa o deixão de buscar".

regras. Uma acusação que, na sua repetição incessante, acabará assumindo um tom proverbial – e isso, justamente, a partir do muito conhecido e paradoxal determinismo fonético-referencial inventado e ilustrado pelo já citado Pero Magalhães de Gândavo: sendo, de fato, as línguas indígenas desprovidas de *F*, *L* e *R*, aquela humanidade não conheceria nem Fé, nem Lei, nem Rei;[61] quer dizer que ela ignora qualquer princípio de autoridade e qualquer axiologia, não cabendo, então, em nenhum paradigma humano, ficando fora de toda norma possível.

E sobre a anormalidade, sobre o caráter *ab-norme*, justamente, do outro e do alhures, talvez valha a pena concluir estas anotações sumárias sobre o tratamento "ideológico" do território americano lembrando como a perturbação das noções europeias de espaço e de tempo, provocada pela descoberta da América, se resolve, em geral, em um desarranjo do sentido das proporções: ou seja, a distância absoluta em que parece colocar-se aquela terra, a sua falta de dimensões, acaba por ser compensada, no nível do imaginário, pelo recurso à categoria do incomensurável e do disforme. Não é por acaso, nesse sentido, que objetos, árvores, animais, homens, demasiado pequenos ou demasiado grandes povoem as crônicas dos descobridores; nem é por acaso que a literatura europeia daquela época esteja repleta de gigantes ou de anões: personagens tradicionais, claro, mas que gozam de uma espécie de ressemantização ideal no século XVI, prestando-se a encarnar, na deformidade de seus corpos, a natureza *ab-norme* e anormal do

---

61 Gândavo, op. cit., p.124: "[A lingoa] carece de tres letras, convem a saber, nam se acha nella F, nem L, nem R, cousa digna despanto porque assi nam têm Fé, nem Lei, nem Rei, e desta maneira vivem desordenatamente sem terem alem disto conta, nem peso, nem medido". Deve ser notada ainda, nessa frase, a associação entre a anomia e a falta de "medida": isto é, o ser sem lei comporta *ipso facto* a queda na desordem, a regressão no caos e na impossibilidade de "numerar".

novo espaço.[62] O modelo pode ser, mais uma vez, a obra-prima de Rabelais ou, talvez, o Adamastor camoniano, mas ainda mais próxima do imaginário popular se encontra, sobretudo, a multidão incontável desses emblemas viventes da enormidade ou da pequenez extrema presente nas novelas de cavalaria: figuras, afinal, de uma alteridade que pode ser domesticada, tornada habitual; figuras, aliás, em que encontra finalmente o seu sentido (um sentido tradicional e espantosamente tranquilizador) a concepção penosa, a ideia difícil, de um mundo fora e longe de qualquer proporção.[63]

O leitor das crônicas e dos tratados sobre o Novo Mundo poderá, então, perceber a sua distância dele ou poderá deduzir

---

62 Sobre a frequência dessas figuras disformes e monstruosas, cf. mais uma vez Zumthor, op. cit., p.263-264 e *passim*. Ver também Surdich, op. cit., p.158-159.

63 Quanto à obra-prima de Rabelais, tudo isso foi magistralmente apontado por Auerbach (op. cit., v.2, p.12-13). Continua faltando, pelo que eu sei, uma reflexão sobre a frequência de tais figuras gigantescas ou minúsculas na narrativa cavalheiresca europeia do século XVI, relacionada com a perda do sentido das proporções por parte do homem europeu e provocada pelas descobertas geográficas: sendo o gênero literário mais em voga na época, não é difícil crer que o romance de cavalaria tenha sido chamado, entre outras coisas, a "compensar", no plano fantástico, os desajustes mensurais ou as crises epistemológicas que atravessaram a cultura europeia, tornando, aliás, natural e compreensível o recurso a imagens "anormais" também no âmbito das crônicas e dos relatos de viagem. Cf., todavia, o importante ensaio de Francisco Bethencourt, "A simbólica do espaço nos romances de cavalaria". In: Centeno (org.), *Simbólica do espaço: cidades, ilhas, jardins*, p.109-119. De resto, que a leitura do espaço americano esteja relacionada com a novelística cavalheiresca o demonstram tanto os topônimos tirados desse âmbito literário (o exemplo talvez mais conhecido é o nome *California* tomado – de forma irônica talvez – de *Las sergas de esplandián*, de Garci Rogriguez de Montalvo, onde designava uma "ilha afortunada" e paradisíaca, e aplicado a um território que os descobridores espanhóis acharam despovoado, árido e hostil), quanto, mais em geral, a influência que esse gênero romanesco exerceu sobre a interpretação do Novo Mundo por parte dos colonizadores ou dos conquistadores ao longo do século XVI. Cf., a esse respeito, o estudo já clássico de Leonard, *Los libros del conquistador*.

a sua superioridade cultural em relação a essa dimensão que se abre logo além do limiar do seu espaço habitual, apoiando-se no chão enganoso, escorregadio, da sua memória literária, da sua familiaridade com o maravilhoso ou o fantástico. E a saída será de fato, para o Renascimento europeu, a de estabelecer o próprio homem como medida de todas as coisas, colocando o corpo humano, como no famoso desenho do "Homem de Vitrúvio" de Leonardo da Vinci, no centro de figuras geométricas desenhadas em volta dele, isto é, no centro de um espaço "co-medido", de que ele próprio é proporção e pelo qual é proporcionado.

O que o europeu não conseguirá restabelecer, todavia, é o metro antigo, a medida tradicional das coisas, a sua identidade orientada em relação àquilo que o cerca ou que nele sobressai, a sua ingênua confiança em um espaço comedido às leis da fé ou do desejo. Aquilo que o espera, enfim, é o descompasso de uma geografia que não tem mais um centro, de um mundo que perdeu o seu eixo, e que o vai condenar a uma longa vagueação nos territórios desmedidos e marginais da busca e da dúvida. Nessa dimensão não localizável e não habitual, o homem europeu será obrigado durante muito tempo a habitar, redesenhando sem parar os confins do seu *ter* e do seu *ser-aí* – isto é, do seu ser em relação àqueles lugares selvagens, inóspitos e impróprios, de que ele vai aos poucos, com brutalidade e com pesar, se apropriando.

III
Fronteiras, cruzamentos, transgressões

Preliminares

> É preciso tirar da boca urgente
> o canto rápido, ziguezagueante, rouco,
> feito da impureza do minuto
> e de vozes em febre, que golpeiam
> esta viola desatinada
> no chão, no chão.
>
> Carlos Drummond de Andrade, *Mário de Andrade desce aos Infernos*

Há um pretexto a ser contado em relação a *Macunaíma* e ao mundo carnavalizado, às avessas que nele encontra a sua figuração emblemática. Ou, a bem dizer, há um preâmbulo, uma soleira narrativa que introduz o leitor na narração, um limiar que está diante dela e que fica, todavia, excluído.

Escreve, de fato, Mário de Andrade em um esboço de prefácio à obra, composto logo em seguida à sua primeira redação e datado, com efeito, de 19 de dezembro de 1926:[1]

> Macunaíma não é símbolo nem se tome os casos dele por enigmas ou fábulas. É um livro de férias escrito no meio de mangas, abacaxis, e cigarras de Araraquara; um brinquedo. Entre alusões sem malvadeza ou sequência desfatiguei o espírito nesse capoeirão da fantasia onde a gente não escuta as proibições, os temores, os sustos da ciência ou da realidade – apitos dos polícias, breques por enxergar. Porém imagino que como todos os outros o meu brinquedo foi útil. Me diverti mostrando talvez tesouros em que ninguém não pensa mais.[2]

É esta, então, a primeira imagem que o autor forma – e nos oferece – do seu romance: um livro de puro entretenimento; um *divertissement* inocente, "amadurecido" entre os frutos de uma paisagem tipicamente tropical, longe das preocupações e das proibições da metrópole. Um "brinquedo", mais exatamente, destinado, como todos os brinquedos, a revelar, no jogo, funções escondidas, "tesouros" perdidos.

Diante de tal sinopse – dir-se-ia espontaneamente "pobre", "ingênua" – de um texto superabundante de sentidos, diante de uma apresentação tão despojada e esvaziante de um romance tido por um dos mais "repletos", dos mais densamente simbólicos da

---

[1] O romance, escrito, na sua primeira redação, em dezembro de 1926 (em apenas seis dias de trabalho, segundo o que Mário declarará mais tarde – cf. *infra*), será publicado, como se sabe, só no mês de julho de 1928.
[2] Uma transcrição desse texto encontra-se no livro de Heloísa Buarque de Holanda, *Macunaíma: da literatura ao cinema*, p.25. Uma reprodução fotográfica do mesmo texto também se encontra presente na edição crítica de *Macunaíma*, coordenada por Telê Porto Ancona Lopez e incluída na "Coleção Arquivos", p.351. De agora em diante, todas as citações tiradas desta última edição (e dos vários ensaios que a acompanham) serão assinaladas por meio da inicial *M*.

literatura brasileira do século XX, ter-se-ia a tentação de ir para a frente sem se deter muito, deixando atrás, no máximo, apenas a curiosidade inapagada a respeito daquela misteriosa vontade, daquele prazer quase masoquista que impele muitos artistas a banalizar (pelo menos em aparência) os conteúdos das suas obras, a diminuir-lhes o valor.[3]

Se é impossível ultrapassar essa simplificação do romance, é porque, não obstante a redução forçosa e apaziguante de um discurso literário tão complexo, deve sobrar, no autor, um resíduo de desassossego, algo que não se deixa resumir no simples divertimento, no jogo escritural sem sentido e sem fundamento. Comprova-o, de modo inequívoco, o fato de – logo após ter alertado acerca da impraticabilidade de uma leitura simbólica do seu personagem – o próprio escritor sentir-se na obrigação de acrescentar algumas considerações sobre a essência "negativa", sem caráter do povo brasileiro, em uma relação clara e, ao mesmo tempo, emblemática com o seu herói sem nenhum caráter:

> O brasileiro não tem carácter porque não possui nem civilização própria nem consciência tradicional. [...] Está que nem o rapaz de vinte anos: a gente mais ou menos pode perceber tendências gerais, mas, ainda não é tempo de afirmar coisa nenhuma. Dessa falta de carácter psicológico creio, optimistamente, deriva a nossa falta de carácter moral.[4]

Como se vê, contra qualquer "pauperismo" por ele ostentado, Mário parece secretamente consciente de ter criado um texto "rico", em que se resumem de modo exemplar as características (éticas, culturais, antropológicas etc.) essenciais da sua

---

3 Neste primeiro prefácio falhado, em que o escritor tenta censurar o pesado trabalho imposto pela prática artística, deparamos também com esta frase, ainda mais clara: "Gastei muito pouca invenção neste poema fácil de escrever" (Buarque de Holanda, op. cit., p.27; cf. *M*, p.353).
4 Buarque de Holanda, op. cit., p.26-27; *M*, p.352.

gente, ilustradas através dos casos paradigmáticos daquele que ele próprio, aliás, define no romance como herói de nossa gente. Um trabalho de redução ou, melhor ainda, de reelaboração alegórica de um quadro histórico e cultural complexo, chamando, por sua vez, a nossa atenção para aquela que fica, a meu ver, uma definição-chave de *Macunaíma* presente no primeiro trecho, acima citado: a natureza de "brinquedo" atribuída pelo escritor ao seu texto.

De fato, foi afirmado que aquilo que o brinquedo contém é "algo de eminentemente histórico"; mais ainda, que o que nele se abriga é "o Histórico em estado puro".[5] E isso porque no jogo inicia um processo de afastamento daquilo que pertenceu – "uma vez, agora não mais" – ao âmbito religioso ou prático-econômico, sem que, todavia, nunca se desfaça por completo o nó que liga o brinquedo à sua função original; função, aliás, da qual se guarda apenas o puro conteúdo temporal, ou seja a essência histórica sedimentada nos objetos sacros ou naqueles de uso comum.

> Com efeito, ao passo que o valor e o significado do objeto antigo e do documento estão relacionados [...] com o seu tornar presente e tangível um passado mais ou menos remoto, o brinquedo, por seu lado, desmembrando e alterando o passado ou, ainda, miniaturando o presente – isto é, jogando tanto sobre a diacronia quanto sobre a sincronia –, torna presente e tangível a temporalidade humana em si mesma, o puro desvio diferencial entre o "uma vez" e o "agora não mais".[6]

Reflexão muito complexa, essa, que mereceria um comentário mais amplo e esclarecedor ao estudo de Giorgio Agamben de que tirei as citações anteriores e em que a relação entre jogo e rito é explorada de maneira muito articulada e profunda –

---

5 Agamben, *Infanzia e storia: distruzione dell'esperienza e origine della storia*, p.70.
6 Ibid., p.70-71.

reflexão, aliás, que talvez seja inútil reproduzir aqui por completo. O que vale a pena reter para os nossos fins é, a meu ver, a aproximação entre objeto lúdico e *bricolage* proposta por Agamben para ilustrar a sua tese sobre a natureza histórica do brinquedo. Como é sabido, a semelhança com a atividade do *bricoleur* foi utilizada, com efeito, por Claude Lévi-Strauss para esclarecer os modos de funcionamento do pensamento mítico: em ambos os casos, elementos que participam de outros conjuntos estruturais são desmontados e recombinados até formar novas unidades estruturais.[7]

Pois bem: segundo Agamben, esse processo, que transforma aqueles que eram significados em significantes e vice-versa, é ainda típico do brinquedo, já que também este utiliza "pedaços" ou "migalhas" pertencidos (ou pertencentes) a outros conjuntos funcionais, atribuindo a essas partes uma função diferente. Mais do que a bricolagem ou o "pensamento selvagem", todavia, o brinquedo aposta justamente nesse caráter diferencial – ou seja, para empregar as mesmas palavras do estudioso italiano, ele não "joga" apenas com as "migalhas", mas, "por assim dizer", com a própria categoria da "migalhice".[8]

E é exatamente isso o que, a meu ver, acontece com *Macunaíma*: ou seja, o romance não é o resultado de uma simples combinação de fragmentos míticos ou de elementos (linguísticos e narrativos) "de uso comum" tirados de outros conjuntos, furtados a outras constelações de significado e reorganizados em um sentido novo, porque, mais em profundidade, ele brinca com a categoria da "citabilidade" – ou, para o dizer de outro modo, ele joga com a historicidade da escrita e com a memória cultural.

Não se pode, com efeito, esquecer o caráter composto, multíplice, ostentado pelo texto e de que o seu autor se mostra plenamente consciente, quase orgulhoso:

---

7 Cf. Lévi-Strauss, *Il pensiero selvaggio*, p.29-45.
8 Agamben, op. cit., p.71.

Copiei, sim [...]. O que me espanta e acho sublime de bondade, é os maldizentes se esquecerem de tudo quanto sabem, restringindo a minha cópia a Koch-Grünberg, quando copiei todos. [...] Confesso que copiei, copiei às vezes textualmente. Quer saber mesmo? Não só copiei os etnógrafos e os textos ameríndios, mas ainda, na "Carta pras Icamiabas", pus frases inteiras de Rui Barbosa, de Mário Barreto, de cronistas portugueses coloniais, e devastei a tão preciosa quão solene língua dos colaboradores da *Revista de Língua Portuguesa*.[9]

Como se vê, o autor tinha uma aguda consciência da natureza "citacional" da sua obra, do seu caráter de reúso de fragmentos textuais de outros. Trabalho, então, de *collage* ou,[10] para reempregar uma palavra já utilizada – e não apenas por mim, mas por críticos muito mais ilustres antes de mim[11] –, atividade de *bricolage* para a construção de um "brinquedo", de um objeto lúdico em que sedimente e se espelhe a História; em que, mais em particular, fique preso o tempo emaranhado e duvidoso típico da história cultural brasileira.

Cultura, de fato, que é também ela de reúso, visto que se constituiu através do depósito, espontâneo ou intencional, de "migalhas" ideológicas, de "pedaços" histórico-culturais vindos

---

9 *M*, p.427 (trata-se de um trecho da famosa "carta aberta" dirigida a Raimundo Moraes e publicada no *Diário Nacional de São Paulo* a 20 de setembro de 1931).

10 A referência aqui implícita – remetendo para o trabalho de colagem que a citação pretende – é ao importante volume de Antoine Compagnon, *La seconde main ou le travail de la citation* (veja-se, em particular, o primeiro capítulo). Sobre o caráter consciente de "cópia" que Mário atribui ao seu romance, vejam-se, em particular, o importante estudo de Raúl Antelo, "Macunaíma: apropriação e originalidade" (in: *M*, p.255-265) e, sobretudo, o livro de Eneida Maria de Souza, *A pedra mágica do discurso*. Com esse volume, aliás, a minha análise coincide em muitos pontos, apesar das diferentes perspectivas e linguagens críticas adotadas.

11 Veja-se, por exemplo, o livro de Alfredo Bosi, *História concisa da literatura brasileira*.

de outros conjuntos. Não, repare-se, uma simples adição de elementos heterogêneos extraídos de outros contextos culturais, mas sim a formação de uma esfera da acumulação e da troca: ou seja, de uma área de interação entre tradições diversas que, no seu combinar-se, no jogo de permutação instaurando-se entre elas, originam qualquer coisa de, ao mesmo tempo, novo e antiquíssimo – o que algures eu chamei de "espaço cultural neutro",[12] em que continuam fervilhando a multiplicidade e a diferença, mas enquanto elementos constitutivos da continuidade e da identidade (como esclarecerei melhor na segunda parte deste trabalho).

Desse paradoxo brasileiro poder-se-ia fornecer uma ampla exemplificação textual, fruto da autoconsciência, cultivada pelos intelectuais e que se torna cada vez mais clara com o decorrer do tempo, da natureza "ajustada", composta, da sua própria cultura. Limitar-me-ei, todavia, a relembrar o modelo que o próprio Mário de Andrade apontou várias vezes aos seus leitores e aos seus críticos para que entendessem as modalidades de composição e a ideologia implícita no seu *Macunaíma* – a literatura de cordel:

> Os cantadores nordestinos [...] transportam integral e primariamente tudo o que escutam e leem pros seus poemas, se limitando a escolher entre o lido e escutado e a dar ritmo ao que escolhem pra que caiba nas cantorias. Um Leandro, um Athayde nordestinos, compram no primeiro sebo uma gramática, uma geografia, ou um jornal do dia, e compõem com isso um desafio de sabença, ou um romance trágico de amor, vivido no Recife. Isso é o *Macunaíma* e esses sou eu.[13]

---

12 Cf. o meu "O neutro e o multíplice – identidade e alteridade no primeiro modernismo brasileiro". In: *Dimensões da alteridade nas culturas de língua portuguesa – o outro* (Actas do 1º Simpósio Interdisciplinar de Estudos Portugueses), v.2, p.441-448.
13 Este trecho é ainda extraído da supracitada (ver nota 9) "carta aberta" a Raimundo Moraes (in: *M*, p.426).

Eis, então, que a literatura dos cantadores, o seu perpetuar-se em terra americana, a sua sobrevivência também dentro e através das expressões características da moderna cultura de massa, proporciona justamente um exemplo probatório da especificidade cultural brasileira – dentro, evidentemente, do mais amplo contexto latino-americano. Porque é na sua natureza, ao mesmo tempo, "ocasional" e "histórica" que se pode ler a cifra oculta do texto cultural brasileiro e de *Macunaíma*, em particular, como texto-modelo daquela cultura: âmbito em que a memória e a invenção convivem uma dentro da outra, uma através da outra, em uma mistura inextricável em que a narração cresce sobre uma contínua citação do conhecido, e o conhecido, por sua vez, assume formas sempre inéditas e novas.

É esse mover-se entre passado e presente, entre tradição e inovação, esse perene reajuste da sincronia sobre a diacronia e vice-versa, que recoloca, a meu ver, o rito da literatura de cordel dentro das coordenadas lúdicas – atribuindo, por isso, o máximo de importância à performance ou, melhor dizendo, à *actio* dos modernos cantadores, herdeiros, nessa perspectiva, do patrimônio cultural acumulado pelos antigos *joculatores*. Já que, também nesse caso, a função jogralesca (própria, justamente, do *joculator*, isto é, daquele que "joga") consiste em "fazer passar ao sentido" o que está confusamente na memória, em "brincar" com significados conhecidos dentro de novas constelações significantes: papel de pura mediação, de simples transporte entre duas dimensões em aparência incompatíveis.[14] Papel, aliás, em que o

---

14 Sobre essa função mediana e de mediação – que Mário atribui a si mesmo e ao protagonista do seu romance –, voltarei a falar na segunda parte deste capítulo. Aqui, limito-me a sublinhar como, neste lugar de "passagem", de "conexão", Macunaíma e o seu criador não encontram apenas o *joculator* (o *joker* da tradição anglo-saxônica), mas também, através dele, o seu arquétipo mítico que, na cultura ocidental, é representado por Hermes-Mercúrio. Sobre a função de transporte ou de trâmite entre duas dimensões, desempenhada por essa divindade e por todas as figuras folclóricas ou literárias que

apagamento da importância do autor é equilibrado pela afirmação plena, "performativa", do ator; papel em que o negativo se torna positivo, visto que as capacidades artísticas do cantador são ainda avaliadas em proporção à sua habilidade mimética no interior da tradição, ou seja, em relação ao seu saber esconder-se atrás – e dentro – da "autoridade" do que já foi dito ou escrito por outros (de acordo com o sentido latino de *auctoritas*).

Não se pode esquecer, na mesma óptica, como é justamente este o traço marcante de Macunaíma, que deve, com efeito, o seu caráter de personagem ao seu não ter caráter nenhum; que constrói o seu heroísmo exatamente sobre a sua falta de uma fisionomia (tanto moral quanto física) estável. O herói sem nenhum caráter representa, nesse sentido, a harmonização imaginária ou, em outro nível, a metáfora artística de um modelo cultural que na multiplicidade, na ausência de uma qualidade peculiar ou de um caráter específico, encontra, por paradoxo, a sua homogeneidade e a sua especificidade.[15] E como as obras dos cantadores derivam a sua natureza textual da sua insondável intertextualidade – tornando-se originais no próprio momento em que renunciam a qualquer originalidade –, da mesma maneira a obra-prima de Mário revela a sua carga inovadora justamente na medida em que se furta a qualquer veleidade de inovação, ou seja, na medida em que decide jogar com a citação (ou melhor, com a própria categoria da "citabilidade").

E é nesse limite, é sobre essa margem duvidosa, separando a memória da invenção, que brota e viceja o termo talvez mais esclarecedor para a compreensão de *Macunaíma*. Refiro-me, claro, ao mito – palavra que circulou, até agora, nas entrelinhas deste texto, sem nunca se revelar por completo, mas que religa,

---

dela descendem, veja-se o importante estudo de Jean Starobinski, *Portrait de l'artiste en saltimbanque*.

15 Cf., a esse respeito, o que eu escrevi em "O duplo e a falta: construção do outro e identidade nacional na Literatura Brasileira", *Revista Brasileira de Literatura Comparada*, n.1 (mar. 1991), p.52-61.

afinal, jogo e rito no interior de um particular cânone histórico, em que a crônica se submete à convenção, em que a interpretação do cotidiano fica dominada pela cintilação ininterrupta da globalidade e da eternidade. Dimensão substancialmente intemporal, aquela do mito, em que não só se colocam – de modo ritual, lúdico – as aventuras dos personagens do romance, mas em que se colocam ainda as "meta-aventuras" ligadas à produção do próprio romance, também elas marcadas, de modo mítico, por uma relação jocosa, ritual, com a realidade da escrita.

Aspecto, esse, que se manifesta com mais evidência em um outro esboço de introdução à obra que Mário escreveu e datou de 27 de março de 1928, na iminência, dessa vez, da publicação, que se deu (como já notei) no mês de julho daquele mesmo ano. Assim inicia esse prefácio projetado:

> Este livro de pura brincadeira, escrito na primeira redação em seis dias ininterruptos de rede cigarros e cigarras na chacra de Pio Lourenço perto do ninho da luz que é Araraquara, afinal resolvi dar sem mais preocupação. Já estava me enquizilando... Jamais não tive tanto como diante dele, a impossibilidade de ajuizar dos valores possíveis duma obra minha.[16]

Mais ponderado, como se vê, esse *incipit*, que todavia rasteja de perto o prólogo anterior, mas com algumas variantes significativas. Em primeiro lugar, talvez, aquela repetição – dessa vez marcada pela aliteração – mudando o luxuriante panorama evocado pelas "mangas, abacaxis e cigarras" em uma descrição, bem mais arraigada no texto, dos modos de produção da obra, agora colocada entre "rede cigarros e cigarras". Imagem esta que prenuncia, por assim dizer, o ritmo textual (e não por acaso, na

---

16 Também esse texto foi editado por H. Buarque de Holanda (op. cit., p.35-40; o trecho citado se encontra na p.35), enquanto uma fotografia do manuscrito original se encontra em *M*, p.363-377 (p.363).

construção da paronomásia, é justamente o verso da cigarra que fica, "rapsodicamente", da redação anterior) e atribui, ao mesmo tempo, ao autor as feições inconfundíveis do seu personagem.

Pois bem: é exatamente essa identificação entre o preguiçoso herói sem nenhum caráter e o indolente autor "enredado" pelo fumo e pelo ritmo monótono das cigarras que me parece o fulcro em volta do qual gira a segunda e mais consistente tentativa de prenunciar a ideologia textual: porque a identificação acaba por produzir uma espécie de dissolução da figura do autor, do seu tempo, da sua função, no interior do horizonte mítico dentro do qual se inscreve também o texto.

Será, por isso, suficiente considerar aquela alusão espacial, que qualifica, na segunda redação do prefácio, Araraquara como "ninho da luz" e faz, assim, da cidade um lugar mítico: lugar da iluminação, terra de eleição para o aparecimento – espontâneo e, ao mesmo tempo, inspirado – de um texto em que se recolhe o patrimônio lendário de uma nação inteira. E o que se sublinha, desse modo, é o clima quase religioso em que a "brincadeira" se coloca: obra que, por assim dizer, se autocompõe de maneira ritual, perto do lugar em que nasce a luz e em que, de modo congruente, o decurso temporal fica quase suspenso, em um contexto que tem algo de bíblico – seja mesmo de ironicamente, de obliquamente, bíblico, visto que (depois do surgimento da luz, depois daquilo que se diria o *fiat lux* inicial) os seis dias da "criação" não pressupõem um sétimo dia de descanso, sendo eles mesmos um tempo medido pelo descanso e pela inatividade: um tempo, justamente, oscilante sobre "rede cigarros e cigarras".

Nessa espécie de *otium* criador, o livro nasce e "se dá", guardando fatalmente, enleada nas suas páginas, aquela atmosfera sutilmente mística que marcou o seu "aparecimento". Como o reconhece, aliás, o próprio Mário em outra nota, também essa escrita pouco antes da publicação do romance e destinada, talvez, a entrar no prefácio projetado:

Macunaíma: me servindo aliás sem consciência preestabelecida disso, por instinto, duma alógica sistemática, embora satírica ou coisa que o valha, o caráter religioso do livro ficou acentuado.[17]

Como se vê, o "brinquedo" vai assumindo as feições inevitáveis de um "objeto devoto", de um jogo ritual: de qualquer coisa, enfim, que "pertenceu – uma vez, agora não mais – à esfera do sagrado".[18] E não por acaso, o autor fica sem palavras perante o seu próprio texto, sublinhando com frequência a sua incapacidade de julgar dos "valores possíveis" de uma obra que o "excede", que lhe foi "dada" em uma condição de alheamento místico, de indolente *enthousiasmós* (palavra que indica, para os gregos, a possessão divina do artista, o seu ser habitado pelo deus ou pela Musa).[19]

Então, ele acaba por se apresentar ou – mas é a mesma coisa – por aparecer aos nossos olhos no papel de sacerdote de um rito cujo sentido ignora e de que percebe, no máximo, a intenção fortemente "satírica ou coisa que o valha". Ou então, mudando um pouco de perspectiva, ele é o grande jogral, o *joculator*, aquele que executa em público, entre pilhérias e cambalhotas, o "ditado" de uma tradição antiquíssima, em que se reflete – de modo inconsciente, metafórico – o tempo sacro, a estrutura inalterável do mito.

E nesse sentido, mais esclarecedora talvez do que as várias páginas escritas por Mário para a projetada introdução ao seu

---

17 Buarque de Holanda, op. cit., p.44. Cf. também *M*, p.381.
18 Agamben, op. cit., p.70.
19 Quanto ao estado de quase alienação ou de êxtase em que escreveu o seu romance, e quanto à incapacidade consequente de falar a respeito da sua própria obra, veja-se o que Mário escreveu em carta (datada de 19/5/1928) a Alceu Amoroso Lima: "Pois diante de *Macunaíma* estou absolutamente incapaz de julgar qualquer coisa. [...] No geral meus atos e trabalhos são muito conscientes por demais pra serem artísticos. *Macunaíma* não" (in: *M*, p.400-401).

romance, fica, no fundo, a imagem que ele nos entrega no epílogo de *Macunaíma*:

> Não havia mais ninguém lá. [...] Um silêncio imenso dormia à beira-rio do Uraricoera. Nenhum conhecido sobre a terra não sabia nem falar na fala da tribo nem contar aqueles casos tão pançudos. Quem que podia saber do herói?[20]

Nesse deserto de palavras anda ao acaso, um dia, um homem espantado, diante do qual aparece – anunciado por um guanumbi – um papagaio verde-amarelo, único ser vivo, naquele "silêncio imenso", que ainda guarda na memória "as frases e feitos do herói". E, pousado na sua cabeça, o papagaio conta tudo para o viajante "numa fala mansa, muito nova, muito! que era canto e que era cachiri com mel-de-pau, que era boa e possuía a traição das frutas desconhecidas do mato".

> Tudo ele contou pro homem e depois abriu asa rumo de Lisboa. E o homem sou eu, minha gente, e eu fiquei pra vos contar a história. Por isso vim aqui. Me acocorei em riba destas folhas, catei meus carrapatos, ponteei na violinha e em toque rasgado botei a boca no mundo cantando na fala impura as frases e os casos de Macunaíma, herói de nossa gente.
>
> Tem mais não.[21]

Nesse *explicit*, tudo transpira mito, religiosidade, tradição. Começando pelo guanumbi, o pássaro que na cultura indígena faz as funções de mensageiro do mundo infernal, aquele que "indica" a existência de uma voz anterior e já perdida, de uma história fabulosa presa no silêncio; e, depois dele, o papagaio

---

20 *M*, p.167.
21 Ibid., p.168.

"auriverde", depositário daquela voz, o qual narra os feitos do herói em uma língua inaudita; o sujeito narrante, enfim, o homem extraviado naquele silêncio, aquele que transmite aos outros as palavras escutadas, aquele que traz aos homens a voz aprendida, servindo-se da sua "fala impura", fatalmente humana. E a sequência delineada por esses "atos de fala" apresenta-se, portanto, como um processo de transmissão/tradução da mensagem, que vai da ecolálica (ou melhor, da "e-vocatória") linguagem do beija-flor ("Currr-pac, papac!" é o seu primeiro chamamento; "Puxa rama, boi!" é a sua despedida),[22] até a voz cheia e cantante do narrador-jogral, passando pela língua mágica do papagaio.

Um processo, então, em que a tradição encontra o seu significado pleno, em uma continuidade característica entre *phoné* e *logos*, e dentro do âmbito intransponível do *mythos* – isto é, do conto desde sempre existente na sua forma original e metafisicamente "fônica" e que, através da sua decifração, se converte em palavras, se torna "lógico". O beija-flor, o papagaio, o cantador, são os agentes emblemáticos, são os intermediários inevitáveis dessa tradição/transferência do sentido, ou seja, daquilo que se encontra, desde sempre, na voz: são aqueles, enfim, que se anulam na sua função, que se ausentam na palavra e na sua transmissão totalmente oral.[23] Um processo, repare-se, em que a escrita parece não ter lugar, escondida, como está, nas dobras da "memória que inventa" – ou que *invenit*, isto é, que "encontra" as palavras existentes *ab aeterno*.

---

22 Ibid., p.167-168.
23 Sobre a natureza original, constitutiva da voz e sobre o "ter-lugar", nela, da linguagem como experiência do nada, cf. Agamben, *Il linguaggio e la morte* (em particular, sobre a inspiração, vista como anulação do poeta ficando à escuta da voz, ver as p.77-102). Mais em geral, para uma análise importante do papel da *phoné* e das suas relações com o *logos* (e o *mythos*) na cultura ocidental, cf. Corrado Bologna, *Flatus vocis. Metafisica e antropologia della voce*.

Onde seria possível encontrar uma apresentação melhor para um livro que nasce nas imediações do "ninho da luz"? Para um conto que parece desvencilhar-se das trevas do caos, do alógico, encontrando a sua forma luminosamente "sistemática", provisoriamente humana? Para uma obra, enfim, feita de citações, que tem atrás de si uma escrita sempre reinventada, algumas *auctoritates*, ao mesmo tempo, trasladadas e traídas? Uma narração, portanto, que prende a escrita nas entrelinhas da sua fala, jogando com a categoria da citabilidade, na medida em que elude o sentido da escrita reusada dentro de uma estrutura significante, ao mesmo tempo, nova e antiquíssima: nova como a língua do papagaio, antiquíssima como a mensagem lendária levada pelo guanumbi. E a novidade e a antiguidade se misturam nas palavras do autor-cantador, daquele que, através da citação, joga (*e-ludit*, mais uma vez, no sentido etimológico daquele que "vem brincando") com a tradição, ou seja, com a História na sua manifestação mais pura: a do mito.

E é, quiçá, esta a razão pela qual Mário de Andrade, após ter experimentado tantas palavras para predizer o seu texto, deixa-o, finalmente, sem prefácio:[24] porque, talvez, tenha se dado conta de que o prólogo ao seu romance estava já, inteiro, no seu epílogo e que este, por sua vez (continuando a jogar com as palavras), comunicava ao romance o seu caráter de apólogo – histórico na medida em que se encobre em uma forma mítica. Pouco importa que, nesse processo, o autor real perca a sua identidade pontual – e, de resto, ele nunca a quis conservar ou a quis atribuir ao seu personagem. Porque autor e personagem são

---

24 Mário, depois de ter tentado várias vezes escrever um prefácio (veja-se, também, Diléa Zanotto Manfio, "Um prefácio desejado: 1929?". In: *M*, p.383-385), deixou enfim sem prólogo o seu livro: "Escrevi dois prefácios para *Macunaíma* e acabei não publicando nenhum. Ficavam enormes e inda não diziam bem o que eu queria. Além disso o segundo meu pareceu bem pretensioso. Desisti" (transcrevo esse trecho da já citada carta a Alceu Amoroso Lima. In: *M*, p.401).

ambos pedras desse jogo de damas que estão jogando à nossa vista: ao mesmo tempo fora e dentro de um texto que recorta o seu espaço na sua própria intertextualidade, que se ilude (*in--ludit*)[25] e nos ilude a respeito do seu acabamento estrutural, a respeito da sua natureza propriamente textual, ao mesmo passo que ele transcorre através de muitos textos, tornando-se uma colagem pegajosa e confusa, um desordenado pastiche.

Discurso, então, que transita por muitos outros, que se espelha e se espalha em tantos discursos alheios, sem nunca se deixar capturar por uma *ratio* que o explique por completo; visto que o seu sentido fica ocultado em uma insondável obscuridade, visto que ele surge de um silêncio cheio, em potência, de todas as palavras e acaba em um epílogo que remete ao seu início. Narrativa, portanto, que, presa em um processo de entelequia, se reveste de uma "fala impura" vencendo a inércia do não dizível, a preguiça de um enredamento na linguagem ecolálica da cigarra ou do beija-flor, e que, depois de uma parábola no interior da palavra, volta à sua origem dentro daquela voz absoluta que é pura potencialidade de dizer.[26]

É este, a meu ver, o significado do epílogo que, não por acaso, após ter apresentado a imagem de um silêncio infinito, prenhe de frases não ditas, descreve a difícil emergência da palavra, primeiro através da linguagem indecifrável (mas que se torna cada vez mais compreensível) do guanumbi, depois dentro da "fala mansa, muito nova" do papagaio, para chegar, finalmente, à voz cheia do cantador, fechando-se, outra vez, no silêncio: "Tem mais não".

Evidentemente, nesse movimento circular no interior da voz, o texto continua ecoando, em todos os níveis, a riqueza e a

---

25 Cf. Agamben, *Infanzia e storia*, p.69.
26 Sobre as relações (no âmbito da metafísica, por um lado, e da mitologia poética, por outro) entre o silêncio e a voz, vejam-se ainda o livro de Agamben, *Il linguaggio e la morte*, p.82-102 e *passim*, e o de Bologna, op. cit., p.23-34 e passim.

multiplicidade das suas origens: se, por um lado, as fontes dele estão em um silêncio cheio de palavras já ditas desde sempre – palavras que se devem apenas buscar na memória e entretecer entre si até formar, justamente, um texto, que resulta, assim, da tecedura/textura, incessante e aberta, de muitos textos –; por outro, o protagonista desse mesmo texto será um herói sem nenhum caráter, em que, todavia, se refletem todos os caráteres possíveis. E a essência de *Macunaíma* ficará, por conseguinte, perenemente suspensa nesse jogo ambíguo entre presença e ausência, voz e silêncio, identidade e diferença: jogo que é "ilusão" de um sentido e, ao mesmo tempo, delimitação de uma possível dimensão de sentido – aquela da "brincadeira", mais uma vez, do brinquedo que esconde e revela, sob a suas formas lúdicas, a imagem acabada de um mundo sem imagem definida.

Um mundo, repare-se, ou um espaço cultural que, sendo o Brasil (e, mais em geral, a América Latina), é de fato habitado por um silêncio anterior: o silêncio dos vencidos, daqueles que a arrogância dos vencedores obrigou à mudez, reduzindo-os à condição de não falantes (isto é, de *in-fantes*). E *Macunaíma* – como, aliás, o declara o seu epílogo – representa também um ficar à escuta dessa voz indígena censurada, suprimida, tornada já inaudível na sua forma originária e que só pode ser transmitida através da "fala impura" dos conquistadores. Daquele universo, grávido de palavras não concebidas, o jogral, o rapsodo, se torna porta-voz através do canto, revestindo de uma forma divertida, alegre, o seu trabalho obscuro, penoso, de escolha e de urdidura das palavras por dizer, trabalho que os antigos trovadores provençais chamavam de *entrebescar les mots*, "entrelaçar as palavras".

Nesse processo de tradução de algo de original ou de absolutamente natural, tudo, então, deve transformar-se em jogo, cada texto se torna brinquedo nas mãos do autor. Porque, de resto, o jogo é também uma forma primária de comunicação naquele mundo infantil, naquela dimensão outra, colocada em um passado mítico, irredutível ao nosso presente. O que eu quero dizer é que, se Mário nos oferece a sua obra como um objeto lúdico, faz isso porque só no jogo se pode preservar a mensagem de uma infância perdida, que não pode ter palavras para além do gesto lúdico ou da atividade pueril do *collage* ou do *pastiche*. Afinal, a infância é, por definição, o mundo da mudez, do "não-dito--ainda": dimensão original em que pululam, em potência, todas as palavras, aquelas que serão ditas e aquelas que nunca serão pronunciadas. É a pátria da eventualidade, portanto, dimensão auroral (ou "ninho da luz") dominada por "um silêncio imenso", em que, apenas, pode acordar aquela palavra que nele "dorme", em que pode originar-se aquele *logos* que – por aquele processo de enteléquia de que já falei – remete constantemente ao seu início, redesenha o traçado circular do *mythos*.

De fato, se o epílogo do romance é marcado pelo abrir-se do silêncio para a voz, o mesmo acontece no seu começo:

> No fundo do mato-virgem nasceu Macunaíma, herói de nossa gente. Era preto retinto e filho do medo da noite. Houve um momento em que o silêncio foi tão grande escutando o murmurejo do Uraricoera, que a índia tapanhumas pariu uma criança feia. Essa criança é que chamaram de Macunaíma.
>
> Já na meninice fez coisas de sarapantar. De primeiro passou mais de seis anos não falando. Si o incitavam a falar exclamava: – Ai! que preguiça!... e não dizia mais nada.[27]

O herói nasce, então, no (e do) silêncio, é um parto da obscuridade e da mudez. E mudo, de fato, ele ficará até os seis anos de idade – *in-fans*, mais uma vez, "não falante" segundo modos e tempos sensacionais – porque a única frase pronunciada remete apenas à viscosa indolência de quem sabe a inutilidade de qualquer ato de fala.

---

27 *M*, p.5.

Nem nunca Macunaíma chegará a perder por completo as suas feições infantis, a sua "carinha enjoativa de piá".[28] Uma fisionomia pueril, aliás, que se combinará com uma atitude sempre brincalhona, com um espírito constantemente infantil: o herói, com efeito, "brinca" – também em sentido erótico, como veremos mais adiante – com a realidade, com as pessoas e as coisas, como o seu artífice literário joga com a tradição. E ambos usam (ou, melhor dizendo, reusam) dos objetos, transformando-os sempre, mudando-os através de uma atividade contínua de decomposição e recomposição – de *bricolage*, em suma – que tem ainda muito a ver com o jogo, com a infância. Atitude absolutamente histórica, por outro lado, em um contexto cultural, como aquele brasileiro, que, sendo desprovido de uma memória (una, única...) e, ao mesmo tempo, cheio de tantos escombros, de tantas "migalhas" memoriais, apresenta-se marcado por uma complexa, puerilmente laboriosa, ingenuidade a respeito do real.

Nessa dimensão "infantil", o texto e o seu discurso não podem senão conservar a sua natureza de "brinquedo", não podem senão ser o fruto de uma alusiva "brincadeira": é isto o que Mário de Andrade tenta dizer no seu "pré-texto", sem nunca descobrir, todavia, a "medida" certa, sem conseguir encontrar as palavras para o dizer. Palavras, de fato, que deveriam exprimir a importância do jogo jogado com e através de *Macunaíma*, sem nunca resultar muito além ou aquém da intenção e sem nunca mostrar, sobretudo, a complexidade da construção, a difícil elaboração do brinquedo.[29]

---

28 Ibid., p.19.
29 A concepção e a composição do romance, como se sabe, foram muito trabalhosas e trabalhadas, como o demonstra, entre outras coisas, o tempo transcorrido entre dezembro de 1926 (data da primeira redação) e julho de 1928 (data da publicação). De resto, que a pesquisa documentária, a elaboração e a redação definitiva foram extremamente complicadas e difíceis, o afirmou o próprio autor em vários lugares do seu imenso epistolário (uma

Melhor, então, muito melhor rodear a obra de silêncio, melhor deixá-la sem cautelas e sem precauções à incerteza das interpretações: parto de uma memória caótica, de uma voz que confunde o tempo porque é feita de tempo, *Macunaíma*, só no eterno jogo da leitura, poderá revelar – como um brinquedo desarmado por crianças curiosas – a sua verdadeira essência. O autor, por sua vez, após ter cantado uma história em que se espelha uma história recebida de modo mágico, uma história filtrada através do silêncio, ficará, enfim, sem palavras perante o seu "brinquedo": que outros joguem com aqueles significados, mesmo modelando-os em novas formas significantes, mesmo colocando-os em outros horizontes de sentido.

Ele, o jogral que construiu e animou o brinquedo-narração, aparta-se, põe-se de lado, reentra de vez no silêncio de que saiu para cantar, com voz humana, um mito que é o produto de tantos mitos, conhecidos desde sempre, desde sempre escondidos nos recantos de uma memória feita de palavras inauditas.

Os limiares do corpo

> O corpo que cumpre uma travessia apreende, com certeza, um segundo mundo, aquele rumo ao qual se dirige, onde se fala uma outra língua, mas ele se aproxima sobretudo de um terceiro mundo, aquele pelo qual transita.
>
> Michel Serres, *Le Tiers-Instruit*

Há um texto por ser lido. Ou, a bem dizer, um "infratexto", um discurso que está na margem inferior ou, talvez, nos interstícios dos outros – dos tantos discursos que se cruzam e se perdem no interior de *Macunaíma* –, mas que consegue, a meu ver, dar-lhes

---

útil seleção das cartas em que há uma referência a *Macunaíma* encontra-se em *M*, p.394-421).

um sentido; que acaba por fazer emergir o significado global do romance, mostrando, enfim, a sua face ideológica oculta.

Uma dessas pequenas fendas da superfície textual, um desses extravagantes detalhes que estão abaixo do nível "normal" da nossa atenção de leitores, se encontra, por exemplo, a certa altura, na obra-prima de Mário de Andrade – texto extravagante como nenhum outro e na plena acepção de obra excessiva, transbordante ("vagante fora", justamente, dos esquemas habituais do romance); de obra excêntrica em relação a todas as definições lineares, propositadamente transgressora de qualquer gramática da representação.

Macunaíma, recém-chegado, pela primeira vez, a São Paulo, acaba de atravessar com os irmãos um subúrbio industrial, uma floresta de chaminés que, aos olhos dele, se torna "um cerrado cheio de inajás ouricouris ubussus bacabas mucajás miritis tucumãs trazendo no curuatá uma penachada de fumo em vez de palmas e cocos".[30] Não é, portanto, essa estranha flora fumegante que surpreende o olhar e a imaginação do peregrinante filho do mato-virgem, o qual, de fato, reduz sem problemas o estranho ao já conhecido, a novidade inquietante à paisagem habitual da selva. O que o deixa estupefato e encantado é, pelo contrário, a brancura das mulheres da cidade, com as quais se depara na sua procura obstinada de Ci, "Mãe do Mato", esposa que lhe deixara tanta saudade, "porque a rede feiticeira que ela armara pros brinquedos fora tecida com os próprios cabelos dela e isso torna a tecedeira inesquecível".[31]

Perdido no seu desejo de amor, o herói decide escolher três "filhinhas da mandioca", três meninas brancas, para brincar "com elas na rede plantada no chão, numa maloca mais alta que a Paranaguara". Depois do amor, "por causa daquela rede ser

---

30 *M*, p.39.
31 Ibid.

dura", Macunaíma adormece "de atravessado sobre os corpos das cunhãs".[32]

Ora, é frequentemente improdutivo e por vezes inoportuno interrogarmo-nos sobre a motivação pela qual Mário introduz no texto tantas observações desnecessárias, tantas estranhas minúcias, aquela miríade de pormenores incongruentes que, no romance, surgem por toda a parte. A razão de ser de todos eles é, talvez, exatamente o fato de "estarem lá", ou melhor, de coexistirem no interior da obra, de se justificarem mutuamente, fora de (e, muitas vezes, contra) qualquer nexo causal, qualquer critério de realidade ou de verossimilhança. Uma das características fundamentais do mito é, com efeito, a autolegitimação, isto é, a construção de um mundo cuja verdade e cuja razão de ser são todas internas a ele mesmo, e *Macunaíma* – como já declarei e como tem sido várias vezes notado – tem, quanto a isso, todas as propriedades da narrativa mítica, do *mythos*.

Não obstante o que acabo de dizer, façamo-nos a pergunta e tentemos encontrar-lhe algumas respostas. Qual o motivo, então, daquela alusão, aparentemente inútil, ao fato de Macunaíma dormir "de atravessado" sobre os corpos das três prostitutas (já que é esta, afinal, a profissão das meninas)? Indicação aparentemente supérflua, repito, como tantas outras no romance, explicada, nesse caso, apenas pela dureza da cama, a qual é apresentada como uma rede de tipo especial, não suspensa, mas antes pousada no chão.

Podemos, talvez, começar a responder justamente a partir daqui, pondo em evidência a oposição "semiológica" entre rede e cama, oposição que subentende toda uma série de suboposições carregadas de evidente valor metafórico (leve/pesado, fofo/duro, suspenso/fincado – sem esquecer que o fato de estar situada em um andar elevado de um prédio parece acrescentar, a esta antinomia, a conotação da verticalidade urbana, contra a

---

32 *M*, p.40.

horizontalidade própria do campo). Mas a contraposição é também – ou, talvez, sobretudo – uma contraposição cultural entre indígena e não indígena, e, em segundo lugar, uma contraposição ambiental entre mato e cidade: o herói, em suma, ainda mal chegado a São Paulo, começa logo a ter saudades pelo menos da maneira de dormir da sua gente.

Na realidade, as saudades da rede não têm propriamente a ver com o sono, mas sim com a identificação (que ele, com efeito, acaba de fazer) entre a rede e a esposa morta, isto é, com a lembrança dos prazeres que esta lhe oferecera na rede "tecida com os próprios cabelos dela". A equivalência, portanto, é entre a rede e a mulher que "enredara" (utilizando, mais uma vez, esse termo na sua alusiva polissemia) o protagonista – equivalência, essa, a que serve de contrapeso a relação entre a cama (dura, não suspensa, urbana...) e as três "filhas da mandioca". Semelhanças que, fatalmente, vão trazer à luz um aspecto não mencionado da oposição entre as duas maneiras de "dormir", ou melhor, entre as duas maneiras de empregar o leito: enquanto a rede é reservada a uma relação a dois, a cama parece disponível para as relações múltiplas, para a promiscuidade.

A iniciação de Macunaíma no universo urbano, a sua compreensão do novo espaço, de um meio desconhecido, passa, então, através de uma aprendizagem de ordem sexual, através de uma relação erótica que lhe dá a conhecer (pode-se dizer que graças à cama) a característica mais marcante da cidade: o fato de ela ser uma dimensão plural, o fato de ela ser dominada pela multidão, pela massa sem nome – sem nome, como as três prostitutas. Espaço, em última análise, ainda promíscuo, onde convive uma pluralidade de corpos, um conjunto heterogêneo de rostos, de objetos, de imagens.

De igual modo não podemos esquecer que, em tal perspectiva, a sexualidade representara para Macunaíma uma forma capital (ou, se quisermos, bíblica) de "conhecimento", se é verdade que a sua primeira relação sexual ele a teve aos seis anos, com Sofará, companheira do seu irmão mais velho Jiguê,[33] confirmando, assim, como até a sua iniciação no mundo indígena, no universo do mato, se revestiu inevitavelmente da forma alegre do contato carnal, da relação erótica. E de outro modo, aliás, não poderia ter acontecido a um personagem que, como esse, está tão intimamente ligado à esfera da necessidade instintiva, da urgência física; até se tornar um emblema delas: símbolo, ao mesmo tempo, da inocência "estúpida" do corpo e da sua astúcia suprema, do seu entorpecimento e da sua agilidade, da sua indolência e do seu dinamismo.[34]

Não é por acaso que a frase "Ai! que preguiça!...", a consciência da inutilidade e vacuidade de qualquer gesto ou ato, acompanha Macunaíma do princípio ao fim do romance, associando-se, por outro lado e por paradoxo, a uma atividade incansável, a uma ação frenética e insaciável, a um desejo famélico de fazer. A fome, justamente, tal como o sexo: manifestações primárias de uma forma errante de estar no mundo, de uma relação nunca esgotada – e contudo, sempre acabada, "sabida" desde sempre – com as coisas, com a materialidade da existência. Porque tudo é profundamente humano, natural, fisiológico no mundo de Macunaíma, tal como, ao mesmo tempo, tudo é também mágico, divino, metafísico, começando por ele próprio: ambiguidade profunda de uma dimensão que, embora fique fundamentalmente homogênea e igual a si mesma, radicalmente imutável e já conhecida (segundo as leis do mito), deve ser incessantemente experimentada, explorada fisicamente na sua heterogeneidade e no seu eterno, cíclico, devir.

---

33 Cf. *M*, p.10-13.

34 Ao lado das tantas provas de esperteza do herói, bastará pelo menos recordar – quanto à sua corpórea opacidade, à sua rudimentar estupidez – a incapacidade de Macunaíma de resolver os três enigmas que lhe são propostos pela filha da "velha Ceiuci": adivinhas de duplo sentido de que ele, dada a sua mesquinhez e a sua carnalidade, percebe apenas o lado obsceno (cf. *M*, p.106).

Assim, o protagonista, precisamente enquanto herói de uma corporalidade que é ainda compenetração teofânica com o real, pode conhecer a cidade apenas através da sua relação carnal com as brancas habitantes desse lugar multiforme e infernal, percorrido por um "despropósito de papões roncando, mauaris juruparis sacis e boitatás", sulcado por "grotões donde gentama saía muito branquinha branquíssima, de certo a filharada da mandioca!...".[35] Experimentar esse "lugar de trevas" (marcado, por paradoxo, pela candura) significa, para Macunaíma, penetrá-lo fisicamente, brincar com ele, fazer com ele amor – e o seu comportamento está em sintonia com as premissas, com um mundo totalmente regido pelas leis do desejo.

Mas Mário de Andrade acrescenta que o herói dorme "de atravessado sobre os corpos das cunhãs". Pormenor que, mais uma vez, marca a sua sensualidade; fantasia erótica que pertence (ainda que "estetizando-a", por assim dizer) à atitude ética própria do protagonista. Contudo, tal posição, tal estar "de atravessado", acrescenta, a meu ver, algo mais à definição do personagem e ao esclarecimento da sua função emblemática: diz-nos, com efeito, que a verdade de Macunaíma é uma verdade transversal em relação à verdade dos corpos urbanos, ou seja, que o seu papel privilegiado é o de entrecortar, de cobrir transversalmente o espaço múltiplo dos corpos brancos da cidade. E note-se como, pelo contrário, a sua relação com Ci, mãe-símbolo do mato, divindade primeiro violada e depois fecundada em uma relação "de rede", remete a uma posse exclusiva, a uma dependência mútua, a um "enredamento" que a cama parece impedir.

Por outro lado, de um ponto de vista mais geral, não é certamente possível afirmar que o herói de Mário goze muitas vezes de relações eróticas de grupo, mas é um fato que a sua sexualidade (pondo à parte Ci e o tipo de leito) é descrita como atividade frenética e, ao mesmo tempo, episódica: desejo de

---

35 Ibid., p.40.

uma posse momentânea que passa rapidamente de um objeto para outro, de um corpo para outro – contemplando, todavia, pelo menos um outro caso notável de relação "a quatro": a que liga Macunaíma às três filhas de Vei, "a Sol".[36] O que confirma como, mesmo fora do ambiente urbano, o estatuto do herói, aquilo que chamamos a sua verdade, depende sobretudo da sua capacidade de ocupar vários corpos de cada vez, ou então, de modo complementar, de possuir uma sequência ininterrupta de corpos. Concluindo: trata-se de uma atitude "copulatória", no sentido etimológico de atividade que une, que liga, que junta, e que, para além da metáfora sexual, confirma que esse personagem se define precisamente com base não só na sua faculdade de ter, contemporânea ou sucessivamente, várias identidades, mas também na sua disponibilidade para coligar, para "fazer as ligações", para se mover dentro (e através) de instâncias ou de realidades diversas, mostrando a conexão entre elas – atributos, repare-se, que o tornam semelhante ao Hermes da mitologia grega.[37]

Em outros lugares, falei já dessa função conectiva de Macunaíma, cuja "ausência de caráter" se revela, afinal, idoneidade para servir de mediador entre caráteres contraditórios, para conjugar as muitas qualidades do universo racial, social, cultural

---

36 Cf. ibid, p.66-69.
37 Veja-se pelo menos, a respeito do mito de Hermes e das suas implicações psicológicas, o interessante livro de Lopez-Pedraza, *Ermes e i suoi figli*. Quanto à presença "hermética" na arte contemporânea, são aconselháveis seja a leitura do já citado estudo de Jean Starobinski, *Portrait de l'artiste en saltimbanque*, seja a da introdução de Corrado Bologna para a tradução italiana desse estudo (*Ritratto dell'artista da saltimbanco*, p.7-35). No trabalho de Starobinski e no prefácio de Bologna, encontra-se, entre outras coisas, uma lista muito importante das figuras de que Hermes é o arquétipo divino: entre elas, a meu ver, bem poderia figurar o Macunaíma de Mário de Andrade, por suas características de *senex-puer* ou de *trickster* que entram também na definição daquele arquétipo.

brasileiro.[38] Universo este que, sendo cruzado por realidades diferentes e antinômicas, acaba por se apresentar, no romance de Mário, como o domínio da precariedade e da incerteza: ou seja (para apontar um modelo aparentemente longínquo), como aquele "mundo intermediário" formulado por Klee e por Musil, sujeito – externamente – a múltiplas tensões, mas dominado – internamente – pela inatividade ou pela inanidade.[39] O "Ai! que preguiça!..." de Macunaíma se tornaria, nessa perspectiva, quase uma tradução americana da incapacidade de agir do Ulrich musiliano, empenhado na sua frustrante "Ação Paralela".

Nem se pode esquecer como a afinidade, que acabamos de sublinhar, entre o romance de Musil e a obra de Mário encontra, aparentemente, nos títulos uma confirmação clamorosa: ao *Homem sem qualidades* – espelho da realidade ainda multirracial e multicultural do Império Austro-Húngaro – parece assim responder o herói sem nenhum caráter, porta-voz de um Brasil multifacetado. Quase ao mesmo tempo, então, aquém e além do oceano, o protótipo do homem moderno – ou, talvez, o "moderno" em geral – aparenta definir-se em uma falta de caráter que, na realidade (como várias vezes foi notado quanto a Musil), é "compresença" virtual de demasiadas qualidades.[40] Em ambos os casos, afinal, a amorfia dos protagonistas, o fato de, no fundo, eles "não serem ninguém", apresenta-se como garantia necessária de um polimorfismo em potência, ou melhor, de uma

---

38 Cf. os meus "O neutro e o multíplice", p.446-448, e "O duplo e a falta", p.58-61.
39 Cf., a esse respeito, Rella, *Miti e figure del Moderno*, p.16-18 e *passim*.
40 Quanto a *Der Mann ohne Eigenschaften* (cuja composição, como se sabe, demorou muitos anos e cujo primeiro volume saiu em 1930), cf., pelo menos, Magris, *Itaca e oltre*, p.40-43 e *passim*. Quanto ao personagem de Mário, veja-se, por exemplo, o que escreveu Alfredo Bosi no seu "Situação de *Macunaíma*": "o autor insiste no modo de ser incoerente e desencontrado desse 'caráter' que, de tão plural, resulta em ser 'nenhum'" (in: *M*, p.178).

capacidade infinita de adaptação do personagem a desempenhar muitos papéis – a ser, no fim de contas, todos.

Voltarei mais adiante a falar das diferenças escondidas nessa analogia entre dois textos tão distantes, mas o que logo se pode destacar são as características muito mais físicas, corpóreas de Macunaíma, cuja adesão plena a uma realidade heterogênea passa essencialmente (como já dissemos) pela sua atitude "copulatória" a respeito do real. Penetração, por um lado, e permeabilidade, por outro, são, em suma, as suas maneiras de travar relações com o mundo circunstante: funções primárias, essas, de uma corporalidade alegre e excedente que – confirmando a hipótese de Bakhtin – permite abater as barreiras entre interior e exterior, entre próprio e impróprio, entre espaço fisiológico e espaço natural. Porque, de fato, o acesso erótico do personagem à realidade que o cerca é contrabalançado por sua acessibilidade, sua abertura a essa mesma realidade: em um movimento ambíguo que designa a sua disponibilidade para cobrir transversalmente o múltiplo e, ao mesmo tempo, para ser atravessado pela multiplicidade.

Não é difícil, nessa óptica, aplicar ao herói de Mário as considerações feitas por Károly Kerényi a propósito de um personagem que se apresenta muito mais próximo (em todos os sentidos) a Macunaíma do que ao Ulrich musiliano: refiro-me ao "malandro divino" da mitologia Winnebago – de quem, por outro lado, o mesmo autor salienta as afinidades com a figura de Hermes. Como no caso do "malandro divino", com efeito, pode-se afirmar acerca do herói brasileiro que "a sua natureza, inimiga de todos os limites, abre-se para todas as direções", e, sendo "demasiado fálica, não consegue limitar-se a um único sexo".[41] Bastará aqui recordar, a esse respeito, o episódio em

---

41 Cf. Radin; Jung; Kerényi, *Il briccone divino*, p.227. O importante estudo de Kerényi sobre a figura do "malandro divino" (em que, ao lado de Hermes, volta a ser evocada a imagem do *trickster* e a sua presença em obras da mesma

que Macunaíma, transformado em "francesa", tenta seduzir o gigante Piaimã para lhe roubar a muiraquitã, o amuleto de Ci.[42] A referência a um conhecido estudioso do mito, como Kerényi, nos dá, aliás, a oportunidade de retornar à aludida capacidade do nosso herói para "abolir os limites" – transitando por muitas identidades – à luz de um mitema fundamental como a metamorfose, interpretável também ela, do mesmo modo que a possessão erótica, como um processo para "entrar no corpo alheio".[43] Na verdade, o universo de Macunaíma, assim como está repleto de relações sexuais, fica também repleto de metamorfoses, a tal ponto que o título de herói do protagonista parece estreitamente vinculado não só aos seus dotes corporais, mas também à sua aptidão para se transformar a si próprio e, igualmente, para transformar a realidade à sua volta.

Que sexualidade e metamorfose tenham de se entender como manifestações complementares é um fato confirmado, aliás, pelos muitos casos em que ambas se encontram associadas no romance, designando, mais uma vez, o duplo papel – ativo e passivo – do personagem de Mário. De modo que, se Macunaíma se transforma em "francesa" para fascinar Piaimã, também, por outro lado, se tinha já transformado em um "príncipe lindo" para conseguir a sua primeira relação sexual com Sofará.[44] Pareceria, afinal, que Mário de Andrade quis tirar proveito dessas duas formas de "posse", para conotar a ambiguidade de um personagem

---

"família" de *Macunaíma*, como o *Reineke Fuchs* de Goethe ou o *Till Eulenspiegel* de De Coster) ocupa as p.203-232 da edição italiana.
42 Cf. *M*, p.48-55. Nesse episódio, embora não assistamos, de modo explícito, ao consumar da relação erótica entre Piaimã e Macunaíma, deparamos, todavia, com uma sua indiscutível metaforização, quando o herói, escondido em um formigueiro (de nítida forma uterina) para fugir aos desejos do gigante, é alcançado por uma palmeira inajá que o seu perseguidor enfia na abertura do refúgio: "abriu as pernas e o herói ficou como se diz empalado na inajá" (ibid., p.53).
43 Cf. Starobinski, *L'occhio vivente*, p.170.
44 *M*, p.11.

chamado, por sua vez, a desempenhar o papel de emblema da equívoca condição do homem brasileiro.

De fato, se lermos a metamorfose como imagem da mudança, da transformação, não podemos deixar de ver em Macunaíma justamente o símbolo de uma total impermanência, a qual, por seu lado, evoca a possibilidade/capacidade do brasileiro de transitar através dos "lugares plenos" da identidade. *Homem-sem*, ele, com efeito, atravessa, no decorrer do romance, as barreiras entre as raças (índio-negro, no início, tornar-se-á miraculosamente "branco louro e de olhos azuizinhos"),[45] assim como ignora as fronteiras entre mato e cidade (passa entre as chaminés como por um palmeiral), chegando, enfim, até a anular, como vimos, os limites sexuais entre masculino e feminino.

Se, por outro lado, virmos a metamorfose como capacidade de fazer coexistir no mesmo lugar verdades diferentes; como possibilidade de conter nos limites de uma única figura várias imagens, heterogêneas entre si, não podemos deixar de notar que, também nesse caso, Macunaíma corresponde ao que dele se espera, cobrindo "de atravessado" as diversidades que marcam o universo étnico, social, cultural do Brasil. "Neutralização" se pode definir essa função aglutinadora do herói – assim como antes defini "espaço neutro" a dimensão histórico-cultural em que ele se espelha –, acrescentando, aqui, que ela pode interpretar-se como uma espécie de fixação, de paragem, de coerência de fundo que permanece dentro e através da mudança.

Que se lhe chame de mestiçagem ou de transculturação, esse lugar neutro é, em todo caso, a dimensão na qual o polimorfismo brasileiro, simbolizado por Macunaíma, tende a descarregar as suas tensões. Lugar, de fato, que, justamente por não ser nem uma coisa nem outra e sendo, ao mesmo tempo, tanto uma coisa quanto outra (segundo o ambivalente significado da sua etimologia latina *nec-uter*), surge como espaço de compromisso,

---

45 Ibid, p.37.

de mediação, em que se resolvem, sem se dissolver, as múltiplas contradições que caracterizam essa realidade (Sul/Norte, costa/interior, donos/escravos, branco/negro/indígena...).

E aqui se volta a propor o paralelo entre o *Homem sem qualidades* e o *Herói sem nenhum caráter*, títulos que, já em si, encerram apesar de tudo uma diferença importante entre as duas identificações negativas: aquela, justamente, que separa a "humanidade" do "heroísmo", sublinhando a possibilidade latino-americana de encontrar um destino mítico para o "homem neutro"; a possibilidade para os brasileiros, em particular, de tornar épica a sua congênita ausência/excedência de caráteres. O "centro vazio", em que convergem as muitas qualidades do homem europeu, torna-se, nesse sentido, a própria dimensão de resgate do homem americano. E se para Musil o *andersdenken* (como "outro pensamento" e, ao mesmo tempo, "pensamento do outro") se mantém, em larga medida, uma meta por atingir, uma figura ideal,[46] para Mário de Andrade essa forma de pensar (o) outro se revela, no seu mundo outro, o modo mais congruente de pensar a identidade – recusando, por isso, qualquer coerência, ou melhor, buscando na incoerência a única possível coerência, na metamorfose e na precariedade a única verdadeira persistência.

De tal conciliação paradoxal entre fixidez e mudança, entre estagnação e movimento, de que Macunaíma é a imagem heroica, a metamorfose presta-se, com efeito, a ser uma sólida metáfora. Sólida, repito, na medida em que é historicamente ambígua, chamada, como tem sido desde sempre, não só para designar tanto a evolução quanto a involução, o crescimento como a recessão (basta pensar no *Burro de Ouro* de Apuleio, em que a metamorfose asinina de Lúcio é, claro, regressão a um estágio animal, ficando, ao mesmo tempo, via de acesso, de iniciação aos mistérios de Eleusis), mas também para representar tanto a conquista quanto a fuga (recorde-se a função antitética desempenhada pela

---

[46] Cf. Rella, op. cit., p.8-9.

metamorfose nas aventuras amorosas de Zeus e nas tentativas de Proteu de iludir os seus perseguidores).[47] Este duplo sentido persiste, de fato, à letra no romance de Mário (Macunaíma transforma-se em príncipe para conquistar Sofará, enquanto Palauá, "a onça parda", se torna "máquina-automóvel" para escapar à ira da "tigre preta")[48] – o duplo sentido, então, permanece, remetendo todavia, mais profundamente, a uma ausência de sentido que é, por sua vez, a conjugação "impossível" de dois sentidos; remetendo, mais uma vez, a uma neutralização que é o fruto de uma assimilação entre sentidos opostos.

Em suma, tal como na metamorfose de Hermafrodito (filho, não por acaso, de Hermes), pela qual os dois se conciliam em um só – sem ser, mais uma vez, nem uma coisa nem outra e ambas as coisas ao mesmo tempo –, assim, através das transformações de Macunaíma, Mário de Andrade tenta, a meu ver, transmitir a imagem de uma identidade que não é una, de uma condição histórico-cultural que não tem forma definida, e que, aliás, encontra a sua especificidade nessa indefinição, a qual, por sua vez, resume muitas definições e muitas especificações. Quero dizer que o caráter brasileiro é pensado, nesse romance, como imagem heroica de uma falta, em que, todavia, se misturam vários caráteres. "Latência", poderíamos também definir essa condição, no sentido de estado indiferenciado e vazio que é, ao mesmo tempo, um estado de plenitude em potência.

Tudo isso parece, de resto, confirmado pela passagem do livro em que se declara, justamente, a natureza "sem caráter" de Macunaíma. O protagonista, de fato, acaba de enganar, pela milésima vez, os irmãos Maanape e Jiguê, conseguindo "brincar" com uma das companheiras deste último (a bela, "piolhenta",

---

47 Sobre essa ambivalência da metamorfose na mitologia clássica, cf., ainda, Starobinski, op. cit., p.171.
48 Essa transformação é descrita pelo próprio Macunaíma, em um conto inserido no romance (cf. M, p.129-132) que acaba, como o texto em que está incluído, com a frase "Tem mais não".

Suzi). Exasperados com o comportamento do herói, Maanape, o velho negro "feiticeiro", e Jiguê, o jovem índio "muito bobo", avançam um em direção ao outro ao longo de um corredor, e, quando se encontram, "Maanape contou pra Jiguê e Jiguê contou pra Maanape. Então eles verificaram que Macunaíma era muito safado e sem caráter".[49] A ausência de caráter, repare-se, é aqui, neste outro "interstício" do texto, claramente encarada como falta: isto é, como culpa, certamente, mas também – e ao mesmo tempo – como estado de não posse que sintetiza as potencialidades do herói.[50] Não é certamente por acaso que os dois irmãos de raças diversas se encontrem em um corredor: lugar físico do trânsito, da passagem; dimensão que não é quarto, não é propriamente habitação, mas que estabelece, todavia, a ligação entre os lugares habitados, une os quartos entre si, relaciona os diversos "hábitos". Só em um corredor, nessa acepção, se podia dar a epifania, a manifestação e a consciência do heroísmo neutro, sem caráter, de Macunaíma: como identificação intermédia, de compromisso, que deriva da relação entre caráteres e "hábitos" opostos (o negro e o índio, o sabedor e o inculto, o velho e o novo...). O protagonista está ausente, mas é precisamente esse "faltar" (também no sentido ético) que faz encontrar e coincidir os dois pontos de vista, as duas instâncias, as duas identidades contrárias entre si, que ele combina e sintetiza.

Nem é possível, por outro lado, deixar de notar que a característica de "homem-sem" representa, além do mais, a conclusão a que se chega depois de uma narrativa cruzada da gesta do

---

49 *M*, p.125.
50 Esse duplo sentido é, aliás, claramente denunciado pelo próprio Mário de Andrade no segundo esboço de introdução a *Macunaíma* (cf. *supra*): "E resta a circunstância da falta de caráter do herói. Falta de caráter no duplo sentido de indivíduo sem caráter moral e sem característico" (Buarque de Holanda, op. cit., p.39; *M*, p.374). Cf. também, a esse respeito, o meu "O duplo e a falta", op. cit., p.58.

herói, fato que acaba, na minha opinião, por nos oferecer uma chave de leitura suplementar (metatextual) da própria narrativa que se desenrola sob os nossos olhos. Em outras palavras: se a verdade de Macunaíma é desvelada por narrações que se encontram e se entrecruzam, essa verdade é também aquela com que se identifica o romance que dele nos fala. Basta, de fato, lembrar o modelo – citado quase no início deste ensaio – que Mário apontou para explicar o sentido e a forma do seu romance: a literatura de cordel. Literatura esta que vive da contaminação de várias histórias, cuja (a)fabulação é frequentemente o produto precário de diferentes *fabulae* e que, finalmente, se apresenta como arquétipo de uma epopeia rudimentar, em constante devir, mas também constantemente fiel às suas fontes.

O romance de Mário de Andrade pode, nessa perspectiva, ser visto (ou melhor, ser revisto) como uma espécie de paradigma narrativo em que não só se contam, em nível textual, os feitos de um personagem coligando e combinando entre eles vários personagens, através dos quais ele "passa", mas em que são também descritas, em nível metatextual, as peripécias de um discurso que é o resultado de uma ligação, de uma conexão entre discursos heterogêneos, de um mito que é (como já vimos) um compêndio de muitos mitos. Mitos ou discursos que, por um lado, o fundamentam, mas que, por outro, ele comprova "penetrando-os" e colocando-se "de atravessado" sobre eles.

Nesse sentido, justamente, deve ser também interpretada, a meu ver, a declaração do autor a respeito da natureza, não de simples imitação, mas sim de cópia, do seu texto: miscelânea de memórias alheias dando vida, na sua livre combinação, a um produto romanesco profundamente novo ou que, dizendo melhor, regenera – atravessando-as, possuindo-as, "brincando" com elas – as palavras já conhecidas, ditas ou escritas por outros. E o que fica, afinal, é a imagem de uma identidade cultural que o é (ou seja, que se torna identidade) apenas devido a um movimento de apropriação "famélica" e de transformação incessante de várias identidades. Apropriação e transformação que definem, aliás, a natureza ainda mercurial dessa identificação, assim como o plágio caracteriza o texto em que ela é contada: furtar as palavras alheias ou tornar própria a identidade dos outros, mudar, no fundo, de "propriedade" as imagens e as coisas, é, de fato, uma atitude grata a Hermes-Mercúrio, deus dos roubos e das trocas.[51]

Se, portanto, como escreveu Franco Rella, "o conto é uma grande metáfora, e por conseguinte um processo de metamorfose",[52] Macunaíma, como texto e como personagem, é exatamente a "narrativização" de uma figura que transita através da pluralidade das imagens, que penetra nos corpos textuais alheios, sujeitando-se a contínuas metamorfoses, mas que, precisamente em virtude dessa mudança e dessa transformação, consegue conter em um só lugar – lugar neutro, mais uma vez – a pluralidade; consegue metaforizar, entrecortando-a, a multiplicidade dos modelos e dos percursos culturais existentes no Brasil.

Macunaíma, o herói de uma identidade sem identidade, de uma corporeidade que desconhece os limites; Macunaíma o mediador sem caráter identificando-se na (im)pura mediação entre caráteres diversos, transformou-se – por todas essas propriedades que não fazem uma propriedade – em um mito que é a própria metáfora do paradoxo brasileiro. Romance enfim, o de Mário, que indica, através do seu protagonista, a possibilidade de uma permanência dentro (e através) da precariedade e que, por isso, merece ainda a definição de *mythos*, guardando, por via etimológica, o seu significado original de narração que fixa

---

[51] Em uma carta (datada de 9/11/1939) a Oneyda Alvarenga, de resto, Mário chega a fazer um elogio ao plágio, visto como "roubo consciente" que "permite atingir a melhoria da coisa roubada e facilita o disfarce inteligente, artístico do roubo" (transcrevo de E. M. de Souza, op. cit., p.30). Como se vê, furtar e transformar, roubo e metamorfose, são, para o autor, ações complementares em literatura.

[52] Rella, *La battaglia della verità*, p.10.

de modo provisório, em uma incerta "constelação" de sentido, aquilo que se dá como perene mudança.[53]

Na sua metamorfose suprema, de fato, Macunaíma, o "herói de nossa gente" torna-se, não certamente por acaso, a Ursa Maior e agora "banza solitário no campo vasto do céu":[54] numinosa, sublime ambiguidade de uma constelação errante.

A trama e o texto: fronteiras

> Num bosque, a gente passeia. Se não for obrigada a sair dele a todo custo para fugir de um lobo, ou de um mostrengo, a gente gosta de delongar-se para observar a luz filtrando entre as árvores e matizando as clareiras, para examinar o musgo, os cogumelos, a vegetação do sobosque. Delongar-se não significa perder tempo: muitas vezes, a gente se delonga para refletir antes de tomar uma decisão.
>
> Umberto Eco, *Seis passeios pelos bosques da ficção*

Que a obra toda de Sérgio Buarque de Holanda seja atravessada por uma preocupação ideológica constante, tentando chegar, através do estudo erudito dos dados históricos, a uma hermenêutica orientada e "comprometida" do processo de formação do Brasil, isso se tornou quase um lugar-comum da crítica. Na verdade, aquilo que é fácil detectar nos seus textos – também nos textos tidos por mais longínquos de uma leitura, por assim dizer, "culturalista" e, ao mesmo tempo, "psicológica"[55] da realidade brasileira – é o uso de imagens ou de

---

53 Sobre a capacidade – própria, ainda, de Hermes-Mercúrio – de "constelar", isto é, de coligar, de estabelecer relações entre instâncias diversas, veja-se Lopez-Pedraza, *Ermes e i suoi figli*, p.24 e *passim*.
54 *M*, p.166.
55 Cf. Antonio Candido. "O significado de *Raízes do Brasil*", Prefácio (1967). In: Buarque de Holanda, *Raízes do Brasil*, p.XXI. De agora em diante vou referir--me a essa edição usando a sigla *RdB*. Sabe-se, aliás, que o artigo "Corpo e

metáforas ligadas muito mais a uma representação categórica e funcional do passado, muito mais próximas a uma interpretação instrumental, constantemente virada para o presente, do que a uma avaliação propriamente histórica ou rigorosamente científica da nação e do seu processo evolutivo.

Nesse sentido, acho que o "método" de Sérgio – embora seja inegável a influência que sobre ele exerceram Max Weber e outros teóricos alemães[56] – possa ser mais bem compreendido dentro de uma óptica "figural", isto é, se referindo a ele como a um "outro modo" de pensar o passado nacional: um modo (um "método") ambíguo, que oscila entre o conceito e a imagem, a meio caminho entre a história e a literatura, e se vale, justamente, de figuras, ou seja, de combinações (de contaminações) precárias entre o dado e a sua representação, entre aquilo que foi e a sua projeção simbólica – entre aquilo que de fato aconteceu, enfim, e a sua repercussão ou o seu reajuste no imaginário.[57] O que são, por exemplo, o *semeador* e o *ladrilhador* senão isso, justamente? Tempos intersticiais em que uma análise histórica e uma atitude objetiva encontram a sua síntese subjetiva e reversível; lugares intervalares e interpostos em que precariamente se dá uma sobreposição entre pensamento racional e analógico, entre lógica e mito – no intuito de condensar em uma imagem

---

    alma do Brasil", que Sérgio publicou em 1935 – antecipação ou resumo prévio de *Raízes do Brasil* –, tinha significativamente o subtítulo de "Ensaio de psicologia social" (esse texto foi reeditado na *Revista do Brasil*, jun. 1987, p.32-42).
56 Cf. ibid., p.XIV, e o importante livro de Monteiro, *A queda do aventureiro*, p.47-79.
57 Sobre a noção de "figura" já me detive bastante no primeiro capítulo, ao qual remeto. É bom lembrar, todavia, como, em uma óptica diferente, as categorias utilizadas por Sérgio foram lidas a partir da "tipologia" de ascendência alemã do começo do século XX (Simmel, Weber, Sombart...).
    Não acho, porém, que os conceitos de "tipo" e de "figura" estejam em uma relação de exclusão mútua, mas são, a meu ver, duas maneiras, no fundo complementares, de interpretar a metodologia de análise empregada pelo historiador paulista.

emblemática (graças a um *análogon*, justamente) um processo hermenêutico complexo e multifacetado. Nesse "entremeio", suspenso entre experiência e fantasia, entre história e ficção, podemos localizar, a meu ver, não só obras como *Raízes do Brasil* ou *Visão do paraíso* – em que a tentativa de chegar a uma leitura simbólica e, ao mesmo tempo, ideológica da realidade brasileira é mais claramente presente –, mas ainda textos mais "escusos", mais aparentemente vinculados a uma erudição que bane qualquer sugestão meta ou para-histórica. Refiro-me, aqui, a uma obra como *Caminhos e fronteiras* que, sendo uma coletânea de ensaios produzidos em tempos e circunstâncias diferentes, não aparenta ter aquela orientação ideológica, aquela homogeneidade hermenêutica que encontramos alhures. Minha leitura desse texto – considerado, em geral, "menor" ou, pelo menos, "transitório" entre outros de mais envergadura e repercussão – visa mostrar, pelo contrário, o seu caráter axial, além do seu parentesco metodológico com as obras mais conhecidas de Sérgio, no sentido, mais uma vez, de uma interpretação no fundo subjetiva, metafórica e, por isso mesmo, iluminadora do processo de formação cultural brasileiro. Ou seja, aquilo que vou arriscar é demonstrar como, em um texto tido por "científico", que trata de modo aparentemente objetivo e serializado os dados documentais, volte a aparecer aquela que eu chamaria a *epistéme*, o paradigma hermenêutico típico de Sérgio, que coloca a obra naquele lugar mediano entre evento e representação, entre fato e rastro que eu chamei de "leitura figural" da história brasileira.

Creio, de resto, que esse traço da escrita de Sérgio possa ser considerado um elemento conotativo típico da época, incluindo os seus textos em um contexto cultural e ideológico específico que os justifica e os torna necessários dentro de uma certa maneira de ler e interpretar o Brasil. Nesse sentido, é fácil concordar com as afirmações de Antonio Arnoni Prado, que, em uma entrevista publicada alguns anos atrás, sublinhava, justamente, as ligações entre Sérgio e o meio intelectual modernista – e com Mário de Andrade em particular:

> Pode-se falar (entre Sérgio e Mário) numa relação de inventividade de pesquisa na interpretação dessa matéria bruta. E, sobretudo, uma vocação inédita nos dois para o olhar extenso que intui a multiplicidade de linguagens que conviviam no substrato da nossa cultura.[58]

A isso ele acrescentava pouco depois:

> Sérgio ampliou a noção de contexto sem perder a especificidade da linguagem literária. É uma coisa raríssima no Brasil alguém falar do contexto tendo consciência de que a forma que o engendra significa por si mesma. [...] Há impressão de que Mário e Sérgio se desvestem para encontrar um termo mais ou menos comum: o abismo na escuridão das origens ou a colonização sem raízes no coração da colônia.[59]

Vou voltar mais adiante à relação entre Mário e Sérgio, mas quero chamar, no entanto, a atenção para o fato de o meu discurso se instituir, não por acaso, a partir de uma análise para-textual e retórica, confrontando as escolhas lexicais de Sérgio Buarque de Holanda (são conhecidos, aliás, o seu agudo interesse e a sua intransigente atenção às palavras) com as de outros autores,[60] um pouco em consonância com as considerações de Arnoni e com a sua localização da obra do autor paulista na zona fronteiriça entre história e literatura.

---

58 Arnoni Prado, "Entrevista", *Teresa, Revista de Literatura Brasileira*, n.1 (1º semestre de 2000), p.132.
59 Ibid., p.133.
60 Entre os muitos estudos aludindo ao cuidado na escolha lexical do historiador paulista, veja-se em particular o ensaio de Monteiro, "Sérgio Buarque de Holanda e as palavras: uma polêmica", *Lua Nova*, n.48 (1999), p.145-159.

Sempre achei, de fato, curiosa e digna de ser continuamente questionada a escolha dos títulos por parte do historiador paulista. Já foi, de resto, várias vezes notada a sua preferência pelos antônimos ("Trabalho & Aventura"...) ou até pelos oximoros ("Uma revolução vertical"...), o uso quase obsessivo de termos que remetem a uma situação contraditória que só no encontro ou no choque, na cópula ou na disjunção entre significantes diversos parece encontrar o seu significado – sentido terceiro, dobrado na relação entre coisas diferentes. Uma tendência, esta, que se torna sensível (como acabei de sublinhar com dois exemplos) já na partição de *Raízes do Brasil*, se confirmando, depois, em *Cobra de vidro* (não por acaso, o primeiro capítulo deste livro intitula-se simplesmente "Negros e Brancos"), para chegar enfim a *Caminhos e fronteiras*.

Nessa conexão, em particular, não é difícil enxergar um contraste superficial entre uma noção "convidando ao movimento" (como o próprio autor sublinha na introdução) e outra representando a delimitação estática, a parada diante de confins supostamente intransponíveis. Já aqui, nesse uso de palavras que remetem a uma lógica aparentemente dual, parece surgir uma relação implícita com outros títulos importantes no infindável rol das obras que tentam aviar uma hermenêutica da formação brasileira: ou seja, por um lado, com *Casa-grande & senzala* e *Sobrados e mocambos* (que ficam, obviamente, os modelos mais imediatos, com que Sérgio dialogou, de modo explícito, ao longo da sua obra) e, por outro, com o mais longínquo *Contrastes e Confrontos* de Euclides da Cunha. Em relação, em particular, a esse título – e em oposição, por exemplo, a outro texto de fundação como *Bandeirantes e pioneiros*, que trata de um assunto bastante afim com o de *Caminhos e fronteiras* e publicado em 1954, apenas três anos antes da obra de Sérgio – reaparece, na escolha do historiador paulista, o nexo entre a alternativa e a conjunção entre "coisas" diferentes.[61]

---

61 Pode ser ainda lembrado, a respeito, o que escreveu Antonio Candido no seu Prefácio a *RdB* (p.XXI): "O seu método repousa sobre um jogo de oposições

Euclides, na verdade, tinha lançado o seu olhar indagador para o sertão, tentando encontrar nesse espaço sem rumo, nessa "terra ignota" o núcleo daquele drama sobre o qual assenta a impossibilidade de pensar a "Nação brasileira" como entidade autônoma e verdadeiramente una, se reconhecendo em uma história consequencial e harmônica. O contraste entre a "civilização" e a "barbárie" chega apenas a atenuar-se no confronto, sem que isso desemboque em uma convivência ou em uma troca efetivas entre instâncias culturais tão díspares.[62] A tragédia, enfim, é aquela que se instala no coração de uma história repropondo sem parar a contradição, a divisão entre cronologias e topologias diferentes que, de fato, apenas em uma terra sem história, ou "às margens da história", pode encontrar uma solução eventual. Sérgio, pelo contrário, aceita o desafio do tempo e se entranha no sertão à procura daqueles "lugares-comuns" culturais em que se concretiza certa forma de coexistência ou de cruzamento entre histórias peculiares, entre discursos e percursos heterogêneos.

Com efeito, sob a máscara da contradição, da oposição entre o andar do caminho e o demorar diante de uma fronteira, aquilo que se descobre é a dinâmica de uma relação incessante e emaranhada entre universos histórico-culturais aparentemente incongruentes. Sérgio, em suma, no intuito de superar a simples constatação de uma impossibilidade, sai em busca dos sinais de uma possível harmonização entre aquilo que "vem de fora" e aquilo que é "próprio da terra", encontrando espaços de diálogo ou até de simbiose naquela cultura material que foge aos condicionamentos de um poder que, ele sim, se mostra apenas como imposição ou adaptação do sistema sociopolítico dos colonizadores. Nesse sentido, *Caminhos e fronteiras* representa um passo

---

e contrastes, que impede o dogmatismo e abre campo para a meditação de tipo dialético".
62 Cf. sobretudo Lima, *Terra Ignota: a construção de* Os sertões, p.41-42 e *passim*.

para a frente – ou talvez pelos lados, em um território marginal e pouco explorado – em relação a *Raízes do Brasil*, que ainda se inclui no rol das obras de interpretação disfórica da realidade institucional e da formação sociocultural brasileiras.

Basta, com efeito, reler o famoso *incipit* de *Raízes* para verificar como a situação descrita por Sérgio se coloca sob o signo do pessimismo e da impossibilidade (provindo, aliás, do modelo incontornável esboçado em *Retrato do Brasil*):

> A tentativa de implantação da cultura europeia em extenso território, dotado de condições naturais, se não adversas, largamente estranhas à sua tradição milenar, é, nas origens da sociedade brasileira, o fato dominante e mais rico em consequências. Trazendo de países distantes nossas formas de convívio, nossas instituições, nossas ideias, e timbrando em manter tudo isso em ambiente muitas vezes desfavorável e hostil, somos ainda hoje uns desterrados em nossa terra. Podemos construir obras excelentes, enriquecer nossa humanidade de aspectos novos e imprevistos, elevar à perfeição o tipo de civilização que representamos: o certo é que todo o fruto de nosso trabalho ou da nossa preguiça parece participar de um sistema de evolução próprio de outro clima e de outra paisagem.[63]

Para além do tom quase fatalista, aquilo que nesse exórdio é fácil de enxergar é a visão profundamente estática, beirando a estagnação, da história brasileira. Aqui, com efeito, a fronteira ("Fronteiras da Europa" é, não por acaso, o título desse capítulo inicial) é um limite intransponível porque colocado na origem de tudo, marcando não tanto uma dialética entre espaços e tempos diferentes, quanto uma espécie de cronótopo denso, coalhado, compacto, em que noções como passado e futuro, como perto e

---

63 *RdB*, p.3.

distante, parecem perder qualquer sentido. A história brasileira, nessa perspectiva, aparece como uma história sem rumo, gravada por um peso ou roída por um vício orgânico e secreto de que não consegue se livrar.

Nessa espécie de *epokhé* secular, de suspensão temporal interminável, que se acomoda por sua vez em um espaço sem cadências, não transparece nenhuma hipótese de caminho, nenhuma possibilidade de direção ou fim, visto que o resultado está inscrito desde sempre no começo, a fronteira última corre na verdade às raízes da história, determinando-a ou circunscrevendo-a de modo prévio. *Raízes do Brasil* é sobretudo isto: é a constatação de um impasse, de um tempo que se renova apenas na recuperação teimosa do antigo, de uma revolução que só se dá como involução e como volta ao passado – escondendo-se, porém, atrás do artifício retórico de que o reúso irônico por parte de Sérgio mostra a inconsistência factual. Não existem, nesse sentido, "novos tempos", e tampouco existe uma "revolução" que possa ser dita "nossa", fazendo dos brasileiros um sujeito coletivo e um agente coeso da história, visto que ela (a História com maiúscula), nessa terra fronteiriça e eternamente "à margem", pode ser pensada e vivida apenas como uma deriva ou como uma espera interminável de significado, messiânico ou antimessiânico.

Pelo contrário, a análise de alguns processos de transculturação ou de adaptação ao meio, considerados ao longo de *Caminhos e fronteiras*, qualifica essa obra como interpretação dinâmica da história cultural brasileira. Basta, para isso, considerar o papel diferente desempenhado pela palavra "fronteira" nesse estudo e que o próprio autor se preocupa em definir desde a introdução:

> Fronteira, bem entendido, entre paisagens, populações, hábitos, instituições, técnicas, até idiomas heterogêneos que aqui se defrontam, ora a esbater-se para deixar lugar à formação de produtos mistos ou simbióticos, ora a afirmar-se, ao menos enquanto não

a superasse a vitória final dos elementos que se tivessem revelado mais ativos, mais robustos ou melhor equipados.[64]

Como se vê, aqui nada parece determinado *a priori*, nada se inscreve dentro de confins pré-escritos pela cultura ou pela ideologia europeias: a fronteira torna-se finalmente (fazendo jus à sua etimologia) aquilo que está "em frente" e não aquilo que fica "atrás" ou antes de tudo.

A expansão da cultura do colonizador, em suma, esbarra com os limites impostos pela cultura do colonizado – limites porosos, permeáveis, prestes a desabar, mas que, exatamente por isso, não definem uma situação de desajuste ou de dualismo irremediável, desembocando, pelo contrário, em formas compromissórias, em produtos culturais esponjosos e reversíveis. Também "a vitória final dos elementos [...] mais ativos, mais robustos ou melhor equipados" não define, nesse sentido, uma hierarquia de mão única, mas, como mostra o autor em vários lugares do livro, remete a um balanço quase igualitário entre "dar" e "receber", a uma guerra em que é impossível determinar com certeza quem ganha e quem perde, e sobretudo quanto e como perde quem ganha e vice-versa.

É óbvio – e Sérgio sabe disso – que o risco é o de "sugerir noções bastante unilaterais [...] da formação brasileira",[65] ou seja, de sobrestimar o papel ou as "vitórias" da cultura indígena que, como todos sabem, foi historicamente desfeita e silenciada pela cultura europeia, mas isso não pode levar a ignorar os "lugares" que o tempo da expansão deixa atrás de si: lugares precários que se abrem dentro de um processo histórico esmagador, pequenas frestas temporais em que se dá uma combinação ou justaposição cultural, deixando uma "marca", uma mancha,

---

64 Buarque de Holanda, *Caminhos e fronteiras*, p.12-13. De agora em diante vou me referir a essa edição com a sigla *C&F*.
65 *C&F*, p.13

uma "suspeita de cor" (como diria Michel Foucault) no curso aparentemente orgânico,[66] aparentemente consequencial, aparentemente em branco e preto, da história da conquista do Brasil pelos portugueses. De fato, o autor sai à procura dessas clareiras que se abrem na mata de uma civilização supostamente cerrada e progressiva; ele se entranha no sertão em busca daqueles limites que não são limites, mas derivas histórico-culturais, daquelas fronteiras que desdizem as fronteiras rígidas, predeterminadas pela cultura europeia, visto que elas não fecham o espaço, mas, como ele próprio escreve, "deixam lugar".

São esses os caminhos (e aqui o plural é obrigatório) que Sérgio tenta percorrer, e não a estrada marcada pela marcha triunfal de uma civilização se contrapondo à barbárie: não, enfim, as ruas retas, mas as sendas tortuosas que aparecem logo no capítulo inicial do livro:

> Alguns mapas e textos do século XVII apresentam-nos a vila de São Paulo como centro de amplo sistema de estradas expandindo-se rumo ao sertão e à costa. Os toscos desenhos e os nomes estropiados desorientam, não raro, quem pretenda servir-se desses documentos para a elucidação de algum ponto obscuro da nossa geografia histórica. Recordam-nos, entretanto, a singular importância dessas estradas para a região de Piratininga, cujos destinos aparecem assim representados como em um panorama simbólico.
>
> Neste caso, como em quase tudo, os adventícios deveram habituar-se às soluções e muitas vezes aos recursos materiais dos

---

66 "*Là où l'âme prétend s'unifier, là où le Moi s'invente une identité ou une cohérence, le généalogiste part à la recherche du commencement, – des commencements innombrables qui laiseent ce supçon de couleur, cette marque presque effacée qui ne sauraient tromper un œil un peu historique*" (Foucault, "Nietzsche, la généalogie, l'histoire", cit., p.151). [Trad.: Onde a alma deseja se unificar, onde o Eu se inventa uma identidade ou uma coerência, o genealogista parte em busca do princípio – dos princípios inumeráveis que deixam esse traço de cor, essa marca quase apagada que não enganariam um olho um pouco histórico. (N. E.)]

primitivos moradores da terra. Às estreitas veredas e atalhos que estes tinham aberto para uso próprio, nada acrescentariam aqueles de considerável, ao menos durante os primeiros tempos. Para o sertanista branco ou mameluco, o incipiente sistema de viação que aqui encontrou foi um auxiliar tão prestimoso e necessário quanto o fora para o indígena.[67]

Como se vê, o processo civilizatório levado adiante pelos paulistas (mas o autor esclarece logo depois que o exemplo de Piratininga pode valer para muitas outras regiões da Terra de Santa Cruz)[68] não se apresenta como uma entrada em linha reta, como uma rua larga de acesso ao interior, como uma invasão, enfim, mas sim como um movimento plural, como uma penetração casual e erradia, como um entranhar-se demorado e penoso que segue – literalmente – as pegadas dos nativos, os atalhos estreitos e difíceis abertos por eles. Não é, mais uma vez, uma estrada única e direta aquela percorrida pela cultura europeia no seu projeto de poderio da terra e das gentes encontradas na nova colônia, mas um sistema complexo e emaranhado de caminhos, um labirinto de que só os índios possuem, pelo menos no início, o fio de Ariadne.

O mapa viário, então, surge logo como "panorama simbólico", como metáfora espacial de um processo histórico lento e cheio de obstáculos pelo qual a posse (também cultural) do território obrigatoriamente transita: a colonização caminha pelos caminhos tortuosos abertos pelos colonizados, e penetrar no sertão adentro significa ser guiado por seus habitantes e senhores, depender deles, confiar neles e ser seu obediente (per)seguidor. A lentidão e o sofrimento dos europeus são aqui sublinhados pela necessidade de se deslocar não a cavalo e, menos ainda, de carroça, e sim a pé – com os pés nus e sangrentos, com a pele

---

[67] *C&F*, p.19.
[68] Ibid., p.20-33.

lacerada pelos espinhos disseminados ao longo das estreitas veredas. E não só isso, visto que o "aperto" dos caminhos obriga a uma marcha em fila indiana (no seu sentido próprio): tributo ao colonizado, afinal, que exclui o caráter coletivo e maciço típico dos movimentos de ocupação de um território.

Esse andar teimoso, invertendo, pelo menos no início, as hierarquias, é o sinal concreto, desenhado no chão, de uma dependência que leva fatalmente a formas de conluio ou de coexistência entre os bárbaros e os civilizados. Como no labirinto, justamente, as ruas e os destinos, os discursos e os percursos culturais de povos diferentes se cruzam, se afastam para voltarem a se encontrar, sem nunca chegar até o centro medonho de uma alienação cultural completa (senão em casos raros e altamente significativos, como talvez na figura de João Ramalho e dos seus descendentes: uma humanidade "fronteira",[69] evocada, não por acaso, logo na introdução ao livro, quase como emblema vivente e, por assim dizer, preliminar da lógica na qual se vai, depois, acomodando o discurso histórico), mas deixando, isso sim, atrás de si lugares virtuais de encontro, espaços de compromisso, clareiras precárias em que se amontoam "produtos mistos ou simbióticos" – restos humildes de uma harmonia possível e negada entre raças, culturas, práticas heterogêneas. Na relação, aparentemente contraditória e de fato conciliatória, entre os caminhos e as fronteiras, são essas encruzilhadas, são esses trívios os pontos em que Sérgio Buarque de Holanda escolhe colocar-se, à espreita daqueles eventos "menores", daqueles fatos "triviais", justamente, em que não só se dá uma coincidência material dos opostos, mas em que se deposita e se esclarece o sentido peculiar da formação cultural brasileira.[70]

---

69 Ibid., p.13.
70 Sobre a atitude "trivial", veja-se o que afirmou Roland Barthes: *"Un écrivain [...] doit avoir l'entêtement du guetteur qui est à la croisée de tous les autres discours, en position triviale par rapport à la pureté des doctrines (trivialis, c'est l'attribut étymologique de la prostituée qui attend à l'intersection de trois voies)"* [Um escritor

Que *Caminhos e fronteiras* – sendo, aliás, a suma de uma série de textos publicados autonomamente – não seja apenas um estudo consequencial e determinístico do processo histórico de expansão da cultura europeia no solo americano, o demonstra, aliás, o paralelismo, que eu acho evidente, entre o primeiro e o último capítulo do livro, remetendo a uma circularidade que se furta a qualquer lógica rigidamente historicista. Na parte final da obra, de fato, a autor retoma a imagem do mapa viário, isto é, a metáfora do enredo ou do retículo dessa vez mais claramente associada ao fio (ao fio de Ariadne?) e à teia. A análise das técnicas utilizadas na produção de tecidos se torna, nessa óptica, uma viagem complexa, cheia de nós históricos e de (con)junturas geográficas, mas também de rápidas travessias de tempos e espaços diferentes: ou seja, falando dos modos de fiar e de tecer do Brasil Colônia, Sérgio parece lentamente urdir a trama das relações entre cultura portuguesa e cultura indígena, mostrando como as diferenças, que apesar de tudo permanecem,

---

[...] deve ter a obstinação da sentinela que se encontra no cruzamento de todos os outros discursos, em posição trivial em relação à pureza das doutrinas (*trivialis* é o atributo etimológico da prostituta que espera na intersecção de três vias). (N. E.)] (*Leçon*, Paris: Seuil, 1978, p.26). Por uma significativa coincidência, é ainda essa, a meu ver, a tarefa que Michel Foucault atribui ao "genealogista", ou seja, ao "verdadeiro historiador": *"De là, pour la généalogie, une indispensable retenue: repérer la singularité des événements, hors de toute finalité monotone; les guetter là où on les attend le moins et dans ce qui passe pour n'avoir point d'histoire – les sentiments, l'amour, la conscience, les instincts; saisir leur retour, non pas pour tracer la courbe lente d'une évolution, mais pour retrouver les différentes scènes où ils ont joué des rôles différents; définir même le point de leur lacune, le moment où ils n'ont pas lieu"* [Trad.: Daí, para a genealogia, uma indispensável inferência: identificar a singularidade dos acontecimentos, além de toda finalidade monótona; *observar onde eles são menos esperados, e naquilo que aparenta não ter história* – os sentimentos, o amor, a consciência, os instintos; captar os seus retornos, mas não para traçar a lenta curva de uma evolução, mas para reencontrar as diferentes cenas onde desempenharam distintos papéis; definir mesmo o centro de sua lacuna, o momento em que eles não tiveram lugar. (N. E.)] (Foucault, "Nietzsche, la généalogie, l'histoire", p.145; grifo meu).

não podem, porém, ocultar os pontos de sutura, as combinações e as trocas. E o produto final se apresenta como uma espécie de pano – de pano de fundo – variegado e brilhante diante do qual se desenrola o drama de uma cultura enredada e multíplice, em que instâncias ou fios diferentes se sobrepõem, se combinam ou se desenleiam, até transpor os limiares da modernidade.

Sem me adiantar muito em uma análise pormenorizada dessa parte final de *Caminhos e fronteiras*, gostaria pelo menos de sublinhar a importância dos resultados do estudo de Sérgio, no que se refere tanto ao confronto entre o "tear de pano" português e a "grade de tear" indígena quanto à relação entre os modos de dormir dos dois grupos étnicos. No primeiro caso, não é difícil enxergar logo, em uma espécie de estruturalismo *ante litteram*, as diferenças entre as técnicas – a importada, de fato, ligando-se à horizontalidade, a nativa associando-se à verticalidade; a primeira produzindo tecidos compactos, a segunda, teias de malhas largas. Aqui, todavia, a história material, o decurso temporal se preocupará em misturar os dois modos de tecer, criando lugares de encontro, encruzilhadas ou nós culturais que demoram a ser desfeitos pela modernidade. Com a teimosia do antropólogo, Sérgio vai à procura desses restos de uma cultura geminada e, ao mesmo tempo, anfíbia:

> Em Cuiabá, a tecelagem de redes não é hoje, mais do que em Sorocaba, mister citadino. Para encontrá-la em pleno florescimento, precisei ir, em 1946, ao Coxipó-Mirim e também à Várzea Grande, principalmente à casa de siá Lola (Antônia Paula da Silva). É principalmente na Várzea e em alguns outros lugarejos mais ou menos remotos [...] que ainda prospera essa velha indústria caseira, desterrada da cidade pelo progresso, juntamente com tantas outras sobrevivências de um passado já longínquo: as folias do Divino ou de são Bendito, que d. Aquino Correia proibiu, as lavagens de são João no rio Cuiabá, os famosos cururus de siá Blandina e os de siá Emiliana, que Deus haja em glória, as corridas de touro [...], os

próprios chapéus de carandá, que há mais de dez anos já não se fabricam mais...[71]

A nostalgia transparece claramente nessa rememoração pessoal de mulheres brancas tecendo redes segundo técnicas índias – e mais em geral, de saberes em que se escondiam sabores extintos, práticas ou cerimônias hoje esquecidas. A trama, então, deixa entrever a saudade do estudioso pelos tempos antigos em que era possível ainda divisar, atrás ou através do presente, um passado feito de relações, complexas, mas sólidas, entre culturas diferentes, um contexto ainda marcado pela convivência e pela acolhida do discurso do outro. Hoje aquilo que fica são apenas elementos esparsos e esfarrapados, resíduos esgarçados de um tecido que apenas a sabedoria e o amor do estudioso conseguem retecer em um desenho orgânico.

A história contada por Sérgio é, de fato, esse enredo de fios diferentes, é um contexto em que se percebe ainda a natureza textual, ou melhor, de "com-texto", justamente, em que cada uma das culturas em contato ou em choque consegue "tecer--com" a outra uma ordem discursiva complexa e ambivalente, marcada pela troca ou pelo dom simbólico. Não por acaso, falando nas técnicas de tecer, o autor chama a atenção para o uso quase geral da rede, contra a presença rara da cama na região paulistana (e mais em geral na Colônia), pelo menos até meados do século XVIII.[72] Esse modo de dormir pobre, tão típico da gente da terra, é assumido por completo pelos colonizadores que tentam até transformar a rede em *status symbol*, utilizando-a como "veículo de transporte", carregada por escravos.[73]

Na oposição entre cama e rede e na preferência acordada à segunda, Sérgio Buarque de Holanda lê com clareza um sintoma

---

71 *C&F*, p.252-253.
72 Ibid., p.248-249.
73 Ibid., p.247.

do nomadismo próprio da população,[74] mas eu gostaria de lembrar ainda um lugar literário que o estudioso paulista devia conhecer muito bem e em que mais uma vez se repropõe o dualismo relativo aos modos de dormir, superado graças a um recurso inesperado e altamente significativo. Refiro-me, mais uma vez, à "entrada" de Macunaíma em São Paulo em que a capacidade do "herói sem nenhum caráter" de ultrapassar as diferenças, de fazer as ligações, é mostrada justamente a partir do seu dormir "de atravessado" sobre os corpos brancos das "filhinhas da mandioca", tentando, assim, matar a saudade da "rede feiticeira" tecida por Ci com "os próprios cabelos dela". Aquilo que vale a pena anotar é a coincidência entre a visão poética de Mário e a interpretação histórico-antropológica de Sérgio, baseadas, ambas, nessa capacidade de tornar evidente o enredo ou o contexto, a trama, enfim, na qual fica presa uma certa imagem da cultura brasileira como cultura baseada no contraste e, ao mesmo tempo, na conjunção e conjugação de saberes diferentes – no caso do romancista, por meio de uma corporeidade "penetrando" e "atravessando" as contradições; no caso do historiador, graças à materialidade de técnicas misturando e sintetizando (embora de modo reversível e, por assim dizer, preliminar) culturas heterogêneas.

Poder-se-ia, aliás, alegar como prova contrária a obsessão de Sinhá Vitória pela cama, vista como símbolo daquela sedentariedade que o nomadismo da sua condição de retirante lhe proíbe, mas é evidente que a óptica de Graciliano Ramos é, nesse caso, bem diferente daquela dos dois autores paulistas, ligando-se muito mais a uma visão dualista de uma sociedade injusta e não se preocupando muito em identificar os possíveis lugares de encontro ou de mediação que a cultura material brasileira abriga dentro de si. Lugares marginais e assimétricos, tempos "assistemáticos" e "fora do eixo" que apesar de tudo guardam

---

74 Ibid., p.247.

fragmentos, migalhas daquela "democracia racial" (e social) que tanto o sistema político-social implantado na Colônia quanto, depois, as suas articulações novecentistas – recusadas por Mário e por Sérgio –, com seu progresso compulsivo, com a sua modernização falsa e falha, se preocupam em varrer do chão da História.

Quero com isso dizer que, apesar da erudição (do historiador) ou da ironia (do romancista), ambos continuam denunciando o silenciamento das culturas alternativas, mostrando como em um passado "heroico" o Brasil pudesse contar com uma situação de equilíbrio – fosse este relativo ou produto de uma inércia do meio, mais do que de uma opção consciente – entre instâncias heterogêneas. Em *Caminhos e fronteiras*, em particular, todos os estudos que compõem a obra apontam para esse tempo já museificado (não por acaso, são muitas as referências ao Museu Paulista, lugar em que a história se dispõe de modo concreto, cristalizando-se precariamente nos objetos ali guardados), para esse espaço já mítico e quase completamente apagado em que tinha sido possível uma relação de algum modo igualitária entre as culturas, a partir de fatos aparentemente "triviais" – a partir dos modos de andar, do aproveitamento dos recursos, das técnicas de produção e de cultivo.

E é bom sublinhar como, por essa via, se delineie, no autor paulista, também uma volta ao historicismo, mas não no sentido clássico de justaposição de fatos "para preencher o tempo homogêneo e vácuo", e sim na forma de uma "parada", de um aproveitamento do objeto dentro de um pensamento que sem fim o atualiza, colocando-o em uma "constelação cheia de tensões"[75] – naquilo que, no início deste ensaio, eu chamei de "figura". Quero dizer que, sem ser coincidente com as teorias de Walter Benjamin, também a história escrita por Sérgio acaba todavia por se apresentar nos moldes de um "materialismo

---

75 Benjamin, "Tesi di filosofia della storia". In: *Angelus Novus*, p.85.

histórico" (ou, no caso, de uma história material) mobilizando aquele potencial de sentido que o passado esconde dentro de si.[76] O seu tempo, o tempo que se reflete no museu ou na reunião – aparentemente caótica mas, na verdade, "orientada" – de objetos e fatos diferentes, é marcado por uma experiência "única", em que a volta ao passado não é um gesto irreversível, mas um caminho de redescoberta contínua do presente no passado, ou melhor, de recuperação teimosa daquilo que pôde ser (e que não foi, mas que poderia talvez voltar a ser) naquilo que, de fato, foi.[77]

Nesta óptica, *Caminhos e fronteiras* poderia ser visto também como uma espécie de coleção – em um sentido ainda benjaminiano[78] – de eventos pretéritos, ou melhor, como um conjunto de "restos", de "cacos" de uma história integral e inatingível na sua plenitude, da qual eles guardam todavia uma parcela, um reflexo embaçado: apenas no seu combinar-se, dentro do espaço precário e nostálgico do livro, essas "ruínas" de um passado (per)feito conseguem reencontrar a sua profunda razão de ser, a sua necessidade e a sua evidência, embora longe de qualquer ilusão de continuidade ou de coerência, fora de qualquer organicismo consequencial e causalista. Como o homem "perdido" do epílogo de Macunaíma que "bota a boca no mundo", cantando na sua "fala impura" as façanhas improváveis de um "herói" esquecido, de que só um papagaio auriverde guardava a memória, assim Sérgio nos relata a seu modo aquela "outra história" que ele lê (ou "escuta") no desenho quase apagado das ruas, nas técnicas rurais, nos monjolos ou nas grades de tear amontoadas

---

[76] Cf. ibid., p.84 ("O historicismo postula uma imagem 'eterna' do passado, o materialista histórico uma experiência única com ele").

[77] Cf. Candido, "Significado de *Raízes do Brasil*", p.XXI ("[Sérgio Buarque de Holanda] num tempo ainda banhado de indisfarçável saudosismo patriarcalista, sugeria que, do ponto de vista metodológico, o conhecimento do passado deve estar vinculado aos problemas do presente").

[78] Cf. Benjamin, "Eduard Fuchs, il collezionista e lo storico". In: *L'opera d'arte nell'epoca della sua riproducibilità tecnica*, p.79-123.

em um museu, nos acompanhando pelos caminhos daquela compreensão histórica que só se pode dar no "reviver aquilo que deve ser compreendido e cujas pulsações podem ser ainda percebidas no presente".[79]

Sabe-se, aliás, que no mesmo ano de publicação deste livro, Sérgio já estava escrevendo *Visão do paraíso*, cujo primeiro capítulo traz mais um título marcado pelos antônimos: "Experiência e fantasia". Nessa nova volta ao passado, nessa análise dos mitos edênicos relativos ao Brasil, o estudioso nunca esconde o caráter sempre ambíguo da colonização americana pelos portugueses: movimento, de fato, que com certeza procede com os olhos fincados no antes, nas fronteiras que estão atrás, no domínio da fantasia medieval europeia, mas sem nunca perder a sua capacidade de ir para a frente, de acolher o novo e o inesperado se manifestando às fronteiras da experiência – movimento ondeante deixando, mais uma vez, lugar e tempo à produção de "figuras", ao surgimento de formações simbióticas ou mistas de que o historiador cuidadoso deve fazer memória, colecionando-as com atenção e carinho (como no caso exemplar do mito, que ele denomina "luso-brasileiro", Sumé: mais uma citação implícita de *Macunaíma*...).

Colocado entre *Raízes do Brasil* e *Visão do paraíso*, enfim, *Caminhos e fronteiras* é aquilo que o seu título "pré-escreve": um andar labiríntico pelos caminhos espinhosos, enredados de um território cultural colocado entre confins que se multiplicam; uma procura incansável daquilo que surge de improviso entre experiência e fantasia, entre as raízes do presente e as visões do passado, e que só uma memória nostálgica e teimosa pode guardar do esquecimento. Porque é ali, justamente, nessas encruzilhadas simbólicas, nessas "figuras" que o tempo apagou e o poder contorna, que pode ser surpreendido e nos surpreender um sentido terceiro e eventual, um saber banido e abandonado,

---

[79] Ibid., p.83.

uma verdade "trivial", enfim, pondo em xeque as nossas certezas e mostrando, finalmente, o *inter-dito* que continuamente é "dito entre" qualquer oposição ideológica ou social, qualquer fronteira racial, qualquer possível delimitação cultural.

IV
A origem em ausência:
a figuração do índio na cultura brasileira

Em princípio era o indígena...

> To begin is first of all to know with what to begin[1]
> Edward Said, *Beginnings*

> Entendez multiplement comment commencent les choses immenses que notre prétention nomme l'histoire. Concevez sans concept comment peut commencer le temps.[2]
> Michel Serres, *Genèse*

Para *explicar* a profundidade do presente brasileiro, para escrever a história da sua "modernidade", teremos que nos apoiar sempre naquilo que está *implicado* na sua incontornável antiguidade; teremos, então, que mover daquele horizonte que

---
1 Trad.: Começar é antes de tudo saber com que começar. (N. E.)
2 Trad.: Entendam multiplamente como começam as coisas imensas que nossa pretensão chama de história. Concebam sem conceito como pode começar o tempo. (N. E.)

fica atrás e antes da colonização e que a colonização tentou esconder. Essa fronteira, ancestral e recalcada, que se encontra na origem da história brasileira e que circunscreve a sua atualidade como um enigma sem resposta, não pode ser senão o índio, na sua objetividade e no seu irrealismo: *dobra* cortando pelo meio o espaço e o tempo nacionais e que só pode ser *explicada* (isto é, *desdobrada*) dentro de uma espécie de foucaultiana "arqueologia do silêncio".

Para começar, mais uma vez, por aquele começo acidental (ou incidental) que foi a descoberta ou o achamento, é necessário reafirmar como, ao chegar ao Novo Mundo, os portugueses não fizeram nada mais do que sobrepor, àquela dimensão desmedida e aparentemente sem limites, as formas e o sentido que a cultura europeia – atormentada, por sua vez, pelas fronteiras e fundamentada na "medida" – tinha elaborado durante séculos. Eles, em suma, para se orientarem naquele alhures imprevisto e sem termos, tiveram fatalmente que pôr marcos, delimitando, em primeiro lugar, o próprio do impróprio e adotando, para isso, aquela perspectiva tradicional que os obrigava a ver no indígena o ser informe e irracional, avesso e distante de toda norma cultural, habitante de um mundo selvagem e indeterminado de que falavam, por exemplo, os romances de cavalaria ou os *libri monstrorum*. Isso, porém, não impediu os colonizadores de perceber o estranho fascínio promanando dessa dimensão primordial, ou seja, de sentir o encanto misterioso provindo daquilo que eles definiam como "sertão" e que continuaram, todavia, definindo, durante séculos e de modo contraditório, também como deserto ou mato.[3]

---

[3] Sobre o uso sinonímico das definições de "selva" e "deserto", sobrepondo ou entrecruzando dois espaços tão diferentes, basta, talvez, lembrar o modo como Euclides da Cunha utilizava, de forma alternada e sem distinção, os dois termos. Por exemplo, mencionando a sua experiência na Amazônia, como chefe da missão de "reconhecimento do alto Purus", ele assim a certa altura se expressa: "partimos, retravando, desesperadamente, o duelo

Nesse sentido, sem talvez se dar conta disso, os exploradores e os viajantes europeus (e depois, por paradoxo, os próprios brasileiros) continuavam sobrepondo àquela dimensão desconhecida os estereótipos geográficos sobre os quais assentavam os seus cultos e a sua cultura. De fato, como foi demonstrado, é possível detectar um laço (topo)lógico ligando a figura do deserto àquela da floresta, passando, mais uma vez, pela imagem da ilha: não existindo, no território europeu, algo de semelhante ao deserto, tantas vezes presente e tão importante na mensagem evangélica, o cristianismo ocidental escolheu, em um primeiro momento, atribuir à ilha as características sagradas e, ao mesmo tempo, infernais do deserto bíblico, para conferir, por fim, os mesmos atributos simbólicos à floresta, que se tornou, assim, o lugar da tentação e da perda, mas também o lugar ermo do misticismo e da contemplação do divino.[4] Tudo isso sem esquecer que os bosques, os espaços selváticos (e dos selvagens) se tornaram também, na cultura europeia, tanto os lugares da busca (da *quête*) dos cavaleiros andantes quanto os lugares do banimento, refúgio, então, dos bandidos.[5] Em terra brasileira, nesse sentido, foi fácil interpretar o sertão/selva como uma dimensão ambivalente e ubíqua: ela se apresentou, de fato, aos olhos do bandeirante e, depois, do jagunço, como o espaço, definido na sua indefinição,

---

formidável com o deserto..." (Tocantins [org.], *Um paraíso perdido: ensaios, estudos e pronunciamentos sobre a Amazônia*, p.212). Quanto à utilização arbitrária (política, no caso) de uma palavra como "deserto" para indicar um espaço apresentado como despovoado e inculto, basta lembrar o genocídio dos autóctones levado a cabo na Argentina e justificado como *Conquista del desierto*.

4 Veja-se, a esse respeito, o estudo fundamental de Jacques Le Goff, "Il deserto-foresta nell'Occidente medievale". In: *Il meraviglioso e il quotidiano nell'Occidente medievale*, p.25-44.

5 Sobre a função simbólica da floresta na cultura e no imaginário do Ocidente, dentro de uma imensa bibliografia, acho importante destacar, pelo menos, o livro de Robert Pogue Harrison, *Forests: The Shadow of Civilization*.

do enriquecimento ou do abandono da e pela lei;[6] aos olhos dos homens de religião, ele se oferecia como o lugar fora de qualquer lugar em que se podia dar o encontro decisivo com o absoluto – com Deus ou com o Diabo.

Como já vimos, as primeiras crônicas ou relações nos oferecem, consequentemente, uma visão duvidosa, ambígua do Brasil e dos seus habitadores indígenas. Por exemplo, nas cartas dos jesuítas não é difícil entrever uma incapacidade quase completa de dar um sentido unitário (*simbólico* no seu sentido de "uno", contraposto à multiplicidade implícita no *diabólico*) à experiência que eles estão vivendo. Um estado de incerteza, uma inextricável ambivalência que os servos de Jesus tentaram frequentemente resolver adotando aquela forte antinomia espacial entre o interior e o exterior na qual se deveria refletir a separação entre o Bem e o Mal: ou seja, tudo aquilo que estava dentro ou muito perto dos aldeamentos era iluminado pela luz da religião e do sagrado; tudo aquilo que estava fora ou longe dessas ilhas de civilização e de fé se perdia, por outro lado, no espaço sem fim e sem confins do erro e do errar pecaminoso, era engolido pelo abismo plural e diabólico do sertão ou se extraviava no labirinto do deserto-floresta.[7]

Já dei alguns exemplos dessa leitura "ética" do espaço, tirados do epistolário jesuítico. A eles vale a pena juntar mais uma citação tirada de uma carta em espanhol, enviada pelo "apóstolo do Brasil", José de Anchieta, ao padre Diego Laynes:

---

6 Para a relação entre banimento e abandono, cf. o livro de Jean-Luc Nancy, *L'essere abbandonato*. Veja-se também o parágrafo seguinte.

7 Como se sabe, a palavra portuguesa *sertão* não tem correspondências em nenhuma das línguas românicas, sendo a sua etimologia mais acreditada ligada ao latim *desertanum* (não atestado), provindo, por sua vez, ainda do adjetivo *desertus* e remetendo, assim, à noção de espaço inóspito, de interior não habitado.

> Después de estar en Piratininga algunos días, nos mandó el Padre [Nóbrega] visitar las poblationes de los Indios nuestros antiguos discípulos, los quales como quiera que a mucho tiempo que aprienden las costumbres del demonio están ya tan afficionados a este ruín maestro que muy poco quieren aprender de nosotros. Porque, aunque al principio, quando estavan todos juntos, algún fructo se hazía en ellos [...], después que se dispargieron por diversas partes [...] ni se les puede acudir con doctrina, ni (lo que es peor) ellos la quieren.[8]

Expressões, essas, que confirmam como os selvagens, pelo seu nomadismo, não tinham, aos olhos dos evangelizadores, nenhum daqueles hábitos que se tornam visíveis no habitar, furtando-se assim à compreensão, à posse, também imaginária, por parte dos colonizadores: não (de)morando, não se identificando em um lugar duradouro, eles acabam por ser localizados apenas em uma falta. No seu caráter impermanente e indefinível, em suma, os índios põem em xeque qualquer hipótese dialética fundada sobre eles, já que, se a dialética prevê, antes de tudo, a existência de uma antítese, eles, justamente, põem em discussão qualquer antítese, não se dando conta dos limites entre as coisas, não tendo noção nenhuma daqueles limiares, latentes porém intransponíveis, que atormentam a lógica e o sentido europeus. Por isso, os indígenas, estando ou consistindo apenas em um espaço indistinto, movendo-se sempre "entre os lugares" sem habitar nenhum deles, acabam por se propor, eles mesmos, como um limiar, ou seja, carregam, na sua corporeidade e evidência, a própria noção de margem.

De resto, continuando a destrinçar os fios da História, é bastante fácil verificar como, diante de uma dimensão plural em que a alteridade mostrava o seu caráter mais vago, flutuante, incompreensível (isto é, não disponível a uma "preensão com"

---

8 Carta de 30 de julho de 1561. In: Leite, *Cartas dos primeiros jesuítas do Brasil*, v.3, p.370.

outras noções), o homem do Velho Mundo ficou durante séculos incapaz de dar uma imagem unívoca do autóctone, valendo-se, ao contrário, de figuras ambivalentes que, sendo justamente duplas, deixavam espaço, no seu interior, para o hibridismo, para o neutro, para a mistura inextricável e nebulosa de noções antitéticas. Não pertencendo a nenhum lugar estável, não se colocando em um tempo definido (pense-se apenas no lugar-comum da sua "preguiça", que nada mais é senão o fruto da incapacidade europeia de entender a cronologia indígena, o seu uso do tempo que é visto apenas como abuso e desperdício) – sendo, então, atópico e inclassificável, o selvagem acaba por habitar, no imaginário europeu, uma dimensão contraditória, que é, ao mesmo tempo, alhures e nenhures, que é aqui e em toda parte, borrando as medidas, pondo em crise as noções europeias de proximidade e de distância, visto que ele é presente na sua evidência e ausente na sua obstinada indefinição.

É por isso talvez que, nos primeiros tempos, os verdadeiros inimigos foram identificados naqueles colonos que tinham ultrapassado os limites estabelecidos, adiantando-se nos territórios medonhos do além. O caso exemplar – e muito conhecido, aliás – é o de João Ramalho, chegado ao Brasil antes de 1514 e nomeado, anos depois, capitão-mor de Santo André da Borda do Campo. Nessa condição o encontramos, a partir de 1553, nas cartas de José de Anchieta, que o indica como principal antagonista dos jesuítas, instalados na aldeia de Piratininga (próxima de Santo André), culpado, entre outras coisas, pelo fato de conviver *more uxorio* com mulheres indígenas e de ter gerado uma ampla estirpe de mamelucos, muitas vezes casados entre eles e acusados de manter os "horrendos" costumes bárbaros. Pois bem: João Ramalho e os seus descendentes podem ser considerados os emblemas viventes daquela contaminação pela *wilderness* que parece ser um dos medos principais que acompanham, de sul a norte, a colonização europeia do continente americano manifestada, sobretudo, na recusa dos casamentos mistos e na obsessiva denúncia do canibalismo.[9] Duas maneiras, essas, uma ativa e outra passiva, de ser assimilado pela alteridade, perdendo todo contato com a civilização e precipitando em um abismo, ideal e "intestinal", que leva ao aniquilamento irreversível de qualquer identidade. E mais uma vez tudo isso tem a ver com os limiares, com a fronteira, frágil, porém sagrada, separando os lugares colonizados do espaço indefinido e plural que os rodeia e os ameaça: é altamente significativo, nesse sentido, que o próprio João Ramalho definisse a si mesmo como *"fronteiro"* do Paraíba,[10] identificando-se então com um limite, isto é, "incorporando" a noção de margem. O mestiço de fato, pela sua origem, é aquele que vive aquém e além da fronteira, não estando, na verdade, em nenhum dos dois lugares e habitando, isso sim, a própria separação espacial: ubiquidade que ele materializa e manifesta no seu corpo onde circulam sangues misturados e que o torna o produto medonho e, ao mesmo tempo, fascinante de uma hibridação entre a natureza humana do europeu e aquela, essencialmente ferina, do índio.

Nesse sentido, se o indígena marca, afinal de contas, o limite externo da civilização, o mameluco representa, por sua vez, o limiar não situável interposto entre identidade e alteridade. "Figura", então, que regula as trocas entre a consciência de si mesmo do sujeito colonizador e a objetividade vaga, ilimitada que se pretende colonizar e que, graças ao mestiço justamente, não se encontra mais no exterior de uma diferença irredutível, mas se mexe no interior do inconsciente europeu e, sobretudo, se encontra no fundo ou na base da incipiente lógica americana. Não por acaso, examinando os mitos de fundação elaborados pelas culturas americanas, encontraremos muitas

---

9 Cf. por exemplo, quanto à colonização inglesa da América setentrional, o importante livro de Slotkin, *Regeneration through Violence. The Mytology of the American Frontier 1600-1860*, p.125-128.
10 Buarque de Holanda, *Caminhos e fronteiras*, p.13.

vezes a mestiçagem como núcleo incontornável da nova identidade, ou seja, encontraremos a repetição daquela hipotética, pacífica e passional, assimilação entre europeu e indígena que motivaria a nacionalidade.

O Brasil, como sabemos, não se furta a essa regra, inaugurando, na segunda metade do século XVIII, aquela "tendência genealógica" que "consiste em escolher no passado local os elementos adequados a uma visão que de certo modo é nativista, mas procura se aproximar o mais possível dos ideais e normas europeias".[11] O exemplo mais conhecido dessa transfiguração épica do mundo indígena é, obviamente, *Caramuru* que, não por acaso, elege herói Diogo Álvares Correia, personagem histórico que, como João Ramalho no sul, se tornara, na Bahia do século XVI, o patriarca de uma incontável estirpe de mamelucos, graças ao seu "casamento" com uma mulher índia (Paraguaçu "se convertendo", em todos os sentidos, em Catarina). Chegada a esse ponto da sua improvável história – relida por seus habitantes como uma igualmente improvável genealogia, no sentido que Foucault conferiu a esse termo –, a jovem nação americana precisa "mitificar" as suas origens, traduzindo em positivo aquilo que a ênfase colonizadora e catequética tinha apresentado sob uma luz negativa. E a fronteira dividindo o civilizado do selvagem se torna, desse modo, o *limes*, a encruzilhada ideal e o lugar finalmente habitado, em que se jogam os destinos da nacionalidade. Depois de Santa Rita Durão, com efeito, toda a literatura indianista do século seguinte (exceto, talvez, um escritor marginal como Sousândrade) não fará nada mais do que isso: repropor sem parar a figura de uma hibridação racial e cultural, fundada – embora de modo assimétrico – na contaminação física e, ao mesmo tempo, ética e espiritual entre identidade europeia e alteridade indígena.

---

11 Candido, "Estrutura literária e função histórica", p.173.

O olhar exótico que a Europa lança sobre o universo americano combina, nesse sentido, com a aceitação ambígua, por parte da América, de uma alteridade reativando e conferindo novos significados ao exotismo, em um espelhamento mútuo que oculta, também, os erros e os horrores da colonização. Basta considerar a encenação e o andamento narrativo de uma das mais famosas "obras de fundação" da identidade brasileira – *O guarani* de José de Alencar – para se dar conta de como a ativação dessa estratégia da diferença (o castelo-forte português erguendo-se sobre a pitoresca excentricidade da selva brasileira; a jovem europeia amada, em silêncio e sem esperança, pelo herói indígena), se por um lado leva a uma improvável conjunção dos opostos, por outro não consegue ocultar os custos que essa hibridação necessariamente comporta (o massacre dos "maus selvagens" e de todos os "aventureiros"; a destruição da fortaleza e a morte dos seus defensores). O encontro entre (bom) europeu e (bom) índio só se pode dar, em suma, dentro daquela que, na esteira de Alfredo Bosi, eu definiria uma "mitologia sacrificial":[12] ou seja, à custa de uma penosa eliminação do passado, em uma espécie de palimpsesto histórico no qual inscrever uma nova forma de presente, prenunciando, por sua vez, um futuro duvidoso e aberto. E é o espaço-tempo exótico, de fato, o aqui fundado no alhures, o "ainda-não" espalhado no "não-mais" – é, enfim, aquele estranho cronótopo se suspendendo entre desejo e recusa que encontramos em quase todos os mitos de fundação das várias identidades americanas: entre as instâncias que Peri e Ceci identificam, aquilo que pode faiscar é uma figura terceira e auroral que não se pode identificar com nenhuma das duas, sendo, porém, o produto de ambas.

O Romantismo, com as suas pulsões nacionalistas, com a sua procura incessante de uma pátria, tenta estabelecer, em outros termos, um início hipotético a partir de um fim

---

12 Bosi, *Dialética da colonização*, p.176-193.

conhecido: se o Brasil, como é evidente, é o produto de uma contaminação entre culturas, entre etnias, entre histórias e cronologias diferentes, é então obrigatório montar uma "cena primária" em que um presente bastardo encontra os seus pais e a sua pátria, a sua identidade e a sua nobreza – encontra, afinal, a sua justificação, na cumplicidade inventada, no cruzamento ideal entre dois passados heroicos. A mistificação está, justamente, no fato de apresentar um processo (genealógico) como um fato (histórico); está, mais ainda, no desenterro do falecido, embelezado a fim de representar uma (id)entidade ainda viva e agente, disfarçando a sua falta, ou melhor, o seu ser apenas o fetiche de uma nacionalidade ainda por fazer. E de fato, quando o índio real se mostra na sua escandalosa e, ao mesmo tempo, grotesca evidência, ele é logo e como sempre (como já tinha acontecido com os jesuítas) reconhecido apenas na sua incontornável anomia, no seu caráter atópico em relação ao espaço nacional. Só para dar um exemplo, o visconde de Rio Branco, relatando a visita de alguns indígenas à corte imperial, no início de 1856, assim se expressa:

> Esses indígenas, cuja nação se ignora, não têm ideia alguma de nacionalidade, e são completamente alheios aos ódios que reinam entre os rio-grandenses e orientais; mas o sentimento de lealdade e gratidão parece dominá-los, e bem dirigidos poderão servir-nos de ótimos auxiliares, se der-se o caso de uma guerra com o gaúcho de Buenos Aires.[13]

Como se vê, o autóctone exaltado, naquele mesmo período, por Gonçalves de Magalhães, Alencar e Gonçalves Dias como polo imprescindível da nacionalidade e da identidade, na óptica estatal e de poder de José da Silva Paranhos é visto como estranho a qualquer lógica nacional, sendo, porém, contraditoriamente

---

13 Apud Antelo, *Algaravia: discursos de nação*, p.59.

designado como improvável instrumento de reafirmação do poder e do Estado, na santidade das suas fronteiras.

Talvez, para entender melhor o estatuto e a função do índio na construção da identidade brasileira, teremos de combinar as duas perspectivas que acabo de delinear: a mistificadora e mitificante do indianismo romântico e a realista e marginalizante do discurso "imperial". O indígena, em ambos os casos, parece destinado a se fechar na sua condição liminar: é ele quem, habitando a fronteira, nega e reafirma o valor convencional da fronteira; é ele quem, embora às raízes do presente, fica fora da história, pai de um tempo e de uma pátria que o renegam. O índio, enfim, continua sendo uma figura, ao mesmo tempo tangível e ilocável, que pode ser apenas no seu não-ser, atuando no interior de uma lógica extrema: ele é, em outros termos, o limiar que dá acesso à identidade e ao sentido, ficando todavia excluído de toda identidade, destituído de qualquer sentido próprio.

Só no âmbito da cultura do século XX essa concepção vai ser relida e corrigida de modo decisivo, virando pelo avesso a perspectiva conciliatória e eufórica própria do indianismo romântico. Não é que a cultura moderna e modernista denegue a função de cerne, de eixo oculto da identidade brasileira desempenhada pela cultura autóctone, mas, recuperando a assimetria entre colonizador e colonizado, a volve em favor do segundo. Onde a dedicação de Peri a Ceci, o seu "bom" heroísmo em prol dos "patrões" tinha permitido ao índio se integrar, ser admitido, por assim dizer, de corpo e alma no universo dos brancos (pense-se apenas no batismo ministrado por Don Antonio de Mariz ao se despedir de Peri e que o introduz, de modo definitivo, no universo dos valores europeus),[14] a teoria e a arte modernistas vão colocar o autóctone na posição de quem, a partir da sua condição radical e liminar, assimila

---

14 Cf. Bosi, *Dialética da colonização*, p.191.

o outro europeu, comendo o seu corpo e corrompendo a sua alma. A *Antropofagia* de Oswald é, justamente, a indicação de uma identidade preliminar que, graças a um processo contínuo de assimilação da identidade europeia, reivindica a sua prioridade excepcional (e excetuada).

Sobre essa fronteira primeira e última, habitada pela cultura canibal, também o curso do tempo parece suspender-se e amarrotar-se, originando um paradoxal "futuro do passado" em que próprio e alheio se confundem em uma dimensão fundamentalmente corpórea e fatalmente intestinal:

> Já tínhamos o comunismo. Já tínhamos a língua surrealista. A idade
> [de ouro.
> Catiti Catiti
> Imara Notiá
> Notiá Imara
> Ipeju.[15]

Operação, no fundo, ainda mistificante, a de Oswald, que avista, nos significantes autóctones, significados europeus, disfarçando o índio de improvável precursor do comunismo e do surrealismo, sem dizer nada, todavia, da total ausência de significado, da pura ecolalia em que são relegadas a sua língua e a sua cultura.

De fato, aquilo que pode ser dito do progressivo desaparecimento do mundo indígena pode, talvez, ser apenas o caráter indizível de uma experiência que, historicamente, não tem voz ou que, melhor dizendo, só pode ser evocada sem que dela fique nada senão o seu eco imperfeito, o "sabor" vago de um "saber" silenciado há muitos séculos. Ficando no âmbito do modernismo

---

15 Andrade, *A utopia antropofágica*, p.49. Veja-se, ainda, o que eu escrevi a respeito em "O duplo e a falta", p.56-58.

paulista, é justamente esse o recado que nos confia, mais uma vez, o epílogo de *Macunaíma*:

> O deserto tamanho matava os peixes e os passarinhos de pavor e a própria natureza desmaiara e caíra num gesto largado por aí. A mudez era tão imensa que espichava o tamanhão dos paus no espaço.[16]

As páginas finais da obra-prima de Mário nos apresentam, como já vimos, uma parábola dolorosa e perfeita de como é possível dar testemunho daquilo que não pode ser testemunhado; de como é obrigatório, para quem se sente filho de um passado indizível, redizer de alguma forma (mesmo "impura") esse passado.

Primeiro o guanumbi, depois o papagaio "auriverde" – símbolo de um Brasil que tem guardado apesar de tudo, na profundidade do seu corpo, a voz já incorpórea do outro – são, com efeito, esses pássaros os intermediários de uma tradição extinta, de uma memória gloriosa constelando muda o presente da nação. São eles que, para o homem extraviado no silêncio, contam e cantam em uma voz inaudita o que pode ter acontecido na evidência do que de fato aconteceu; são eles que ecoam de modo harmonioso uma história apagada, de que se perdeu o sentido há muito tempo:

> O papagaio veio pousar na cabeça do homem e os dois se acompanheiraram. Então o pássaro principiou falando numa fala mansa, muito nova, muito! que era canto e que era cachiri com mel-de-pau, que era boa e possuía a traição das frutas desconhecidas do mato. [...] E só o papagaio no silêncio do Uraricoera preservava do esquecimento os causos e a fala desaparecida.[17]

---

16 M., p.167.
17 Ibid., p.168.

Nessa passagem sagrada do silêncio à voz, aquilo que tem é apenas a tentativa de resgatar, na evocação impura do canto, na narração do inenarrável, a memória do que se perdeu para sempre. Mas aqui, nessa sonora, "rapsódica" rememoração de um passado sem testemunhas, o que volta a ser reafirmado é a função – radical e fundadora e, ao mesmo tempo, liminar e fronteiriça – desempenhada pela cultura indígena. Mário, em outros termos, dá um passo decisivo na direção da representação do índio como núcleo oculto da identidade brasileira, não se limitando, como Oswald, a repropor de modo "estrangeirado", estranhado e alienante, a língua indígena, mas indo além da ecolalia, da repetição papagueada da mensagem, para chegar a uma espécie de antropofagia "em segundo grau": ou seja, a uma incorporação efetiva daquela tradição extinta, reproposta em uma "fala impura", em uma forma musical compromissória que pode (só ela pode) nos devolver o "sabor" – selvático, bom e traiçoeiro – de um "saber" silenciado, que ecoa, todavia, no presente, no tempo caótico da modernidade.

Como se vê, a atualidade da mensagem autóctone, a vitalidade cultural dos povos colonizados, o seu agir na modernidade ocidental, não é testemunhada através do macabro desenterro de um defunto ou apontando para uma utópica inversão temporal – um passado se tornando futuro e vice-versa ("já tínhamos o comunismo...") –, mas na reafirmação do papel liminar daquela identidade, no seu precário e obstinado colocar-se na margem unindo e dividindo natureza e cultura, matéria e forma, passado e futuro. Uma identidade inter-posta e "inter-dita", então, que bem se pode considerar emblemática de toda a cultura brasileira, sempre balouçando entre duas fronteiras, entre tempos e espaços heterogêneos, e que se reconhece só nesse habitar teimoso na "margem terceira" e hipotética correndo no interior das antinomias que marcam a história da nação: uma nação, com efeito, se arrimando entre a Europa e a América, entre o antigo e o novo, entre o rural e o urbano, entre o sertão e a costa.

Como nos sugere a história de Guimarães Rosa a que acabo de aludir ("A terceira margem do rio"), a identidade brasileira consistiria, então, apenas em uma deriva de sentido: no ancorar-se precário e incansável sobre uma fronteira identitária que é, sim, o produto de identidades contrapostas, mas que é, por outro lado e por paradoxo, aquilo que produz essas identidades antinômicas entre as quais ela se dispõe.[18] E a alusão ao grande escritor mineiro nos encaminha, de fato, para uma provisória conclusão, visto que ele deixou bem claro, em outro texto seu, que esse *limes* sobre o qual se jogam os destinos tanto da existência quanto da essência nacionais só pode ser pensado a partir e através do índio, da sua cultura, da sua anterioridade e ulterioridade em relação ao sentido, da sua atopia e da sua acronia em que se revela o significado integral do que são espaço e tempo.

Na história "Meu Tio o Iauaretê", com efeito, voltamos a encontrar uma figura liminar, um "fronteiro" do cunho de João Ramalho e de Diogo Álvares Correia, colocando-se mais uma vez naquela dobra que atravessa a história brasileira. Nesse conto, de fato, o protagonista é um mameluco que, pela ubiquidade da sua origem, vive em uma espécie de espaço-tempo global ("Eu – toda a parte"), identificando-se em uma pluralidade de nomes que desemboca em ausência ("Agora tenho nome nenhum, não careço"), mas com a consciência feroz e penosa de uma propensão montante para a sua matriz natural e "material", ou seja, com o reconhecimento progressivo do seu parentesco – matriarcal e matricial, justamente – com o seu lado ferino e selvagem, ao ponto de se ter transformado de caçador de onças em caçador de homens, feito ele mesmo onça.[19] O que nos deixa estupefatos e consternados, nessa releitura radical da antropofagia oswaldiana, é que Guimarães Rosa tenta colocar-se, de modo definitivo e

---

18 Seja-me permitido remeter ao que escrevi no meu *Um lugar do tamanho do mundo: tempos e espaços da ficção em João Guimarães Rosa*, p.92 e 114-116.
19 Cf. ibid., p.125-146.

perturbante, no lugar do outro: é ele, Bacuriquirepa, Breó, Beró, Antonho de Eiesus, Macuncozo – senda esta, como se sabe, a sua deslocante polionimia –, é ele, de fato, quem conta, entre mil reticências, a um hóspede – que, pelo contrário fica sem nome e que por fim o mata – a sua metamorfose de homem em onça. A "fala mansa" a que Mário tinha prestado ouvido e que tentara traduzir na sua língua "impura" e rapsódica é proposta, então, na sua informe sonoridade por Rosa que apaga, assim, o limite tranquilizador entre o eu civilizado e o ele selvagem, para nos arrastar até as próprias raízes da linguagem, onde ela se confunde com o silêncio.

Pouco importa que na história rosiana, diferentemente do que acontece no epílogo de *Macunaíma*, estamos na presença – ou melhor, à escuta – de um acontecimento horrendo e não de um evento mágico-ritual, já que o que importa é que, em ambos os casos, se tenta surpreender e dar corpo àquela voz portentosa, àquela intolerável familiaridade com o *limes* vibrando às origens da língua e da identidade brasileiras e dando a elas lugar e tempo. Colocar-se nessa fronteira primeira e última, (de)morar no espaço impossível que abre nas fendas da história, nas suas dobras e nos seus silêncios, vai talvez garantir a possibilidade de testemunhar o de que não tem testemunho, de evocar e habitar o paradoxo de uma identidade que está, ela sim, às "Raízes do Brasil": limiar recalcado e impotente que se dispõe entre as duas margens do poder e da força, e a que só a nossa humana compaixão, a compaixão dos poetas e dos inermes, conseguirá talvez prestar ouvido, no seu maravilhoso e macabro ressoar nas fronteiras do presente.

... No fim será o índio

> O sages standing in God's holy fire
> As in the gold mosaic of a wall,
> Come from the holy fire, perne in a gyre,
> And be the singing-masters of my soul.
> Consume my heart away; sick with desire
> And fastened to a dying animal
> It knows not what it is; and gather me
> Into the artifice of eternity.[20]
>
> William Butler Yeats, *Sailing to Byzantium*

> Quem penetrou tão fundo o âmago mais obscuro da nossa *gens* primitiva e rude, não pode reaparecer à tona, sem vir coberto da vasa dos abismos...
>
> Euclides da Cunha, *O inferno verde*

Poucos escritores brasileiros como João Guimarães Rosa se atreveram, de fato, a pensar e a testemunhar a relação "horrível" que existe entre o silêncio e a palavra, entre o pré-humano e o humano, entre a brutalidade do animal e violência do poder (basta pensar no episódio dos catrumanos em *Grande sertão: veredas*, sobre o qual voltarei mais adiante), entre, enfim, a linguagem e a morte, tendo em vista, ao mesmo tempo, a exigência de explicar aquela dobra que corre na origem da história e da cultura brasileiras – isto é, tentando dar conta daquele limiar em que se jogam os destinos da "brasilidade", na sua conexão com a identidade indígena, com o seu contínuo recalque e com o seu feroz apagamento, com aquele sacrifício coletivo (no sentido

---

20 Trad.: Oh, sábios postados no sagrado fogo de Deus/ Como no dourado mosaico de um muro,/ Vinde desse fogo sagrado, roda em movimento,/ E sede os mestres cantores de minh'alma./ Devorai meu coração; adoecido pelo desejo/ E atrelado a animal moribundo,/ Ele não sabe o que é; e juntai--me no artifício da eternidade. (N. E.)

etimológico de "sagração", de um *sacrum facere*) com que a cultura brasileira deve fatalmente fazer as contas. Para tentar entender como o grande escritor mineiro enfrentou a questão da voz e a sua relação com a morte, do fundamento sonoro do ser e do seu ir a fundo no abismo da mudez e do não-ser, relacionando tudo isso com o problema da origem (autóctone) e do seu fim (humano), creio que seja necessário transitar primeiro por uma citação erudita – que é, talvez, o modo mais simples de afastar, de colocar em perspectiva, de exorcizar, no fundo, um assunto tão perigoso e difícil:

> Os mortais são aqueles que podem fazer experiência da morte como morte. O animal não pode. Mas o animal não pode tampouco falar. A relação essencial entre morte e linguagem aparece aqui como em um relâmpago, mas fica entretanto impensada.[21]

Martin Heidegger está, como se vê, sublinhando uma das ausências de maior evidência dentro do pensamento ocidental (ou, pelo menos, dentro de um pensamento não diretamente filiado ao puro misticismo), uma das lacunas mais vistosas da filosofia clássica, isto é, a capacidade de pensar a nossa relação com esse evento extremo que é o fim, com esse acontecimento que, na verdade, não acontece porque, no momento em que ele nos advém, já não podemos considerá-lo nosso – permanecendo, porém, como o filósofo alemão já tinha indicado em *Ser e tempo*, a "possibilidade mais própria, não condicionada nem superável" da nossa existência.[22] E nesse sentido, também a frase inicial de Heidegger levanta um problema difícil de ser contornado, visto que a morte é aquilo de que, na verdade, não podemos ter ou fazer experiência, em sentido tradicional, visto que o trânsito é o que fica intransitável pela nossa lógica, o que fica barrado

---

21 Heidegger, *In cammino verso il linguaggio*, p.169.
22 Id., *Essere e tempo*, p.306.

e incompreensível à razão. Mesmo assim, diferentemente dos animais, nós temos consciência da nossa obrigação de morrer e, ao mesmo tempo, podemos comunicar a nossa inquietude e a nossa recusa, ou ao contrário, o nosso desejo e o nosso amor angustiante por essa obrigação, por essa possibilidade certa, por essa eventualidade inelutável que consome, na espera e no desespero, os nossos dias.

Uma vez aceite o nexo entre morte e linguagem, uma vez marcada a distância entre o homem e o animal, devemos então nos interrogar sobre como seria possível testemunhar, como seria, afinal, possível representar, na língua que é própria do homem, esse fim, essa experiência extrema que nos aguarda, mas que não podemos guardar e, sobretudo, transmitir aos outros. Com efeito, nós podemos fazer, sim, experiência da morte, mas apenas como morte do(s) outro(s), sem conseguir contudo pensar, pensar realmente o que é esse nada, esse abismo engolindo a nossa existência. Os poucos, entre os filósofos contemporâneos, que tentaram explorar essa região medonha, que tentaram adiantar-se, com as armas da razão, em uma reflexão sobre a morte (e me refiro, sobretudo, aos estudos de Vladimir Jankélévitch e de Emmanuel Lévinas)[23] acabaram, de fato, admitindo que ela é aquilo que coloca em xeque qualquer filosofia e qualquer pensamento ou, mais ainda, que pensar essa passagem extrema é, de fato, um não pensar.

Daí vem que a única possibilidade de nos relacionar com o fim é um paradoxal "pensamento ao avesso", ou, dito de outra forma, um pensar que pensa contra si próprio, confiando, por isso, mais na imaginação, na intuição, em um certo "patetismo" e na desistência em relação ao *nómos* – isto é, nos apoiando mais na passividade de ser habitado pela consciência da morte do que em uma razão atuante. Só um pensamento "bastardo" e

---

23 Jankélévitch, *La mort*; Lévinas, "La mort et le temps". In: *Dieu, la mort et le temps*, p.15-133.

"passional", em suma, só um *lógos* oblíquo e híbrido, distante e, em boa medida, contrário a qualquer lógica nos permite aproximar de um êxito que se e nos afasta, desse evento do qual continuamos ficando longínquos, embora constatando a sua proximidade e o seu inevitável advento. Nesse sentido, só os poetas, os místicos e os loucos (isto é, aqueles que são habitados pela sandice ou que experimentaram o delírio) poderiam talvez nos dizer algo realmente definitivo sobre a morte; só eles poderiam talvez testemunhar o intestemunhável que se esconde no óbito. Não por acaso as quase quinhentas páginas que Jankélévitch dedicou ao estudo desse nada que nos espera e que, todavia, não podemos pensar (como ele reconhece desde o início) são, sobretudo, disseminadas por representações literárias, por figuras que, como tais, tentam pensar de outra forma, tentam dar vida a um "outro pensamento", atravessado e contaminado pela recuperação teimosa das obras literárias que nos falam, justamente, da morte – a partir, sobretudo, de Tolstói e do seu famoso *A morte de Ivan Iliitch*.[24]

No caso desse romance, como de outros em que a morte se torna protagonista, podemos, de fato, falar da capacidade da linguagem humana de testemunhar aquilo de que não temos testemunho, aquilo que, pelo fato de comportar uma anulação do sujeito, não pode prever um sujeito que fale dessa passagem. Em geral, exatamente por isso, o que é comum encontrar é alguém contando a morte do outro (o próprio autor, como no caso de Tolstói, ou um personagem narrador, como no caso de *A hora da estrela*),[25] enquanto é raro achar não um relato sobre um homem que morre, mas o relato do próprio homem no ato de morrer. Curiosamente, a literatura brasileira não só pode exibir

---

24 Jankélévitch, *La mort*, p.5-11 e *passim*.
25 Lembre-se de como, contada por um narrador fictício, a morte de outrem se torna, em certo sentido, protagonista do romance de Clarice Lispector, "A morte que é nesta história o meu personagem predileto" (*A hora da estrela*, p.84). Voltarei, aliás, a tratar desse romance no capítulo VI.

um famoso romance escrito por um "defunto autor" – um texto começado pelo fim e descrevendo esse atravessamento "delirante" do nada –, mas nela podemos também encontrar uma novela contada por um personagem que, no fim do seu relato, morre. Estou, obviamente, referindo-me por um lado às *Memórias póstumas de Brás Cubas* e, por outro, ao longo conto "Meu tio o Iauaretê" de Guimarães Rosa: textos muito diferentes, distantes do ponto de vista temporal e poético, mas que, curiosamente, põem ambos em cena dois protagonistas narradores relatando a própria morte.

Em Machado, como se sabe, o recurso irônico à voz (e, sobretudo, à escrita) de um morto responde ao desejo de ilustrar, fora e longe de qualquer obrigação à verossimilhança e à (con)sequencialidade temporal, livrando-se, enfim, de qualquer mimetismo normativo, uma sociedade em que vigoram, justamente, o anacronismo e o arbítrio, a anomia e a intempestividade. Já em João Guimarães Rosa não podemos contar com nenhum distanciamento crítico, com nenhum afastamento irônico na representação da morte, ou melhor, de um homem que morre: o que lemos, de fato, é apenas (se é que eu posso utilizar esse advérbio) a tentativa de ultrapassar as medidas estabelecidas, de ir ao encontro do mistério, de descortinar e dar voz àquilo que se esconde no trânsito – e não só, repare-se, na passagem entre a vida e a morte, mas, mais em profundidade, na relação impossível, no limiar certo, mas sem consistência entre o humano e o infra-humano ou o não humano.

Desejo absurdo, o do escritor mineiro, ambição beirando a *hýbris* que o aproxima, aliás, de outros grandes autores modernos que tentaram, como ele, ir além do permitido, abismando-se no horror daquilo que, não sendo objeto de experiência, não deveria ser dito ou, pior ainda, representado. Nesse sentido, Rosa parece entrar na curta lista daqueles cuja escrita acaba em uma total e angustiante "nudez" diante do nada e da morte[26] – lista

---

26 Cf. Rella, *Dall'esilio*, p.19.

na qual entrariam, por exemplo, Flaubert, Melville, Baudelaire, Conrad, Proust e Kafka ou, em um diverso e, ao mesmo tempo, próximo sentido, autores como Primo Levi e outros artistas que relataram as catástrofes do século XX. O que torna coerente essa coleção, aparentemente caótica e certamente parcial, de grandes escritores é, a meu ver, justamente a capacidade de mostrar, com pena ou piedade, mas sem nenhuma reticência, a nudez humana, ou melhor, de mostrá-la no seu caráter de possibilidade mais própria do homem, daquilo que nos reveste, por paradoxo, de um hábito transparente. Como no conto infantil, de fato, são eles que denunciam a nudez do rei; são estes grandes artistas os meninos ou os marginais que conseguem livrar-se da mentira piedosa que nos obriga a não ver o que, afinal, fica à vista de todos, a fechar os olhos diante do que nos institui na nossa precária existência, no nosso "ser-pela-morte", na nossa nua e vergonhosa identidade de "animais mortais" (ou seja, destinados à morte exatamente pela nossa natureza animal).[27]

Só que, mais uma vez, em todos os casos lidamos com a presença necessária de uma testemunha, de alguém que, sobrevivendo à experiência do nada, consegue falar do que viu e viveu até o limiar intransponível da morte. E quando parece não poder existir, o escritor o inventa: estou pensando, por exemplo, no *incipit* do *Moby Dick* com aquele "Me chamem de Ismael" que parece indicar a arbitrariedade (repare-se na expressão utilizada por Melville, em que se sublinha a precariedade do nome, a incerta identidade do narrador), que aponta, então, para a

---

[27] Sobre a instância mortal em literatura, limito-me a lembrar o estudo, que considero fundamental, de Harrison, *The Dominion of the Dead* (ed. ital.: *Il dominio dei morti*). Nele encontramos, entre outras coisas, o convite a reler – com base numa sugestão de Michel Serres – o lugar do *Dasein* heideggeriano como sepultura: o "ser-aí" seria, nesse sentido, uma expressão parecida com o *hic jacet* presente nos epitáfios, já que, "indicando sempre o mesmo lugar, indica aquela persistente finitude que está na base da localização do lugar e que permeia o *Da* do *Dasein*" (*Il dominio dei morti*, p.27).

natureza improvável, porém indispensável, de um supérstite contando até o fim uma história que ficaria, sem ele, não dita. Já no direito romano, aliás (como mostrou Giorgio Agamben), os dois termos que indicavam a testemunha eram *testis* e *superstes*, ambos ligados a um estatuto de "terceiredade" (e a raiz etimológica de *testis* remete, justamente, para a palavra *tertium*), de íntima estranheza, poder-se-ia dizer, com os eventos aos quais eles assistiram e que, pelo fato de terem sobrevivido, podem testemunhar – do seu ponto de vista, certo, mas com a segurança da sua confiabilidade na reconstrução da verdade.[28]

Nesse sentido, exatamente, Guimarães Rosa embaralha as cartas tanto da norma jurídica quanto da literária e representativa. De fato, em "Meu tio o Iauaretê" temos a fala de um personagem, dirigida, sim, a um "terceiro" que escuta, a uma presumível testemunha, mas a questão é que esse *testis* no fim da história mata o contador dela, tornando impossíveis a sua independência e a sua fiabilidade – e verificando, aliás, o antigo parentesco entre as palavras definindo o "estrangeiro" como *hospes* e, ao mesmo tempo, como *hostis*.[29] Em outras palavras, a estrutura discursiva é certamente a mesma que encontramos em *Grande sertão: veredas* e em outros textos do mesmo autor, mas poucos atentaram ao fato de que, no caso do depoimento de Baquiriquirepa, o fim dele coincide com o assassinato, com a morte, com o fim, exatamente, daquele que fala, tornando paradoxal qualquer sobrevivência de uma testemunha, de um Ismael contando a história. Seria, enfim, como se o senhor que vem de fora e ouve, com cada vez maior espanto, a narração da metamorfose em onça do seu estranho hóspede, tivesse nas mãos um gravador para registrar e depois transcrever, na linguagem dele,

---

28 Cf. Agamben, *Quel che resta di Auschwitz*, p.15.
29 Vejam-se, a respeito, os livros fundamentais que Bernhard Waldenfels tem dedicado à figura do "estrangeiro" (cf., em particular, *Fenomenologia dell'estraneità*, p.187-189 e *passim*), além do estudo de Jacques Derrida e Anne Dufourmantelle, *L'Ospitalità*, p.39-45 e *passim*.

do homem-onça, o caso terrível que lhe foi contado. Hipótese absurda que nos leva a reafirmar como, na verdade, "Meu tio o Iauaretê" tente sobretudo questionar o limite, habitar a margem entre o humano e o não humano, colocando em cena alguém que experimentou as duas condições e que acabou escolhendo o seu lado animalesco, selvagem, mas sem abandonar de todo a sua capacidade de comunicar essa experiência medonha, mantendo por isso uma linguagem – seja uma linguagem híbrida, fronteiriça, contaminada por onomatopeias, por palavras indígenas, por versos e exclamações e gritos, tratando de significar a situação insignificável em que ele se encontra. Porque, apesar de tudo, embora o protagonista morra só no fim da história, ele já tem atravessado, de fato, uma experiência mortal, passando para o além de uma condição pós-humana e, ao mesmo tempo, pré-humana – que não chega, por isso, a se constituir em condição, se configurando, talvez, como um estatuto atópico, como uma situação de abandono (no sentido heideggeriano de "instalação no próprio ser" – sentido retrabalhado, depois, por Jean-Luc Nancy).[30]

Baquiriquirepa se encontra, em suma, naquele estado de *zoé*, de "vida nua" representando uma espécie de *epokhé*, de suspensão da norma existencial, oscilando, banido e abandonado, entre a vida e a não vida, em um território baldio onde nada tem sentido senão, justamente, a nudez do puro (e "sagrado", no sentido que Giorgio Agamben indicou para o *homo sacer*), do puro, enfim, e ao mesmo tempo impuro – porque afetado pela culpa e pela vergonha – sobreviver.[31] Como já tentei dizer de outra forma, é justamente esse estado de sobrevida que está em questão na história rosiana, que por isso se torna um processo penoso e labiríntico rumo ao núcleo mais obscuro e essencial do ser, onde ele se confunde com o não ser, percorrendo as sendas emaranhadas da linguagem até chegar a desvendar a sua relação

---

30 Cf. Heidegger, *L'abbandono*; Nancy, *L'essere abbandonato*.
31 Agamben, *Homo sacer: Il potere sovrano e la vita nuda*, p.67-70.

com a morte. Como em um relâmpago, então, descobrimos o parentesco essencial entre a *phoné* e o *lógos* que nela se dobra, assim nos apercebendo de que aqui não temos a ver tanto com a relação entre morte e linguagem, mas com o limiar secreto em que a voz se confunde com o silêncio, a linguagem é a morte e vice-versa. E exatamente por isso, o testemunho se torna impossível, ou melhor, temos a ver com aquele que Agamben define a "testemunha integral", ou seja, com alguém que se coloca no limite insituável entre a vontade de dizer e a sua impossibilidade.[32]

Para concluir com a citação de outro grande filósofo – que, na verdade, foi a fonte da qual se alimentou o pensamento de Heidegger, embora no intuito de ir além do mestre –, posso lembrar um trecho juvenil de um curso de Hegel (que ele deu em Jena entre 1803 e 1804) em que ele afirma que "a voz oca do animal adquire um significado infinitamente determinado em si mesmo", acrescentando e precisando no curso do ano seguinte:

> Cada animal tem na morte violenta uma voz, exprime-se como um si mesmo recalcado [*als aufgehobnes Selbst*]. [...] Na voz o sentido volta atrás dentro dela; ele é si mesmo negativo, desejo. Ele é falta, ausência de substância em si próprio...[33]

Aplicando essa reflexão a "Meu tio o Iauaretê", teremos como resultado considerar esse texto uma representação atrevida e impossível desse momento extremo em que um homem, tornado animal, descreve, dentro da voz e através da morte, uma parábola em que se enuncia algo de essencial: não um sentido, talvez, quanto uma indicação ou um indício – um desejo não cumprido de comunicar, uma falta que nada pode preencher e de que ninguém consegue realmente "falar", porque não tem (nem

---

32 Agamben, *Quel che resta di Auschwitz*, p.53-55 e 135-136.
33 Apud Agamben, *Il linguaggio e la morte*, p.57-58.

nunca terá) uma testemunha, um supérstite que, colocando-se na posição de um sobrevivente, chegue a exprimir o que a linguagem, na sua identificação última e primordial com a morte, se e nos veda dizer. E aquilo que fica, aquilo que continua ressoando aos nossos ouvidos é apenas o grito de quem, no óbito, encontra a sua identidade (peculiar e universal, primitiva e última, humana e animal) como negação absoluta e, ao mesmo tempo, como afirmação incompreensível de um significado "infinitamente determinado em si mesmo".[34]

A novela rosiana pode ser considerada, nesse sentido, uma grande metáfora do destino do autóctone no interior da história americana, apresentando-o como uma espécie de horizonte inelutável, cercando e definindo, na sua atopia e na sua acronia, o presente brasileiro: sendo a instância "animal" e mestiça, o limiar que se (dis)põe na pré-historia cultural da nação, ele é também o que, no seu declinar e no seu ausentar-se, se (de)põe para além do tempo humano, em uma condição, essencialmente "mortal", que poderia ser definida como pós-histórica. Emblema (tanto ideal quanto físico) de um tempo auroral e último, o indígena oscila nessa duplicidade, se propondo de modo incessante como a margem, ideal e física, de um remorso e de um desejo: remorso pelo genocídio, pelo fato de ele ter sido cancelado da história nacional; desejo de fundar sobre ele uma história alternativa e possível.

Inventando origens, decretando o fim

> O deserto tem uma umidade que é preciso encontrar de novo. Como deveria eu trabalhar? Para fixar as dunas, teria que plantar dois milhões de árvores verdes, sobretudo eucaliptos.
>
> Clarice Lispector, *A Paixão segundo G.H.*

---

34 Ibid., p.57.

Tudo isso, porém, não exclui (ao contrário, alimenta) a necessidade de ir um pouco mais a fundo, visto que, glorificando e, ao mesmo tempo, tentando disfarçar a nossa condição póstuma, somos ainda levados a colocar, de modo quase enfadonho e certamente monótono, sempre a mesma pergunta: "a obsessão pela origem, o que traz consigo"? "Árvores, genealogias insaciáveis", com certeza, e ainda "linhas duplas, linhas de sombra, mapas e marcos de terras inundadas e formigueiros", na visão sugestiva e magistral de Flora Süssekind.[35] Mas a ânsia pelo começo poderia não parar por aqui, "como se toda origem exigisse a sua própria origem".[36] Chegados, de fato, a esse ponto firme no nosso desejo de imaginar um início – ou seja, pensando nele como a um aparato de figuras inaugurais –, poderíamos ser compelidos a continuar nos interrogando: e o que será que se esconde atrás dessas figuras? Atrás da origem e da sua obsessão? Qual é, em outros termos, a verdade essencial ou a essência verdadeira que o artifício genealógico ou a convenção de um mapa, encobrindo, descobrem? O que vem, em suma, antes da descida até a raiz mais profunda da árvore ou da subida hipotética até os seus galhos mais altos e secundários? Antes da representação geográfica ou da análise geológica de um território? E antes, enfim, de qualquer hipótese de "formação" de uma identidade estável? A resposta, a meu ver, é simples: o que há é apenas a falta. Uma "falta que ama" talvez, no dizer de Drummond, o "inseto petrificado/ na concha ardente do dia" que pode, no solo, virar semente e produzir novas árvores, em que tudo recomeça, mas que, de fato, se nos apresenta apenas como "sonho do verbo amar",[37] como lacuna ou fenda – como espaço virtual da presença, enfim.

---

35 Süssekind, *O Brasil não é longe daqui: o narrador, a viagem*, p.11 e 15.
36 Serres, *Roma, il libro delle fondazioni*, p.25.
37 Drummond de Andrade, "A falta que ama". In: *Nova Reunião*, p.410-411.

A ausência, então, como fundamento, como aquilo que (na interpretação de Heidegger) "vai a fundo e some", deixando atrás de si um mito a ser infinitamente recontado, uma história a ser continuamente reinventada. Porque se é verdade que a falta é capaz de amar, ela pretende, todavia, ser amada, pretende ser cultuada e cultivada na sua natureza ainda sem forma, para depois configurar um espaço real onde se dá uma "prática", para que depois se abra à insaciabilidade da genealogia, ao crescimento vertiginoso das florestas – à solidez convencional de uma história, enfim. Mas antes disso, aquilo que há, no seu espantoso "não-ter" e no seu angustiante não-ser, é só o vazio do deserto: um deserto imenso e incontornável, em que a árvore se apresenta apenas como uma promessa oculta:

> Esses vegetais estranhos, quando abloqueados em roda, mostram raízes que se entranham a surpreendente profundura. Não há desenraizá-los. O eixo descendente aumenta-lhes maior à medida que se escava. Por fim se nota que ele vai repartindo-se em divisões dicotômicas. Progride pela terra dentro até a um caule único e vigoroso, embaixo.
>
> Não são raízes, são galhos. E os pequeninos arbúsculos, esparsos, ou repontando em tufos, abrangendo às vezes largas áreas, uma árvore única e enorme, inteiramente soterrada.[38]

A cultura brasileira do século XX se abre, como se vê, com a mesma procura pertinaz de um "rizoma": de um sentido fixo e familiar enchendo o vazio perturbador do deserto, de uma forma certa encobrindo a ausência de uma pátria, com que tinha começado (e acabado) o século anterior. Desejo que se tinha expressado, nos autores de inspiração nativista, na construção do mito, e que se manifesta, em Euclides e em outros, na vontade de "desenterrar" uma história possível e finalmente comum, cientes

---

38 Cunha, *Os sertões*, p.119 (ed. org. por Leopoldo Bernucci).

de que só um trabalho de cunho arqueológico podia levar a nação a se reconhecer em uma origem subterrânea, na "rocha viva" de uma raça em formação.[39] De fato, tanto no caso do indianismo romântico quanto em *Os sertões*, o que podemos apreender, na secular "obsessão pela origem", é a mesma tendência em adotar uma visão vertical, uma preocupação quase doentia por tudo aquilo que está por baixo do visível: por um lado, teremos – para além da sua geral atenção ao contexto geológico – o olhar a pino sobre a imensidão "torturada" do deserto proposto pelo escritor pré--modernista; por outro, a procura de uma origem ocultada debaixo do solo, a ilusão de que tudo inicie em um espaço vazio e obscuro, o desejo de que passado e futuro da nação se escondam em um lugar a ser ainda desenterrado. Nesse sentido, a partir mais uma vez das sugestões de Flora Süssekind, poderíamos tomar como ponto de partida um quadro – por exemplo, a representação icônica desse mundo originário e subterrâneo proposta por Manuel de Araújo Porto-Alegre na sua já lembrada gravura intitulada, significativamente, *Gruta*[40] –, mas talvez seja mais adequado lembrarmos a cena em que Peri espia e descobre, de modo fortuito, a causa da catástrofe que envolverá Dom Antônio de Mariz e o seu "castelo nos trópicos" – e que aliás se desdobrará depois em eventos contados, pelo mesmo Alencar, em outro romance:

> Era a entrada de um formigueiro, de uma dessas casas subterrâneas construídas pelos pequenos arquitetos que à força de paciência e trabalho minam um campo inteiro e formam verdadeiras abóbadas debaixo da terra.
> [...]

---

39 Cf. ibid., p.767 e 787-789.
40 Süssekind, op. cit., p.30-31.

Esse buraco tornou-se para ele uma espécie de tubo acústico, que lhe trazia as palavras claras e distintas.
Sentou-se e ouviu.[41]

O que Peri escuta às escondidas é, como se sabe, a trama diabólica de Loredano e a sua descoberta do roteiro de Robério Dias que leva até as *Minas de prata*. A nação e o seu mito, revelados através de um antro, de um "buraco" funcionando como "tubo acústico", se concretizam então em um "antigo mapa gizado à ventura"[42] e se desenvolvem em um discurso narrativo, em um longo percurso textual cuja conclusão é, porém, mais uma vez, um lugar sombrio, um espaço aparentemente vazio e escondido, já que o tesouro verdadeiro é outro, e a prata procurada não é, afinal, encontrada:

> As decantadas minas de prata não eram mais que uma ilusão. [...]
> Penetrando na gruta, reconhecera o engano de seu pai, induzido em erro pela ignorância e fábulas do tempo. [...]
> Permaneceu ali Estácio longas horas. Afigurava-se ao seu espírito que ali naquela gruta subterrânea, santificada pela memória do pai, ficavam sepultadas todas as brilhantes esperanças de sua vida. Entretanto mal sabia que essa areia pisada por ele, e que rangia sob seus passos, estava recamada de diamantes.[43]

Entre uma e outra representação, entre a descoberta do formigueiro por parte de Peri e a entrada de Estácio Dias na gruta, o que se delineia na obra de José de Alencar é um percurso do vazio ao vazio, no meio do qual oscila uma verdade a ser decifrada, um mito cuja única consistência é a do próprio discurso

---

41 Alencar, *O guarani*. In: *Obra completa*, v.II, p.113-114.
42 Estou aqui aludindo, de forma explícita, ao título de um importante ensaio de Francisco Foot Hardman, "Antigos mapas gizados à ventura". In: *Letterature d'America*, v.10, n.45-46 (1992), p.87-114.
43 Alencar, *As minas de prata*. In: *Obra completa*, v.II, p.1207-1208.

que o conta. Ou seja, é o fio da narração, é a superfície do texto, é a parte visível do edifício narrativo aquilo que podemos considerar o chão propriamente histórico em que se firma e se confirma a ideia de nação: é nesse nível que se colocam as genealogias, os mapas, as representações hipotéticas de um tempo e de um espaço misteriosos. Mas o verdadeiro início, o sentido que está antes de tudo, antes do tempo e do espaço, fica mais uma vez enterrado em uma camada invisível e certamente fora e longe da história.

A pátria e a sua verdade se encontram, então, sepultadas em uma dimensão subterrânea que não por acaso José de Alencar afirma ser "santificada pela memória do pai" – concluindo, por isso, que o sentido pátrio e paterno é o que, por ser origem em falta, não pode ser apanhado na sua materialidade, na sua realidade "econômica", no seu ser, justamente, um patrimônio, mas apenas "santificado", ou seja, glorificado na sua ausência, sagrado na sua gratuidade. Como dom simbólico, como dádiva generosa e sem retorno, a prata não encontrada funda, por isso mesmo – pelo fato de não ser ligada ao *oikos*, pelo fato de não remeter a uma *oikonomia* (no seu sentido etimológico de "gestão da casa", de administração de um espaço privado) –, uma comunidade finalmente "política" (isto é, vinculada à *polis*).[44]

O início, com efeito, é o solo pisado, a areia "recamada de diamantes", a terra, enfim, cheia de promessas a serem eternamente perseguidas e nunca cumpridas porque, para dar lugar à história, é preciso sepultar e, ao mesmo tempo, cultuar o passado. De fato, como acontece com a historiografia em outros contextos nacionais, também no Brasil a escrita romanesca, ao longo da época romântica, e depois a descrição cientificista da

---

[44] Tento aqui combinar, evidentemente, as famosas teses de Marcel Mauss sobre o "Dom" (*Saggio sul dono* [*Essai sur le don*]) com as teorias recentes de Giorgio Agamben sobre a relação entre a noção de "Economia" e a instância política do "Governo" (Agamben, *Il regno e la gloria*).

nação e do seu território (dos seus *Sertões*), do início do século seguinte, guardam o aspecto e a função de "um rito de enterro": aquilo que alimenta e, ao mesmo tempo, apaga a esperança, a base sobre a qual assentam o futuro e a sua intangibilidade, estão sepultados em um passado que não pode ser recuperado na sua integridade – estão, enfim, sintetizados naquela figura do "ausente da história" que, segundo Michel de Certeau, é o fundamento inelutável e recalcado do trabalho historiográfico,[45] e que Drummond, por seu lado, irá indicar, de modo conclusivo, como relíquia de um passado que é preciso esquecer para dar finalmente espaço e tempo à lembrança:

> Entre areia, sol e grama
> o que se esquiva se dá,
> enquanto a falta que ama
> procura alguém que não há.
>
> Está coberto de terra,
> forrado de esquecimento.
> Onde a vista mais se aferra,
> a dália é toda cimento.[46]

Não por acaso, a história literária brasileira está semeada por imagens que remetem a essa falta constitutiva, a esse limiar simbólico em que passado e futuro se apagam mutuamente, oscilando em um improvável "futuro do passado", ou seja, em uma dimensão onde o que vai acontecer está inscrito, desde sempre, no que já aconteceu (o sertanejo, por exemplo, promessa de

---

45 Certeau, "L'absent de l'histoire". In: *Histoire et psycanalyse*, p.208-218. Veja-se, ainda, a importante reflexão desenvolvida por Paul Ricoeur, sempre a partir das teorias de Michel de Certeau, no seu ensaio "La distance temporelle et la mort en histoire", agora reeditado em *Historicités*, p.13-27 (organizado por Delacroix, Dosse e Garcia).

46 Drummond de Andrade, op. cit., p.410.

uma raça nova, vivendo todavia em uma situação primitiva e "enterrada", que vai, aliás, ser massacrada antes de se formar). O resultado quase fatal, diante desse impasse histórico, diante dessa constatação de um passado irrecuperável e de um futuro barrado, ou melhor, dobrado sobre si mesmo, é uma série de figurações remetendo a um tempo caótico e horrendo, oscilando na acronia ou no anacronismo e resumido em imagens emblemáticas. Os exemplos poderiam ser muitos, mas limito-me a apontar para três figuras fulminantes e medonhas que se encontram, não por acaso, ainda nas páginas de Euclides da Cunha e no livro do autor que ele chegou a considerar seu herdeiro e discípulo, ou seja, Alberto Rangel.

A primeira citação é muito conhecida e faz parte da descrição dos habitantes de Canudos, aprisionados pouco antes da tomada da "Troia de taipa" pelo exército e que desfilam diante do olhar "envergonhado" dos seus carrascos:

> Uma megera assustadora, bruxa rebarbativa e magra – a velha mais hedionda talvez destes sertões – a única que alevantava a cabeça espalhando sobre os espectadores, como faúlhas, olhares ameaçadores; e nervosa e agitante, ágil apesar da idade, tendo sobre as espáduas de todo despidas, emaranhados, os cabelos brancos e cheios de terra, – rompia em andar sacudido, pelos grupos miserandos, atraindo a atenção geral. Tinha nos braços finos uma menina, neta, bisneta, tataraneta talvez. E essa criança horrorizava. A sua face esquerda fora arrancada, havia tempos, por um estilhaço de granada; de sorte que os ossos dos maxilares se destacavam alvíssimos, entre os bordos vermelhos da ferida já cicatrizada... A face direita sorria.[47]

Essa representação das consequências da guerra e da violência – que um leitor distraído ou superficial poderia considerar

---

47 Cunha, *Os sertões*, p.775.

mórbida e complacente – encerra, na verdade, uma série quase incontável de conotações a serem atentamente analisadas ou, pelo menos, enumeradas sem nenhuma ambição de esgotar o seu significado. A "megera" pode, de fato, entrar na genealogia mítica das grandes imagens femininas ligadas à traição e à vingança, ao furor e ao desespero, ao sofrimento e à morte: as górgonas e as harpias, Medeia e as Erínias, como tantas outras figuras em que se espelham o horror e o nefando. Mas ela guarda ainda, a meu ver, pelo menos duas funções ligadas à representação do tempo que nela, por sua vez, é metaforizado: é um ser primordial e fora (ou antes) da norma, rompendo "pelos grupos miserandos"; ela leva nos braços uma menina, também ela "hedionda" e, ao mesmo tempo, "miseranda", que se supõe ser uma descendente da "megera".

Se Alencar, então, considerava a pátria um projeto suspenso e ainda não cumprido, Euclides, nessa representação totalmente feminina, mostra que, se a origem é uma horrível mulher anômica e sem idade, o futuro que carrega no seu colo é uma criança também ela horrível e sem face: a linha de sangue, de violência e de morte marcando essa "mátria", se extingue "no vácuo de um gilvaz", no "riso incompleto e dolorosíssimo" de uma menina que representa, por um lado, um futuro deformado e inacabado e, por outro, um passado que não passa. A genealogia do horror está, aqui, selada no impossível de um tempo sem saída, em um "redemunho" engolindo a origem ou a projetando no abismo de um corpo massacrado.[48]

---

48 Estou remetendo, nas entrelinhas, para o título do importante livro de Luiz Costa Lima, *O redemunho do horror: as margens do Ocidente*. Quem tratou, todavia, da "violência sobre o inerme", mostrando como a história ocidental pode ser lida a partir do horror enquanto sentimento fundamental e fundador, na sua original ambivalência, foi recentemente Adriana Cavarero, no seu livro *Orrorismo ovvero della violenza sull'inerme*. A essa estudiosa devemos, aliás, o neologismo "Horrorismo" que poderia ser facilmente aplicado à

A segunda figura a encontramos no livro de Alberto Rangel *Inferno verde*, prefaciado, como se sabe, por Euclides: também nesse caso, trata-se de uma mulher e, mais precisamente, da "decana dos Muras".[49] A ela, o escritor chega penetrando no labirinto líquido constituído pelo Amazonas, adiantando-se no seu emaranhado, rizomorfo sistema fluvial – descrito, porém, como um feixe de "nervuras", como uma "rede vascular",[50] quase como se aqui a nação se apresentasse como um organismo vivente e medonho, carregado pelas cicatrizes, ainda sangrentas, da história.

No centro desse corpo hidrográfico, descrito como "funerário, remoto e abandonado", como "misterioso e trágico", o autor – penetrando em um dos braços do "rio tenebroso de histórias desgraçadas",[51] e seguindo por um "furo" encharcado, apresentado como uma "fístula perfurando desde o abscesso do lago a floresta"[52] – encontra, enfim, uma "roça mofina pela ameaça da capoeira". Desembarcado "a fim de obter informações", ele depara numa "forma hedionda":

> Era uma mulher da cor de barro cru, enorme, adiposa, envolvendo a nudez asquerosa, de evidências repugnantes, no curto

---

representação da "megera" torpe e da menina deturpada, ambas inermes e violentadas, por parte de Euclides.

49 Nas citações de Rangel, resolvi atualizar a grafia para tornar o texto mais acessível. Acho, aliás, lamentável o quase total esquecimento rodeando esse autor (veja-se, porém, o site: <http://w3.ufsm.br/grpesqla/revista/dossie/art_07.php>), comprovado pela existência de apenas uma – aliás, difícil de encontrar – reedição moderna (5.ed., Manaus: Valer/Governo do Estado do Amazonas, 2001) do seu importante livro, publicado pela primeira vez em 1908 (na Itália) e cuja penúltima edição em volume (impressa na França) remonta ao ano de 1927.

50 Rangel, *Inferno verde*, pref. de Euclides da Cunha. Sobre esse conto de Rangel já me detive no meu ensaio: "Postais do *Inferno*. O mito do passado e as ruínas do presente em Alberto Rangel". In: Chiappini; Bresciani (orgs.), *Literatura e cultura no Brasil: identidades e fronteiras*, p.221-228.

51 Rangel, op. cit., p.119-120.

52 Ibid., p.124.

trapo, que lhe caía no ventre monstruoso, à maneira de saia, das cadeiras até os joelhos. Quase não se lhe viam os olhos de embaciados, na face terrosa. A boca murcha e sem lábios. Os cabelos empastavam-se-lhe, muito ralos, na cabeça de frontes fugidias. No rosto, cruelmente chato, a pele toda enrugada, tal o epicarpo de jenipapo maduro. O colo era revestido de pelancas nojentas, sobre as quais alvejava o disco branco do muiraquitã, pendurado a um fio de tucum. As pernas arqueadas aguentavam mal o montão de banha flácida, coberta de escaras, como dois troncos carrasquentos e deformados de envireiras.[53]

Figura, mais uma vez horrorosa e tremenda, cristalizada em um fora do tempo que, de um lado, a preserva e a excetua (que, etimologicamente, a "toma fora") em relação ao presente, ao decurso temporal e ao discurso histórico, mas que, do outro lado, a coloca no centro abismal da nação.[54] O indígena, emblema romântico de uma redenção da história e da identidade brasileiras, se torna aqui uma não pessoa esquecida e ao mesmo tempo inesquecível, na sua feiura e deformidade: a decana dos Muras é o que resta do mito da origem, ruína disforme de uma catástrofe que nenhum livro de história, nenhuma crônica relata

---

53 Ibid., p.126.
54 A certa altura, Rangel se pergunta: "Que mais preciso para ser um sagrado despejo, na representação obstinada do grande povo, há muito sepulto nos igapós de vasta região?", respondendo-se assim: "rejeitada no seu antro, a Medusa indiana era una relíquia venerável. Guardava-a o relicário da floresta tutelar, resguardando-a numa ilusão de imortalidade" (ibid., p.130-131). A índia é apresentada, como se vê, como uma ruína e, ao mesmo tempo, como uma relíquia, como um "despejo" que é todavia "sagrado" e que, mais uma vez, habita uma dimensão subterrânea ou sombria, um antro ou um relicário vegetal, mantendo, desse modo, o seu sempiterno e mortífero poder de górgona. E o centro da nação guarda assim, nessa Medusa esquecida pelo tempo, a sua natureza santificada e terrível, tornando-a, contemporaneamente, emblema de vida e de morte.

ou descreve de forma confiável (como, ao contrário, acontecerá com Canudos e graças, justamente, ao testemunho de Euclides).

> Única remanescente de extintas malocas, vira todos os infortúnios de grande parte de seus irmãos [...]. Essa informe e longeva criatura nem devia ter recordações, nem saudades. De tanta sobrecarga do passado, o cérebro espessara-se-lhe, massa oprimida onde não caberia mais, desde há muito, nenhum clarão imaginativo. A mulher era um vegetal apenas. Vivia bronca, pesada e inerte. Cuidava de si mesma qual uma planta, enviando no seu geotropismo, com as raízes, as radículas a buscar azoto e umidade, e as folhas ao ar para a troca clorofiliana.[55]

Como se vê, também a metáfora arbórea, aqui mais uma vez utilizada, não remete à representação de um fundamento que, "afundando-se", vai depois se transformar em planta robusta, florescendo e frutificando, mas para uma condição puramente vegetativa, para uma cegueira e uma obtusidade provocadas pelo excesso de memória – para uma origem, afinal, já murcha e infértil, ligada à pura sobrevivência da última testemunha, "sobrecarregada de passado". São talvez essas, imaginadas por Rangel, as verdadeiras "Raízes do Brasil", regadas pelo sangue de uma raça extinta. Basta, aliás, para medir a distância no tratamento do índio na cultura brasileira, colocar em paralelo a figura de Peri, o "último dos Guaranis", e essa representação da "última dos Muras": em pouco mais de cinquenta anos, o emblema da origem nacional passa de uma visão heroica e eufórica a uma figuração ctônia repelindo o nosso olhar, precipitando-nos em um abismo de horror e piedade.

E, de resto, o prefaciador e "mestre" de Alberto Rangel nos oferece, na sua obra última e inacabada, outra imagem marcante dessa raiz murcha e infértil que os escritores românticos tinham

---

55 Ibid., p.129.

elegido como fundamento da nacionalidade. Com efeito, em um dos fragmentos de *À margem da história* encontramos outra figura arcaica, outro decano embrutecido de tribos desaparecidas:

> Num dos casebres mais conservados aguardava o último habitante. Piro, amahuaca ou campa, não se lhe distinguia a origem. Os próprios traços da espécie humana, transmudava-lhos a aparência repulsiva: um tronco desconforme, inchado pelo paludismo, tomando-lhe a figura toda, em pleno contraste com os braços finos e as pernas esmirradas e tolhiças como as de um feto monstruoso.[56]

Um indígena, mais uma vez, encontrado na Amazônia, mas um indígena sem origem certa e sem forma humana, um representante último e, ao mesmo tempo, primitivo, o produto de uma degeneração e a promessa medonha de uma geração monstruosa – sobrevivente e feto.

Suspenso, então, naquele "futuro anterior", para o qual já apontei, esse ser a(na)crônico perde os seus atributos de sujeito, transformando-se em impuro e casual objeto: "cousa indefinível que por analogia cruel se nos figurou menos um homem que uma bola de caucho ali jogada a esmo".[57] Coisa disforme e inexpressiva ("respondeu-nos às perguntas num resmungo quase extinto e numa língua de todo incompreensível"), que só consegue fazer gestos:

> Por fim, com enorme esforço levantou um braço, estirou-o, para a frente, como a indicar alguma cousa que houvesse seguido para muito longe, para além de todos aqueles matos e rios, e balbuciou, deixando-o cair pesadamente, como se tivesse erguido um grande peso.
> "Amigos."

---

56 Cunha, *À margem da história*, p.51.
57 Ibid.

Compreendia-se: amigos, companheiros, sócios dos dias agitados das safras, que tinham partido para aquelas bandas, abandonando-o ali, na solidão absoluta.⁵⁸

Nessa distância não mensurável, nesse total banimento, Euclides coloca, a meu ver, a verdadeira origem: antes do sertanejo, antes do caucheiro, antes de qualquer representante simbólico de uma possível identidade nacional, existe ou sobrevive, à margem da história, esta coisa medonha representando, por paradoxo, um vazio, uma não coisa, um fundamento destinado a ir a fundo e a sumir para que exista algo como uma presença, uma subjetividade, uma história. Não por acaso, o indígena "ali deixado no desabamento dos casebres", é definido por Euclides "aborígine sacrificado" pelos "construtores de ruínas".

O que permanece escondido *depuis la fondation*,⁵⁹ o ato que pode ser considerado o alicerce da comunidade, é ainda o sacrifício, em que a função do "bode expiatório" é desenvolvida por esse ser apagado na sua identidade, tornado não pessoa, transformado em ruína por aqueles que não só amontoam ou semeiam, mas edificam ruínas. Coisa esfrangalhada e muda, fugiu ao massacre dos seus "amigos", mas para se tornar pedra angular de uma nova comunidade nacional, caco de um edifício político desabado, que os representantes da nova e moderna política nacional incluem na sua exclusão, dele se aproveitam na sua "exceção" e no seu "banimento".⁶⁰

---

58 Ibid., p.51-52.
59 A referência explícita é, nesse caso, a análise magistral de René Girard sobre a função fundadora do "sacrifício" presente sobretudo nos seus livros *La violence et le sacré* e *Des choses cachées depuis la fondation du monde*.
60 Cf. Agamben, *Homo sacer...*, p.34-35 e 67-70 e, do mesmo autor, *Stato d'eccezione*. *Homo sacer*, II, I, p.9-43. O estatuto do indígena na sociedade brasileira verifica, a meu ver, as teorias de Agamben sobre a *sacertas*: também no caso do índio, desde a época da Colônia, a sua atopia o suspende, de fato,

Na passagem do romantismo ao pré-modernismo, aquilo que resta e que sobra é, por enquanto, esse "mito sacrificial"[61] ou essa ideologia, em boa medida, "sacrílega" (etimologicamente, o *sacrilegium* era a subtração, o roubo das coisas sagradas) pela qual o tempo nacional pode começar só a partir de um ato ritual de apropriação e de apagamento da origem: Iracema deve morrer para que possa nascer o "filho da dor" – Moacir, o emblema do "homem novo", autenticamente brasileiro –; os sertanejos e os últimos representantes das raças indígenas devem ser massacrados ou reduzidos a coisas "monstruosas" para que possa se firmar um progresso que se alimente dessas ruínas. De um lado, todavia, teremos o otimismo da "nova raça", do outro, a consciência aguda da aporia histórica de um país cujo futuro está perenemente inscrito em um passado que não desenvolve em presente, está parado em uma condição radical que se furta a qualquer formação, está envolvido em um progresso que é apenas construção de ruínas.

É uma visão profundamente pessimista, enfim, aquela que os intelectuais do começo do século passado entregam aos seus sucessores: uma situação sem escape e sem saída, paralisada em uma intemporalidade e em uma intempestividade, colocada em um limiar pré ou até a-histórico a partir do qual seria difícil imaginar a construção de um tempo coletivo em que se possa realmente instalar uma comunidade. O que resta são, mais uma vez, os restos dispersos: árvores murchas ou enterradas, crescendo às avessas; mapas cheios de linhas duplas ou de sombra, terras inundadas e desertos; genealogias sem começo real ou cujo início se esconde em um sujeito-coisa, em uma essência informe e terrível. E é significativo que cada vez que o Brasil, no decorrer do século XX, passou por um período de crise ou de redobramento

---

num estado de exceção, pelo qual, como o *homo sacer*, ele "pode ser matado mas não sacrificado" (*Homo sacer*, p.79-82). Voltarei mais adiante a esse tema.
61 Bosi, *Dialética da colonização*, p.179-187.

sobre si mesmo – ou apenas de reflexão amargurada a respeito de sua origem e de seu destino – voltaram à tona imagens parecidas com as que se encontram no pré-modernismo. Os exemplos poderiam ser muitos, a partir daquela "interpretação do Brasil" que pode ser detectada em *Grande sertão: veredas*, obra que, não por acaso, tem sido também apresentada como uma "revisão" ou até como uma "reescrita" de *Os sertões*.[62] Significativamente, uma das leituras mais recentes e magistrais do romance de João Guimarães Rosa, feita sempre com as mesmas imagens aqui já lembradas (mapas, marcos, linhas duplas), apontando, desde o início, para a representação de uma falta ou para a cartografia de uma ausência:

> O mapa de *Grande sertão: veredas* está aberto sobre um vazio original instituinte da História do Brasil, revelando a ausência, de súbito, indisfarçável, de um marco de pedra, que deveria estar plantado num chão onde, no entanto, só existe areia. Como consequência, o mapa desdobra as trilhas da realidade histórica e da experiência política da nação, sustentadas pelo peso de uma ausência, uma espécie de marca original de desterro que o projeto literário de Guimarães Rosa reafirma.[63]

A obra-prima de Rosa entraria assim, embora de forma crítica, na genealogia dos textos fundadores, preocupada, como se mostra, em exibir "uma espécie de toponímia de ruínas, fragmentos, detritos, resíduos de tudo o que o Brasil modernizado não consegue mais aproveitar e descarta como improdutivo, supérfluo, inútil".[64] É esse inventário de cacos, enfim, que torna evidente a impossibilidade de uma história (e de uma estória)

---

62 Cf., em particular, Bölle, *grandesertão.br*, p.21 *e passim*.
63 Starling, *Lembranças do Brasil: teoria, política, história e ficção em* Grande sertão: veredas, p.17.
64 Ibid., p.16.

linear e consequencial, a partir de um início ou de uma (de)cisão fundadora (neste caso, a de Medeiro Vaz), porque também ela – que deveria introduzir "uma ação publicamente expressa de criação de novas formas de vida em comum" – é, afinal, um "gesto solitário": "gesto inconcluso de fundação que permaneceu suspenso no tempo da narrativa".[65]

Na mesma dimensão trágica, na contramão e na inconcludência do tempo histórico, poderíamos, aliás, colocar ainda a parábola desenhada em *Quarup* por Antonio Callado, romance escrito entre 1965 e 1966 e publicado no ano seguinte, ou seja, em uma época de forte recuo ou de fechamento sobre si mesmo do horizonte histórico nacional. O protagonista, padre Nando – vivendo, no início da narração, refugiado em um ossuário, em uma espécie de gruta ou de cova –, vai aos poucos descobrindo outras e, aparentemente, mais concretas formas de viver: ama e é carnalmente amado, atravessa o espaço urbano, perpassa pelo mito nativista, descobre, enfim, a luta armada, entrando na história e tomando consciência do horror que a habita e da sua obrigação a uma prática violenta contra a ditadura. Romance de formação, nesse sentido, que parece acompanhar a acumulação de experiências físicas e espirituais, o crescimento ideológico do protagonista e, através dele, da nação inteira. Olhando bem, todavia, o caminho de Nando é circular, visto que, entrando na clandestinidade, se adiantando nos sertões adentro, ele escolhe adotar o nome de Levindo, jovem revolucionário morto no início do romance e que fora, antes dele, o namorado de Francisca: a história, então, se repete, se dispõe em volta como o fio que o protagonista, nas linhas finais do texto, vê "fagulhar ligeiro entre as patas do cavalo como uma serpente de ouro em relva escura".[66]

---

65 Ibid., p.18.
66 Callado, *Quarup*, p.468.

Na verdade, essa espécie de paródia do *Bildungsroman*, essa história sem desenlace, ou melhor, essa história cujo fim (o deserto/sertão em que se esconde o protagonista) se espelha no início (a cripta) representa muito bem o funcionamento singular do tempo no espaço brasileiro: um tempo se fechando sobre si mesmo, um território em que o futuro é função do passado e em que o centro, a origem e o motor oculto da história, é representado por uma falta medonha e, dessa vez, incapaz de amar e de ser amada. De fato, o episódio talvez mais conhecido de *Quarup* é a viagem ao centro geográfico do país que, uma vez alcançado, se revela ocupado por um "formigueiro enorme",[67] ou melhor, "pelo maior panelão de saúva do Brasil"[68] – guardado, aliás, por uma tribo em via de extinção, por índios apresentados como um "colégio de agonizantes podres",[69] como, seria possível dizer (aproveitando uma bela e terrível imagem de Fernando Pessoa), um bando de "cadáveres adiados que procriam".

O centro do mapa, o âmago do discurso histórico e do percurso narrativo, é então emblematicamente ocupado, em Callado e já em Alencar, por um antro, aqui, porém, ainda habitado por um bando enorme de formigas que acabam matando quem põe a orelha no chão para ouvir a "batida funda" do coração da nação (Fontoura); ali, no escritor romântico, abandonado e providencial para a escuta do projeto dos aventureiros e para a descoberta do mapa rumo às fantásticas minas de prata. No romance oitocentista, então, o formigueiro funciona como fundamento mítico e abismal de uma história a ser cumprida no discurso/percurso textual; no romance moderno, a mesma figura encobre um vazio hediondo, uma "falha trágica"[70] engolindo a história: espaço

---

67 Ibid., p.292.
68 Ibid., p.291.
69 Ibid., p.289.
70 Süssekind, *O Brasil não é longe daqui*, p.37.

simbólico em que o tempo se concentra e se dispersa em um formigar insensato.

De resto, o "marco" – aqui já várias vezes evocado como elemento topográfico de reconhecimento da identidade nacional, como eixo emblemático em volta do qual construir finalmente uma história própria – se apresenta em *Quarup* como um padrão em madeira ("nossos avós lusos [...] fincavam no chão padrões de pedra da cantaria gravada com as armas de Portugal. Nós botamos pau trabalhado a canivete")[71] que vai, sim, ser plantado no centro geográfico, mas para ser acompanhado, logo depois, pela cruz assinalando o lugar em que é enterrado o corpo de Fontoura. Lado a lado, teremos, assim, o mísero, vegetal ícone do centro e o sinal do sacrifício, marcando o vácuo da sepultura, o lugar do morto: mais uma vez, a cartografia da nação tenta, por um lado, organizar-se em volta de uma presença, erguendo-se no solo "arenoso" de uma memória compartilhada, e fatalmente se abisma, por outro, em uma ausência, no apagamento e no luto.

A única possibilidade de preencher esse vazio pode ser, nesse sentido, a invenção, ou melhor, a construção demorada e sofrida de uma forma – daquela forma, talvez, invocada ainda por Drummond:

Forma
forma
forma
      que se esquiva
      por isso mesmo viva
      no morto que a procura
a cor não pousa
nem a densidade habita
nessa que antes de ser
já

---

71 Callado, op. cit., p.289-290.

deixou de ser   não será
mas é
      forma
      festa
      fonte
      flama
      filme
e não encontrar-te é nenhum desgosto
pois abarrotas o largo armazém do factível
onde a realidade é maior do que a realidade.[72]

Nesse "largo armazém do factível", nesse espaço virtual que se ergue sobre o claustrofóbico abismo do não-ser, nessa dimensão em palimpsesto reencontramos, de fato, uma história possível ou uma possibilidade de história – na qual, justamente, se determina negativamente *"ce qui est à faire"*, para usar ainda uma expressão de Michel de Certeau. Para o teórico francês, a escrita da história tem uma dupla função: por um lado, como vimos, ela faz o papel de um rito de enterro, exorcizando a morte no momento em que a introduz no discurso; por outro, "ela permite a uma sociedade situar-se, dando a si mesma na linguagem um passado, e ela abre, assim, ao presente um espaço próprio". "Marcar um passado", conclui Certeau, "significa dar um espaço ao morto, mas também redistribuir o espaço dos possíveis".[73]

---

[72] Drummond de Andrade, "F". In: *Nova reunião*, p.405-406.
[73] Michel de Certeau, *L'écriture de l'histoire*, p.139-140. É possível, aliás, ver nas teorias de Michel de Certeau sobre a "escrita da História" uma antecipação da conhecida análise de Benedict Anderson, *Imagined Communities: Reflections on the Origin and Spread of Nationalism*. Também o estudioso americano, de fato, identifica no túmulo (vazio) do *Unknown Soldier* (p.9-12) – *"la place du mort"* na expressão do teórico francês (cujo nome não aparece, porém, na bibliografia) – a base para imaginar a comunidade e, afinal, o fundamento ou o eixo da historiografia nacional, graças ao qual *"une societé se donne [...] un present"* (*L'écriture de l'histoire*, p.141).

É a linguagem e a sua gramática, então, é o discurso e a sua força normativa o que permite "extinguir o deserto", imaginando uma forma arbórea por baixo do visível ou supondo que o indígena sobrevivente possa ser, como *superstes*, a testemunha confiável – na sua mudez e no seu puro ser-aí (no seu ser, mais uma vez, uma espécie de "marco" humano) – de um passado irrecuperável. É a forma e a sua sintaxe, enfim, é a linguagem e a sua prática ("o que tem de ser feito", justamente) o que permite a redistribuição "do espaço dos possíveis", a construção hipotética de um território a ser mapeado onde existe apenas o deserto do nada, ou melhor, uma hipótese vazia de discurso, um paradigma em que o ser se dá através da sua negação.

Para concluir (se tudo isto, faltando um verdadeiro início, pode ter uma conclusão) com uma citação do grande escritor brasileiro com que abri esta emaranhada e certamente incompleta reflexão, podemos lembrar a entrada de Euclides da Cunha na Amazônia e o seu "desapontamento"[74] diante da "imensidade deprimida – onde o olhar morre no próprio quadro que contempla, de certo enorme, mas em branco e reduzido às molduras indecisas das margens afastadas".[75] Naquele espaço de "terras inundadas", naquele universo monótono e aparentemente ilimitado, tornando "atônicas todas as impressões, extinta a ideia do tempo",[76] o viajante descobre, porém, que moram ali brasileiros que "estão amansando o deserto", pessoas destinadas a triunfar "na campanha formidável".[77] Como se pode dar essa dilatação da pátria?[78] Essa prática penosa que põe em andamento um tempo aparentemente parado? Através do sofrimento e do sacrifício,

---

[74] Retiro essa definição do discurso de recepção na Academia Brasileira de Letras, na parte relativa às primeiras impressões sobre a Amazônia. Cunha, *Um paraíso perdido*, p.3.
[75] Cunha, *À margem da história*, p.29.
[76] Ibid.
[77] Ibid., p.30.
[78] Ibid., p.34.

justamente, da morte que cria um passado e o cultua em uma história a ser ainda escrita. E o meio que atesta esse processo difícil de construção do tempo e de reconfiguração do espaço em um território "à margem da história" é, mais uma vez, a linguagem; é, mais uma vez, um processo de inscrição da história dentro da geografia:

> Na terra sem história os primeiros fatos escrevem-se, esparsos e desunidos, nas denominações dos sítios. De um lado está a fase inicial e tormentosa da adaptação, evocando tristezas, martírios, até gritos de desalento ou de socorro: e o viajante lê nas grandes tabuletas suspensas às paredes das casas, de chapa para o rio: Valha-nos Deus, Saudade, São João da Miséria, Escondido, Inferno... De outro um forte renascimento de esperanças e a jovialidade desbordante das gentes redimidas: Bom Princípio!, Novo Encanto, Triunfo, Quero Ver!, Liberdade, Concórdia, Paraíso...[79]

Escrita no mapa ou pendurada nas "tabuletas", temos, como se vê, a crônica virtual de um país; temos a sua trajetória histórica que, passando pelo sacrifício e pelo trabalho penoso, pelo culto aos mortos e pelo cultivo da terra, pelos "primeiros fatos" e por aquilo que é *"à faire"*, leva do tormento à redenção, do escondido ao querer-ver, da miséria ao triunfo, do inferno até o paraíso.

O deserto finalmente extinto, o abismo preenchido, a cova encoberta, o formigueiro tapado: é esse solo finalmente achatado, é essa perspectiva horizontal, é a superfície de um discurso "sobre" e "em volta" de um vazio – cujo limite consiste apenas na forma em que ele se inscreve no momento em que procura descrever "fatos" – o que leva a uma possível cartografia da nação, o que leva à configuração de uma cronologia, de uma sequência que muitos chamam de história, continuando a desenhar mapas,

---

79 Ibid., p.38.

a construir genealogias imaginárias, evitando as linhas duplas e instituindo "o que é" a partir do que deixou de ser, ou melhor, a partir do que foi no seu não-ser.

"Nenhum Brasil existe"[80] – nenhuma nação, a bem ver, em qualquer parte do mundo, existe – senão na consistência de uma linguagem que a diz (que a "narra")[81] dentro e através da sua negação, de um discurso que se estende e se alarga sobre o abismo da ausência para se garantir o dom da presença – senão, enfim, na prática de uma escrita histórica construindo uma pátria a partir do enterro piedoso de um pai: daquilo, afinal, que é e permanece na sua sagração e na sua falta; daquilo que fica apenas como sonho incansável do verbo amar...

---

80 Drummond de Andrade, "Hino nacional". In: *Nova reunião*, p.50.
81 Nesse sentido, considero ainda fundamental o já lembrado estudo de Homi Bhabha (*The Location of Culture*, p.139-170) sobre a *"DissemiNation"* como princípio de desconstrução ou de deslocamento da ideia de nação, evidenciando a sua natureza essencialmente discursiva ou narrativa (tanto assim que, jogando mais um pouco e de forma arbitrária com as palavras, o termo inglês poderia ser reescrito como *N(arr)ation*).

V
Economia da modernidade: prodigalidade e pobreza

O dom e a troca: a identidade modernista entre "negociação" e "despesa"

> De seu, nada conservara, a não ser a antiga, forme e enorme casa [...]: e de onde o tamanho do mundo se fazia maior, transclaro, sempre com um fundo de engano, em seus ocultos fundamentos. Nada. Talvez não. Fazia de conta nada ter; fazia-se, a si mesmo, de conta.
>
> João Guimarães Rosa, *Nada e a nossa condição*

É curioso, às vezes, o modo como os lugares atravessados pela lógica crítica ou pela hermenêutica chegam a se juntar em uma rede emblemática de significantes vazios, que a nossa curiosidade e o nosso saber trabalham para encher de significados estáveis. Pretensão absurda e absolutamente humana aquela de voltar a repisar um chão consistente de pensamento em tempos de práticas culturais esfarrapadas, de saberes caóticos e de escombros ideológicos, entre os quais erramos procurando detectar a identidade dentro das diferenças, juntando cacos dispersos para recompor a unidade de um desenho que, na sua organicidade, existe apenas no nosso desejo ou na nossa lembrança.

Achei-me, justamente, em uma dessas encruzilhadas entre a vontade de conhecer e o velho hábito de reconhecer no momento em que, preparando uma aula sobre a melancolia no Brasil, descobri, quase por acaso, uma chave de leitura possível da modernidade brasileira. Relendo, de fato, o famoso texto de Freud *Luto e melancolia* deparei com a relação que ele estabeleceu (na esteira de Karl Abraham) entre essa doença saturnina e "a fase oral ou canibalesca da evolução da libido",[1] isto é, com o período em que o Eu tenta incorporar o objeto desejado devorando-o. Naquela altura, eu já tinha, por um lado, a confusa pretensão de repensar o Modernismo paulista em uma óptica "econômica" e, por outro, eu estava relendo, para a minha aula, o *Retrato do Brasil* e os outros clássicos de interpretação da nação publicados pouco depois dele. Nessa conjuntura, a interpretação freudiana da melancolia calhava de modo inesperado, redistribuindo, de forma totalmente nova, os dados da questão colocada pelos modernistas. Que eu saiba, com efeito, muitos apontaram para o papel desempenhado por Paulo Prado não só na organização da Semana, mas, mais em geral, na construção e no apoio ao movimento intelectual e artístico paulista. O que sempre ficou na sombra, o que ficou substancialmente não dito foi o modo como funciona a proposta de uma leitura "melancólica" do Brasil, avançada pelo ilustre cafeicultor, dentro do panorama substancialmente eufórico da época.

No mesmo ano-chave de 1928 foram publicados, como se sabe, por um lado, o *Manifesto antropófago* e *Martim Cererê* e, por outro, *Macunaíma* e, justamente, *Retrato do Brasil*: o problema é saber, de saída, de que modo esses textos germinais funcionam

---

[1] Freud, "Lutto e melanconia". In: *Opere (1915-17)*, v.8, p.109.

e interagem entre si, isto é, se é enfim legítimo agrupá-los e distanciá-los como eu fiz, colocando-os em lugares distintos, desenhando, em boa medida, um paradigma textual. Nessa perspectiva, a leitura de Freud consegue embaralhar as cartas do imaginário modernista, apontando para um elemento que junta todos esses textos (e muitos outros) em outra constelação de sentido, que não tem apenas a ver com a reafirmação polimorfa da identidade nacional (identidade triste e resignada em Paulo Prado, alegre e agressiva em Oswald, mestiça em Cassiano Ricardo, plural e, ao mesmo tempo, ausente em Mário), mas que projeta a questão identitária na sua relação complexa com a alteridade. Com efeito – e não sem algum embaraço –, Freud aponta para uma diferença importante entre o luto e a melancolia, visto que a segunda denuncia uma perda, "mas sem que se consiga saber claramente o que se perdeu".[2] Um conhecido filósofo italiano como Giorgio Agamben, comentando esse aspecto, escreveu:

> Poder-se-ia dizer que a retração da libido melancólica não tem outro fim senão o de tornar possível uma apropriação em uma situação em que nenhuma posse é, na realidade, possível. Nessa perspectiva, a melancolia não seria tanto a reação regressiva à perda do objeto do amor quanto a capacidade fantasmática de apresentar como perdido um objeto de que não podemos nos apoderar.[3]

O outro, na impossibilidade de ser alcançado no plano real, se torna, então, o objeto recalcado do desejo: um fantasma alimentando, por isso, a fantasia de uma apropriação que só pode ser realizada na assimilação – no canibalismo, enfim, destruindo e, ao mesmo tempo, incorporando aquilo que se deseja. Nesse sentido, não por acaso Freud incluía entre os casos de excesso de

---

2 Ibid., p.104.
3 Agamben, *Stanze: la parola e il fantasma nella cultura occidentale*, p.25-26.

humor negro da sua época os atos de antropofagia constelando as crônicas dos jornais europeus e os boletins de psiquiatria legal dos finais do século XIX.[4]

Na análise do intercâmbio cultural entre o Brasil modernista e a Europa das vanguardas devemos, a meu ver, sempre ter em conta esse unilateralismo do desejo, construindo um fetiche (um totem, na terminologia de Freud utilizada pelo escritor brasileiro) do ausente e do barrado (do tabu, sempre no reúso, feito por Oswald, do vocabulário freudiano), que ou pode ser incorporado através do ato canibalesco, ou permanecer no seu estado de latência, de objeto inalcançável, produzindo, por isso, aquela dobra melancólica que atravessa os anos 1920 (e se prolonga no começo da década seguinte), cruzando-se, aliás, com a euforização da ausência e com a exaltação da mestiçagem. Nessa constelação de sentidos heterogêneos, nada fica, obviamente, estável, mas tudo balança e muda de posição dentro de um paradigma de relações momentâneas e plurais em que o nexo entre identidade e diferença se transforma em novelo, em trama emaranhada da qual é impossível extrair um significado uno e irreversível, que não seja, justamente, a organização arlequinal do sujeito de que nos fala Mário na sua primeira produção poética.

No âmbito das diferenças e das trocas culturais, a questão fundamental, nessa perspectiva, ficam a posse e as relações de poder entre o Eu que fala e deseja e o objeto falado/desejado – questão na qual está dobrado também o problema, propriamente histórico, da relação entre passado e presente, entre o arcaico e o moderno, entre memória e esquecimento, entre tradição e inovação. Ou seja, as relações entre culturas não são apenas ditadas por uma situação de supremacia ou de dependência (o que é óbvio), mas nelas se inscreve também um projeto de comunidade, fundado sobre a reivindicação de uma autonomia,

---

4 Sobre esse aspecto e sobre a relação entre melancolia e fetichismo, cf. ainda Agamben, op. cit., p.27.

que pretende, por sua vez, uma profundidade temporal e uma autonomia territorial. Poderíamos até afirmar, nesse sentido, que o reconhecimento das diferenças pressupõe a aceitação da "indiferença", isto é, da assimilação dos semelhantes dentro de um contexto comum em que tudo se iguala ou, pelo menos, circunscreve um "lugar-comum" no qual uma história, finalmente, se instala.[5]

Para explicar tudo isso, basta, talvez, voltar a citar um trecho, aliás muito conhecido e que já mencionei, do *Manifesto Antropófago*:

> Já tínhamos o comunismo. Já tínhamos a língua surrealista. A idade de ouro.
> Catiti Catiti
> Imara Notiá
> Notiá Imara
> Ipeju.[6]

A tentativa de criar uma tradição, de deitar uma ponte entre o arcaico e o moderno para "construir uma comunidade" é aqui explícita e leva ao reconhecimento de um "nós" anterior a qualquer influência ideológica ou fluxo cultural provindo de um "fora", que é desse modo reafirmado e negado na sua diferença. Oswald, então, reconhecendo a importância de uma ideologia e de uma poética "estrangeiras", que chegam de um espaço e de um tempo diferentes, reinscreve tudo isso na indiferença de um "ter já", fundando assim uma espécie de *koiné* cultural que identifica e é identificada por uma lógica, por uma história e por uma linguagem peculiares, recortadas, por sua vez, dentro de

---

[5] Em geral, sobre a questão da comunidade como aquilo que se define na "indiferença", no "qualquer que seja", cf. Agamben, *La comunità che viene*, e Fimiani, *Paradossi dell'indifferenza*.

[6] Andrade, *A utopia antropofágica*, p.49.

uma visão alheia (princípio que é, aliás, a base do famoso "tupi or not tupi that is the question", embasando uma identidade própria em uma óptica – e em uma linguagem culta – ainda estrangeiras). Ou seja, a identidade postulada pelos modernistas é ao mesmo tempo fruto de uma extroversão acolhendo a alteridade e de uma introversão que a nega, tornando o outro uma espécie de fantasma se manifestando nas entranhas do corpo próprio – e tudo isso, repare-se, graças a uma inversão temporal que torna atual o arcaico e vice-versa, dentro, enfim, de um improvável futuro do passado.

A identidade nacional, a base sobre a qual assenta o "nós" consistiria, de fato, nesse caráter residual, não apenas como produto de uma devoração e metabolização da diferença, mas também como sobrevivência do antigo no novo e emergência contínua do novo no antigo, anulando ou reduzindo a puro escombro o hiato temporal entre passado e presente. Não por acaso as obras-primas do Modernismo se alimentam de uma confrontação incessante entre espaços e tempos diferentes (*Macunaíma* deve ser, nesse sentido, considerado exemplar), ficando todavia inscritas em uma lógica paradoxal (isto é, fora e longe de qualquer *doxa* habitual), atualizando a cultura autóctone e empurrando a modernidade para um horizonte mítico que faz dela um tempo que sobra e que resta, uma espécie de avesso da tradição ou de tradição do avesso.

Nessa óptica, interrogando-nos sobre a dinâmica dos fluxos culturais dentro de um contexto histórico decisivo como o modernista (tempo de construção de uma dialética intercultural que vai desembocar, com a interferência, claro, de variáveis inesperadas e independentes, na situação atual de globalização e, por outro lado, de sublimação do local), acho que seria bom tentar identificar os modos como os intelectuais e artistas brasileiros daquela época se colocaram diante da questão crucial do relacionamento com a cultura europeia e, mais em particular, da apropriação ou do distanciamento daquela cultura, no sentido de uma valorização da nacional. Assunto muito estudado, aliás, mas que eu proporia reler, aqui, na óptica que acabo de esboçar, oscilando entre diferença e indiferença, entre exaltação e melancolia, entre desafio e harmonização, entre, enfim, despesa e negociação. Com outras palavras, o ponto de partida poderia ser aquele indicado por Renato Cordeiro Gomes – que recompõe, por sua vez, outras propostas de "localização" das culturas marginais, apoiando-se em outras hipóteses avançadas, em tempos e lugares distintos, por Silviano Santiago e Homi Bhabha:

> Entre assimilação e agressividade, aprendizagem e reação, obediência e rebelião, realiza-se o ritual antropofágico da cultura latino-americana, como sugere Silviano Santiago, aquele que se faz de temporalidades disjuntivas, múltiplas e tensas, temporalidades de entre-lugar, o que desestabiliza o significado da cultura nacional como homogênea, pois é uma cultura dividida no interior dela própria, articulando sua heterogeneidade e seu hibridismo, como sugere Bhabha.[7]

O tema secular das relações entre margem e centro, a questão da dinâmica dos fluxos e refluxos culturais é, como se vê, colocada em um contexto problemático – "flutuante", justamente[8] – no qual se nega a homogeneidade das culturas nacionais e se sublinha, por outro lado, o hibridismo na articulação das diferenças, o entrelugar, o *in-between* que se cava no interior de uma situação de acumulação de lugares e tempos heterogêneos e plurais. E nessa óptica, a proposta modernista de construção de

---
7 Gomes, "Deslocamento e distância: viagens e fronteiras na cultura latino--americana – dramatização de marcas identitárias". In: Abdala Junior; Fantini Scarpelli (orgs.). *Portos flutuantes: Trânsitos ibero-afro-americanos*, p.29-30.
8 A referência implícita é, obviamente, ao título do livro citado na nota anterior. No interior dele, gostaria, pelo menos, de ressaltar o belo ensaio (funcional, aliás, à minha análise dos fluxos culturais) de Benjamin Abdala Jr.: "Globalização e novas perspectivas comunitárias", p.61-72.

uma atualidade periférica, de uma centralidade deslocada, resulta com certeza decisiva, apontando para a eventualidade de um "sentido comum" e interposto no qual se reconhecer na sua diferença indiferente, na sua exaltação melancólica.

Mas, exatamente porque alimentada pela hibridação de saberes anacrônicos e projetada em um horizonte mítico em que se recupera uma lógica outra e arcaica ("Já tínhamos a língua surrealista. A idade de ouro"...), a relação entre essa cultura marginal e um hipotético centro civilizador pode, creio, ser relida também do ponto de vista dos mecanismos de mediação e intercâmbio tanto econômico-sociais quanto antropológicos e culturais. E nesse sentido, volta a ser importante e elucidativa a diferença entre a prática do dom e a sua codificação mercantilista, isto é, entre a dádiva e o hábito jurídico da troca, postulada, primeiro, por Marcel Mauss e estudada, depois, em diversos âmbitos históricos e em diversas perspectivas por muitos outros estudiosos.[9] Não quero, evidentemente, retomar aqui a noção de *largesse*, de "dádiva" ao pé da letra, mas apontar apenas para o espaço ambíguo aberto pelo uso (também linguístico, como é mostrado pela antilogia *Gift/Gift* nas línguas germânicas), pela presença ambivalente, então, desse "dom envenenado" que encontramos nas culturas arcaicas e em que, talvez, poderia ser resumido também o caráter liminar da cultura brasileira em relação à cultura europeia, a partir da constatação de que no ato de doar está presente o duplo movimento de ligação e de antagonismo, de "assimilação e agressividade" – para usar as palavras de Renato Cordeiro Gomes.

Poderia ser reinterpretada nessa óptica a passagem entre a "proposta Pau-Brasil" e a opção pela Antropofagia. De fato, a

---

9 O famoso *Essai sur le don* de Marcel Mauss, publicado pela primeira vez em 1925, abriu, como se sabe, uma ampla discussão, não apenas em âmbito etnológico, continuando até os nossos dias: basta aqui lembrar a existência de *La revue du M.A.U.S.S.*, na qual se debatem, até hoje, as teorias do famoso antropólogo francês sobre o dom.

lógica que superintende o primeiro manifesto oswaldiano está mergulhada, como se sabe, em considerações de caráter econômico ("Toda a história bandeirante é a história comercial do Brasil"): baseando-se, enfim, no crescimento impressionante das exportações cafeeiras e na afirmação montante de um *ethos* capitalista, o autor interpreta a relação cultural – mas também fatalmente política – entre centro e periferia no sentido de uma troca, finalmente perfeita e regulamentada, de bens. A razão econômica aplicada ao universo das relações culturais nos fala, através de Oswald de Andrade, de um mundo de (id)entidades finalmente (e aparentemente) iguais, subvertendo a lógica da exploração colonialista para implantar, justamente, o domínio da *oikonomía*, da norma e da administração domésticas, pela qual tudo é pactuado a partir do interesse interno, local e nacional que, por sua vez, é fruto de uma sobreposição caótica de fenômenos heterogêneos:

> O reclame produzindo letras maiores que torres. E as novas formas da indústria, da viação, da aviação. Postes. Gasômetros. Rails. Laboratórios e oficinas técnicas. Vozes e tics de fios e ondas e fulgurações. Estrelas familiares com negativos fotográficos. O correspondente da surpresa física em arte.
> A reação contra o assunto invasor, diverso da finalidade.
> [...]
> A Poesia Pau-Brasil é uma sala de jantar domingueira, com passarinhos cantando na mata resumida das gaiolas, um sujeito magro compondo uma valsa para flauta e a Maricota lendo o jornal. No jornal anda todo o presente.

Esse discurso, já em si marcado pelo acúmulo desafinado de elementos diversos, parece ainda atravessado pela mão dupla de um movimento de dar/receber que não afeta apenas a relação com o outro externo, com a cultura (até então) hegemônica, mas convoca também restos de uma civilização aparentemente apagada, aquela "originalidade nativa" que se contrapõe à "adesão acadêmica", à arte da "cópia":

> Obuses de elevadores, cubos de arranha-céus e a sábia preguiça solar. A reza. O Carnaval. A energia íntima. O sabiá. A hospitalidade um pouco sensual, amorosa. A saudade dos pajés e os campos de aviação militar. Pau-Brasil.

Oswald, então, parece colocar-se dentro dessa dimensão misturada (ou "sincopada"),[10] em que se amontoam e se combinam lugares e tempos diferentes, para negociar, a partir dela, uma identidade própria e exclusiva, riscada pela alteridade e pelo arcaísmo, porém não (ou não mais) dependente de outras instâncias culturais.[11]

A *nomía* do *oîkos*, a ordem do próprio, a *economia*, enfim, embora híbrida, embora fruto de uma negociação, por assim dizer, interna, guarda todavia a sua *autonomia* (em sentido pleno, etimológico), confrontando-se, no plano da troca e do intercâmbio, com uma alteridade que dá e recebe – que dá, sobretudo, a modernidade e recebe, em permuta, o arcaico, ou melhor, o arcaico moderno, o popular enaltecido, retrabalhado artisticamente pela cultura brasileira. Já quatro anos depois, a posição de Oswald parece mudar de modo sensível, visto que

---

10 Cf. Pincherle, *La città sincopata: poesia e identità culturale nella San Paolo degli anni Venti*.
11 Come se sabe, Homi Bhabha utiliza o termo *negotiation* "*to convey a temporality that makes it possible to conceive of the articulation of antagonistic or contradictory elements: a dialectic without the emergence of a teleological or transcendent History*" (*The Location of Culture*, p.25) [Trad.: "negociação" para dar conta da temporalidade que torna possível conceber a articulação de elementos antagônicos ou contraditórios: uma dialética sem a emergência de uma História teleológica ou transcendente. (N. E.)]. A meu ver, é essa dialética imperfeita aquela na qual parece instalar-se também o discurso oswaldiano, desembocando, quatro anos depois, em uma outra forma de "negociação" – dessa vez ainda menos ligada a um desenvolvimento dialético – como é o "dom".

no *Manifesto Antropófago* não há mais essa confiança na possibilidade de dialogar, de modo paritário, com a cultura europeia. De fato, o que está em jogo na antropofagia é, justamente, a noção de dom e, na sua forma extrema, de sacrifício, como entrega, sem contrapartida, de si mesmo. Quase como em uma espécie de rito eucarístico, teríamos, nesse sentido, relação tanto com um sujeito que se sacrifica quanto com um objeto que se compartilha, criando, por isso, uma comunidade, uma *oikuméne* (termo em que volta, não por acaso, a noção de *oîkos*, de dimensão doméstica, de "sala de jantar domingueira") que, no gesto melancólico de comer o corpo do outro, reafirma, por um lado, a sua identidade, a sua integração em uma "pátria", e marca, por outro, a sua dependência, o seu estado de submissão a outras possíveis "pátrias".

O manifesto de 1928, então, parece abrir aquele espaço, ao mesmo tempo, "generoso" e antagônico que caracteriza o "código do dom" e no qual o que está em jogo é justamente o jogo da luta e do pacto. Se, em outros termos, como apontou Marcel Mauss,[12] a essência do dom é marcada por uma tríplice obrigação (doar, receber e contracambiar), esse lugar heterogêneo em que ele se coloca é, sim, atravessado pela gratuidade e pela necessidade, pela cumplicidade e pelo enfrentamento, mas sem que isso consiga apagar "a condição de assimetria e de desequilíbrio entre as diferenças",[13] que é constitutiva dessa forma antiga de contrato. Com efeito, considerando que "o que se dá na cessão é apenas o ato de ceder e o desafio a destruir", que "o que se move é apenas a força que prende e confunde coisas e pessoas",[14] então a Antropofagia oswaldiana indicaria uma fase peculiar ("fluida") da dinâmica dos fluxos culturais: uma fase em que ao fechamento na "indiferença", na propriedade e autonomia

---

12 Mauss, *Saggio sul dono*, p.20-30.
13 Fimiani, *L'arcaico e l'attuale. Lévy-Bruhl Mauss Foucault*, p.119.
14 Ibid., p.120.

da nação corresponde o gesto gracioso e gratuito da expropriação, da entrega de si mesmo, da "despesa" descontrolada do Eu.[15] Para explicar melhor, à afirmação inicial "só a Antropofagia nos une. Socialmente. Economicamente. Filosoficamente" e ao desafio consequente "contra todos os importadores de consciência enlatada" parece corresponder uma dispersão dos bens próprios, acumulados por esse "Brasil Caraíba", em uma espécie de *potlatch* que o torna país ou sujeito coletivo de referência para uma nova ordem mundial, do ponto de vista social, econômico e cultural. Não por acaso será justamente esse caráter de dom e o regime de dívida por ele instaurado que Oswald continuará sublinhando e reclamando até o fim da vida, mostrando até a exaustão como "o matriarcado de Pindorama" é o "presente não podendo se tornar presente"[16] que a cultura brasileira reclama como dom sem contrapartida para a cultura europeia.

Na verdade, a situação se apresenta desde o início mais complexa, visto que, se é verdade que o movimento antropofágico antecede e nega a possibilidade da troca regulamentada, do "contrato" entre culturas diferentes, é também verdade que ele prevê um ato de apropriação e assimilação do outro – ou seja, o dom de si mesmo ao mundo é precedido por um sacrifício do mundo sobre o altar do sujeito, por um "dom do outro" que é necessário para a constituição e identificação do Eu. Isso, falando não mais dentro de uma perspectiva econômica ou mercantilista, mas no interior de uma economia do desejo, delineia uma estranha

---

15 Sobre "A noção de *dépense*" no âmbito da estética e da ideologia de Georges Bataille, veja-se o ensaio com esse título incluído na tradução italiana do seu livro *La parte maledetta*, p.41-57. Mais em geral, sobre a relação entre as posturas teóricas de Bataille e de Oswald, cf. Lima, "Antropofagia e controle do imaginário", *Revista Brasileira de Literatura Comparada*, v.1 (1991), p.62-75.
16 Sobre o caráter "não (a)presentável" do dom, cf. sobretudo Derrida, *Donare il tempo*, p.11. Sobre a ambiguidade semântica do "presente" nas línguas românicas, ver também Nancy, *L'esperienza della libertà*, p.153 – análise levando à conclusão de que o dom é aquilo cuja "apresentação não se esvai em uma presença acabada".

circularidade em que a subjetividade se doa, tendo, porém, incorporado o objeto dentro de si mesma – e não, repare-se, o objeto real, mas, como já sublinhei, o seu fantasma, alimentando por isso a fantasia de uma plenitude que é apenas reiteração da carência do sujeito, do seu ausentar-se na reafirmação difícil e orgulhosa da presença.

Muitos (sobretudo a partir das análises de Derrida) sublinharam esse caráter intransitável do dom, essa aporia pela qual só se doa aquilo que não se tem. Do mesmo modo, acho que se poderia afirmar que na verdade o "dom do outro" (na sua dupla acepção gramatical),[17] e a sua devoração por parte do Eu configura apenas a apropriação de um "nada-que-é", de um vazio que guarda, todavia, a capacidade de durar. E na Antropofagia estaria, justamente, em ação este mecanismo: doar uma cultura de que não se dispõe ou que já desapareceu (a indígena) e receber em troca um dom inexistente (a cultura europeia considerada como um *corpus* homogêneo, como um todo a ser consumido). Nessa paradoxal simetria do "duplo ausente" tudo parece esvair-se, deixando apenas lugar para um trabalho inútil (melancólico) de elaboração do luto (do outro) e da falta (do Eu). Se assim não é, é porque nesse lidar com a duplicidade, nesse movimento de ida e volta entre nada e nada, nesse vaivém entre fantasmas, alguma coisa fica – e o que resta é justamente o entrelugar ou o entretempo, aquele limiar terceiro e fictício sobre o qual se detém e se define a cultura brasileira, na sua natureza residual e anacrônica.[18] Para além do "desperdício" e do "contrato", em suma, a identidade brasileira se delineia, graças a uma economia do dom, como resultado precário e sempre inatual de uma mescla penosa entre o Eu e o outro, entre dentro e fora, que não nega a unidade,

---

17 Cf., a respeito disso, Rovatti, "Il dono dell'altro". In: Ferretti (org.), *Il codice del dono: Verità e gratuità nelle ontologie del novecento*, p.123-132.
18 Cf., ainda, Gomes, op. cit., p.30. Veja-se também, sobre esse *third space* em que se situam as culturas pós-coloniais, Bhabha, op. cit., p.36-39 e 217-219.

mas a penetra, a atravessa e a transcorre, até chegar a tecer uma forma diferente de união na diferença, uma trama peculiar de relações entre culturas que existem apenas como polos de uma dialética inconclusa e inconcludente – "gratuita" e "fastuosa" como o dom, justamente.[19]

Quero com isso dizer, como já disse em outro texto meu,[20] que o duplo que se cava na falta delimita todavia uma dimensão de sentido, um tempo que sobra e que fica, assim como sobra e fica o produto dessa antropofagia fantasmática teorizada por Oswald de Andrade: nada que possa ser proposto como dom real ou recebido como dádiva do outro, mas apenas esse restante impalpável que a metabolização da cultura europeia pela brasileira deixa atrás de si. Retomando a metáfora do fluxo, eu diria que justamente dentro desse dinamismo das relações entre sujeitos culturais, na fluência infinita das trocas ou dos dons de objetos imateriais, a identidade cultural consegue definir-se apenas enquanto enseada ou charco, apenas como o que precariamente se detém e fica no interior do fluxo: pequeno grumo de resistência que não tem tempo ou espaço próprios dentro da fluidez global dos contornos, mas que configura uma fresta, uma abertura que não pode ser pactuada ou definida porque é ela mesma limite, margem de liberdade sobre a qual devemos

---

19 Cf. Fimiani, *L'arcaico e l'attuale*, p.128. Acho, por isso, não congruente com essa dialética imperfeita a ligação "necessária", postulada por Paul Ricoeur, entre doar e perdoar (*La mémoire, l'histoire, l'oubli*, p.595-642): a própria etimologia – que volta idêntica em muitas línguas, como o próprio filósofo sublinha – indica, a meu ver, que o segundo termo, rematando o primeiro, faz por isso do *giving* um *for-giving*, um "dar a" para apagar uma culpa e reconstruir, assim, uma situação de equilíbrio, enquanto a economia do dom (já em Mauss) aparece como suspensa em um espaço ambivalente e aberto, não permitindo nenhum perdão ou esquecimento, nenhuma estabilidade ou redenção. Quero, aliás, que essa afirmação seja entendida como uma modesta homenagem – dialógica, porém cheia de admiração e de gratidão – a um mestre como Ricoeur, que nos encheu de "dons" e que morrendo, poucos anos atrás, deixou-nos um grande legado teórico.
20 Veja-se o meu "O duplo e a falta", p.52-61.

permanentemente habitar. Porque (tanto na época do Modernismo, eu diria, quanto na nossa era globalizada) é apenas esse "entre", esse lugar terceiro, ao mesmo tempo melancólico e "festivo", o que resta e o que nos salva. Porque – parafraseando o título de uma famosa história de Guimarães Rosa em que assistimos, justamente, a um doar "de mãos cheias"[21] e sem contrapartida – porque, finalmente, esse "quase-nada" é (só ele, na verdade, pode ser) a nossa incerta condição.

O poeta inoperante

> A tuberculose [...] exige humildade para a cura.
>
> Manuel Bandeira, *Itinerário de Pasárgada*

... a humildade, então, como escolha ou como deriva antieconômica da Modernidade, o papel de "poeta menor" representado até o fim, a pobreza como hábito e como hábitat. Mas, por outro lado e ao mesmo tempo, existe a história privada, "farta", de um homem que manejou durante toda a vida um patrimônio linguístico imenso, que explorou em segredo a riqueza insondável das palavras. E fez isso com um pudor exemplar ou, talvez, com a cobiça exclusiva, zelante desses avaros que remexem sem parar em um tesouro escondido, cujo valor exato só eles sabem, cuja chave apenas eles possuem.

Em todo caso, que seja fruto de discrição ou de avidez, que se diga reticente ou gulosa, econômica ou pródiga, a arte de Manuel Bandeira guarda ainda, para mim, os traços característicos de uma arte, por assim dizer, "mascarada": ou seja, na sua aparente simplicidade, na sua ostentada inteligibilidade e acessibilidade,

---

21 Essa expressão alude ao título da tradução italiana (*A piene mani: Dono fastoso e dono perverso*) do importante volume de Jean Starobinski sobre a representação do dom no âmbito artístico, originariamente intitulado *Largesse*.

ela conserva, todavia, na minha leitura, o sabor de qualquer coisa que se encolhe no artifício, justamente, ou que, pelo contrário, artificiosamente se revela, aproveitando a claridade cheia de sombras do viver cotidiano.

Poesia que simula a vida, portanto, que acompanha os seus ritmos, que vai atrás dela pausadamente, mas que, de vez em quando, chega a assaltá-la pelas costas, roubando-lhe o segredo e transmitindo-o aos outros em voz baixa. Poesia, aliás, que descobre continuamente o jogo da morte, que revela as suas batotas mesquinhas, as suas cartas trucadas, e que, depois, a coloca – a ela, à "indesejada das gentes" – nas nossas mãos, despida, agora, de qualquer grandiosidade, privada de toda magnificência: um evento, afinal, com o qual conviver, sem queixas e sem receios.

Penetrar nesse mundo prosaico em que rebenta, deslumbrante e súbita, a poética indecifrabilidade do cotidiano; reconstruir essa dimensão em que alegria e desespero, o exultar e o padecer estão em uma proximidade inquietante; tudo isso é tarefa difícil, é um árduo caminho – pelo qual, aliás, muitos (a partir do próprio Bandeira) me precederam, explorando todas as sendas, fechando todas as pistas hermenêuticas. Por isso, diante desse labirinto inextricável composto de tantos fatos miúdos em que ecoa o absoluto, perante esse universo feito de pequenas coisas em que o sublime se oculta, eu escolhi, afinal, a via oblíqua – externa, sem garantias – da metáfora.[22] Isto é, escolhi "contar", de

---

22 Na verdade, a dificuldade em encontrar uma leitura uniforme ou uma linha crítica "direta" em relação a Bandeira vem não só das características internas da obra dele – flutuando entre acessibilidade e hermetismo, entre o real e o onírico –, mas também do caráter, a meu ver, "definitivo" de algumas interpretações da sua poesia (penso, sobretudo, no livro de Arrigucci Jr., *Humildade, paixão e morte. A poesia de M. B.*). Chegando depois, quando os caminhos hermenêuticos já estavam em grande parte explorados, ou até fechados, a minha leitura não podia deixar de ter um andamento "oblíquo", novelesco, no sentido de ligar, de modo talvez arbitrário, imagens poéticas e figuras críticas heterogêneas. E é esse "pôr-se de atravessado" em relação aos discursos alheios (tanto o do autor quanto os de seus

um modo simples, decerto lacunoso, uma poesia, organizando os conteúdos dela ao longo de um eixo narrativo que, saindo de um núcleo temático, a partir de um novelo poético e existencial, desse conta de uma trajetória exemplar. E, de resto, a epígrafe que introduz à sua obra completa parece impelir nesse caminho, parece endereçar o leitor por essa estrada:

> Estrela da vida inteira.
> Da vida que poderia
> Ter sido e não foi. Poesia,
> Minha vida verdadeira.[23]

Contar, então, uma vida hipotética que foi verdadeira na sua inexistência; imaginar, mais ainda – secundando as intenções do autor –, uma história em que o ser se resumisse por completo no "poder-ser": foi essa a minha ambição principal. Já que narrar essa realidade irreal pareceu-me, no fundo, que pudesse equivaler a interpretar Manuel Bandeira e, reciprocamente, que narrar o escritor não exigisse nada mais do que ler a sua poesia.

E de resto, o encanto de um texto como *Itinerário de Pasárgada*[24] está exatamente no fato de ele ser uma autobiografia, uma história acabada, na qual arte e vida, teoria e práxis, coincidem; ou melhor, uma obra em que literatura e metaliteratura

---

intérpretes) que eu considero, agora, no fim das estradas, o modo mais adequado de reler a obra de Bandeira. Sem nunca esquecer, claro, o valor de referência das interpretações de tantos outros, a importância dos espaços textuais atravessados na minha leitura.

23 Bandeira, *Estrela da vida inteira*, p.1. Tirei todas as citações dos poemas de Bandeira dessa edição; nas notas do presente trabalho, ela vai ser identificada pela sigla *EVI*.

24 Ver Bandeira, *Poesia completa e prosa*, p.33-102. Utilizei essa edição – que é, na realidade, a reimpressão da quarta edição de 1977 e que vai ser representada nas notas, de agora em diante, pela sigla *PCP* – para todas as citações do *Itinerário de Pasárgada*.

não se apresentam como dimensões inconciliáveis, mas, pelo contrário, como duas margens do mesmo percurso – do mesmo "itinerário", justamente. Estrada, aliás, que se desenvolve a partir de um lugar bem determinado da existência, história que se desenrola, a bem ver, de um tempo especial, de uma experiência única que modifica o sentido global do tempo, pois ela faz divergirem sem remédio o caminho da vida prática e o da vida artística. Experiência que obriga, por isso, Bandeira a abandonar a via marcada, para se colocar em uma outra via; força-o a deixar a certeza ilusória de um tempo consequente, para entregá-lo a uma temporalidade provisória, em que o existir é não só o que acontece, mas também o que pode acontecer: em uma mistura inextricável de verdade e imaginação, de realidade e ficção, que não tem um exterior, que não tem outra perspectiva senão aquele fora absoluto que é a morte.

Essa cumplicidade, essa solidariedade radical entre escrever e viver – imposta por um evento que, mudando o sentido da existência, muda também os seus nexos causais, impelindo o poeta para uma dimensão "absurda", em que a hipótese artística tem a mesma nitidez da verdade, a mesma consistência do real – pretende, na minha opinião, que também o discurso crítico abandone a certeza da teoria, a meticulosidade da análise, para se entregar à incongruência e à transitoriedade do conto. Conto subalterno, claro, narrando uma vida já *in-scrita* na poesia e que pode, portanto, ser apenas *de-scrita*, colocando-se em uma zona "outra" e especular em relação à biografia poética (ou à poesia biográfica) escrita/vivida pelo autor, até quase chegar a compor uma espécie de *vida*, isto é, um daqueles contos tardios em que escritores anônimos tentam resumir a experiência poética, a trajetória artística dos trovadores medievais (tão amados, aliás, e admirados pelo Bandeira maduro). Obras, as *vidas*, em que se tenta, de fato, construir uma biografia com base nos dados textuais, em que "o *vivido* é [...] inventado, 'trovado' [*isto é, também "encontrado", pela ambígua acepção do verbo "trovar"*] a partir do *poetizado*".²⁵ Existência, então, que se torna essencialmente texto, ou seja *texture*: emaranhado inextricável de real e de possível, tecido multicolor em que se entrelaçam tempos e lugares heterogêneos até formar um todo (um enredo) complexo – uma dimensão compósita, mas "fechada", ou bem "aberta", mas só para a incontornável certeza do desejo, para a plenitude do sonho em que se esvai a material insuficiência do real, a sua densidade cheia de fendas.

E a edição crítica das obras de Bandeira, com a extrema escassez das variantes de autor, fornece-nos, com efeito, uma confirmação ulterior, no plano textual, dessa irrevogabilidade do sentido, dessa estabilidade não só dos conteúdos, mas também das formas como eles se expressam.²⁶ A história do texto, enfim, nos devolve uma história poética (per)feita em si mesma, sem hesitações ou mudanças, já que ela vive a certeza do instante, tornando, portanto, difícil "dizer" sobre ela e obrigando assim a "redizer": a confiar, em suma, em uma parábola narrativa colocada em posição periférica em relação à parábola autoral – obrigando, melhor, a esboçar uma metáfora pobre que tente exemplarmente dar conta do destino da literatura ou (sendo a mesma coisa, quanto a Bandeira) da missão do literato na modernidade.

Uma interrogação sobre o lugar da escrita, então, sobre o "espaço literário", que apesar do autor, da sua ostentada "pobreza", da sua conclamada atopia, do seu deslocamento e da sua marginalidade em relação ao real, coloca Bandeira no centro de um contexto problemático em que se debate (se joga) o destino da arte em um mundo em evaporação. Mundo, enfim, de coisas que perderam o seu peso, a sua consistência; mundo em que também os fatos mais comuns ou usuais parecem assumir

---

25 Agamben, *Il linguaggio e la morte*, p.86. O grifo, no interior da citação, é meu.
26 Veja-se, por exemplo, o que escreveu Giulia Lanciani na introdução à edição crítica de *Libertinagem* e *Estrela da manhã*, coordenada por ela, p.XXV-XXVIII (Coleção Arquivos, 33).

contornos inquietantes, indecifráveis (leia-se, a esse respeito, o "Noturno da Rua da Lapa" em *Libertinagem*);[27] mundo, portanto, em que a própria tarefa do poeta parece reduzir-se ao testemunho, a uma atitude "que não é a vontade de potência, não é o apanhar com as mãos e com a mente", que não é, em suma, um ficar perto das coisas ou um agarrar-se a elas, sendo de modo mais complexo "uma distância que aproxima, um desvio rumo a nós mesmos, um desafastamento".[28]

A já salientada solidariedade de Bandeira com a realidade cotidiana, a sua cumplicidade ou simpatia para com os fatos humildes da vida (a partir, sobretudo, dos anos 1920),[29] não deve, nesse sentido, ser confundida com uma forma, mesmo disfarçada, de realismo, mas sim entendida como uma denúncia do irrealismo transitando nos gestos de cada dia: um aproximar-se para colher a distância, justamente; um aderir às coisas para avaliar-lhes a imponderabilidade; um acercar-se que é um retrair-se espantado diante da dor sem nome do existir, diante do seu anônimo "segredo". Mistério intocado, apesar da sua singeleza, obrigando

---

27 Ver *EVI*, p.114-115. Nessa pequena prosa, à imagem de um mundo já em frangalhos, onde tudo se mistura sem lógica ("A janela estava aberta. Para o quê, não sei, mas o que entrava era o vento dos lupanares, de mistura com o eco que se partia nas curvas cicloidais, e fragmentos do hino da bandeira"), sobrepõe-se a figura de um "bicho que voava", que entra pela janela e que, apesar das tentativas de matá-lo, torna-se uma presença assustadora, monstruosa, inelutável ("Compreendi desde logo não haver possibilidade nenhuma de evasão. [...] Senti que ele não morreria nunca mais, nem sairia") – sintoma evidente, a meu ver, da má consciência a respeito dos fenômenos e dos objetos habituais; indício da inviabilidade, para o homem moderno, de qualquer relação tradicional consigo mesmo e com os outros (pense-se apenas na função "epifânica" dos insetos monstruosos, habitando os lugares mais familiares, mais íntimos, na *Metamorfose* de Franz Kafka, por exemplo, ou na *Paixão segundo G.H.*, de Clarice Lispector).

28 Rovatti, "Elogio del pudore". In: Rovatti; Lago, *Elogio del pudore. Per un pensiero debole*, p.46.

29 Cf. sobretudo Arrigucci Jr., "O humilde cotidiano de M. B.". In: *Enigma e comentário*, p.9-27.

o sujeito a "habitar a distância"[30] em relação ao objeto: porque só nessa deslocação, nesse desvio do real, é possível encontrar-se a si mesmo, reconstruir um nexo de experiências, ainda que apenas como "experiência da própria paradoxalidade".[31]

E é por isso que o itinerário bandeiriano, abrindo caminho por entre o cotidiano, leva fatalmente à utopia: Pasárgada é, de fato, a poesia na sua forma mais pura e na sua essência mais impura, é "a vida que poderia ter sido e não foi". Pasárgada é, aliás, o título nominal de uma realidade que só pode ser colhida (depois de ser cultivada) no desejo; é o emblema de uma verdade fincada no âmago, no mais íntimo e profundo da hipótese: um "não lugar" cheio de "qualquer lugar", abrindo-se no fim de todas as estradas, de todos os itinerários reais. Fuga, mais uma vez, que é busca de uma proximidade absoluta e, ao mesmo tempo, um acercamento que é um afastamento: movimento oscilante, ambíguo, levando a descobrir aquela "coisa impossível" que está escancarada no coração da possibilidade e de que apenas o artifício poético consegue dar conta.

Dessa busca, dessa *quête* desviando do lugar para o qual se abre, tentarei, justamente, fazer o relato: procurando reescrever a história de um poeta que é a sua própria poesia, procurando contar uma poesia (e não apenas, ainda que sobretudo, aquela incluída em *Libertinagem* e em *Estrela da manhã*) que é, já em si mesma, itinerário existencial. Percurso que se torna, naturalmente, discurso, ou bem um discorrer que é um percorrer sem fim os territórios da experiência: em um circuito de sentido, em um acabamento ideal, que não pode ter um exterior, senão aquele imenso, onírico fora que está dentro de qualquer um de nós, que vive no nosso presente, alimentando-se de um futuro possível ou de um passado imaginado.

Ficção de uma ficção, enfim.

---

30 Rovatti; Lago, op. cit., p.43.
31 Ibid., p.44.

Patologias

> Moy, povre marcerot de regnes,
> Morrai ge pas? Oy... se Dieu plaist!
> Mais que j'aye fait mes estraines,
> Honneste mort ne me desplaist.[32]
>
> François Villon, *Testament*

Bandeira respirava a realidade com parcimônia, deixava que dela filtrassem apenas eventos mínimos, escórias de uma cotidianidade sem grandes sobressaltos, grãos remoinhando de uma existência menor que só a continuidade monótona do tempo preenchia, possivelmente, com um sentido. Com um sentido humilde, claro, que ficava de propósito às margens da História, mas que, seguido até o fundo, levava direto ao coração do que é inexplicável, conduzia bem adentro no mistério sem segredos do viver.

Bandeira respirava a literatura com avidez. Fazia que a poesia o impregnasse em cada fibra, lhe penetrasse em cada alvéolo até não poder mais. Depois, ofegante, a expirava com força, deixando que entre os versos ficassem, insecáveis, uns tênues rastros de sangue – "uma gota de sangue em cada poema", para dizê-lo com as palavras de quem, até a sua morte prematura, foi um dos seus mais assíduos interlocutores.[33]

E é entre aquele *pianissimo* e este *fortissimo* que se jogam, na minha opinião, os destinos da sua poesia: entre o preguiçoso

---

32 Trad.: Eu, pobre mascate de reinos,/ Morrerei? Oh... se Deus quiser/ Posto que eu tenha tido sorte,/ A morte honesta não me desagrada. (N. E.)

33 A metáfora dos "versos ensanguentados" não é, de resto, exclusiva de Mário de Andrade, já que se encontra na própria poesia de Bandeira e justamente no poema que abre (depois da "Epígrafe") a sua primeira coleção: "Eu faço versos como quem chora/ De desalento... de desencanto/ [...] Meu verso é sangue. Volúpia ardente.../ Tristeza esparsa... remorso vão.../ Dói-me nas veias. Amargo e quente,/ Cai, gota a gota, do coração./ [...] – Eu faço versos como quem morre." (trecho do poema "Desencanto". In: *A cinza das horas*; *EVI*, p.4).

acolhimento de imagens vizinhas, familiares, e o frenético agitar-se em volta da evidência literária de tais imagens; entre ser habitado por uma consistência que parece tornar-se – por si mesma, pouco a pouco – poesia, e o habitar trabalhoso na inconsistência do discurso poético. O seu trabalho, a sua "obra", é, em suma, o resultado de um ininterrupto reequilíbrio, de uma "inoperante" readaptação do sujeito ao mundo e do mundo ao sujeito e tem, ao centro, um Eu que se deixa laborar pela realidade sem nunca deixar de elaborá-la.

Tal preguiçosa atividade, o debruçar-se obstinado sobre o sentido oco da existência, tem, para Bandeira, um nome que já se transcreveu entre as linhas exordiais deste parágrafo: "febre, hemoptise, dispneia e suores noturnos"[34] – a "grande doença", enfim, que acompanha o advento do Moderno, suavizando-se na "sutileza" (a *delicada*, a *fininha*, a *magrinha*...).[35] E sutil, esse mal imponente torna-se de verdade, até se insinuar nas próprias dobras do pensamento contemporâneo, até condicionar o seu desenvolvimento, até se identificar com aquela *krísis* espalhando--se no limiar do novo.[36] "Toda exigência especialmente estética ou religiosa de um *per se*, de um além, de um afora, de um acima, autoriza a questão se não foi a doença que inspirou o filósofo",[37]

---

34 *EVI*, p.97 (trata-se do famoso *incipit* de "Pneumotórax").
35 Esse processo eufêmico, aliás, não é típico só do português, visto que também em italiano a tuberculose é frequentemente designada como *mal sottile*.
36 Cf. Cacciari, *Krisis. Saggio sulla crisi del pensiero negativo da Nietzsche a Wittgenstein*, e – sobretudo – Rella, *Miti e figure del Moderno*. Quanto à poesia de Bandeira, a importância do "encontro dele com a tuberculose" foi já sublinhada por um crítico de exceção: Mário de Andrade escreveu (em 1924) que a "umidade febril da tísica se infiltrou por tudo e embolorou tudo" e que a doença, para o seu amigo, "não foi apenas motivo pra alguns versos esparsos nos poemas. É o urucu que lhe condimentou a obra inteira" (ver "Manuel Bandeira". In: Lopez [org.], *M.B.: verso e reverso*, p.73-82).
37 Nietzsche, "Prefácio à segunda edição da *Gaia Ciência*" (cito, traduzindo, da edição italiana das obras de Nietzsche, *Idilli di Messina: la gaia scienza. Scelta di frammenti postumi 1881-1882*, p.17-18 [ed. crítica de G. Colli e M. Montinari. Milano: Mondadori]).

é o que se lê em um dos livros fundadores da modernidade, que acrescenta pouco depois:

> não somos sapos pensantes, aparelhos para objetivar e registrar, com as entranhas congeladas, – nós devemos gerar de modo constante os nossos pensamentos pela nossa dor e provê-los de modo materno de tudo o que temos em nós de sangue, coração, fogo, apetites, paixão, tormento, consciência, destino, fatalidade.[38]

Derivar, portanto, o nosso saber da doença, fazer da dor a via de acesso a uma ciência nascendo "gaia" de tal sofrimento, porque (e fica esta "a coisa mais importante")

> de tais abismos, de tanto grave mal-estar, também do mal-estar da grave suspeita, volta-se atrás renascido, com a pele mudada, mais suscetível, mais malicioso, com um gosto mais sutil pela alegria, [...] mais moço e ao mesmo tempo cem vezes mais refinado do que nunca dantes nos aconteceu ser.[39]

Talvez não seja possível imaginar um autor mais distante de Bandeira do que Friedrich Nietzsche, e todavia essa alegre consciência gerando-se da inconsciência da doença é o que de mais típico parece-me possível descobrir no poeta brasileiro – que, aliás, apostila à sua maneira o filósofo de Röcken, na fulmínea prosa de "Nietzschiana":

> – Meu pai, ah que me esmaga a sensação do nada!
> – Já sei, minha filha... É atavismo.
> E ela reluzia com as mil cintilações do Êxito intacto.[40]

---

38 Ibid., p.19. Repare-se na curiosa coincidência de imagem: também Bandeira, como se sabe, utilizará "Os sapos" como emblemas do passadismo em literatura (cf. *EVI*, p.46-47).
39 Ibid., p.20.
40 *EVI*, p.136 (*Estrela da manhã*).

Se do sentimento atávico do nada se pode desprender a luminosa consciência do êxito, do sucesso, igualmente do abismo da doença podem emanar "as mil cintilações" de uma poesia (per)feita, acabada, na sua alegre aceitação do grande mal que nos constitui e nos alimenta.

Oprimido, então, pela tuberculose, também Bandeira (como tantos outros artistas no limiar do Moderno) encontrou em tal opressão que sufoca, que corta o respiro – isto é, descobriu na iminência de uma morte prometida –, uma eventualidade impensada de libertação das obrigações de uma atitude plenamente "econômica" em relação à vida. A doença, em suma, e como conviver com ela: como viver, por um lado, dentro do "excesso de experiência que ela contém"[41] e, por outro, como a viver ironicamente por fora, feita ela mesma objeto de experiência. É essa a estranha condição do poeta tísico, que se acautela contra o peso do real, contra a intrusão das coisas, refugiando-se em uma felicidade privada, "arte-feita" e, ao mesmo tempo, contra-feita:

> *Coeur de phtisique*
> *O mon coeur lyrique*
> *Ton bonheur ne peut pas être comme celui des autres*
> *Il faut que tu te fabriques*
> *Un bonheur unique*
> *Un bonheur qui soit comme le piteux lustucru en chiffon*
>   *[d'une enfant pauvre*
> *– Fait par elle-même.*[42]

---

41 Rella, op. cit., p.34.
42 *EVI*, p.99-100 (*Libertinagem*). [Trad.: Coração de tísico/ Ó meu coração lírico/ Tua felicidade não pode ser como a dos outros/ É preciso que te inventes/ Uma felicidade única/ Uma felicidade que seja como a lastimosa boneca de pano de uma criança pobre/ Feita por ela mesma. (N. E.)]

O bem-estar do poeta doente, o seu "Bonheur lyrique", está naquele miserável feitiço (naquele *facticium*, justamente) que é o objeto verbal: coisa insignificante, coisa sem valor feita de farrapos, de restos já pertencentes, talvez, a outros, mas coisa com que, todavia, se entreter, com que preencher as horas vazias de um tempo alheio, de uma vida estranha.

Não é por acaso, a meu ver, que esse texto nasce em francês. O brotar inexplicável dos versos em uma língua outra (como a propósito de "Chambre vide", com efeito, que precede "Bonheur lyrique" em *Libertinagem*,[43] ou da "Chanson des petits esclaves" em *Estrela da manhã*,[44] Bandeira limitar-se-á mais tarde a declarar: "me saíram em francês sem que eu saiba explicar por que"),[45] o recurso involuntário a uma língua estrangeira, ainda que familiar, indica, talvez, o alheamento implícito em uma experiência de radical, cotidiana alienação: aquela que faz do poeta um *bricoleur*, uma criança que brinca com os míseros restos de uma realidade que não é a sua ou é a sua apenas no espaço convencional do jogo. E repare-se que o afastamento, o recalque (e ao mesmo tempo, a aceitação) dessa experiência, fica ainda mais marcado pela diferença sexual do *enfant pauvre*: infante que é ele mesmo sem o ser, assim como a poesia e a sua língua pertencem ao artífice sem lhe pertencer, delineando, desse modo, o lugar "impossível", paradoxal – fetichista, exatamente – de uma presença que configura uma ausência, que a retém nos limites absurdos de um objeto que materializa o nada.[46]

Não se pode tampouco esquecer que o uso do francês liga-se naturalmente ao tempo mais denso da doença: à permanência

---

43 *EVI*, p.99.
44 Ibid., p.129.
45 *PCP*, p.79 (*Itinerário de Pasárgada*).
46 "O espaço do fetiche está justamente nessa contradição, pela qual ele é, ao mesmo tempo, a presença daquele nada que é o pênis materno e o signo da sua ausência: símbolo de qualquer coisa e da negação dela" (Agamben, *Stanze...*, p.174).

em Clavadel, um dos tantos lugares de cura da Europa (como Steinhoff, Marienbad, Riva del Garda e outros) que se tornam encruzilhadas míticas de uma cultura em gestação.[47] Cultura transitando, justamente, pela experiência obrigatória da doença e da cura, ou instalando-se até e cristalizando-se no encanto dos lugares montanheses – lugares para um tratamento que é ejeção do real, lugares que podem resultar sem saída, sem descida, espaços fechando-se no fascínio intransponível da verdade entrevista na dor. Não por acaso, é em Clavadel que, pela primeira vez, Bandeira pensa "seriamente em publicar um livro de versos";[48] é ali, verossimilmente, que o poeta doente é obrigado a praticar com maior frequência a língua estrangeira (não apenas o francês, muito provavelmente).[49] Obrigação que, associando-se à emergência da compulsão artística, se converte em revelação de "uma linguagem não sendo mais do que o anúncio do silêncio, de um íntimo emudecer em que apenas a verdade pode exprimir-se e mostrar-se" – como justamente apontou Franco Rella,[50] que cita, para sustentar a sua tese, a declaração de Hans Castorp a Clawdia na *Montanha Mágica*: "*Moi, tu le remarques bien, je ne parle guère le français. Pourtant, avec toi, je préfère cette langue à la mienne, car pour moi, parler français, c'est parler sans parler [...] ou comme nous parlons en rêve*".[51] É esta "a língua que se aproxima do silêncio", ou

---

47 Não se esqueça que, em Clavadel, Manuel Bandeira teve a oportunidade de conviver e de travar relações de amizade com Paul Éluard e com Gala (futura mulher do próprio Éluard e, depois, de Salvador Dalí), além de outros escritores – entre os quais ele destaca o poeta húngaro Charles Picker, de quem transcreve dois poemas (cf. *Itinerário de Pasárgada*; *PCP*, p.53-55).
48 Ibid., p.55.
49 Como ele escreve, de fato, no seu *Itinerário de Pasárgada*, no sanatório suíço "reaprendeu" sobretudo o alemão (cf. ibid., p.53).
50 Rella, op. cit., p.40.
51 Trad.: Eu, você bem notou, não falo nada de francês. Todavia, com você, eu prefiro essa língua à minha, pois, para mim, falar francês é falar sem falar [...] ou como falamos em sonho. (N. E.)

melhor, que "capturou dentro de si o poder do silêncio" – poder próprio da infância e da morte.[52]

Em "Bonheur lyrique" e nos outros textos em francês de Bandeira deveríamos ler, nesse sentido, um regresso àquela condição de sujeição ao mal que aproxima do absoluto: um modo, em outros termos, para recriar (para reviver) aquela linguagem silenciosa, onírica, da verdade – da verdade última – que se revela escondendo-se no estranhamento da doença, que se manifesta no lugar apartado da cura e a este fica ligada de maneira indissolúvel. Assim, com efeito, na "Chambre vide" o único interlocutor entregando-se à solidão densa do poeta é aquele *"petit chat blanc et gris"*, símbolo de vida, *"eveillé minutieux et lucide"* (mas também, eventualmente, ambiguamente, *"coursier funèbre"* à Baudelaire), a quem o escritor só se pode dirigir em francês, sendo ele *"frère du silence"*:[53] emissário, então, de um silêncio que enche o vazio do quarto com seu retumbante nada.

Há um outro aspecto, aliás, que se deve ter em conta em "Bonheur lyrique" – poesia decerto reveladora, então, no seu recorrer inconsciente a uma outra língua, língua da crise e da epifania provocada pela crise – e é o que eu chamaria de "plenitude na falta". A *enfant pauvre* toda imersa no seu jogo, toda resolvida na construção do *piteux lustucru*, é a imagem na qual o poeta traduz o seu desejo de autolimitação, o êxtase do pouco, o prazer da (e na) pobreza, o seu gosto não econômico pelo "quase-nada" que é a literatura. O deleite voluptuoso no pudor, enfim: atitude tão típica nesse escritor e que, de modo significativo, é elogiada ainda no prefácio – já muito citado – à *Gaia ciência*:

---

[52] Cf. ibid. Ver também, do mesmo Rella, *Il silenzio e le parole*, p.11-29, e de Agamben, *Il linguaggio e la morte*, p.2-27 e *passim*. Talvez seja útil relembrar que a declaração de Hans Castorp – como, aliás, quase toda a ação do romance de Thomas Mann – tem, como cenário, o sanatório de Davos: lugar que se encontra, por acaso, muito perto de Clavadel.

[53] Cf. *EVI*, p.99.

Dever-se-ia honrar sobretudo o *pudor* com que a natureza se escondeu por baixo de enigmas e de versicolores incertezas. Talvez a verdade seja uma mulher, tendo boas razões para não mostrar as suas razões. Talvez o seu nome, para o dizer em grego, seja *Baubo?*... Oh estes Gregos! [...] Estes gregos eram superficiais – *por profundidade!*[54]

Se a verdade, então, é uma mulher pudica, é preciso refugiar-se em uma arte "superficial" que esconda, por trás das aparências, a apetecível nudez do verdadeiro; que jogue, em uma relação quase erótica de velamentos e desvelamentos, com as palavras, trajes transparentes vestindo a corporeidade do real. O escritor, ainda e sempre, como uma menina pobre, cobrindo e descobrindo sem parar a boneca – que é sua sem ser – de farrapos miseráveis, enfeitando a sua artificiosa, poética verdade de "pequeninos nadas".[55]

Nesse sentido, uma ética se esboça nos versos de Bandeira: um "habitar poético" (segundo, justamente, a definição heideggeriana da ética) em uma proximidade que é, ao mesmo tempo, uma distância infinita; uma busca incansável do "lugar impossível" do qual e no qual falar em voz baixa do segredo da existência. Busca atormentada, penosa, sem regras fixas a não ser as que derivam do pudor – caraterial, mas também intencional – de um autor que se espelha na sua subalternidade, disfarçando-se nela: torna essa inferioridade uma superioridade em relação ao mundo; tira da sua fraqueza, da sua saúde precária, uma inebriante sensação de poder.

> Criou-me, desde eu menino,
> Para arquiteto meu pai.
> Foi-se-me um dia a saúde...

---

[54] Nietzsche, op. cit., p.21.
[55] Cf. *PCP*, p.42 (*Itinerário de Pasárgada*).

Fiz-me arquiteto? Não pude!
Sou poeta menor, perdoai!

Não faço versos de guerra.
Não faço porque não sei.
Mas num torpedo-suicida
Darei de bom grado a vida
Na luta em que não lutei![56]

Aqui – como se lê, como é também evidente algures – a tentação da força e a vaidade grandíloqua do bardo transmutam-se em uma modéstia que é, de fato, afastamento irônico do evento, convertem-se em uma impotência que é exaltação submissa do poder poético, da sua força puramente hipotética. O projetista falhado tornou-se, enfim, arquiteto de palavras, desenhista de estruturas verbais[57] em que fosse possível fingir-se de herói epônimo de uma estirpe de covardes – tão só para zombar dos valentes e dos ignavos, e para exaltar, em vez disso, a coragem dos humildes.

Móvel dessa transformação, dessa passagem de um papel, em aparência "forte", de modelador da matéria para aquele, em aparência "fraco", de *bricoleur* lírico, é ainda e sempre o evento da doença. Acidente primeiro acolhido com mágoa, com angústia, com frustração (toda a parte exordial da sua obra poética está aí para demonstrá-lo); depois, no momento em que ele percebe todas as potencialidades implícitas nesse "regresso", nessa

---

[56] São as estrofes finais de "Testamento" (In: *Lira dos Cinqüent'Anos*; *EVI*, p.158-159).

[57] Essa atitude "arquitetônica", esse pendor pelo "desenho" poético emerge com clareza em uma frase tirada ainda do *Itinerário de Pasárgada*: "Foi intuitivo em mim buscar no que escrevia uma linha de frase que fosse como a boa linha do desenho, isto é, uma linha sem ponto morto". E, um pouco mais adiante, associando arquitetura e música: "eu, como corretivo ao possível sentimentalismo, desejei estruturar os meus versos (eram versos livres) seguindo a severa arquitetura musical" (*PCP*, p.50-51).

impossibilidade de dominar as coisas, no momento em que ele percebe a força dissimulada na fraqueza do mal-estar, eis então que brota a alegria, o saber "gaio" fazendo enxergar a sublimidade do humilde. O limiar entre essas duas atitudes é marcado, justamente, pelo poema inicial de *Libertinagem*.

> Uns tomam éter, outros cocaína.
> Eu já tomei tristeza, hoje tomo alegria.
> Tenho todos os motivos menos um de ser triste.
> Mas o cálculo das probabilidades é uma pilhéria...
> [...]
> Sim, já perdi pai, mãe, irmãos.
> Perdi a saúde também.
> É por isso que sinto como ninguém o ritmo do *jazz-band*.[58]

O que é esse gozo que exalta os sentidos, senão aquele alegre saber que é, para Nietzsche, um produto inevitável da dor? Sofrimento que "cava a fundo", levando a redescobrir, no mal, uma lógica nova e, ao mesmo tempo, antiquíssima: a do corpo – razão heterogênea e recalcada durante séculos que reaparece nos começos do Moderno, quando se apaga a pretensão metafísica implícita no *cogito* cartesiano e reafirmada até o *Ich denke* kantiano.[59]

É o abandono, portanto, ao prazer de uma sensibilidade nova que abre caminho através da aguda percepção do peso do corpo. Ou, ainda, a afinação dos sentidos em consequência do mal ("perdi a saúde [...] é por isso que sinto como ninguém o ritmo do *jazz-band*") e que provoca a alegria: o fervor da música e o frenesi do baile

---

58 *EVI*, p.93.
59 "Se a filosofia tem sido, historicamente, 'um *equivocar o corpo*', se nela o espírito tem dominado de modo incontrovertível, agora é exatamente 'o corpo doente com suas necessidades' que 'aperta o espírito e o impele' até ao ponto em que, finalmente, nos atrevemos a tirar os véus encobrindo a verdade" (Rella, op. cit., p.34).

chegam a contrabalançar o entorpecimento da doença, como um remédio, como uma droga que se substitui à volúpia do sofrimento. A realidade torna-se, por isso, mais nítida, mais transparente, e é mais fácil, assim, surpreender o que nela se esconde: descobrir, por baixo da imagem, a verdade que ela sintetiza; descortinar, além da aparência, a essência que ela apresenta "em figura":

> De fato este salão de sangues misturados parece o Brasil...
>
> Há até a fração incipiente amarela
> Na figura de um japonês.
> O japonês também dança maxixe:
> *Acugêlê banzai!*[60]

Perceber e exprimir o que também a realidade mais banal encobre ou torna emblemático na sua "trivialidade": eis, de agora em diante, a tarefa que o poeta destina a si mesmo. Um poeta enfim descentralizado, marginal (e que declara, de fato, desde o início, desde o título, a sua inaptidão ou impossibilidade de participar – "Não sei dançar" –, tornando-se, portanto, um simples observador: "*vim assistir* a este baile de terça-feira gorda"),[61] mas que encontra, nessa sua (ex)centricidade, nesse papel de testemunha, uma oportunidade para descobrir o que a vista, aguçada pelo mal, o faz entrever em um baile de carnaval: a verdade que está escondida em um Brasil intencionalmente "menor", longe de qualquer ufanismo, debaixo de uma crônica "doente" abafada pelo barulho alegre, pelo movimento cadenciado dos corpos que se misturam na dança:

---

60 *EVI*, p.93.
61 Sobre esse situar-se "na posição de quem olha ou escuta", cf. Arrigucci Jr., "O humilde cotidiano", p.22.

O algodão do Seridó é o melhor do mundo?... Que me importa?
Não há malária nem moléstia de Chagas nem anciióstomos.
A sereia sibila e o ganzá do *jazz-band* batuca.[62]

E é suficiente, com efeito, aproximar esse poema de muitos daqueles incluídos em *Carnaval* para descobrir a diferença, não só estilística, no tratamento da festa: aqui, tomada no seu aspecto cotidiano, material; ali, carregada ainda de um simbolismo subjetivo, de uma dor existencial que fecha toda a via para a alegre espontaneidade do rito popular.

> Insensato aquele que busca
> O amor na fúria dionisíaca!
> Por mim desamo a posse brusca:
> A volúpia é cisma elegíaca...
> [...]
> Minh'alma lírica de amante
> Despedaçada de soluços,
> Minh'alma ingênua, extravagante,
> Aspira a desoras de bruços
> Não às alegrias impuras,
> Mas a aquelas z'rosas simbólicas
> De vossas ardentes ternuras,
> Grandes místicas melancólicas!...[63]

---

62 *EVI*, p.94.
63 Ibid., p.58. Na mesma coleção encontra-se, aliás, outro poema dedicado ainda a uma terça-feira gorda ("Sonho de uma terça-feira gorda", in: ibid., p.70), em que se recorta, dentro do espaço da festa, uma alegria privada, exclusiva, disfarçada, além disso, sob uma aparência triste: "Nós caminhávamos de mãos dadas, com solenidade,/ O ar lúgubre, negros, negros.../ Mas dentro em nós era tudo claro e luminoso./ Nem a alegria estava ali, fora de nós./ A alegria estava em nós./ Era dentro de nós que estava a alegria,/ A profunda, a silenciosa alegria...". A diferença com "Não sei dançar" é evidente: à introversão, à alegria que vem de dentro, separando os "lúgubres", "silenciosos", amantes da atmosfera da festa, contrapõe-se a extroversão da testemunha, gozando da

Dos tons decadentes, "elegíacos", desse "Pierrot místico", passa-se então às sonoridades obsessivas do batuque que move os corpos ao encontro, incitando à sarabanda "tão brasileira", à "fúria dionisíaca" que libera e (con)funde as diferenças. Espectador, e não mais protagonista, o poeta educado pela dor, amestrado pela patológica consciência do seu corpo, consegue finalmente perceber a satisfação febril jorrando da mescla; ele consegue gozar – e fazer-nos participar – do prazer "libertino" de uma festa em que se espelha a identidade compósita, multíplice, de um povo em cujas veias correm "sangues misturados". Para dizê-lo com dois leitores prestigiados de Bandeira, o seu é um

> materialismo que o faz aderir à realidade terrena, limitada, dos seres e das coisas, sem precisar explicá-los para além da sua fronteira; mas denotando um tal fervor, que bane qualquer vulgaridade e chega, paradoxalmente, a criar uma espécie de transcendência, uma ressonância misteriosa que alarga o âmbito normal do poema.[64]

Eis ainda o "fervor", o excesso febril da evidência material que alarga os limites da percepção, penetrando "na franja noturna dos delírios e das alucinações do doente",[65] passando para além das coisas – mesmo ficando, todavia, bem enraizado, mesmo sendo, mais ainda, o produto de uma imanência, de uma corporeidade que é patológica consciência do limite.

"Uma mistura de estupefação imóvel e de frenesi. É isto a febre e a sua imagem", escreveu Franco Rella[66] ainda na esteira de Thomas Mann e da sua *Montanha mágica*, texto em que é pos-

---

algazarra, tirando a sua alegria da alegria dos outros. Sobre esse "Carnaval" melancólico e decadente, veja-se também Coelho, *M.B. Pré-modernista*, p.25-28.
64 Mello e Souza; Candido, "Introdução" a Bandeira, *Estrela da vida inteira*, p.XIII-XIV.
65 Ibid., p.XXI. Cf., ainda, Senna, "Viagem a Pasárgada". In: Brayner (org.), *Manuel Bandeira*, p.71, nota 9.
66 Rella, *Metamorfosi*, p.73.

sível, de fato, perceber a afinidade subterrânea entre a doença e o aflorar de uma sensibilidade estética nova: isto é, o reconhecimento ambíguo de uma realidade em decomposição manifestando a insuficiência da razão; a afirmação de uma "libertinagem" espiritual que dá ao homem (ao homem doente) acesso àquela mística do corpo, encoberta por uma interdição milenar. "A febre é uma manifestação cheia de contradições" – segundo se lê no romance de Mann – que, na percepção demoníaca da própria materialidade, "torna, portanto, o homem mais corpóreo, ou melhor, faz dele apenas um corpo":[67] e a poesia de Bandeira (a partir sobretudo de *Libertinagem*, como já se apontou) responde exatamente a essa procura de um gosto ou de um conhecimento novos, contraditórios, polimorfos, que na corporeidade e no seu sofrimento redescobrem felizes ocasiões, jeitos inesperados, para uma compreensão que vai além – ou fica aquém – de toda razão preconcebida, de qualquer possível "cura" (também em sentido heideggeriano).

Como é possível, aliás, ajustar essa impudicícia de um corpo expondo-se no excesso da doença com o pudor natural de um poeta retraindo-se na sua modéstia, abrigando-se nela? Só considerando, justamente, como, na doença, o afastar-se em relação ao real e a incapacidade de dominar as coisas se convertem em uma apropriação hipotética da verdade que se esconde nelas: ainda um *ethos*, portanto, desenvolvendo-se em atitude estética e vice-versa.

Bandeira, de resto, já percebera isso e o proclamara desde *A cinza das horas*:

> Teu corpo claro e perfeito,
> – Teu corpo de maravilha,

---

[67] Cf. ibid., p.72-76. Quanto a Bandeira, Gilda e Antonio Candido lembram como o poeta "tem-se referido mais de uma vez à constância com que, num certo período de sua vida, acontecia compor em transe, provocado quer pela febre, quer pelo cansaço ou pelo sonho" (Mello e Souza; Candido, op. cit., p.XXI).

> Quero possuí-lo no leito
> Estreito da redondilha...[68]

Penetrar nas maravilhas do real, alcançar o "corpo claro e perfeito", é possível, enfim, só graças a um ato de poesia: o eros, para ele, debate-se dentro dos confins incômodos da rima. Um movimento que, se irrealiza o objeto desejado, faz isso em vista de uma posse mais profunda; se, por um lado, se afasta na estilização, reassume, por outro, a experiência em uma proximidade "artificiosa" ao dado material – ao que, de outro modo, escaparia a qualquer forma de domínio.

Assim, o pudor combina-se com uma total impudicícia (leia-se, pelo menos, o poema "Água-forte", incluído na *Lira dos Cinqüent'Anos*);[69] a fraqueza associa-se a uma aguda percepção da força da palavra poética; o *pianissimo* da realidade harmoniza-se com o *fortissimo* de uma "inspiração" (no seu duplo sentido) que afastando aproxima e avizinhando distancia. Uma lente paradoxal, finalmente, a de Bandeira, a qual permite ver só às avessas de qualquer perspectiva, desvelando, de modo impudente, o que se esconde no cotidiano, através do velamento "casto" da palavra poética.

"Corrupter of Words"

> A língua desconhecida, de que capto todavia a respiração, a aeração emotiva, numa palavra a pura significância, forma ao meu redor, à medida que eu me movimento, uma ligeira vertigem, me arrastando no seu vazio artificial.
>
> Roland Barthes, *L'empire des signes*

---

68 *EVI*, p.24 ("Poemeto erótico").
69 Ibid., p.147-148. Em geral, sobre o erotismo e o "desnudamento" na poesia de Bandeira, cf. Arrigucci Jr., *Humildade, paixão e morte*, p.146-163.

Se, por um lado, o pudor confina com a evidência do corpo, por outro, o seu limite pode ser marcado, por conseguinte, só pela ironia. Por conseguinte, digo, porque a escolha de se deslocar em relação à centralidade de um *Eu* dominante, a opção pela lateralidade e pela subalternidade não pode senão desembocar em uma compulsão à ironia, único expediente que consente em reconstruir do exterior, desde uma posição em todo caso marginal, a relação já interrupta, a estrada já intransitável, entre sujeito e mundo.

> – O senhor tem uma escavação no pulmão esquerdo e o pulmão [direito infiltrado.
> – Então, doutor, não é possível tentar o pneumotórax?
> – Não. A única coisa a fazer é tocar um tango argentino.[70]

Como se vê, a própria resposta ao mal, à insistência da doença real, concretiza-se em um desvio irônico, em uma descentralização inesperada para a hipótese implausível: isto é, para o âmbito, sem garantias e sem necessidades (senão o obscuro apelo ao prazer), da arte.

Arte "superficial por profundidade", fraca por excesso de força, alegre pela aguda consciência de uma dor intransponível e que pretende, portanto, o rodeio irônico, o artifício da paródia permitido apenas pela palavra poética. "A ironia", escreveu a esse respeito Vladimir Jankélévitch,

> é falsa modéstia, falsa ingenuidade e falsa negligência; aparenta tratar os problemas com preterição [...], mas é próprio do seu modo de atuar não omitir nada; finge esquecer para não esquecer, como naqueles falsos descuidados nos quais uma desordem afetada disfarça as mais rigorosas simetrias.[71]

---

70 *EVI*, p.97.
71 Jankélévitch, *L'ironia*, p.79. Sobre a função da ironia na poesia de Bandeira (e a partir, sobretudo, de *Libertinagem*), veja-se, em particular, Pontiero, "A

É desse tipo de ironia que Bandeira se serve grandemente, sobretudo a partir de *Libertinagem*: de uma insuficiência fingida que deixa lugar ao sentido, que o "corteja" para depois o abandonar intacto – na sua inquietante, misteriosa incoerência – ao pé do leitor. Dessa natureza são, com efeito, as falsas crônicas de que estão recheados seja *Libertinagem*, seja *Estrela da manhã* – desde "Poema tirado de uma notícia de jornal" até "Conto cruel", passando entretanto por muitos outros textos em que a exposição aparentemente plana, intencionalmente simples, de fatos, de ambientes, de acontecimentos mínimos oculta e, ao mesmo tempo, revela um secreto desassossego, um mal-estar impalpável, que o poeta nos comunica através da sua arte leve, através daquela distância irônica em relação às coisas que obriga cada um de nós a se interrogar sobre o que fica indecifrável em todo evento trivial, sobre o enigma dissimulado no cotidiano.

> João Gostoso era carregador de feira livre e morava no
> [morro da Babilônia num barracão sem número.
> Uma noite ele chegou no bar Vinte de Novembro
> Bebeu
> Cantou
> Dançou
> Depois se atirou na Lagoa Rodrigo de Freitas e morreu afogado.[72]

Ao invés da redundância, como se vê, uma parcimônia exemplar; em vez do estrépito, uma modéstia que não pretende interpretar, mas aludir apenas, retraindo-se na ficção poética (sempre de um "Poema" se trata, mesmo "tirado de uma notícia de jornal"), encolhendo-se em um laconismo que é marca evidente de uma superioridade irônica em relação à palavra que

---

expressão da ironia em 'Libertinagem', de M.B.". In: Brayner (org.), *Manuel Bandeira*, p.267-278.
72 *EVI*, p.107.

em aparência explica, deixando, ao contrário, intacto o enigma. "Só quem tem força", escreve ainda Jankélévitch, "tem o direito de ser fraco; como nas metáforas do preciosismo, a imaginação desce do sublime ao vulgar, em vez de comparar o vulgar com o sublime. Daí o pudor retrátil da recusa e todos os eufemismos cerimoniosos da negação".[73]

Veja-se, aliás, o emblema escolhido por Bandeira para o seu *ex-libris*: aquele "Ariesphinx"[74] com corpo de leão e cabeça de carneiro, oximoro iconográfico de uma força manifestada na fraqueza ou, inversamente, de uma fragilidade dando mostras de potência. E a epígrafe que acompanha essa espécie de brasão – no qual não é difícil desvendar também uma referência pessoal implícita, já que a máscara do *Carneiro* parece querer encobrir/significar uma parte da identidade nominal do poeta – "Manuel Bandeira/ (Souza Bandeira./ O nome inteiro/ Tinha Carneiro)"[75] –, enquanto o corpo leonino parece, por sua vez, remeter ao "leão rompente" que se encontra, justamente, na sua "Carta de Brasão"[76] – os versos submetidos ao emblema, enfim, "resolvem" de fato, sem "dissolver", o oximoro, desenvolvem a metáfora em poesia:

A força da doçura
A força da poesia
A força da música
A força das mulheres e das crianças.
A força de Jesus – o cordeiro de Deus.[77]

Nessa breve composição está, talvez, cifrado o enigma de um poeta aparentemente sem mistérios, mas que ocultou sempre a

---
73 Ibid., p.76.
74 Cf. *PCP*, p.75.
75 *EVI*, p.280.
76 Ibid., p.165.
77 *PCP*, p.75.

verdade dentro (e atrás) de uma língua que, como aquela oracular, como a linguagem enigmática, justamente, "nem desvela nem esconde, mas significa".[78] Língua primordial, certamente, língua feita de palavras simples ("doces", "musicais", "infantis"...), mas língua, todavia, em que as palavras acabam por perder a sua referencialidade imediata, em que as coisas são privadas da nitidez dos seus contornos, em que os fatos cessam de ser fatos para elevar-se à condição de "símbolos". *Sun-bállein* era, não por acaso, o verbo a que os gregos confiavam a função de ilustrar a ambiguidade essencial da significação: um "pôr em conjunto", uma justaposição arbitrária de noções antinômicas, para chegar a enunciar aquele mistério indizível que se esconde (e, ao mesmo tempo, se escancara) "dia-bolicamente" no dizer:[79]

> Montanha e chão. Neve e lava,
> Humildade da umidade.
> Quem disse que eu não te amava?
> Amo-te mais que a verdade.
>
> E de resto o que é a verdade?
> E de resto o que é a poesia?
> E o que é, nesta guerra fria,
> Qualquer pura realidade?[80]

Ainda perto do fim da sua existência, à luz trêmula da sua *Estrela da tarde*, Bandeira continuará poetando, como se vê, sob o signo enigmático da sua personalíssima Esfinge ("Ariesphinx" é, de fato, o título desse poema). Continuará, sobretudo, interrogando-se sobre o sentido misterioso de uma verdade que se

---

78 Cf. Agamben, *Stanze*, p.165. Sobre o caráter "enigmático" da obra de Bandeira, veja-se Arrigucci Jr., *Humildade...*, p.15-18.
79 Cf. Agamben, op. cit., p.166-180.
80 *EVI*, p.231.

oculta na indecifrável mistura dos opostos, na difícil, conflituosa ("nesta guerra fria") incoerência do viver: um sentido que não pode ser apanhado e iluminado nem pela palavra luminosa de um novo Édipo. Um enredo oximórico ("Montanha e chão. Neve e lava"...), um emaranhado "simbólico" que não chega a ser destrinçado por nenhuma explicação – que só pode, então, ser amado, que pretende ser cultivado com paciência, como anúncio de uma língua e de uma verdade "outras", refratárias a qualquer solução, distantes da simplicidade das definições humanas e, apesar disso, presas desde sempre "numa prega", ou seja, simples desde sempre (etimologicamente, de fato, *sim-plex* é aquilo que está "dobrado uma vez").[81]

Por isso, a meu ver, não é possível reduzir o sentido da paixão, declarada pelo poeta, pelas charadas e pelas palavras cruzadas, apenas à vontade, como ele diz, de "aprender os nomes das coisas",[82] já que, penso eu, nela se pode também esconder o desejo de ensaiar a sua capacidade em decifrar o sentido oculto das coisas e, por outro lado, de treinar na cifração da realidade dentro de uma língua convencional, desnecessária, feita de cruzamentos obrigatórios, de correspondências subterrâneas, de misteriosas conjunturas. E, de resto, não se explicaria de outro modo a sua defesa, antes, e a sua adesão, depois, à experimentação concretista sem esta interrogação prévia, sem essa inquietação nunca resolvida a respeito do segredo escondido nas pregas da palavra, na arbitrariedade fecunda do signo:

> Os aguapés dos aguaçais
> Nos igapós dos Japurás
> Bolem, bolem, bolem.
> Chama o saci: – Si si si si!

---

[81] Cf. Agamben, op. cit., p.186-189. Sobre a "simplicidade" em Bandeira, cf. Arrigucci Jr., *Humildade...*, p.37 e ss.
[82] *PCP*, p.663-664 (*Andorinha Andorinha*).

– Ui ui ui ui ui! uiva a iara
Nos aguaçais dos igapós
Dos Japurás e dos Purus.[83]

Eis o início de "Berimbau", poema que faz parte de *O ritmo dissoluto* e que demonstra como, muito antes de qualquer *ismo*, longe de todas as escolas poéticas – onde ele vai querer ficar sempre, mantendo-se apenas no limiar incerto de si mesmo –, Bandeira já teria experimentado a fascinação dos sons, das onomatopeias, das paronomásias; como ele já teria sondado as profundidades da linguagem; como ele teria indagado por entre as dobras harmônicas do sentido. E como ele seria reemergido rico de uma intimidade nova com o mundo, cheio de uma "sim-patia" para com as coisas que o espantam e o envolvem, não pelo que elas são, mas pelo som que as reveste, tornando-as espantosas e envolventes aquém (ou além) da sua essência humilde.

A palavra, enfim, no seu caráter acessório, na sua lateralidade irônica em relação à vida, fica, porém, como cifra secreta se abrindo para a possibilidade – fantástica na sua corporeidade – de um algures desejado, de uma existência virtual que os signos fazem entrever na sua combinação arbitrária:

Quem te chamara prima
Arruinaria em mim o conceito
De teogonias velhíssimas
Todavia viscerais

[...]

---

83 *EVI*, p.91. Sobre as relações de Bandeira com o movimento concretista, veja-se o que ele escreveu sobre isso em *Flauta de papel* (In: *PCP*, p.508-511). Cf. também o artigo de Haroldo de Campos, "Bandeira, o desconstelizador". In: Brayner (org.), *Manuel Bandeira*, p.279-285.

Hoje em verdade te digo
Que não és prima só
Senão prima de prima
Prima-dona de prima
– Primeva.[84]

Um poema como "Palinódia" pode ser um bom exemplo de como o desvio irônico em relação ao real leva Bandeira – através de um jogo puramente fônico-linguístico, pelo trâmite de uma combinação de significantes contíguos –, portanto, até a revelação de significados em aparência incongruentes e todavia carregados de uma necessidade que afunda as raízes em uma verdade ancestral, em uma realidade "primeva".

E é como se nos nomes se escondesse um segredo que só o tratamento irônico deles, a sua difração, apenas o recuo pudico ante a firmeza, ante a consistência do significado, ajuda a decifrar. Basta, por isso, considerar a atitude do poeta em relação tanto aos topônimos quanto aos antropônimos para se dar conta de qual aproximação ao sentido oculto das coisas é possível no afastamento irônico dos signos que as cobrem. Versos como: "O Morro do Pinto morre de espanto"; "Cartomantes da Rua Carmo Neto"; "Bembelelém/ Viva Belém!/ Nortista gostosa/ Eu te quero bem";[85] ou ainda poemas inteiros, como muitos daqueles incluídos em *Mafuá do Malungo*, construídos por completo sobre os nomes próprios, demonstram que, para Bandeira, existe uma verdade escondida enigmaticamente debaixo das palavras; atestam que, para ele, apenas o paragrama ou o anagrama podem eventualmente desvelar o que os nomes velam à compreensão.[86]

---

84 *EVI*, p.115-116.
85 Ibid., p.100, 101 e 103.
86 Quanto aos nomes próprios, bastará apenas lembrar o poema "O nome em si" (*EVI*, p.252-253), todo construído sobre o(s) apelido(s) de Gonçalves Dias, além das considerações relativas a esse processo de desarticulação

Les mots sous les mots, afinal: sentidos entrecruzados, provisórios, multíplices, em uma poesia que não pretende enunciar gravemente, mas sim evocar, parodiando, o virtual que está por baixo do factual, o dizível que está subentendido no (já) dito. É por isso, também, que assistimos à contínua reelaboração, por Bandeira, das palavras de outrem, da escrita dos outros – quase como em um *pastiche* poético interminável que, na sua aparente subalternidade, no seu caráter derivado, de "segunda mão", expressa, na verdade, o poder, a força evocativa da arte. Em outros termos, quanto mais a realidade se mostra pobre, miúda, dispersa, tanto mais a representação textual dela revela a sua riqueza oculta, a vastidão das correspondências, a sua íntima coerência.

A "força da poesia", então, proclama, na antífrase, a capacidade surpreendente de sublimar a dispersão da existência na globalidade da figura poética; de resgatar a monotonia da crônica na polifonia do discurso artístico; de colher, enfim, na experiência cotidiana, os ecos perdidos de uma experiência literária movimentando-se em várias direções. Nessa perspectiva, talvez o exemplo mais conhecido seja a "Balada das três mulheres do sabonete Araxá", texto em que Sônia Brayner conseguiu desvendar (além das dívidas declaradas pelo poeta no seu *Itinerário de Pasárgada*) citações, mais ou menos escondidas, de Rimbaud, Shakespeare e até de um samba de Lamartine Babo, grande sucesso do carnaval de 1931, ano em que o poema foi escrito.[87]

E é justamente essa tendência a comprimir todas as expressões da arte (desde a mais alta até a mais baixa, desde a mais próxima até a mais afastada no tempo) no espaço breve de uma poesia em que se idealiza uma imagem trivial, que acaba, a meu

---

dos nomes avançadas em *Flauta de papel* (*PCP*, p.510). Cf. também Brandão, "Poética e vida em Bandeira". In: *M.B.: Verso e reverso*, p.26-27.

87 Brayner, "O 'humour' bandeiriano ou as histórias de um sabonete". In: Brayner (org.), *Manuel Bandeira*, p.340-345.

ver, por fazer rebentar os confins mesmos do texto, que acaba por alargar "o âmbito normal do poema".[88] O que se entrevê através do uso irônico, alienado, das palavras de outrem é, de fato, a mirabolante grandiosidade do que é banal, ou bem a banalidade abrigando-se atrás de qualquer disfarce grandíloquo da verdade: todos, desde Shakespeare até o último sambista, todos participam desse laborioso enchimento de um nada que é a nossa – pobre, silenciosa, humana... – razão de ser.

"Adotando a linguagem de outrem, a ironia a contrai e a esmiúça",[89] faz dela – eu diria – o portador satírico de uma insuficiência em relação ao sentido que é, na realidade, superioridade em relação ao senso comum: construção de um plano expressivo individual sendo o produto de uma combinação de diferentes planos expressivos; criação de um estilo encontrando o seu espaço na interseção dos estilos mais variados. E através dessa linguagem artificiosa e, ao mesmo tempo, absolutamente natural, o que transcorre é a mensagem de uma poesia desvendando o valor convencional da palavra, seu papel desnecessário, sua marginalidade, sem entretanto lhe tirar a função essencial de abrir caminho para aquela verdade que se esconde sem clamor nas dobras do cotidiano. Uma palavra lateral, periférica, que fatalmente se desconecta, se esfrangalha, se desfibra, na travessia desde a realidade até a sua representação, mas que, apesar disso, comunica o que apenas poucas pessoas estão à altura de perceber – as crianças, talvez os poetas:

> Quando o poeta aparece,
> Sacha levanta os olhos claros,
> Onde a surpresa é o sol que vai nascer.

---

88 Mello e Souza; Candido, op. cit., p.XIV. Sobre a técnica das colagens em Bandeira, cf. ibid., p.XXIV-XXV. Mais em geral, sobre a utilização dos versos alheios, veja-se, pelo menos, Andrade, "Manuel Bandeira", p.75-77, e Arrigucci Jr., *Humildade...*, p.141-142 e *passim*.
89 Jankélévitch, op. cit., p.81.

O poeta a seguir diz coisas incríveis,
Desce ao fogo central da Terra,
Sobe na ponta mais alta das nuvens,
Faz gurugutu pif paf,
Dança de velho,
Vira Exu.
Sacha sorri como o primeiro arco-íris.

O poeta estende os braços, Sacha vem com ele.

A serenidade voltou de muito longe.
Que se passou do outro lado?
Sacha mediunizada
– Ah – pa – papapá – papá –
Transmite em Morse ao poeta
A última mensagem dos Anjos.[90]

    Longa citação, mas citação necessária para entender como a obsessão da poesia, a possessão da inspiração e o ritmo acelerado (dissoluto) do verso representam um contrapeso inevitável à relação fundamentalmente "ingênua" e "pudica", que o escritor trava com a realidade. Bandeira é, então, Sacha e o poeta ao mesmo tempo, é o estupor da infância e o fervor de um rito estupefaciente, desenvolvendo-se no excesso. Entre a orgia das sensações e o sentir maravilhado, entre quem baila ("dança de velho") e quem assiste ao baile ("Não sei dançar"), entre a atividade do escritor possuído pelo furor demoníaco ("vira Exu") e a passividade natural do menino, inspirado pelo anjo, corre um diálogo feito de onomatopeias, de gestos, de sinais Morse – língua sem sentido que transmite um segredo indizível, ou, pelo menos, não dizível em palavras, em palavras que tenham um (único) sentido.

---

90 *EVI*, p.129-130.

O que liga as duas atitudes – o frenesi do poeta, a emoção da menina – é ainda a ironia: espírito *borderline*, "extra-vagante",[91] mexendo-se entre dois estados marginais, pondo em comunicação dois extremos, combinando posições de outro modo inconciliáveis e desconectando, porém, associações estabelecidas, paradigmas consolidados, estruturas habituais – mas recusando, sempre e em todo o caso, a grandiloquência. Uma escolha estética consciente, aliás, que Bandeira proclama em voz alta, abandonando de uma vez toda pudicícia, qualquer relutância:

> Todas as palavras sobretudo os barbarismos universais
> Todas as construções sobretudo as sintaxes de exceção
> Todos os ritmos sobretudo os inumeráveis
>
> Estou farto do lirismo namorador
> Político
> Raquítico
> Sifilítico
> De todo lirismo que capitula ao quer que seja fora de
> [si mesmo.
> [...]
> Quero antes o lirismo dos loucos
> O lirismo dos bêbados
> O lirismo difícil e pungente dos bêbados
> O lirismo dos clowns de Shakespeare.[92]

Recusa inesperada de qualquer homologação poética por parte de um autor discreto, o qual se identifica só na pluralidade,

---

91 Sobre o caráter *borderline* e as suas ligações com o espírito mercurial (sobre o qual, cf. *infra*), veja-se o importante estudo de Lopez-Pedraza, *Ermes e i suoi figli*.
92 *EVI*, p.98.

na contaminação dos estilos e das linguagens, na incoerência aparente dos loucos, dos bêbados, dos saltimbancos.

Não a impaciência, impregnada de altivez, de alguns modernistas, não a violência gritante, não, repare-se, o ataque frontal contra os "patrões da língua", contra os senhores da norma, mas, sim, a insubordinação oblíqua, a subversão sem clamores que atua sobre a língua para a desconjuntar do interior e em profundidade. Em *Twelfth Night* (III, 1, vv. 32-37), a uma pergunta que visava apenas a verificar a sua identidade (*"Are not thou the Lady Olivia's fool?"*), o bobo Feste assim contesta: *"I am indeed not her fool, but her corrupter of words"*[93] – e é este, a meu ver, o lirismo do *fool* shakespeariano que Bandeira assume como modelo: é esta atividade de "corrupção" da palavra e do sentido, é esta ação de despedaçamento dos nexos lógicos e linguísticos estabelecidos, que o poeta pratica na sua poesia. Jogral sem posto próprio, sem lugar marcado, verdadeiro *outsider* com respeito ao sistema poético, ao poder literário, a qualquer possível *ismo* ("Não quero mais saber do lirismo que não é libertação"),[94] ele guarda para si mesmo a incômoda função de consciência irônica do "mundo dos fortes": saltimbanco que da sua condição de subalternidade, da sua atopia, faz um valor, uma personalíssima *Bandeira* (estou, evidentemente, pensando nos famosos versos de Drummond: "Ontem, hoje, amanhã: a vida inteira,/ teu nome é para nós, Manuel, bandeira").[95]

O não lugar do louco, do bêbado, do bufão, revela-se então como transversalidade explosiva e, ao mesmo tempo, irrisória

---

[93] Cf. Mullini, *Corruttore di parole. Il fool nel teatro di Shakespeare*, p.171 e *passim*. [Trad.: Vós não sereis o bobo de Lady Olivia?; "Eu não sou, em verdade, seu bobo, mas seu corruptor de palavras". (N. E.)]

[94] *EVI*, p.98.

[95] Cf. em particular Carvalho e Silva (org.), *Homenagem a M.B. 1986-1988*, p.IX e 594 (nesta última página se encontra a assinatura autógrafa do poeta, utilizada a partir de 1960 e ilustrada por uma bandeira do Brasil tendo, no centro, o nome "Manuel").

em relação aos lugares (aos *tópoi*) ocupados pelos outros, como travessia paródica dos espaços textuais mais variados. O poeta, novo Hermes, mensageiro improvável de deidades sem nome, faz as ligações, regula as passagens, leva ao sentido o que, na aparência, é sem sentido – ele é o senhor melancólico, acedioso e risonho, de uma realidade "trivial"; é o rei burlesco, sem domínio e sem poder, que assiste ao espetáculo do mundo, vendo de cada coisa o revés, a outra verdade que a verdade esconde.[96]

Os tempos da ocasião

> Temos todos duas vidas:
> A verdadeira, que é a que sonhámos na infância,
> E que continuamos sonhando, adultos, num substrato
> de névoa;
> A falsa, que é a que vivemos em convivência com outros,
> Que é a prática, a útil,
> Aquela em que acabam por nos meter num caixão.
>
> Fernando Pessoa, *Dactilografia*

O evento da doença subtrai, portanto, Bandeira à fatalidade do senso comum, livra-o da normalidade de um "lirismo comedido", "bem-comportado", "funcionário público", para condená-lo,

---

[96] Sobre a figura de Hermes e a sua importância na poesia moderna, cf. Starobinski, *Ritratto dell'artista da saltimbanco*. Nesse estudo magistral, de fato, analisa-se a presença de imagens ligadas à "ligeireza" (saltimbancos, *clowns*, bailarinas...) na pintura e na literatura dos finais do século XIX e dos inícios do século XX, relacionando essas figuras com o mito de Hermes/Mercúrio (vejam-se, a respeito disso, as iluminadoras considerações de Corrado Bologna, na "Introdução" à edição italiana do livro de Starobinski). Quanto a Bandeira – ao seu amor pela "ligeireza" e pela arte "funambulesca" – leia-se, pelo menos, o poema "A Canção das Lágrimas de Pierrot" (em *Carnaval*; *EVI*, p.48-50), inspirado, com efeito, nas *Odes funambulesques* de Banville, obra amplamente citada no trabalho de Starobinski. Cf., também, Pennafort, "Marginália à Poética de M.B.". In: Brayner (org.), *Manuel Bandeira*, p.108-111.

todavia, a uma marginalidade que é condição necessária (compulsão) a uma visão diferente do real e da nossa existência nele. Tempo complementar e, ao mesmo tempo, alternativo em relação ao nosso tempo, aquele em que o poeta se põe, a partir de um "fato" que apaga qualquer horizonte último, que anula a certeza de um fim, entregando-o a uma precariedade que é percepção dolorosa e alegre da inadequação do Eu, da sua incapacidade de dominar o tempo. É esta, justamente, a outra face da liberdade, o avesso da "libertinagem": o lado melancólico de um escritor que, excetuando-se ou sendo excetuado pelo mundo, deve enfim viver uma existência feita de exceções, de instantes únicos, de ocasiões exclusivas. Uma situação irrevogável tendo o gosto agridoce da irresponsabilidade, da suspensão incondicional em um presente cristalizado de vez no coração do devir.

Já falei (Bandeira falou) dos *clowns* e da sua licença, agora terei de falar, talvez, desse tempo irrisório, fechado nas profundidades do tempo oficial, como de uma dimensão carnavalesca, como de um disfarce contínuo do cotidiano. "O malandro, o bufão e o bobo", escreveu Bakhtin,

> criam à sua volta pequenos mundos particulares, cronótopos particulares. [...] São intrínsecos deles uma peculiaridade e um direito: de ser *estranhos* neste mundo. De fato, eles não solidarizam com alguma condição de vida deste mundo, por nenhuma delas são satisfeitos e de todas elas veem o avesso e a mentira.[97]

Pois então: essa insatisfação diante do mundo "como é", essa licença que se converte em condenação a uma vista oblíqua, penetrando a superfície das coisas, entrevendo o que se move para além delas, estabelecendo novas conjunturas, novas constelações de sentido – tudo isso me parece, de fato, característico também de Bandeira, a partir de *Libertinagem*. E também nesse caso, trata-se de

---

97 Bakhtin, *Estetica e romanzo*, p.306.

"pequenos mundos particulares", cada um com a sua material evidência, cada um com a sua carga de frustrações e de alegrias:

> Sempre tristíssimas estas cantigas de carnaval
> Paixão
> Ciúme
> Dor daquilo que não se pode dizer
>
> Felizmente existe o álcool na vida
> E nos três dias de carnaval éter de lança-perfume
> Quem me dera ser como o rapaz desvairado!
> O ano passado ele parava diante das mulheres bonitas
> E gritava pedindo o esguicho do cloretilo:
> – Na boca! Na boca!
> [...]
> Dorinha meu amor...
>
> Se ela fosse bastante pura eu iria agora gritar-lhe como o outro:
> – Na boca! Na boca![98]

Aqui o "lirismo dos loucos" torna-se pedido insensato de um prazer "impuro" que apenas a "pureza" absoluta pode satisfazer. E repare-se que o aprazimento é, na realidade, um deixar-se levar pelo frenesi carnavalesco: uma condição que só os loucos ou os bêbados (os "viciados"), só os marginais, afinal, conseguem viver plenamente, sem aquela tristeza reverberando ainda dentro do tempo da festa. São eles, de fato, os portadores de uma carnalidade sem remorsos que se esconde atrás da dissimulação das paixões.

Levada até as consequências extremas, a escolha de um materialismo rigoroso chega a descobrir as leis ocultas do desejo: um desejo que, por paradoxo, transcende a matéria para se realizar no sonho, que transcende o tempo para se refugiar em um

---

98 *EVI*, p.113-114.

tempo alternativo – aquele do carnaval, justamente, ou aquele da infância ou da morte. Leiam-se, nessa óptica, as estâncias inicial e conclusiva de "Contrição" (em *Estrela da manhã*):

> Quero banhar-me nas águas límpidas
> Quero banhar-me nas águas puras
> Sou a mais baixa das criaturas
> Me sinto sórdido
>
> [...]
>
> Vozes da infância contai a história
> Da vida boa que nunca veio
> E eu caia ouvindo-a no calmo seio
> Da eternidade.[99]

Ou ainda estes versos de "Jacqueline", na mesma coleção, que associam, de modo significativo, a infância e a morte, emparelhadas em um desejo de beleza absoluta que só nessas dimensões totais pode ser possuída:

> Jacqueline morreu menina.
> Jacqueline morta era mais bonita do que os anjos.
> [...]
>
> Houve tempo em que olhei para os teus retratos de menina como
>   olho agora para a pequena imagem de Jacqueline morta.
> Eras tão bonita!
> Eras tão bonita, que merecerias ter morrido na idade de
>   Jacqueline
>
> – Pura como Jacqueline.[100]

---

99 Ibid., p.128.
100 Ibid., p.130.

A pureza, a inocência e a simplicidade são, portanto, os atributos de uma harmonia cobiçada, recuperável só nos tempos extremos, excedentes: tempos dominados por figuras emblemáticas, como, justamente, os loucos, as crianças, as mulheres (só aquelas, repare-se, "bastante puras para fazer vontade aos viciados").[101]

Fora dessas coordenadas, além desses limites, tem lugar a vida real, feita de eventos mínimos que a poesia, porém – e aqui está a sua verdadeira força –, pode redimir, rodeando-os de uma aura que os torna intangíveis pelo tempo. Em outras palavras, forçado a viver uma vida que a doença tornou "outra" em relação àquela real, Bandeira por um lado aspira a se refugiar naquelas dimensões extremas, "laterais", que fogem do mal; por outro, tenta realizar, no coração da existência, uma existência ideal, hipotética, que lhe permita evitar a evidência do tempo. Dimensão interina, esta, suspensa entre o agora e a morte, mas, por isso mesmo, único espaço de liberdade concedido ao poeta.[102]

Muitos são, nesse sentido, os poemas (seja em *Libertinagem*, seja em *Estrela da manhã*, seja algures) que denunciam a vontade de recuperar na memória e no desejo os lugares de uma plenitude perdida – os lugares alternativos em que realidade e hipótese coincidem, em uma eternidade externa ao tempo (basta ler a "Evocação do Recife"). Outros tantos, aliás, são os poemas em que, constatado o caráter irrevogável do tempo, o poeta procura deter, nos confins de um texto, o instante único, o átimo decisivo em que todos os tempos parecem convergir e anular-se. Momento inconsequente, podendo não ter em si mesmo nada de excepcional, nada de excessivo, mas que a poesia suspende

---
101 Ibid., p.113.
102 "Continuei esperando a morte para qualquer momento, vivendo sempre como que provisoriamente" (*Itinerário de Pasárgada*; *PCP*, p.101). E cf. Jozef, "M.B.: Lirismo e espaço mítico". In: *Homenagem a M. B.*, op. cit., p.90 ("Mergulhado na cotidianidade, vive num tempo abolido, incapacitado de estar no presente por sua carência existencial").

no decorrer da vida, tornando-o único. Tal é, por exemplo, o momento cantado por Bandeira nos seus numerosos poemas de ocasião, os quais traduzem o que é episódico em emblemático, fracionando a continuidade em uma série discreta de eventos, cada um com seu nome peculiar, cada um com seu próprio "título" – nomes de mulheres, de amigos, de lugares; nomes evocados e convocados no tempo dentro do tempo da poesia.

Átimos triviais, claro, mas é exatamente na trivialidade – como nos ensinou Roland Barthes[103] –, é justamente nas encruzilhadas de dois ou mais caminhos que se pode surpreender o sentido da literatura. Eis, então, ressurgir o espírito "mercurial" de um poeta que entrelaça várias hipóteses de existência, que é senhor de um mundo em que as estradas (os tempos, os eventos, as pessoas...) se encontram de modo provisório para depois se afastarem rumo ao nada, para depois se entranharem no mistério – mas no encontro, no tempo pontual que está na intersecção dos tempos, se dá a magia da festa, a alegria encerrada só na relação com o outro. "Sou poeta de circunstâncias e desabafos",[104] confessa de fato Bandeira: poeta das ocasiões, como já apontei, das reuniões convivais ("Rondó dos cavalinhos" e "Rondó do Palace Hotel"), mas também, e sobretudo, poeta dos *Mafuás dos Malungos*, ou seja, das feiras populares, das praças para as quais concorrem as estradas e nas quais se encena a arte miserável e alegre (carnavalesca) do jogral.

De resto, essa veia popular, folclórica, ele a cultiva com afeto, registra com amor as vozes, os gestos, os ritos, a arte sem pretensão de uma humanidade de rua, sabendo ainda ler através dela, conseguindo entrever o sublime escondido no humilde. Desfilam assim, diante dos nossos olhos, a multidão compósita de "Não sei dançar", de "Mangue" e da "Evocação de Recife"; e depois, sambistas e macumbeiros; e depois ainda, as ternas e tristes

---

103 Cf. Barthes, *Leçon*, p.26.
104 *PCP*, p.98.

imagens de Siquê ("Cunhantã") e de Irene ("Irene no céu") e de outros personagens surpreendidos na sua simplicidade que a simplicidade da poesia transfigura: habitantes de tempos reais tornando-se, na escrita aérea de Bandeira, na ligeireza mercurial, "hermética", dos seus versos, indícios de um tempo outro:

> Duas vezes se morre:
> Primeiro na carne, depois no nome.
> A carne desaparece, o nome persiste mas
> Esvaziando-se de seu casto conteúdo
> – Tantos gestos, palavras, silêncios –
> Até que um dia sentimos,
> Com uma pancada de espanto (ou de remorso?)
> Que o nome querido já nos soa como os outros.
> [...]
> Adelaide não foi para mim Adelaide somente
> Mas Cabeleira de Berenice, Inominata, Cassiopeia.
> Adelaide hoje apenas substantivo próprio feminino.[105]

Por esse processo, pelo qual um nome constrói à sua volta uma realidade diferente e precária que só a poesia eterniza, passam os parentes, os amigos, as mulheres amadas, os lugares vividos. E os seus nomes cessam – para nós também, os leitores – de designar o real, acabam de ser "próprios", para se tornarem os símbolos sonoros de uma realidade particular, misteriosa, privada, e todavia acessível, constantemente aberta à nossa experiência, à experiência de todos.[106] Vários tempos convocados no tempo homogêneo da poesia; temporalidades imaginárias abrigando-se na cotidianidade da crônica – em um movimento que é, ao mesmo tempo, centrífugo e centrípeto, de afastamento

---

105 *EVI*, p.201-202 ("Os Nomes". In: *Opus 10*).
106 Cf. Arrigucci Jr., *Humildade...*, p.50, e Drummond de Andrade, "Manuel Bandeira". In: Brayner (org.), *Manuel Bandeira*, p.213.

e de aproximação em relação ao mundo, e que acaba por delimitar uma dimensão outra, mas especular, avessa, mas idêntica, a propósito da dimensão normal.

Carnavalização, mais uma vez, disfarce do real que, como acontece com frequência, tem muito a ver com a tanatologia. Porque se a morte é, por um lado, a reunião das possibilidades, o fim de todas as estradas, para o poeta doente representa, por outro lado, também uma eventualidade escancarada diante dele a cada instante, um evento plausível que o pode surpreender a cada esquina. "Morte absoluta", então ("Morrer./ Morrer de corpo e alma./ Completamente"),[107] e morte como hipótese cotidiana, como suporte paradoxal da existência: alternativas que convivem em uma condição absurda de adiamento, de prorrogação contínua:

> Vida que morre e que subsiste
> Vária, absurda, sórdida, ávida,
> Má![108]

Não deve surpreender, nessa perspectiva, que circulem pela poesia de Bandeira algo como um pressentimento de fim iminente e até, às vezes, uma sensação de fim já vivida ("Poema de finados"): não é mais do que "o avesso das alegrias",[109] o lado oposto de uma satisfação exaltando-se na corporeidade, a outra face, enfim, de Hermes/Mercúrio – que é, de fato, também "psicopompo", senhor da extrema passagem.[110] Já que na naturalidade do trespasse, nessa última travessia, é lícito entrever um modo de transitar para além da simples existência, uma oportunidade para viver, final e definitivamente,

---

107 *EVI*, p.148.
108 Ibid., p.224 ("Entrevista". In: *Estrela da tarde*).
109 Ibid., p.127. O "Poema de finados" encontra-se em ibid., p.118.
110 Cf. Starobinski, op. cit., p.133-154.

o seu alheamento irônico em relação ao mundo, a própria irrisória marginalidade. É esse o sentido que se pode ler, por exemplo, em "O último poema", o texto que marca a outra margem – a inferior – de *Libertinagem*, quase a contrapartida disfórica da vontade inicial de alegria de "Não sei dançar". Esse é também o sentido que é, talvez, legítimo desvendar em "Testamento", poema (a que já fiz menção) incluído na *Lira dos Cinqüent'Anos* e que parece renovar o *tópos* medieval do legado por brincadeira:

> O que não tenho e desejo
> É que melhor me enriquece.
> Tive uns dinheiros – perdi-os...
> Tive amores – esqueci-os.
> Mas no maior desespero
> Rezei: ganhei essa prece.
>
> Vi terras da minha terra.
> Por outras terras andei.
> Mas o que ficou marcado
> No meu olhar fatigado,
> Foram terras que inventei.[111]

Depois de ter deixado atrás de si todas as vaidades mundanas, depois de ter vivido tantas desilusões e tantas dores, o que fica é ainda o rito e o mito, uma invocação e uma invenção.

---

111 *EVI*, p.158. O tema do "testamento" (tratado várias vezes pelo poeta, como, por exemplo, nos poemas que compõem *Preparação para a morte*; *EVI*, p.257-259) liga, evidentemente, Bandeira sobretudo a François Villon, autor que ele declara, de fato, admirar profundamente ("O poeta francês meu preferido é Villon". In: Brayner (org.), *Manuel Bandeira*, p.97), chegando, também, a retomar dele o *tópos* do *Ubi sunt?*. Cf., a respeito disso, Arrigucci Jr., *Humildade...*, p.217-225, e Franklin de Oliveira, "O medievalismo de Bandeira: a eterna elegia". In: Brayner (org.), *Manuel Bandeira*, p.241-247.

É quanto os deuses permitem aos mortais: a fé imotivada em um "algures" que existe dentro de nós mesmos; a esperança de um outro tempo que a imaginação apenas, só a poesia, pode edificar nas profundidades do tempo humano. Uma outra máscara, talvez, mas uma máscara definitiva, prometendo aquele "remate de males", aquele domínio alegre e "jocoso" de um *Eu* finalmente total que a dor cotidiana de viver torna impossível.

Os lugares do desejo

> Na natureza das coisas há mais significado do que seria necessário.
>
> Philip Roth, *Sabbath's Theater*

Gilda e Antonio Candido escreveram, a propósito de Bandeira, que "uma das maneiras de entender a sua obra é encará-la como reorganização progressiva dos espaços poéticos, a partir de uma concepção tradicional, até chegar a uma concepção nova, segundo a qual os objetos perdem o caráter óbvio que tinham inicialmente".[112] E é verdade, com efeito, que ele sempre percebeu a sufocante inelutabilidade do "lugar-comum", que, não podendo ser evitado, deve ser secundado, revistando-se os interstícios de uma evidência sem saída, para encontrar os recantos sombrios, os escaninhos inquietadores, abrigados nela. Todavia, é também verdade que esses espaços misteriosos, esses lugares inacessíveis à razão e à sua linguagem, são iluminados por uma expressão solar, tratados com uma "familiaridade minuciosa e objetiva".[113]

Ambos os movimentos – a que já fiz alusão tantas vezes –, isto é, a procura arqueológica, em "vertical", de uma verdade

---

112 Mello e Souza; Candido, "Introdução" a M. Bandeira, p.XVIII.
113 Ibid., p.XIX.

insólita, escondida nas dobras do cotidiano, e a "horizontal" leveza, a ligeireza comezinha com que é praticado o que é inexplicável, acabam por se conciliar só no espaço artificial da poesia. Espaço compósito, lugar de compromisso em que convergem todos os lugares: dimensão do desejo em que o mergulhar no segredo ocultado no profundo da crônica combina-se com o transcorrer superficial pelos símbolos indecifráveis da imaginação, do irracional, do sonho – até desenhar os contornos trêmulos de uma realidade onírica, acessível na sua abismal distância, familiar na sua estranheza.

Esse lugar – não sendo *um* lugar – assume vários nomes na poesia de Bandeira (Recife, Belém, Mangue, Juiz de Fora...), mas, fatalmente, tem de se recolher sob a égide de um nome, ao mesmo tempo real e fantástico, verdadeiro e inventado: Pasárgada, utopia consolatória em que se encontram e se confundem a materialidade do desejo e a imaterialidade do ideal, a finura da crônica e a espessura da história.

> Vou-me embora pra Pasárgada
> Aqui eu não sou feliz
> Lá a existência é uma aventura
> De tal modo inconsequente
> Que Joana a Louca de Espanha
> Rainha e falsa demente
> Vem a ser contraparente
> Da nora que nunca tive.[114]

Essa mistura de tempos reais e de tempos possíveis, esse emaranhado "inconsequente" de fatos e de hipóteses e essa familiaridade (familiaridade em todos os sentidos: Joana a Louca torna-se "contraparente da nora que nunca tive") com o impossível são o signo marcante de um ideal poético de conciliação

---

[114] *EVI*, p.117.

dos opostos: aspiração a uma neutralidade destemperando as diferenças (entre poesia e não poesia, entre fantasia e práxis, entre o que pode ser e o que é), associando, enfim, elementos contraditórios sem, todavia, os anular.

O neutro, de resto, é desde sempre o emblema da utopia:[115] dimensão que, a partir do nome, é lugar sem sê-lo (*ou-tópos*, "não lugar"), é um espaço feliz (*eu-tópos*) espelhando-se na infelicidade do real, é uma ordem fundando-se sobre a desordem da existência, é uma antinorma, mais ainda, escondendo-se no interior da norma e alimentando-se dela. Nesse sentido, o tempo carnavalizado, de que falei antes, pode ser com facilidade traduzido no espaço utópico: universo do desvio insinuando-se no coração da regra, triunfo da corporeidade no âmago da razão, lugar apartado do "poder-ser", do desejo e da sua satisfação, abrindo-se no interior da desmedida insatisfação do "dever-ser" ou da infinita indiferença do ser.

> E quando eu estiver mais triste
> Mais triste de não ter jeito
> Quando de noite me der
> Vontade de me matar
> – Lá sou amigo do rei –
> Terei a mulher que eu quero
> Na cama que escolherei.[116]

A resposta à infelicidade material é, portanto, a materialidade do ato amoroso: é a lógica do corpo abrindo caminho na irracionalidade do sofrimento, a palpabilidade dos sentidos avançando na imaterialidade da dor e do sentimento.

Mais uma vez, ainda no momento em que ele dá substância e forma ao seu ideal, o que poderá maravilhar em Bandeira é

---

[115] Cf. Marin, *Utopiques: jeux d'espaces*, p.15-36 e *passim*.
[116] *EVI*, p.118.

a simplicidade, a acessibilidade, a proximidade quase adolescente do desejo ("farei ginástica/ andarei de bicicleta/ montarei em burro brabo/ subirei no pau-de-sebo/ tomarei banhos de mar!"),[117] mas nem por isso se deverá esquecer que a vida normal é, para o poeta doente, o avesso da normalidade: o seu cotidiano, a partir justamente da adolescência, foi marcado por "febre, hemoptise, dispneia e suores noturnos"; a sua existência afastou-se da "vida inteira que podia ter sido e não foi", para seguir o caminho, cheio de proibições, de buracos e de obstáculos, da terapia. A sua utopia é o fruto, por consequência, da aspiração àquela vida outra que ele teve de abandonar e que ele pôde recobrar só na escrita: "poesia,/ minha vida verdadeira".

E voltamos, assim, ao lirismo como libertação: liberdade dos empecilhos de uma existência limitada, recusa dos vínculos impostos, para chegar a conceber uma relação sã (ou seja, como "homem são") com o mundo. Um novo poder sobre as coisas, enfim, que é na realidade um "despoder" (isto é, um afastamento aproximante do/ao poder) e que pode manifestar-se apenas no texto – percebido, com Barthes, como força transgressiva que *"repousse ailleurs, vers un lieu inclassé, atopique, [...] loin des* tópoi *de la culture politisée"*:[118]

> Vou-me embora pra Pasárgada
> Lá sou amigo do rei.[119]

Amigo, portanto, e não rei ele mesmo: depositário de uma autoridade delegada, que o coloca ao abrigo das responsabilidades, mas lhe deixa uma ampla margem de ação – a licença do *fool*, mais uma vez, daquele que exorciza a estabilidade do poder

---

117 Ibid., p.117.
118 Trad.: Repila para longe, para um lugar inclassificado, atópico [...] longe dos *topoi* da cultura politizada. (N. E.)
119 *EVI*, p.117. A citação anterior, em francês, vem de Barthes, *Leçon*, p.34.

graças à instabilidade do desejo; daquele que quebra a fixidez das funções e dos papéis sociais passando através deles.[120]

A transgressão combina-se, aliás, com a regressão, já que o "algures" auspiciado por Bandeira é, na verdade, o lugar da realização infantil, o espaço de uma plenitude virtual, mítica, abrindo-se na memória:

> E quando estiver cansado
> Deito na beira do rio
> Mando chamar a mãe-d'água
> Pra me contar as histórias
> Que no tempo de eu menino
> Rosa vinha me contar.[121]

É fácil, aqui, entrever a essência sobretudo literária da utopia de Bandeira: são os contos da infância, os *mythoi* de uma meninice perdida, que ativam – ou reativam sem parar – o mito de uma "totalidade algures" ("Em Pasárgada tem tudo"), de uma plenitude fora da realidade que é dentro da realidade da existência. Utopia, enfim, apresentando-se como um "não onde" contado, fabuloso, em que convergem todas as experiências feitas ou imaginadas, todas as histórias ouvidas na infância e todas as ações que o desejo sugere.

Mito, então, em que se espelham todos os mitos (também aquele do progresso: "é outra civilização/ tem um processo seguro/ de impedir a concepção/ tem telefone automático"),[122] lugar cheio de lugares, dimensão imaginária e porém efetiva – textual, em uma palavra – que está na intersecção entre o real

---

120 Nesse sentido, não posso concordar por completo com a leitura – todavia magistral – de Ribeiro Couto: "Nessa ilha (Manuel Bandeira Land), território por ele descoberto, [...] ele é que é o rei" ("De menino doente a rei de Pasárgada". In: Brayner [org.], *Manuel Bandeira*, p.58).
121 *EVI*, p.117.
122 Ibid.

e o possível, Pasárgada torna-se assim o espaço poético onde é possível se subtrair aos impedimentos da existência sem os negar, se pode neutralizar as muitas contradições do viver. Não uma criação, repare-se, mas sim um artifício; não tanto o fruto de uma invenção quanto o produto da reelaboração hipotética (literária) da verdade; não tanto, finalmente, o êxito de uma fuga quanto, melhor, um refúgio à sombra da realidade: um lugar em que se pode experimentar a tristeza cotidiana, em que se pode até sentir a tentação do suicídio, tendo, todavia, a possibilidade constante de transformar a melancolia em alegria, a opressão espiritual em gozo carnal ("quando de noite me der/ vontade de me matar [...]/ terei a mulher que eu quero/ na cama que escolherei").[123]

Nesse sentido, o ideal não é, para Bandeira, um verdadeiro "excesso", isto é, uma saída definitiva do âmbito da realidade, mas, pelo contrário, o resultado de uma imersão desassossegante no âmago dela: combinação de um andar com um deixar-se andar, produto de um agir sendo, ao mesmo tempo, um padecer, um ficar passivo:

> O meu quarto de dormir a cavaleiro da entrada da barra.
> Entram por ele dentro
> Os ares oceânicos,
> Maresias atlânticas:
> São Paulo de Luanda, Figueira da Foz, praias gaélicas da
> Irlanda...
>
> O comentário musical da paisagem só podia ser o sussurro
> sinfônico da vida civil.
>
> No entanto o que ouço neste momento é um silvo agudo de saguim:

---

[123] *EVI*, p.118.

> Minha vizinha de baixo comprou um saguim.[124]

O espaço inteiro penetra nos espaços habituais, lugares e nomes míticos adensam-se no *habitat* diário: o poeta é como que submerso por eles e, ao mesmo tempo, fica encantado, seduzido por uma vastidão ideal que promete dilatações impensáveis do Eu, fugas no algures infinito, hipotéticas plenitudes, sem nem mesmo sair da cama – basta abandonar-se ao sonho. A utopia é ainda uma dimensão contígua, palpável, cantável nos tons sussurrados da vida cotidiana: lugar do desejo que não tem, nesse caso, nem a necessidade de um nome à parte, já que bastam os ecos fantásticos ressoando nos nomes reais.

Mas essa familiaridade com o imaginário, essa irrupção do algures no aqui, está impedida pelo silvo enfadonho do saguim que atravessa o ar, quebra a atmosfera, interrompe o caminho que leva ao sonho: chamada inapelável para uma realidade que confirma a limitação do Eu, relegando-o ao seu domínio, fechando-o na sua angústia.

> Que importa a paisagem, a Glória, a baía, a linha do horizonte?
> – O que eu vejo é o beco.[125]

O "Poema do beco" – mais do que "Comentário musical", ainda que na mesma linha – marca, a meu ver, um dos momentos de mais agudo pessimismo na poesia de Bandeira (pelo menos daquela que sai renovada pela experiência de *Libertinagem*). Já que, nesse caso, falta também o estridor inoportuno do macaco, falta uma "vizinha de baixo", falta, afinal, uma intervenção que

---

124 Ibid., p.97.
125 Ibid., p.121. Como se sabe, Bandeira voltará, em 1942, a cantar o beco – isto é, a Rua do Curvelo, onde ele por morou treze anos (de 1920 até 1933) – na "Última canção do beco" (in: *Lira dos Cinqüent'Anos; EVI*, p.155-156), dessa vez com uma saudade declarada pelos dias e pelos amores perdidos que não chega a ocultar, todavia, as suas "tristezas" de então.

limite do exterior a expansão livre do sujeito no ideal, sancionando o seus confins: aqui, nessa lacônica constatação da inelutabilidade da matéria, o que há é apenas a claustrofobia sem esperança do ponto de vista, a estreiteza da perspectiva, a sufocação do beco, a impossibilidade angustiada de se evadir – ou, pelo menos, apenas de espreitar através – do cárcere do ser. O poeta enfrenta a distância, rendendo-se a um afastamento que o exclui, que o condena a uma proximidade sem horizontes: os lugares do desejo se lhe apresentam, nesses momentos, fora do seu alcance, inatingíveis, inacessíveis:

> Entre estas Índias de leste
> E as Índias ocidentais
> Meu Deus que distância enorme
> Quantos Oceanos Pacíficos
> Quantos bancos de corais
> Quantas frias latitudes!
> Ilhas que a tormenta arrasa
> Que os terremotos subvertem
> Desoladas Marambaias
> Sirtes sereias Medeias
> Púbis a não poder mais
> Altos como a estrela-d'alva
> Longínquos como oceanias
> – Brancas, sobrenaturais –
> Oh inacessíveis praias!...[126]

Da "Canção das duas Índias" já temos, felizmente, uma leitura magistral (feita por Gilda e Antonio Candido).[127] Limitar-me-ei, portanto, a apontar apenas a combinação da distância com a profundidade, da perspectiva horizontal com a vertical,

---

126 *EVI*, p.121.
127 Mello e Souza; Candido, "Introdução" a M. Bandeira, p.XX-XXXIII.

que se dá nesse texto. De fato, a propensão para o ideal junta-se com uma pulsão erótica, ou melhor, com uma imagem sexuada dizendo a impossibilidade de possuir, a impotência individual diante da multiplicação infinita dos desejos: e então os "púbis a não poder mais" não se desenham só como metas longínquas, mas também como objetivos inatingíveis pela sua altura, "altos como a estrela-d'alva".

Aqui, a conexão com a *Estrela da manhã* torna-se evidente: isto é, a "Canção" registra o deter-se desconsolado perante a distância e a altura, perante a impossibilidade do ideal, em que, no poema que vem logo antes na mesma coleção, tínhamos ainda assistido ao mexer-se frenético na perspectiva de uma posse erótica do objeto desejado, tínhamos ainda observado o atuar desvairado ("te esperarei com mafuás novenas cavalhadas/ comerei terra e direi coisas de uma ternura tão simples/ que tu desfalecerás")[128] para alcançar qualquer coisa que, sendo acessível a todos, ficava porém além e acima de todo o esforço, de toda a ação – justamente – projetada pelo poeta. O "fazer" agitado, portanto, não paga, não ajuda a dar um passo adiante em direção aos lugares do desejo: o que tem efeito é, pelo contrário, o deixar-se andar, a espera inoperante ou o afundar nas fendas inesperadas do real, onde tudo é verdadeiramente possível. A terra da utopia, a terra da poesia, são dimensões abrindo-se na inércia cotidiana ou na proximidade de um sonho em que é bom abandonar-se: lá, com efeito, o ideal é acessível também ao poeta tísico; lá, a relutância provocante de uma estrela-meretriz se desfaz no abraço sensual, na disponibilidade infinita à satisfação libertina – "lá tenho a mulher que eu quero/ na cama que escolherei".

Por isso, eu afirmava antes – e agora confirmo – que não o simples andar, mas também o deixar-se andar, não só o agir, mas também o padecer dão acesso ao ideal: porque a entrada nesse mundo outro pode ser o fruto inesperado de um fracasso; pode

---

[128] *EVI*, p.121.

ser a realização dos desejos manifestada na renúncia, na esquivança, no pudor; pode ser o frenesi dos sentidos, a excitação nos surpreendendo na inércia; pode ser a verdade que se descobre na imobilidade febril. Só tendo atravessado a laboriosidade do dia, só no declínio das ilusões impossíveis nascidas ao alvorecer, só no cansaço que nos colhe no limiar do sono, só na impotência indolente, enfim, se dá a posse.

> Vésper caiu cheia de pudor na minha cama
> Vésper em cuja ardência não havia a menor parcela de
> sensualidade
>
> Enquanto eu gritava o seu nome três vezes
> Dois grandes botões de rosa murcharam
>
> E o meu anjo da guarda quedou-se de mãos postas no desejo
> insatisfeito de Deus.[129]

O amor, a poesia, os anjos

> Preise dem Engel die Welt, nicht die unsägliche, ihm
> kannst du nicht großtun mit herrlich Erfühltem; im Weltall,
> wo er fühlender fhült, bist du ein Neuling. Drum zeig
> ihm das Einfache, das, von Geschlecht zu Geschlechtern gestaltet,
> als ein Unsriges lebt, neben der Hand und im Blick.
> Sag ihm die Dinge...[130]

---

[129] Ibid., p.139.
[130] Trad.: Ao anjo, louva o mundo, não o indizível: não podes impressioná-lo com as glórias do teu sentimento; tu és noviço no Universo onde ele intui mais profundamente; destarte, mostra a ele coisas simples, estabelecidas por gerações e que existam próximas à mão e ao olhar. Fala a ele de coisas... (N. E.)

Rainer Maria Rilke, *Duineser Elegien*

O deslocamento para fora do tempo e do espaço reais permanece, então, um movimento ambíguo de afundamento no cotidiano, de queda nos recantos misteriosos da realidade, levando Bandeira a ver o que se estende além e acima dos fatos, a descobrir o halo secreto que rodeia a existência. A prática furiosa da escrita, o seu experimentalismo exasperado – obrigando-o a aventurar-se em "todos os ritmos", induzindo-o a multiplicar a sua poesia até conter, no corpo da sua obra, os ecos inumeráveis da Obra – tende, portanto, a conjugar-se com uma passividade, com uma permeabilidade ao real, que não consegue ser "hierárquica", isto é, não *aspira* a isolar aqueles objetos, aquelas pessoas, aqueles eventos que o senso comum julga verdadeiramente dignos da atenção poética, que é pelo contrário despertada – é preguiçosamente *inspirada* – por uma evidência que parece fazer-se, quase por si própria, poética.

Evadir-se, afinal, no domínio imagético da arte, para se encontrar em uma solar proximidade do mundo, para reconstruir o sentido de uma existência interrupta, para penetrar no mistério de uma verdade que nos invade. Mas descobrir, todavia, do outro lado, a poesia que se dilata no tempo ou que se concentra nos instantes irrevogáveis, perdendo-se nessa crônica mínima impregnada de lirismo. Recorrendo a uma metáfora linguística e expressiva tão cara também a Bandeira, poder-se-ia ainda descrever essa sua atitude em relação às coisas como uma procura incansável da musicalidade implícita no real, escondida nos atos simples do cotidiano, sem nunca esquecer como a música – a música "dos outros", a grande música – abre cada um de nós à compreensão súbita de uma verdade impensada.[131] A continuidade do que é descontínuo, em outras palavras, como

---

[131] Sobre o amor à música – a toda música – de Manuel Bandeira, cf. o que ele mesmo escreveu no *Itinerário de Pasárgada* (in: *PCP*, p.68-74) e o que

emblema de uma língua que está por todo lado, que nos fala em qualquer parte, mas que, ao mesmo tempo, nos arrasta para um não lugar, nos acompanha para o silêncio melodioso que se encontra no fundamento de todas as palavras.

Se, portanto, no plano da língua literária, Bandeira funde, em um conjunto harmônico, estilo humilde e ecos da cultura "alta", não é menos verdade que o seu amor pela música o leva não só a nos comunicar a fascinação das cantilenas infantis ou das composições populares, mas também a nos fazer participar do mágico poder da grande tradição clássica. E se, por um lado, ele reveste de musicalidade o andar monótono de um "Trem de ferro", descobrindo no seu ritmo ressonâncias misteriosas que afundam as suas raízes em uma língua e em uma realidade "regionais" ("Oô.../ Quando me prendero/ no canaviá/ cada pé de cana/ era um oficiá/ Oô..."),[132] ele já tentara, por outro, escrever um poema reproduzindo os movimentos harmônicos das composições de Debussy.[133]

Tanto em um caso como no outro, a música parece ressoar apenas no mistério indizível, parece retinir dentro do enigma insondável do ser:

> O violoncelista estava a meio do Concerto de Schumann
>
> Subitamente o coronel ficou transportado e começou a gritar:
> – *Je vois des anges! Ja vois des anges!* – E deixou-se escorregar sentado pela escada abaixo.
>
> O telefone tilintou.
> Alguém chamava?... Alguém pedia socorro?...

---

escreveu, a esse respeito, Vasco Mariz ("M.B., o poeta e a música". In: *M.B.: Verso e reverso*, p.65-70).
132 *EVI*, p.133.
133 Cf. "Debussy" (*EVI*, p.59).

> Mas do outro lado não vinha senão o rumor de um pranto
> desesperado!...
>
> (Eram três horas.
> Todas as agências postais estavam fechadas.
> Dentro da noite a voz do coronel continuava a gritar: – *Je vois des
> anges! Je vois des anges!*).[134]

O desarraigamento do real de um homem positivo, a sua súbita alienação, é o produto inesperado de uma fascinação musical: recepção "tenebrosa", "noturna", de uma mensagem que não pode ser transmitida pelos meios humanos (está, de fato, impedida qualquer possibilidade de comunicação), nem encontra uma palavra em que se reconhecer (também o telefone não reenvia senão um "pranto desesperado"), já que a sua língua é a língua angélica que "fala sem falar" e que se reflete, justamente, no grito em língua estrangeira – outra, como aquela da alteração febril, a que já aludi e que se põe, nesse caso, em contato com o absoluto, como o absolutamente outro de que o anjo é mensageiro.

O anjo, então. Presença constante na poesia de Bandeira e que, entre outras coisas, já vimos aparecer no poema "A Estrela e o Anjo" que conclui *Estrela da manhã*: encerra-a em torno de um "desejo insatisfeito", de uma falta – sendo esta, porém, a própria essência da poesia como aspiração, nunca resolvida, para um algures sempre próximo ao homem, sempre escancarado diante (ou dentro) dele. O escritor, com efeito, refere-se com frequência não a uma entidade angélica abstrata, mas sim ao anjo da guarda: àquilo (àquele) que vive constantemente na contiguidade do que é humano, até ser por ele contagiado, até ser absorvido na esfera da mortalidade, ele que guia os homens, passo a passo, pela estrada de uma impossível imortalidade. Esse anjo

---

[134] Ibid., p.113 ("Noturno da parada amorim").

antropomorfo (descrito até, em um outro lugar, como "moreno, violento e bom/ – brasileiro"[135]) é o emblema da falta que traz dentro de si, "tem lugar" naquele nada que o forma, naquele desejo impagável que o mantém suspenso em um espaço intermédio entre imanência e transcendência, entre compreensão e incompreensibilidade.

> As dádivas dos anjos são inaproveitáveis:
> Os anjos não compreendem os homens.[136]

Expressão figural de uma fenda essencial, portanto, entre a vontade de dar e a impossibilidade de perceber, entre vizinhança e distância, o anjo atravessa a obra de Bandeira como a própria metáfora da poesia em que se espelha, dividida entre a acessibilidade do real e a inconsistência do sonho, inscrita entre satisfação e insaciabilidade. Não por acaso, aos primeiros dois versos de "Belo belo" (poema de onde tirei a citação precedente), corresponde, de modo especular, o *incipit* de outro poema, com mesmo título, escrito poucos anos depois do primeiro e que dará nome à coleção em que será incluído: o "Belo belo belo,/ tenho tudo quanto quero" passará a ser "Belo belo minha bela/ tenho tudo que não quero/ não tenho nada que quero".[137]

Existindo apenas no limiar de uma diferença irrecuperável, só dentro de uma oposição sem fim entre ter e não ter (*tenho tudo/ não tenho nada*), o anjo – junto com a escrita de Bandeira da qual é o signo e a sina – é, por isso, obrigado a habitar o lugar neutro da saudade: nem humano nem divino e, ao mesmo tempo, participante seja da humanidade, seja da divindade, ele se materializa (e consiste) nos momentos de passagem, no vaivém entre uma e outra dimensão. De forma que, se eu fiz, antes, alusão ao

---

135 *EVI*, p.94 ("O anjo da guarda").
136 Ibid., p.157 ("Belo Belo").
137 Ibid., p.176.

espírito mercurial da poesia de Bandeira,[138] agora não me parece impossível mergulhar aquele espírito no corpo flutuante, sem forma fixa, de um outro "mensageiro" divino: daquele que guia o homem até o sentido último, levando-o, aliás, a se perder nele. De fato, o anjo aparece ao "coronel" que entrevê, na harmonia musical, o reflexo de uma harmonia perdida, mas sobretudo, como Hermes, ele está presente na morte, rege o trespasse ("O anjo da guarda"), ou "adeja" na poesia, revelando-se à (e na) infância ("Sacha e o poeta") e manifestando-se, enfim, no amor feminino ou nas mulheres:

> Os anjos!... Bem sei que não os há em parte alguma.
> Há é mulheres extraordinariamente belas que morrem ainda meninas.[139]

Aqui, como se vê, os três temas (infância, mulher, morte) associam-se claramente no signo do anjo. Anjo ausente, inexistente, e todavia invocado de modo obsessivo, porque ele "habita nessa invocação, que pertence ao nosso estar-aqui; habita portanto a terra onde estamos", mesmo existindo apenas no "País angélico do não onde"[140] – sinal de uma fenda e do seu preenchimento, figura linguística (metáfora) que fica suspensa no mundo mediano, no *metaxy*, realizando-se então como pura mediação e como transporte, como intercessão/intersecção contínua entre aparência e substância, entre forma e conteúdo, entre significante e significado.[141]

---

138 Cf. *supra*, nota 91.
139 *EVI*, p.130 ("Jacqueline").
140 Cacciari, *L'Angelo necessario*, p.30 e 32. Sobre a associação entre a morte, o amor e a infância em Bandeira, veja-se também Câmara, "A Poesia de Manuel Bandeira: seu Revestimento Ideológico e Formal". In: Brayner (org.), *Manuel Bandeira*, p.161-171.
141 Cf. ainda o importante estudo de Massimo Cacciari (op. cit., p.57 e *passim*) em que se delineia o papel histórico-cultural da figura do anjo, desde as

Se a entidade angélica deita uma ponte verbal entre o nosso estar-aqui e um algures hipotético, se contém nos confins da sua figura a diferença, é óbvio também que ela fique ligada às outras imagens de plenitude encontradas por nós ao longo desse percurso dentro da poesia de Bandeira – ligação que se concretiza em particular (quase como em um adiantamento da obra de Cornélio Pena) na visão da "menina morta", que traduz, por sua vez, a dor real pela perda da irmãzinha, da "maninha", cuja morte quebra, de um lado, a continuidade do tempo e repropõe, do outro, a infância como dimensão atemporal:

> Viagem à roda do mundo
> Numa casquinha de noz:
> Estive em Cabedelo.
> O macaco me ofereceu cocos.
>
> Ó maninha, ó maninha,
> Tu não estavas comigo!...
> – Estavas?...[142]

A viagem imaginária da infância ("*Viagem à Roda do Mundo Numa Casquinha de noz* [...] teve influência muito forte em mim; por ele adquiri a noção de haver uma realidade mais bela, diferente da realidade cotidiana, e a página do macaco tirando cocos para os meninos despertou o meu primeiro desejo de evasão. No fundo já era Pasárgada que se prenunciava"),[143] o transporte

---

Escrituras Sagradas até a presença angélica (ao *Angelus Novus*, sobretudo) que transcorre através da arte e da filosofia modernas.
142 *EVI*, p.115 ("Cabedelo").
143 *PCP*, p.34 (*Itinerário de Pasárgada*). Cf. também o poema "Ruço" (*A Cinza das Horas*; *EVI*, p.7-8) em que aparecem pela primeira vez os contos da infância, já ligados à figura da irmã: "As histórias que faziam sonhar;/ E os livros: *Simplício olha pra o ar,/ João Felpudo, Viagem à roda do mundo/ Numa casquinha de noz./* A nossa infância, ó minha irmã, tão longe de nós!".

para mundos encantados com a ajuda de livros ou de ilustrações infantis, defronta-se com um limite temporal – o desaparecimento da irmãzinha – situável com dificuldade no tempo vital. De fato, a imagem da "menina morta" transcorre (transcende) na do anjo da guarda, fixando-se em uma dimensão fora do tempo que deixa o poeta em dúvida sobre a presença ou não ao seu lado, em uma determinada circunstância, da menina amada.

Presença infantil, presença angélica: desejo que, sem parar, se prorroga, que se renova continuamente na evocação de um tempo perdido ou na invocação de uma figura sempre futura, sempre destinada a "filtrar", a "inter-ceder", entrando também na relação que o poeta estabelece com a realidade erótica:

> O meu amor porém não tem bondade alguma,
> É fraco! fraco!
> Meu Deus, eu amo como as criancinhas...
>
> És linda como uma história da carrocinha
> E eu preciso de ti como precisava de mamãe e papai
> (No tempo em que pensava que os ladrões moravam no
>   [morro atrás de casa e tinham cara de pau).[144]

A relação amorosa passa pelo filtro inelutável da infância, transita pelos afetos, pela fome de carinho, pelos desejos de certeza da criança. E repare-se como o termo de comparação com a beleza da mulher amada se localiza, mais uma vez, no campo lendário do conto infantil ("és linda como uma história de carrochinha"): a realidade "como é" espelha-se – sempre foi assim em Bandeira – na realidade como poderia ou deveria ser e é, pelo trâmite desta, percebida, possuída. Não estamos, portanto, muito longe da posse erótica buscada "no leito estreito da redondilha": nesse caso também, o amor percorre os caminhos improváveis

---

144 *EVI*, p.94-95 ("Mulheres").

da fantasia, a nudez do desejo encobre-se atrás das roupas transparentes da inspiração artística, do transporte literário.[145] Pedido constante de uma confirmação, de uma segurança fabulosa, que só a aura lendária da infância pode tornar possível, apresentando, na regressão, associações impensadas com imagens pueris:

> Teresa, você é a coisa mais bonita que eu vi até hoje na minha vida, inclusive o porquinho-da-índia que me deram quando eu tinha seis anos.[146]

Ironia, claro, distanciamento sorridente (ou subversão irrisória) da grandiloquência tradicional da lírica amorosa, mas também, por baixo de tudo isso, um jogo sutil de equivalências passionais: isto é, o confronto, em aparência incongruente, entre um bichinho amado na infância ("o meu porquinho-da-índia foi a minha primeira namorada") e a beleza feminina, entre um objeto perdido e um sujeito vivente, entre a coisa e o nome (*"Teresa*, você é a *coisa...*").

Nesse frágil entremeio entre evocação e invocação, nessa suspensão entre imanência e transcendência, jogam-se os destinos angélicos da poesia, também ela relegada a um "não lugar" e todavia localizada de modo incessante na beleza perecedoura das coisas, das pessoas reais, fixadas na indistinção, na atemporalidade da lembrança. Espaço fetichista, em outra perspectiva, espaço paradoxal, em que, de fato, se toma consciência de qualquer coisa que não existe ("Os anjos!... Bem sei que não os há em parte alguma"), através da materialidade de uma presença substitutiva que metaforiza a ausência, enchendo-a de uma

---
145 Cf. Jozef, "Manuel Bandeira: Lirismo e Espaço Mítico", p.84 ("A posse amorosa realiza-se pela palavra, o erotismo passa a estar no tecido de uma linguagem que encontra seu alento na circulação do desejo. [...] Escrever é, então, a procura experimental do objeto do seu desejo").
146 *EVI*, p.112 ("Madrigal tão engraçadinho").

outra coisa, de uma outra "presença-ausente" ("há é *mulheres... que morrem* ainda meninas").[147] E é por esse caminho – isto é, movendo-se no espaço poético e infantil (convencional, enfim, "de jogo") em que o nada se coisifica precariamente em uma figura, se identifica provisoriamente em um nome –, é seguindo essa via, portanto, que Bandeira chega até a santificar, por assim dizer, a mulher amada, dessacralizando, porém, no mesmo movimento, a santidade do feminino. Veja-se, nesse sentido, o exemplo da Teresa de *Libertinagem*, em que a percepção inicial do seu corpo desajeitado ("achei que ela tinha as pernas estúpidas/ achei também que a cara parecia uma perna") vai sendo substituída por uma idealização desmedida ("da terceira vez não vi mais nada/ os céus se misturaram com a terra/ e o espírito de Deus voltou a se mover sobre a face das águas").[148] Pelo contrário, a Santa Teresa, na "Oração" a ela dedicada, se transforma aos poucos na "Teresinha.../ Teresinha do Menino Jesus",[149] quase em uma nova personificação do anjo da guarda a quem pedir a perdida alegria. Confusão, essa, entre a santa e a mulher, entre o sagrado e o profano, que Bandeira assim sintetiza em um outro poema:

> Santinha nunca foi para mim o diminutivo de Santa.
> Nem Santa nunca foi para mim a mulher sem pecado.[150]

No caso da (Santa) Teresa, em particular, a coincidência de nome entre a mulher e a santa chega a apagar as diferenças entre a proximidade do humano e a distância do sacro: porque, aliás, na esfera neutra da infância – a que, como já apontei, fica ligado o sentimento amoroso de Bandeira –, o desejo erótico iguala-se ao

---

147 Tirei esta citação, assim como a anterior, do poema "Jacqueline" (In: *Estrela da manhã; EVI*, p.130).
148 *EVI*, p.107-108.
149 Ibid., p.110-111.
150 Ibid., p.202 ("Os Nomes". In: *Opus 10*).

amor sagrado, e este reacende sem fim aquele, em uma mistura que dissolve o ardor em ternura e a ternura em nostalgia pela alegria pura, "sem pecado", do mundo infantil:

> Escuta, eu não quero contar-te o meu desejo
> Quero apenas contar-te a minha ternura
> Ah se em troca de tanta felicidade que me dás
> Eu te pudesse repor
> – Eu soubesse repor –
> No coração despedaçado
> As mais puras alegrias de tua infância![151]

O elemento angélico transcorre, silencioso, por esses versos, com a sua carga de esperanças, com a sua indicação de um mundo possível, de um mundo harmônico, cheio de simples, pueris alegrias. Delas, o poeta – no seu vaivém contínuo entre confiança e desespero – chegará, todavia, a ver também o avesso ("Nem alegrias mais peço agora,/ que eu sei o avesso das alegrias"), fazendo que à Teresinha invocada em *Libertinagem* ("Fiz tantos versos a Teresinha.../ Versos tão tristes, nunca se viu!") se suceda, em *Estrela da manhã*, a Santa Rita dos Impossíveis ("O que na vida procurei sempre,/ – meus impossíveis de Santa Rita, –/ dar-me-eis um dia, não é verdade?/ Nossa Senhora da Boa Morte!").[152] A imagem da infância alterna-se, portanto, com aquela da morte, ao passo que também a ternura infantil pode revelar, dentro de si, um desejo erótico insatisfeito: personagens de um universo fabuloso, como por exemplo "A Filha do Rei" ou figuras lendárias do panteão sincretista, tal como "D. Janaína", tornam-se os objetivos de uma concupiscência sexual, de uma curiosidade carnal, não tendo nada da "inocência" pueril:

---

151 Ibid., p.118 ("O Impossível Carinho").
152 Todas as citações provêm da "Oração a Nossa Senhora da Boa Morte" (*EVI*, p.127).

Aquela cor de cabelos
Que eu vi na filha do rei
– Mas vi tão subitamente –
Será a mesma cor da axila,
Do maravilhoso pente?[153]

O que resulta, nesse sentido, é ainda um compromisso entre o ardor e a ternura, entre mulher real e mulher imaginária, entre feminino e santo – compromisso que, afastando, por um lado, o objeto desejado para uma dimensão ilusória, permite, por outro lado e por paradoxo, uma posse material desse mesmo objeto no espaço sem confins do imaginário: "Lá sou amigo do rei –/ terei a mulher que eu quero/ na cama que escolherei".

E, com isso, verifica-se mais uma vez a síntese bandeiriana entre hipótese e essência, graças à qual imagens fabulosas são tratadas com um naturalismo extremo, onde a realidade, a corporeidade, perde-se, pelo contrário, na indistinção da imagem. É exatamente no limiar entre essas duas dimensões, na soleira entre desejo e realização, entre utopia e verdade, entre a latência do sonho e o escancaramento da crônica, é nesse "entre", enfim, que está o anjo de Bandeira: está inoperante ("de mãos postas") na aspiração, na frenética, frustrada expectativa de um absoluto que "há-de-ser" – e que, todavia, "já-foi", desde sempre.[154]

Talvez seja nessa espera insatisfeita (ou seja, que nenhum evento vital pode satisfazer, que não tem objeto, mesmo orientando-se para um fim), talvez seja exatamente nessa suspensão que se possa desvendar o sentido mais profundo da poesia de Bandeira: no abandono, portanto, em um "estado de espera"

---

153 *EVI*, p.123 ("A Filha do Rei"). Sobre o erotismo com que é encarada a figura de D. Janaína, "Rainha (ou Princesa) do Mar", veja-se Arrigucci Jr., *Humildade, paixão e morte*, p.188-189 e *passim*.
154 A citação entre parênteses vem do poema final de *Estrela da manhã* (*EVI*, p.139), em que se encontram e se entrecruzam duas figuras fundamentais da poesia de Bandeira: "A Estrela e o Anjo".

que "tudo pode cumprir ou a morte pode extinguir".[155] E, com efeito, se o resumo da sua existência está nessa simples verdade ("continuei esperando a morte para qualquer momento, vivendo sempre como que provisoriamente"),[156] a vida não pode senão se propor como uma aventura precária, vivida na suspensão do tempo, no contínuo adiamento: como uma viagem possível ou como um regresso cobiçado para a felicidade, para a plenitude a que apenas a morte dá acesso. E o anjo voltará, então, como mulher sempre desejada, ou melhor, como anjo da morte devolvendo ao poeta aquele carinho ancestral procurado, de modo obsessivo, em todas as mulheres amadas, por baixo de todos os nomes e através de todas as aparências.

> O homem já estava acamado
> Dentro da noite sem cor.
> Ia adormecendo, e nisto
> À porta um golpe soou.
> [...]
> – Quem bate? Ele perguntou.
> – Sou eu, alguém lhe responde.
> – Eu quem? torna. – A Morte sou.
> [...]
> Mas a porta, manso, manso,
> Se foi abrindo e deixou
> Ver – uma mulher ou anjo?
> Figura toda banhada
> De suave luz interior.
> A luz de quem nesta vida
> Tudo viu, tudo perdoou.
> Olhar inefável como

---
[155] Tirei esta citação do importante estudo de Ginevra Bompiani sobre a função da "Espera" na arte e na filosofia contemporâneas: *L'attesa*, p.78.
[156] *PCP*, p.101 (*Itinerário de Pasárgada*).

De quem ao peito o criou.
Sorriso igual ao da amada
Que amara com mais amor.
– Tu és a Morte? pergunta.
E o Anjo torna: – A Morte sou![157]

Nesse *Romance* ("desentranhado de 'Um retrato da morte', de Fidelino de Figueiredo" e incluído em *Belo belo*), o poeta volta a nos dizer o sentido angélico da passagem: trespasse esperado e todavia surpreendente, limiar em que está detido, mas através do qual ele pode entrever o segredo escondido na existência e patente na morte. Segredo revelando-se no amor e exprimindo-se na poesia,[158] aliviando, aos outros também, o peso da espera.

O desfecho do *Itinerário* poético-vital de Bandeira converte-se, de fato, em abertura para tal espera – desdobra-se em uma reativação da esperança:

> Cheguei ao apaziguamento das minhas insatisfações e das minhas revoltas pela descoberta de ter levado à angústia de muitos uma palavra fraterna. Agora a morte pode vir – essa morte que espero desde os dezoito anos; tenho a impressão que ela encontrará, como em "Consoada" está dito,
>
> ....*a casa limpa,*
> *A mesa posta,*
> *Com cada coisa em seu lugar.*[159]

---

157 *EVI*, p.170-171. Esse poema, intitulado o "O homem e a morte", repropõe com força – como se vê – a associação entre a mulher, o anjo e a morte. Em particular, sobre a ligação tradicional amor/morte em Bandeira, vejam-se ainda Jozef, "M.B.: lirismo e espaço mítico", p.87, e Arrigucci Jr., *Humildade, paixão e morte*, p.191 e ss.
158 Cf. Jozef, op. cit., p.90.
159 *PSP*, p.102 (trata-se da conclusão, aliás muito conhecida, do *Itinerário de Pasárgada*).

Escólio

Sei que muito ficou excetuado, sei que tantos temas "caíram fora" deste relato imperfeito de uma poesia, deste conto de uma *vida verdadeira* que se refugiou no "poder-ser", que se espelhou com obstinação no reflexo fugaz do que não foi.

Ficou fora, sobretudo, o mistério de uma arte que conseguiu escavar nas profundidades da existência cotidiana, trazendo à luz um sentido inesperado, e que tratou, porém, a utopia, o sonho, a fábula, com um materialismo, com uma familiaridade desconcertante. Uma arte, aliás, que compreendeu uma série de experiências heterogêneas, ficando, no entanto, incompreensível – impenetrável e muda – em relação a qualquer experiência crítica homologatória. Uma arte, enfim, "desviante" a respeito de toda leitura unilateral, "oblíqua" em relação às categorias de verdadeiro e de falso, de real e de irreal, segundo as quais se orienta o nosso saber das coisas.

De resto, está aqui o mistério da poesia, neste núcleo tartárico em que a palavra se atarefa e se entorta em redor da ambígua inconsistência do aquilo em que consiste; aqui está, além disso, nesse abismo continuamente escancarado no coração da existência, o mistério da vida. Que se abra para a surpresa do Outro ou que dê para a evidência dos outros, que se levante na inspiração ou que se afunde no desejo, que olhe à sua volta, *entre os fatos*, ou que olhe algures, *para o que pode ser feito*, o poeta está, em todo caso, condenado a vaguear num deserto sem horizonte, em que a operosidade do escrever se confunde com a inoperosidade do viver, em que a ação, afinal, se iguala à inação.[160] Já que, para

---

[160] Não nos encontramos, nessa perspectiva, longe da concepção – assinalada por Davi Arrigucci Jr. (cf. *Humildade, paixão e morte*, p.135-136) – da "dupla face" que a poesia tem para Bandeira: por um lado, ela surgiria como "uma manifestação espontânea", como fruto "de uma súbita iluminação, o alumbramento"; por outro, ela seria o produto "de um saber e de um trabalho consciente de um poeta artesão". Na realidade, é claro que essas duas "faces"

se exprimir com as palavras de Maurice Blanchot, no fundo (e desde o início, porém) escrever quer dizer produzir a ausência de obra (a inoperosidade). Ou bem: o escrever é a ausência de obra assim como *se produz* através da obra atravessando-a. Escrever como inoperosidade (no sentido ativo do termo) é o jogo insensato, é a álea entre razão e desrazão.[161]

> Atirei um céu aberto
> Na janela do meu bem:
> Caí na Lapa – um deserto...
> – Pará, capital Belém!...[162]

A minha narração se conclui sobre a substancial inexplicabilidade desses versos ("é um poema ininteligível nos seus elementos"),[163] em que parece querer comprimir-se o sentido inteiro de uma existência poética ("O Amor, a Poesia, as Viagens") – também através da citação alienada de outros "lugares" do autor, também através do recurso a uma autotextualidade,[164] que parece querer negar a obra no ato de a escrever (e veja-se, sobretudo, o poema "Antologia" com que, perto do fim da sua existência, Bandeira resumirá poesia e vida, anulando ambas, em uma espécie de circularidade autofágica).[165]

---

concorrem, ambas, em configurar o rosto do poeta – de Bandeira como de tantos outros poetas, em todos os tempos.
161 Traduzo a partir da edição italiana de *L'Entretien infini* (Blanchot, *L'infinito intrattenimento*, p.563).
162 *EVI*, p.123. Cf. em particular, sobre esse poema, Teles, "Os limites da intertextualidade". In: Teles, *Retórica do silêncio I*, p.48-49.
163 *PCP*, p.81 (*Itinerário de Pasárgada*).
164 É o caso exemplar do último verso, remetendo obscuramente para o famoso poema "Belém do Pará", incluído em *Libertinagem* (*EVI*, p.102-104).
165 Cf. *EVI*, p.225-226. Como se sabe – e como, aliás, o título anuncia –, o poema "Antologia" (escrito por Bandeira em setembro de 1965) é inteiramente composto por versos dos seus poemas anteriores, abrindo-se, de modo significativo, com a palavra "vida" e fechando-se sobre a imagem da "morte".

Nesse limiar – dando e, ao mesmo tempo, negando o acesso ao "jogo insensato do escrever" – se detém o meu conto: isto é, acaba perante a impossibilidade de fundar uma hermenêutica sobre o hermetismo de um ditado que parece enrolar-se, com indolência, em volta de si próprio, que parece fechar-se em si mesmo ficando, todavia, sempre aberto, sempre disponível, à escrita/leitura de outrem, à ficção dos outros. Narração – fatalmente marginal e lacunosa – de uma poesia composta de "pequeninos nadas", de retalhos de vida, de citações acumuladas, mas também de alusões contínuas a um ideal único, exclusivo, "artificial", onde recompor, sem parar, a heterogeneidade do viver e do escrever.

Suspenso nessa contradição, nesse alternar-se de economia e desperdício, de moderno e de arcaico, de inspiração e de aspiração, de pleno e de vácuo, está, a meu ver, o universo poético de Manuel Bandeira – escritor operoso por defeito, escritor inoperante por excesso.

VI
Força de lei: figuras da violência e da marginalidade

Ratage

> Embora o rato e o anjo, a tristeza e a alegria dependam igualmente de Deus, é impossível, porém, afirmar tanto que o rato tenha a forma do anjo quanto que a tristeza tenha o aspecto da alegria.
>
> Baruch Spinoza, *Epistulae*, XXIII

Comecemos a falar da miséria e da exclusão social pelo começo, tomando como ponto de partida – de modo fatalmente arbitrário – *Os ratos* de Dyonelio Machado. Comecemos, então, falando desses bichos nojentos que povoam os recantos das nossas cidades e os abismos dos nossos medos – e que aparecem logo no título do mais conhecido romance do escritor gaúcho, dando forma e substância, como veremos, ao seu discurso narrativo. Aí, nesse espaço remoto e tão familiar na sua natureza perturbadora (*Unheimlich*) habitado pelos ratos, encontramos também um outro texto muito conhecido: obra talvez "inesperada" que, aparentemente, nada tem a ver nem com a literatura nem com o contexto peculiar em que se coloca a história contada pelo autor rio-grandense, mas que, na verdade, fala do (e ao) nosso imaginário e abala, ao mesmo tempo, as nossas humanas certezas. O texto – evocado pelo título do romance e com o qual ele parece, por isso, logo se entreter e jogar em um nível *para*- e, em certa medida, *pré*-textual – é o que contém um famoso caso clínico, conhecido por *O homem dos ratos*, composto por Sigmund Freud em 1909 e publicado com o título, na verdade bem mais "técnico", de *Bemerkungen über einen Fall von Zwangsneurose* (isto é, *Observações sobre um caso de neurose obsessiva*).

É bom lembrar, aliás, como o "inesperado" é o que se coloca continuamente ao lado da "espera", nunca, entretanto, coincidindo com ela, ou seja, ficando sempre em um lugar e em um tempo à parte, paralelos aos lugares e aos tempos da espera: como sintetizou magistralmente Wittgenstein, "nós esperamos *isto* e somos surpreendidos por *aquilo*". No caso presente, porém, em se tratando de um escritor como Dyonelio Machado, que era psiquiatra de profissão, uma referência incidental à obra freudiana poderia talvez considerar-se natural e consequente em relação à premissa, "esperada", justamente, em relação aos dados de que dispomos. De fato, o quadro "clínico" (as patologias e os seus sintomas, poder-se-ia dizer), os casos, enfim apresentados em ambos os textos são, no fundo, bastante parecidos: tanto o paciente anônimo de Freud quanto o Naziazeno Barbosa, protagonista de *Os ratos*, são, com efeito, pequeno-burgueses possuídos por uma obsessão, por um lado ligada ao dinheiro (ou melhor, a uma dívida) e, por outro, ao medo dos ratos. Um nexo, esse, que o fundador da psicanálise desvenda graças ao famoso jogo de palavras – que funciona plenamente em alemão, claro, mas que poderia funcionar também em várias línguas românicas – entre *Raten* ("pagamentos", "prestações" ou, ainda, "taxas") e *Ratten* ("ratos"). Através dessa conexão entre significantes afins, Freud consegue enfim esclarecer o funcionamento do inconsciente, chegando a curar a neurose pela qual o doente combinava o dinheiro com esses animais hediondos, ligados ambos, aliás, à figura paterna, associada na imaginação obsessiva do filho, à definição de *Spielratte* (isto é, "trapaceiro", "batoteiro"; palavra que vem da união entre *Spiel*, "jogo", e *Ratte*, "rato"), visto que o pai, tendo uma vez apostado e perdido uma quantia da qual ele era o administrador, restituiu depois o dinheiro só graças à ajuda de um amigo, ou seja, contraindo uma dívida.

São, como se sabe, casos como esse que, anos depois, levaram Jacques Lacan a formular a sua famosa teoria sobre o inconsciente entendido como uma linguagem, ou melhor, interpretado como uma rede de significantes entrecortando ou prendendo um significado simbólico que só destrançando aquela rede pode ser finalmente liberado – liberado talvez como um rato da sua ratoeira, para continuar a utilizar a mesma metáfora, que volta, aliás, no jogo de palavras utilizado por Lacan para definir o estatuto da psicanálise, que ele resumia, por vezes, no termo *ratage* (cujo significado é "malogro", "fracasso", mas cujo significante remete ainda à figura do "rato" e para o seu modo de procurar obstinado, aprendendo pelo insucesso, descobrindo dentro e através do *échec* e da falta).[1]

Seja como for, a questão diante da qual nos devemos colocar é, enfim, se tudo isso pode ter a ver com a novela de Dyonelio Machado que nos ocupa – e no caso de ter a ver com ela, de que forma e com que resultados sobre a compreensão do texto.

Claro que, mais uma vez, devo chamar a atenção para o fato de o autor ser um pesquisador do inconsciente *en titre d'office*, um estudioso das patologias mentais, dado biográfico, esse, que não pode ser irrelevante se pensarmos em uma influência da obra freudiana sobre a sua escrita romanesca – e em particular nesta "narrativa paranoide, marcada pela busca obsessiva que

---

[1] Veja-se, em particular, Lacan, *Le Séminaire*, v.11, p.116-118.

raia o delírio".[2] Mas, dito isso, devemos também nos perguntar se, na altura em que escreveu a sua novela, Dyonelio já tinha lido, na verdade, o texto de Freud. Apesar de eu não ter dados certos para afirmá-lo de modo seguro, e embora se saiba que ele foi, em todo caso, um dos pioneiros no uso do método piscanalítico no Rio Grande do Sul (chegando a traduzir, ainda nos anos 1930, os *Elementos de psicoanálise* de Edoardo Weiss), a minha resposta é que me parece bastante difícil que Dyonelio Machado conhecesse o *Homem dos ratos*, visto que as obras completas de Freud começaram, como se sabe, a ser publicadas em alemão só a partir de 1940 e que as traduções delas passaram a circular apenas nos primeiros anos da década de 1950, ao passo que *Os ratos* foi composto em dezembro de 1934.

A gênese da novela, segundo depoimentos do próprio escritor, remonta, aliás, a um episódio pessoal, nove ou dez anos anterior à efetiva composição dela, excluindo, de fato, qualquer ligação – pelo menos explícita – com o trabalho freudiano. Acho bom, sobre esse ponto, deixar a palavra ao próprio Dyonelio:

> Penso que já contei algumas vezes como surgiu a ideia d'*Os ratos*: aparece ainda aqui a minha mãe. Satisfazia com seu carinho os seus dois filhos: visitava aos domingos um, quando morava com o outro. [...] Nesse domingo recebi a visita da mãe. Era um regozijo para mim. Mas ela vinha com uma notícia desagradável: tivera insônia. Pus toda uma atenção inquieta no pormenor. Ela já se queixava de uma ou de outra coisa, sem maior significação. Mas a insônia, se estivesse ligada a essas queixas, me tornava um tanto apreensivo. Eu já possuía conhecimentos médicos, se não para tratar, ao menos suficientes para me alarmar. Foi um alívio quando ela

---

2 Arrigucci Jr., "O cerco dos ratos", no suplemento *Mais!* da *Folha de S.Paulo*, 6 de junho de 2004 (ensaio depois republicado em apêndice à mais recente edição de *Os ratos*).

confessou a causa da perda do sono: medo de que os ratos roessem um dinheiro, que nunca é de fácil aquisição.

Meu irmão, por comodismo, deixara o dinheiro embaixo da panela em que recebia o leite [...] a mãe começou a imaginar que os ratos poderiam roer aquele dinheiro durante a noite. [...] Comecei a sorrir, feliz porque desaparecera minha expectativa da doença. [...] Achei aquilo ótimo porque era o trivial e o trivial dramático.

Senti uma emoção enorme com aquele drama. Foram nove ou dez anos em que, de quando em quando, voltava à ideia do livro. Tudo estava no final: os ratos roendo o dinheiro.[3]

Eis talvez o "inesperado" de que falei acima: ele parece esconder-se nessas afirmações do escritor, irromper através das frestas da sua memória pessoal. De fato, para *Os ratos*, o leitor poderia legitimamente supor (como ainda um leitor exemplar do porte e da fineza crítica de Antonio Candido aparenta supor)[4] uma inspiração de cunho político-social, um ponto de partida ligado à observação de uma realidade local, um texto, afinal, destinado a denunciar a precária condição econômica da pequena burguesia gaúcha – que continua sendo, aliás, o alvo explícito da obra –, mas depara, pelo contrário, com uma cena familiar, que não é com certeza uma "cena primitiva" ou "originária" no sentido freudiano, mas que encerra, todavia, alguns elementos dignos de reflexão e explicitamente inquietantes ("pus toda uma atenção inquieta no pormenor"). Trata-se, com efeito, de uma irracional e irrisória preocupação materna, provocando, porém, uma "emoção enorme" no filho e se

---

3 Machado, *O cheiro de coisa viva*, p.21-22.
4 Refiro-me, em particular, ao ensaio "A Revolução de 1930 e a cultura" (publicado em 1983 e incluído, depois, em *A educação pela noite & outros ensaios*, p.181-198), em que Antonio Candido cita Dyonelio Machado (cujo nome, não por acaso, é quase sempre associado ao de Graciliano Ramos) entre os autores "declaradamente de esquerda", "ligados à insatisfação difusa em relação ao sistema social dominante" (p.189).

avolumando em um "drama" que continua a ser mentalmente revolvido e imaginariamente representado durante nove ou dez anos, até a sua manifestação compulsiva (a novela foi escrita, sempre segundo o autor, em "vinte noites"), ou melhor, até a sua sublimação artística dentro de uma moldura narrativa.

A declaração de Dyonelio Machado mereceria evidentemente uma análise bem mais profunda (em particular, sobre o relacionamento do autor com a figura materna que nela se descobre), mas é interessante notar como o nexo obsessivo "dinheiro/ratos" é, no fundo, compartilhado tanto pelo narrador quanto pelo protagonista da história, ambos mergulhados nessa atmosfera "trivial-dramática" que marca o episódio com a sua ambiguidade (o escritor sorri aliviado e feliz, mas logo a seguir fala em drama). E a encenação final, a *mise-en-page* do evento pessoal, poderia adquirir, nessa perspectiva, um valor compensatório: se a resolução da "emoção enorme" leva nove ou dez anos para se cumprir, o conto deverá, então, ser obrigatoriamente escrito de modo apressado, e a história deverá ser comprimida no arco das 24 horas, em um dia e em uma noite quaisquer de uma vida qualquer. O tempo biográfico gasto na elaboração de um evento traumático parece, enfim, resgatado ao nível da estrutura do imaginário, sem que isso implique porém uma rasura ou uma denegação do tempo, que, pelo contrário, se apresenta como a verdadeira essência do drama, a sua profunda razão de ser: *Os ratos* é um texto, por assim dizer, "feito" de tempo.

A novela de Dyonelio consome-se, com efeito – sem se consumir –, dentro de uma estrutura cronológica que é, como a emoção que nela revive, "enorme", aparentemente não medível e no fundo incomensurável. Tempo, aliás, que se molda e se ajusta a um espaço ambíguo, oscilando entre a dimensão diurna (urbana, exterior) da errância e a dimensão noturna (doméstica, interna) da imobilidade. De um lado, afinal, estaria o movimento real, labiríntico, através de um espaço metropolitano sem limites certos; do outro, a inércia na cama, a fixidez quase mortal, a espera passiva e obsessiva do desenlace. Na verdade, esses dois espaços se cruzam, escorregam um dentro do outro, combinando-se em um "tempo sem tempo" que marca a cena neurótica, o "drama trivial" – isto é, o drama que se localiza no trívio, na confluência de três ruas, ou seja, no limiar entre três "atos" ou três tempos "teatrais" que, simplificando, poderíamos definir como o da "procura" (do empréstimo), o da "espera" (do pagamento) e o do "medo/prazer" (dominado pela figura dos ratos) em vista da realização da procura e do fim da espera. Repare-se, aliás, que nenhum desses três momentos nega ou apaga, mais uma vez, os outros: a "procura" é também marcada pela "espera", e através da "espera" se entrevê a "procura", e por baixo delas circulam sempre, de modo furtivo (plenamente "ratinheiro", mais uma vez), a esperança e o desespero, confundidos em uma mistura emocional sem limites – também cronológicos – internos.

Dyonelio Machado, todavia, diferentemente do que acontece com o *Homem dos ratos*, nunca manifesta, na sua análise das ações e dos pensamentos de Naziazeno, nenhum tipo de justificativa de ordem claramente sexual: o que constitui o denominador comum das suas ânsias e peregrinações, a causa e o alvo da sua obsessão, é, de fato, apenas o dinheiro ou a falta dele. Poder-se-ia, talvez, analisar a personagem do leiteiro – que é quem, com a sua ameaça de cortar o fornecimento de leite, desencadeia a procura frenética do dinheiro por parte de Naziazeno – em um registro freudiano (poderia desempenhar, nesse sentido, o papel de uma figura materna, visto que proporciona o leite, mas com traços também evidentes do superego, de uma figura paterna que chama o protagonista às suas responsabilidades). Não quero, entretanto, me embrenhar por esse caminho que apresenta perigos evidentes, traduzindo fatalmente a análise psicológica em termos de psicologismo banal. Antes, porém, de abandonar o *Homem dos ratos* e o discurso de Freud, é bom prestar atenção – mas utilizando dessa vez o modelo de forma puramente instrumental – à associação entre o dinheiro e os ratos, de um lado, e o jogo, do outro, cristalizada, no texto freudiano, na palavra *Spielratte*.

De fato, também Naziazeno, como o pai do paciente de Freud, utiliza um dinheiro emprestado para tentar a sorte na roleta, perdendo tudo. Foi notado que a *roulette*, diferentemente dos jogos tradicionais, apresenta um esquema nitidamente urbano, criando uma aparência pela qual quem perde ou quem ganha não conhece na verdade o seu adversário: o seu modelo, nesse sentido, não é o duelo (como no caso dos jogos tradicionais), mas um mecanismo muito complexo de combinações múltiplas, "franjando-se em mil matizes. [...] Nunca fica claro quem seja inimigo de quem, ou até a que ponto, ou por que razão".[5] Nessa multiplicação problemática e sem solução dos contrastes e dos confrontos, nessa *ars combinatoria* que foge ao esquema direto e elementar do antigo duelo, teremos também o princípio sobre o qual assenta o romance urbano: nele, com efeito, como no cotidiano do habitante da cidade, os obstáculos são, na maioria dos casos, contornados e não enfrentados cara a cara, e a intriga surge exatamente desse movimento labiríntico dos personagens (solidários, cúmplices e, ao mesmo tempo, antagonistas, adversos) à procura de "algo" que só é atingido através do "devaneio", da errância, até mesmo do extravio e da perda.

O jogo de azar, a aposta sobre o "tudo ou nada", e a ânsia de ganhar o dinheiro sem o esforço, sem a "despesa" (física, mental e, sobretudo, temporal) que a aquisição dele requer na sociedade contemporânea, apresentam-se, aliás, na novela de Dyonelio, como uma espécie de *mise-en-abîme* ideológica não só da própria construção romanesca, mas ainda do modo de entender as relações entre indivíduo e poder no universo urbano. Relações também elas não diretas, não fundadas sobre o conflito aberto e simples, na sua evidência trágica, entre o patrão e o escravo, mas dispostas em voltas ou em volutas, sedimentadas em lugares ou

---

5 Moretti, *Segni e stili del Moderno*, p.154.

em figuras que constituem os elementos complexos de um "jogo de poder" multiplicado, multilateral e multifacetado: relações, enfim, que são aparentemente não verticais, sem um lugar certo de encontro ou de luta, sem centro visível (e o lugar do crupiê, da banca, é de fato, como se sabe, um lugar vazio, um zero em todos os sentidos), ou cujo centro é ocupado apenas por um feixe de forças relativamente heterogêneas.

Por outro lado, a tentativa de ganhar o tempo, de acelerá-lo, apostando tanto na roleta quanto no jogo do bicho acaba em um fracasso total, razão pela qual Naziazeno é obrigado a continuar na sua peregrinação, nos seus "passos perdidos" que só se concluem com uma complicada passagem de dinheiro – dinheiro, esse, realizado, depois de muita vagabundagem, através do penhor de um anel de bacharel e graças a um empréstimo por parte do amigo, dono do anel. Surge aqui, nesse modo tortuoso de alcançar o dinheiro, a possibilidade de ler, através do texto literário, outro importante texto, dessa vez de cunho ensaístico e historiográfico, publicado no ano seguinte ao da primeira edição de *Os ratos*: refiro-me ao famoso *Raízes do Brasil* de Sérgio Buarque de Holanda, e sobretudo aos capítulos desse livro em que ele analisa as falhas na formação da sociedade brasileira. O paternalismo e o arbítrio, que o grande historiador e crítico vê como os eixos em volta dos quais giram as relações de poder no Brasil, parecem, com efeito, encontrar a sua realização plena na novela de Dyonelio Machado, em que a aquisição do dinheiro não é vista como o produto natural de um trabalho, mas como o fruto – fruto amargo e penoso – de uma rede de pedidos e de favores. Não por acaso, a primeira e mais concreta tentativa de Naziazeno de obter o dinheiro baseia-se em um pedido de empréstimo ao seu chefe de repartição, que já uma vez o socorrera em outra situação de aperto financeiro. O caráter aleatório, pessoal e, de fato, autoritário das relações de poder, herdadas do regime colonial, explica o motivo pelo qual o chefe nega, dessa vez, aquilo que tinha concedido outrora, obrigando o protagonista a procurar outras fontes de suprimento, que são enfim encontradas na fiança concedida em cima de um antigo anel de bacharel.

Foi justamente notado, aliás, como, sendo com certeza um romance totalmente urbano, *Os ratos* se enquadre em uma cidade – Porto Alegre dos anos 1930 – que guarda ainda um caráter eminentemente provinciano, sem aquele fervor de crescimento e mudança que marcam, na mesma época, cidades como São Paulo ou Rio de Janeiro.[6] Nessa ambígua metrópole, vivendo uma modernidade ainda periférica e tardia, ainda ancorada no passado, se situa a narrativa de Dyonelio, que, de fato,

> acompanha a odisseia terra-a-terra do anti-herói, na verdade um homem pobre, não completamente radicado no espaço urbano, pois sente nostalgia da vida do campo, que ele imagina mais encantadora, farta e melhor do que ela jamais foi. A todo momento, Naziazeno deixa rastros desse sonho idílico que ainda o acompanha.[7]

Metonímia de um Brasil suspenso entre o regime patriarcal e o surgimento de novas relações sociais, na Porto Alegre de *Os ratos* manifestam-se, com efeito, ambas as tendências: a existência de Naziazeno depende, por um lado, de um sistema rígido, baseado na sua capacidade econômica e de trabalho, e, por outro, de uma hierarquia de valores arbitrária, dominada pelo "cordialismo" e pelo paternalismo – como demonstra, justamente, a fiabilidade que ele adquire graças ao anel de bacharel.

Um ano depois da publicação do romance de Dyonelio Machado, Sérgio Buarque de Holanda escrevia a respeito disso:

---

[6] Davi Arrigucci Jr., no seu ensaio sobre *Os ratos*, menciona, quanto ao atraso sociocultural e urbanístico da Porto Alegre de 1930, o testemunho de outro artista gaúcho, Iberê Camargo. Vejam-se, todavia, sobre isso os estudos de Cláudio C. A. da Cruz, *Literatura e cidade moderna – Porto Alegre 1935*, e de Sandra Jatahy Pesavento, *O imaginário da cidade. Visões literárias do urbano*.

[7] Arrigucci Jr., "O cerco dos ratos".

No vício do bacharelismo ostenta-se também a nossa tendência para exaltar acima de tudo a personalidade individual como um valor próprio e superior a todas as contingências. A dignidade e a importância que confere o título de doutor permitem ao indivíduo atravessar a existência com discreta compostura e, em alguns casos, libertam-no da necessidade de uma caça incessante aos bens materiais, que subjuga e humilha a personalidade.[8]

O crédito de que o bacharelismo tinha gozado durante o antigo regime perpetua-se, de fato, no crédito concedido graças ao anel, mas na novela de Dyonelio ele é como que esvaziado do seu valor simbólico, para se tornar, em um contexto urbano incipiente e conflitante, apenas um bem instrumental: herdado de um avô de origem alemã de Alcides (o amigo que empenha o anel), ele garante ainda o dinheiro para Naziazeno, mas à custa de qualquer validade cultural ou importância pessoal. O título acadêmico, enfim, guarda o seu prestígio, mas dentro de uma situação ainda mais degradada e trivial, que o leva a resumir-se no seu puro (ou impuro) valor de troca.

A cena urbana dos anos 1930, montada em *Os ratos* e observada pelo ângulo visual do seu protagonista – com quem o autor se identifica plenamente, talvez graças ao episódio pessoal por ele mesmo vivido e re(a)presentado –, é ocupada, em conclusão, por uma história que, tendo correspondências relevantes no interior da análise coeva de Sérgio Buarque de Holanda sobre a sociedade brasileira, acaba, todavia, por assumir um perfil mais abrangente (hesito em falar em "universal") visando, através do caso individual, à denúncia ideológica de uma situação social muito ampla. Não por acaso, é esse o lado pelo qual o autor convidava a ler a sua novela:

---

8 Buarque de Holanda, *Raízes do Brasil*, p.117.

Um romance social por excelência [...] atuando em função revolucionária, na luta pela abolição definitiva da escravatura moderna. A coluna vertebral de *Os ratos* é a tragédia do homem que ainda se definia. Naziazeno Barbosa [...] está com um pé na "direita" e com o outro na "esquerda". E sente que precisa dar um passo, que não pode continuar naquela posição. Mas não dá o passo. E o romance se desdobra em torno dessa indecisão.[9]

Na verdade, o texto (como já apontou Antonio Candido, consagrando-o entre os "clássicos" da narrativa brasileira pós-modernista)[10] se apresenta sobretudo como uma grande obra de arte, em que se misturam o plano individual e o coletivo, o pessoal e o histórico, as fantasias subjetivas e a ideologia socializante. Uma obra-prima, finalmente, cuja intenção preponderante é, talvez – voltando às coincidências com *O homem dos ratos* –, a representação de um drama ligado, por um lado, à aceitação de um regime paternalista (ou simplesmente paterno?) e à recusa, por outro, desse arbítrio, à revolta contra os ratos que podem, do mesmo jeito, "doar" e "roer" o dinheiro, deixando o indivíduo desamparado e sozinho no centro da sua angustiante indecisão.

A dúvida que Freud identificava como um dos traços marcantes na vida psíquica dos neuróticos obsessivos torna-se enfim, em *Os ratos* (e, sobretudo, na parte final do romance), uma condição existencial peculiar e, ao mesmo tempo, objetiva, típica do "escravo moderno" que vive até o fim a ambiguidade da sua escravidão e da sua modernidade. Suspenso nessa dúvida entre passividade e rebeldia; colocado nesse tempo que é breve e infinito; mergulhado nesse drama que é trivial e cada vez único; preso nessa condição de incerteza, nessa ratoeira que enclausura os seus desejos e alimenta os seus sonhos; o "homem-rato" e "dos ratos", magistralmente ilustrado por Dyonelio, fica

---

[9] Machado, *O cheiro de coisa viva*, p.27.
[10] Candido, op. cit., p.186.

aguardando uma libertação impossível que só uma ação solidária poderia talvez realizar. Entretanto, ele pode apenas constatar, alienado e alheado de si mesmo, a sua solidão desoladora – pobre de Cristo pendurado na cruz da indecisão, *Um pobre homem* (título, aliás, do primeiro livro de contos publicado pelo escritor gaúcho e que volta também em um volume autobiográfico organizado pouco depois da sua morte)[11] hesitando entre o delírio da ação e o entorpecimento da inércia, entre o gosto perverso da espera e o horror abismal do desenlace:

> A sua tristeza tem sempre esse rebate no estômago e no peito: sente dentro de si um oco dolorido, ao mesmo tempo que as feições se lhe repuxam... E pela segunda vez, nessa manhã, a impressão da solidão, do abandono...
> [...]
> Naziazeno "vê-se" no meio da sala, atônito, sozinho, olhando pra os lados, pra todos aqueles fugitivos, que se esgueiram, que se somem com pés de ratos...[12]

Já nesse pequeno trecho podemos verificar como, quase desde o início da narrativa, é o rato a figura em que se coisificam o vazio e a aridez das relações humanas: sintoma – ou "correlato objetivo"[13] – de uma alienação total em que o sujeito "vê-se" condenado e impotente. E a metáfora animalesca vai depois se avolumando e tomando consistência, em um discurso todo construído em volta dela (traço, diga-se de passagem, que remete ainda a Franz Kafka, e não apenas a *A metamorfose*, mas, mais

---

11 Machado, *Memórias de um pobre homem* (org. por M. Zenilda).
12 Machado, *Os ratos*, p.36. Sobre o uso (entre aspas) da forma reflexiva "vê--se" – muito utilizada por Dyonelio Machado nesse romance para sublinhar o alheamento e a alienação do protagonista –, vejam-se, em particular, as considerações de Vecchi em "Ratos cordiais e raízes daninhas: formas da formação". In: Pesavento (org.), *Leituras cruzadas*, p.84-85.
13 Arrigucci Jr., "O cerco dos ratos".

em geral, àquele sentimento de "culpabilidade inocente", àquele clima alucinante e alucinado, beirando, mais uma vez, o delírio, que se respira em quase toda a obra do escritor checo).

De fato, para além ou para aquém da similitude possível com um caso clínico, o romance de Dyonelio Machado é sobretudo uma grande prova literária, marcada por uma reinvenção imaginária e, ao mesmo tempo, atenta à realidade das relações complicadas, arbitrárias e humilhantes, entre quem detém o poder e quem fica excluído dele. Relato obsessivo e obcecante, aliás, de uma solidão essencial, de uma angústia não compartilhada acomodado em um contexto estilístico-narrativo reles e, ao mesmo tempo, sublime, "trivial" e inexoravelmente "trágico", que vai assumindo aos poucos a forma teratológica denunciada a partir do título, visto que "o próprio discurso mimetiza a figura rato", surgindo "entrecortado, miudinho, entranhando na tessitura fina do texto o gesto do roedor a que se reduz o ato humano da procura e da disputa pelo dinheiro".[14]

Pesadelo que nenhuma luz de resgate, nenhum raiar de esperança, nenhum jogo de palavras consegue realmente dissipar, *Os ratos* continuam até hoje, no nosso presente longínquo e desgarrado, a colocar-nos frente a frente com uma situação inquietante de alheamento e desespero, na qual ainda nos podemos espelhar, condenados, também nós, ao *ratage*, ao jogo incerto e invencível da vida – presos, enfim, na ratoeira sem saída da nossa humana condição.

Pós-tudo: banimento e abandono no *Grande sertão*

> Mit allen Augen sieht die Kreatur
> das Offene. Nur unsere Augen sind

---

[14] Ibid. Nesse breve e magistral ensaio, aliás, sugere-se ainda a inclusão de *Os ratos* no gênero trágico.

> wie umgekehrt und ganz um sie gestellt
> als Fallen, rings um ihren freien Ausgang.[15]

Rainer M. Rilke, *Die achte Elegie*

> O homem, de fato, nunca coincide de modo algum com a vida nua do homem; nem com a vida nua dentro dele, nem com algum outro estado ou propriedade, nem mesmo com a unicidade da sua pessoa física. Tão sagrado é o homem [...] quão pouco o são os seus estados, quão pouco o é a sua vida física, vulnerável aos outros. O que, com efeito, a distingue essencialmente da dos animais e das plantas?

Walter Benjamin, *Zur Kritik der Gewalt*

> Houve, e ainda há, na espécie humana muitos "sujeitos" que não são reconhecidos como sujeitos e recebem o mesmo tratamento do animal [...]. Aquilo que se chama confusamente animal, então o vivente enquanto tal e nada mais, não é um sujeito da lei e do direito. A oposição entre justo e injusto não tem nenhum sentido no que se refere a ele.

Jacques Derrida, *Force de Loi*

Nos últimos anos, como todos nós bem sabemos, temos assistido a uma proliferação descontrolada de termos precedidos pelo prefixo *pós* – do pós-moderno ao pós-colonialismo, passando, obviamente, pela definição onicompreensiva e, de certo modo, conclusiva de "pós-história" (sem esquecer, evidentemente, a categoria do "pós-trágico" que contribuí, com outros, a colocar em pauta em relação à moderna cultura brasileira).[16] Cada um deles tem (ou teve) o seu valor hermenêutico na época

---

15 Trad.: Com todos os olhos vê a criatura/ o aberto. Apenas estão nossos olhos/ como invertidos, postos por inteiro/ como armadilhas ao seu redor, e em torno à sua livre saída. (N. E.)

16 Vejam-se os livros Finazzi-Agrò; Vecchi, *Formas e mediações do trágico moderno: uma leitura do Brasil* e Finazzi-Agrò; Vecchi; Amoroso, *Travessias do pós-trágico: os dilemas de uma leitura do Brasil*.

e em relação ao objeto a que é (ou foi) aplicado, mas, mais em geral, esse uso contundente e coincidente do mesmo prefixo leva fatalmente a nos interrogarmos sobre a própria natureza *póstuma* da nossa condição de leitores e intérpretes de fenômenos culturais e de discursos artísticos que habitam a modernidade ocidental.

Para além ou para aquém de qualquer revisão (muitas vezes justa) ou negação (às vezes injusta) dessas categorias teóricas ou dessas definições críticas, penso que a nossa relação com o texto de João Guimarães Rosa, sobretudo hoje, quase sessenta anos depois da publicação de *Corpo de baile* e *Grande sertão: veredas*, deveria, necessariamente, levar em conta o caráter inelutavelmente posterior e, ao mesmo tempo, ulterior de qualquer leitura que pretenda identificar significados ocultos no interior da escrita. Póstumo, nesse sentido, quer dizer fatalmente arbitrário e, concomitantemente, necessário – daquela necessidade que vem, justamente, da profundeza e espessura temporal em que se amontoam e chamam a nossa atenção as outras interpretações, as inúmeras vozes críticas, os muitos caminhos percorridos através e em volta da obra rosiana.

Chegamos depois de um fim, de fato: um fim ambíguo, aliás, e que não encerra um sentido, não delimita um território textual, mas que, isso sim, define (sem definir) aquela zona incerta e perigosa que se abre entre o sim e o não, entre a afirmação e a interrogação, entre a certeza e a dúvida. Considero, por isso, que, para continuar lendo a narrativa rosiana, devemos assumir a nossa condição póstuma, isto é, (de)morar nessa zona incerta, habitar esse limiar que não separa nem junta, mas que deixa, a meu ver, oscilar o discurso em uma latência que nenhuma (de)cisão ou corte pode tornar uniforme ou unívoco (também porque ele é, como se sabe, um discurso frequentemente ubíquo, monológico e dialógico ao mesmo tempo). Estamos, com efeito, em um "depois" sem garantias, que permite traçar percursos diferentes e até antinômicos dentro de uma dimensão que é, também ela, interrogativa e duvidosa – como o demonstra, por exemplo, a ausência, justamente, da palavra "Fim" em *Grande sertão: veredas*, substituída pela lemniscata, pelo símbolo matemático do infinito, ou a porosidade das fronteiras discursivas e textuais em uma história "difícil", "muito ruim para se contar e se ouvir", como é "Cara-de-bronze".

Essa situação de "pós-tudo" em que nos encontramos não pode, todavia, justificar qualquer leitura, tratando o texto de Rosa como se fosse apenas um palimpsesto sobre o qual escrever ou rabiscar à vontade; no qual gravar significados impróprios ou até descabidos, secundando a preocupação do leitor em vez de definir e mapear a ocupação real do espaço narrativo e significante por parte do autor. Penso, nessa perspectiva, que o respeito para e pelo texto (ou seja, etimologicamente, olhar e ser olhado por ele) deveria levar-nos a defender as verdades intercaladas, a "patrulhar" os limiares – ou seja, aqueles contornos cinzentos, ou melhor, aquelas frestas que se entreabrem no discurso do escritor –, deveria levar-nos, em suma, a vigiar (com o *entêtement du guetteur*, com a "teimosia do vigia", como sugeriu, justamente, Roland Barthes)[17] aquelas encruzilhadas precárias em que conseguimos às vezes surpreender um sentido provisório e nos "apoderar" dele. O caráter póstumo da nossa leitura poderia espelhar-se, assim, na natureza movediça e continuamente ulterior da escrita de Guimarães Rosa, tornando a hermenêutica textual uma articulação ou um prolongamento (uma travessia inconclusa, talvez) do hermetismo próprio do texto.

Existem, aliás, lugares dentro da obra do escritor mineiro que se apresentam como verdadeiras fendas do tecido narrativo, como histórias ou dimensões *"en abîme"* em que conseguimos entrever e apanhar por instantes o sentido integral do texto, o seu valor implícito e a sua intenção de dizer o que não pode ser dito de modo explícito e que, justamente por isso, só pode ser

---

17 Barthes, *Leçon*, p.26.

inter-dito, ou seja, "dito entre", colocado no limiar entre a decisão e a demanda. Um deles pode, a meu ver, ser localizado no interior da fala cambaleante, do contar e recontar emaranhado de Riobaldo. O sinal de atenção, o alarme para a importância do evento contado, é dado, no caso de que eu quero tratar aqui, pelo próprio autor:

> Rir, o que se ria. De mesmo com as penúrias e descômodos, a gente carecia de achar os ases naquele povo de sujeitos, que viviam só por paciência de remedar coisas que nem conheciam. As criaturas.
> Mas eu não ri. Ah, daí, não ri honesto nunca mais, em minha vida.[18]

O que pode impedir, de modo definitivo, o riso (o "riso honesto", certo, mas o riso desonesto é apenas o deboche; é um esgar, uma *grimace*, como diriam os franceses, remetendo a uma situação de desassossego, de gozo inquieto ou perverso)? O que pode, enfim, tirar para sempre o sorriso e a alegria? Essa tristeza súbita e completa, essa mortalha de luto e desespero apartando Tatarana dos seus companheiros é algo que desperta a nossa atenção e nos encaminha para uma releitura atenta do contexto, ajudando-nos talvez a descobrir o fundo verdadeiro, histórico (ou talvez pós-histórico), escondido nas dobras da história, nos recantos ou, justamente, nas margens da ficção.

De fato, o que acaba de acontecer é o aparecimento dos *catrumanos*: gente inesperada, vinda não se sabe de que lugar e de que tempo, que se encontra fortuitamente na frente e à vista do bando de jagunços chefiados por Zé Bebelo. Estamos – como nos mostrou Willi Bölle[19] – transviados no labirinto dos sertões, onde a viagem perdeu momentaneamente o seu alvo, e

---

18 Rosa, *Grande sertão: veredas*, p.293. Doravante *GS:V.*
19 Bölle, "Grande sertão: cidades", *Revista da USP*, n.24, dez.-fev. 1994/95, p.80-93 (refundido e ampliado em W. B., *grandesertão.br*, p.306-320 e *passim*).

a reação de Riobaldo poderia ser apenas o fruto desse transtorno, dessa falta de perspectivas que o bando inteiro está vivendo. Mas ele sublinha, todavia, que a sua atitude e o seu modo de reagir àquele encontro são só dele:

> Bobeia minha? Porque os companheiros, indo cuidando de seu ramerrão comum, nenhum não punha tento em dessas ideias. Então era só eu? Era. Eu, que estava mal-invocado por aqueles catrumanos do sertão. Do fundo do sertão. O sertão: o senhor sabe.[20]

Portanto, a postura diante da visão daquele punhado de miseráveis é absolutamente pessoal, apartando Riobaldo dos outros, sobretudo pelo fato de ele considerá-los logo um sinal de azar: "a hora tinha de ser o começo de muita aflição, eu pressentia".[21] E a pergunta, nesse ponto, é sobre os motivos de tanta perturbação, visto que, afinal, Riobaldo já vinha passando por muita violência e muitos apertos, já vinha assistindo a cenas de pobreza e de desamparo, e aquele povo faminto e maltrapilho não aparentava, no fundo, constituir uma exceção tão gritante dentro da geral miséria sertaneja.

A resposta poderia ser dada em vários níveis (político, social, histórico ou ético), mas eu acho que aqui estamos perto do núcleo trágico da obra, no centro do drama existencial montado por João Guimarães Rosa, ou seja, que o surgimento daqueles "homens de estranhoso aspecto" (a que se poderia associar a passagem sucessiva pelo povoado de Sucruiú, que já entra, porém, no período de "muita aflição" prenunciado por eles) é efetivamente uma espécie de limiar simbólico que dá acesso a uma dimensão abismal ou infernal, marcada pelo pacto, pelo combate no Paredão e pela morte de Diadorim. Sabe-se, aliás, que Rosa gostava de disseminar em sua escrita indícios ou

---
20 *GS:V*, p.295.
21 Ibid., p.293-294.

"pré-avisos":[22] um modo de vaguear entre os tempos da narrativa, avançando e regredindo em uma rede de fatos dispostos de forma contorcida ou redobrada, nas idas e voltas do discurso. Mas a vista dos *catrumanos*, o seu puro existir, apresenta-se-nos como algo mais do que um simples aviso: eles são a fronteira, extrema ou anterior a tudo, que dá e nega o acesso a uma dimensão medonha e terrível; na sua "estúrdia" evidência, na sua aturdida bestialidade, eles são ao mesmo tempo as vítimas e os carrascos de um delito horrendo, que é histórico, é social, é político, é, enfim, humano – "demasiado humano", talvez.

De fato, Riobaldo junta-os, enquanto vítimas, em uma compaixão infinita ("tanteei pena deles, grande pena"),[23] para depois cultivar uma sensação montante de medo, que se alastra até chegar a uma visão apocalíptica:

> E de repente aqueles homens podiam ser montão, montoeira, aos milhares mís e centos milhentos, vinham se desentocando e formando, do brenhal, enchiam os caminhos todos, tomavam conta das cidades. [...] E pegavam as mulheres, e puxavam para as ruas, com pouco nem se tinha mais ruas, nem roupinhas de meninos, nem casas. Era preciso de mandar tocar depressa os sinos das igrejas, urgência implorando de Deus o socorro.[24]

O pequeno grupo de catrumanos se torna multidão, na fantasia assustada de Tatarana, agentes, então, de um tumulto[25] que não pode ser contido, de uma subversão infinita e sem confins, de um estado de exceção incontrolável, espalhando-se do fundo do sertão até as cidades, levando consigo e sendo levado por uma violência sem nome e sem norma que tudo destrói. Os poucos

---

22 Sperber, *Guimarães Rosa: signo e sentimento*, p.119-122.
23 *GS:V*, p.291.
24 Ibid., p.295.
25 Agamben, *Stato di Eccezione*, p.56 e *passim*.

se tornam uma turba e a turba provoca um turbilhão (para usar uma sugestiva imagem de Michel Serres),[26] jogando o sujeito e o mundo em uma situação de total anomia: é o Mal se expandindo em todas as direções – não mais o "redemunho" no meio da rua, repare-se, mas a perversão completa arrastando tudo consigo, o vórtice ou a voragem engolindo tudo e deixando a humanidade em uma condição de intolerável aporia, ou seja, etimologicamente, em uma condição em que "nem se tinha (não se tem, não se terá...) mais ruas".

Agentes dessa hipotética eversão, os catrumanos estão fora dela, estão fora de qualquer consciência de si e do mundo, estão fora de qualquer linguagem, estão fora de toda consideração ética ou política – eles são, enfim, esse "fora" que é, porém, o "dentro" mais interno e profundo do homem, representando, de fato, a natureza brutal e ferina, escondida "nos ocos" do sertão, em um espaço atópico e intersticial, em um tempo anterior ou posterior a todos os tempos.

> O jeito de estremecer, deles, às vezes, era todo, era de banda; mas aquilo sendo da natureza constante do corpo, e não temor – pois, quando pegavam receio, iam ficando era mais escuros, e respiravam com roncado rumor, quietos ali. Que aqueles homens, eu pensei: que nem mansas feras; isto é, que no comum tinham medo pessoal de tudo neste mundo.[27]

Como se sabe, a obra rosiana lida frequentemente com essas situações extremas, com personagens ocupando aquele lugar mediano e "impossível" entre o humano e o desumano, que Heidegger definiu, a partir de Rilke,[28] como "o aberto",[29]

---

26 Serres, *Gênese*, p.112-113.
27 *GS:V*, p.292.
28 Rilke, *Duineser Elegien*, p.48-53.
29 Agamben, *L'aperto: l'uomo e l'animale*, p.60-65.

mas aqui nos é dito – e não apenas representado, exposto na sua assombrosa evidência (como acontece, por exemplo, em "Meu tio o Iauaretê") –, aqui é tornado manifesto e posto em palavras todo o horror e o medo que eles suscitam: terror de um fundamento recalcado, de uma diferença que se percebe de modo confuso como o mais próprio do homem, como um lugar arquetípico e infernal pelo qual todos nós somos, ao mesmo tempo, convocados e repelidos ("mal-invocados", na sugestiva expressão de Riobaldo).

> O que mais digo: convém nunca a gente entrar no meio de pessoas muito diferentes da gente. Mesmo que maldade própria não tenham, eles estão com vida cerrada no costume de si, o senhor é de externos, no sutil o senhor sofre perigos. Tem muitos recantos de muita pele de gente.[30]

Não por acaso, em relação aos catrumanos, foi lembrada a imagem dos seringueiros da Amazônia desenhada por Euclides da Cunha ("um híbrido de demônio e truão, habitantes de um mundo perdido no passado").[31] Também no romance de Rosa, de fato, o que é descrito é uma categoria de pessoas habitando uma dimensão fronteiriça e ambígua, um território "à margem da história" ("nos tempos antigos, devia de ter sido assim"):[32] indivíduos, então, demorando em uma história, de certo modo, póstuma, em uma espécie de futuro do passado no qual vigora ainda um jogo extremo e sem regras, em que a aposta é a própria vida na sua biológica nudez ou na sua essência biopolítica. Gente, então, sobrevivendo em um estado de miséria absoluta, carente de tudo e possuindo, dentro ou atrás da sua aparência ridícula ("rir, o que se ria"), apenas aquela força telúrica e

---

30 *GS:V*, p.294.
31 Starling, *Lembranças do Brasil*, p.157, nota.
32 *GS:V*, p.290.

abismal, aquele poder "mágico" ou demoníaco (*khthónios*, como diziam os gregos) que vem da sua natureza ancestral e tosca, do seu ser um limiar, uma margem anômica e inacessível a partir da qual, todavia, se constitui uma história e se institui uma comunidade – uma dimensão social, enfim, regida pelo poder e pela lei.

Porque, certamente, a pessoa que não tem nada apavora ("de homem que não possui nenhum poder nenhum, o senhor tenha medo!").[33] Mas é só nessa total despossessão, é só nessa exclusão de qualquer tipo de autoridade que se tornam manifestos, por paradoxo, os mecanismos que regem as relações de poder, os modos em que a política se apodera, de forma autoritária, da existência individual no mundo moderno. E nessa perspectiva, é interessante notar a relação privilegiada e aparentemente inexplicável que se institui entre os catrumanos e Zé Bebelo: uma relação exclusiva e excludente, até o ponto em que, quando ele é destituído da chefia dos jagunços, alguns daquela "raça [...] diverseada distante"[34] pedem licença ao novo chefe, Urutu-Branco, para sair do bando e ele consente, raciocinando:

> Ao que aqueles homens não eram meus de lei, eram de Zé Bebelo. E Zé Bebelo era assim instruído e inteligente, em salão de fazenda? Desisti, dado. Não baboseio. [...] Estúrdio é o que digo, nesta verdade – que, eu livre longe deles, desaluídos que eles estavam comigo; mas, eu quisesse com gana e préstimo deles, então só me serviam era na falsidade... O senhor me entende? E digo que eles eram homens tão diversos de mim, tão suportados nas coisas deles, que... por contar o que achei: que devia de ter pedido a eles a lembrança de muito rezarem por meu destino...[35]

---

33 Ibid., p.294.
34 Ibid.
35 Ibid., p.378.

Os que se afastam não são, na verdade, os catrumanos do Pubo, mas os "dos Gerais, cabras do Alto-Urucuia. Os primeiros que com Zé Bebelo tinham vindo surgidos";[36] sua natureza é, todavia, a mesma: também eles representam o mundo arcaico, escondido nos "ocos" do sertão, também eles habitam um tempo distante, ainda imbuído de um sentido mágico e religioso – tanto assim que eles parecem perceber a mudança de Riobaldo depois do pacto, querendo voltar ao Alto-Urucuia, e Riobaldo, por sua vez, suspeita que a defecção deles seja um sinal de "agouro", sentindo até vontade de pedir-lhes que rezem por seu "destino".

Mas creio que os elementos significativos sejam aqui, por um lado, a cumplicidade, a relação de submissão "legal" entre eles e Zé Bebelo ("não eram meus de lei, eram de Zé Bebelo"); e, por outro, a diferença que os separa de Riobaldo ("eles eram homens tão diversos de mim"). Interrogar a razão dessa condição dupla significa, a meu ver, penetrar na estória até descobrir aquela história que ela, negando, reafirma. De fato, desde o início, é Zé Bebelo que trava contato com os catrumanos, é ele que os congrega com os outros jagunços – e isso pode parecer estranho, visto que esse personagem é sempre apresentado como o portador de uma instância de modernidade e de legalidade, como o agente da ordem e do progresso no mundo arcaico dos sertões. O que tem ele a ver com os emblemas mais patentes do atraso, da miséria, da ignorância, da maldade e ilegalidade que reinam no mundo sertanejo? Considero que a resposta é bastante fácil, se pensarmos que também ele, apesar de tudo, é uma espécie de figura liminar, ao mesmo tempo fora e dentro daquela realidade que atravessa, até como regente ou defensor dela. Como tem sublinhado Heloisa Starling,[37] para Zé Bebelo vale para sempre a sentença de Joca Ramiro: "O senhor não é do sertão. Não é da

---

36 Ibid., p.375.
37 Starling, op. cit., p.151

terra...":[38] dono da palavra requintada e astuciosa, defensor da lei do Estado e da sua razão, ele, porém, está fora da sua pátria, fora da lógica antiga do sertão, fora do mito – é, enfim, um *outsider*, visto que a sua terra e o seu *nómos* são alhures, e ele não consegue, por isso, alcançar nenhum dos seus objetivos:

> De fato, em meio à sua perambulação sem fim, Zé Bebelo foi semeando ruínas, por onde passava, multiplicando sempre o mesmo gesto escorregadio, profundamente empenhado no esforço de construção do moderno apenas para se desmaterializar em seguida, e como que desvanecer na paisagem.[39]

Nessa perspectiva, penso que a relação privilegiada entre os catrumanos, agentes imaginários do tumulto, produtores hipotéticos de catástrofes, e esse "semeador de ruínas" pode ser compreendida apenas naquele "fora" que os liga, naquela "plena e adversa exterioridade"[40] em que se encontram – naquele "aberto" ou naquele "estado de exceção", finalmente, em que permanecem suspensos.

De fato, já na bem conhecida resposta que Zé Bebelo dá à pergunta de um deles sobre a sua procedência, podemos ler esta dupla exclusão:

> – "O que mal não pergunto: donde será que ossenhor está servido de estando vindo, chefe cidadão, com tantos agregados e pertences?"
> – "Ei, do Brasil, amigo!" – Zé Bebelo cantou resposta, alta graça. – "Vim departir alçada e foro: outra lei – em cada esconso, nas toesas deste sertão..."[41]

---

38 *GS:V*, p.199.
39 Starling, op. cit., p.156.
40 Ibid., p.151.
41 *GS:V*, p.293.

Se fica claro que os catrumanos não compartilham o mesmo espaço "legal" dos jagunços, também o chefe provisório destes parece, com sua resposta, colocar-se fora da lei sertaneja. Ou seja, ambos os interlocutores ficam em uma situação de anomia em relação ao território que, apesar de tudo, ocupam: um, vindo de uma distância e de uma cronologia incomparáveis em relação ao tempo e ao espaço jagunços, chegando de uma dimensão ligada à *pólis* e imediatamente política; os seus interlocutores, habitando um tempo fora da história e um espaço sem geografia – aqueles "ocos do sertão", aquela região que "se esconde em si mesma" (para utilizar ainda uma imagem que Euclides tira de John Milton, aplicando-a à Amazônia).[42] E de resto, já a resposta que Zé Bebelo tinha dado à acusação de Joca Ramiro de não pertencer à terra parece bastante significativa: "Sou do fogo? Sou do ar? Da terra é a minhoca – que a galinha come e cata: esgaravata!":[43] também ele, então, vive apenas no "rebuliço" (ele veio, de fato, para "rebulir com o sertão"), habita no tumulto ou no turbilhão que semeia ruínas, guardando sempre a sua identidade excepcional e, ao mesmo tempo, excetuada.

Sabe-se, aliás, que o estado de exceção é uma figura jurídica pela qual o poder se vale do direito para suspendê-lo e se tornar assim "soberano". Como escreveu Giorgio Agamben: "se a exceção é a estrutura da soberania, a soberania não é, então, nem uma categoria exclusivamente jurídica, nem uma potência externa ao direito (Schmitt), nem a norma suprema do regimento jurídico (Kelsen): ela é a estrutura originária em que o direito se refere à vida e a inclui em si mesma através da sua própria suspensão".[44] E o mesmo autor esclarece que a forma mais clara em que essa potência se exprime é o banimento: "aquele que é banido não é simplesmente colocado fora da lei

---

42 Cunha, *Um paraíso perdido*, p.201.
43 *GS:V*, p.199.
44 Agamben, *Homo sacer*, p.34.

e indiferente a ela, mas é abandonado por ela, isto é, é exposto e arriscado no limiar em que vida e direito, externo e interno se confundem".[45] Sem querer aprofundar muito a análise dessa figura ambígua e trágica do ordenamento político, posso porém chamar a atenção para o fato de que Zé Bebelo representa, no romance rosiano, um poder externo e estranho ("Ei, do Brasil, amigo!") que usa a guerra e a violência – suspendendo, por isso, a sua "legitimidade" – para afirmar a sua soberania sobre um "mundo à revelia". Uma soberania, aliás, que se alia com o seu oposto aparente, com os que, no dizer de Riobaldo, não possuem "nenhum poder nenhum", vivendo numa condição de abandono completo e de total anomia.

Não por acaso, no romance se delineia um duplo movimento levando Zé Bebelo, "chefe cidadão", a "rebulir com o sertão como dono", e os catrumanos, na imaginação de Riobaldo, a "tomar conta das cidades": o encontro entre eles se dá, mais uma vez, naquele lugar banido e abandonado, dominado por uma lei bandida, que é o sertão – o Grande Sertão se confirmando, por isso, como espaço fronteiriço de uma luta e, ao mesmo tempo, de um compromisso absurdo entre o direito e o seu oposto, entre o poder soberano e a vida nua (para usar ainda uma expressão de Agamben, lembrando, por sua vez, outra de Benjamin). E as marcas desse pacto são, uma vez mais, as da exploração maldosa do Mal, do aproveitamento "político" daquela gente fora da história e da sociedade para fins que nada têm a ver com eles: instrumentos cegos e mudos de uma guerra que não lhes diz respeito, a qual tem como objetivo a hegemonia naquele Brasil que não lhes é pátria, naquele país que é longe e que os "excetua", isto é, os "segura fora" (visto que o verbo *excipio* vem de *ex capio* – literalmente "tomo fora" – e mantém o duplo sentido de "recolher" e "excluir") na sua falta de tudo e no seu faltar a tudo.

---

45 Ibid.

Nesse sentido, a cena em que Tatarana tenta juntar os catrumanos ao bando dos "seus" jagunços é altamente significativa:

> Aquela gente depunha que tão aturada de todas as pobrezas e desgraças. Haviam de vir, junto, à mansa força. Isso era perversidades? Mais longe de mim – que eu pretendia era retirar aqueles, todos, destorcidos de suas misérias. [...] Ah, os catrumanos iam de ser, de refrescos. Iam, que nem onças comedeiras! Não entendiam nada, assim atarantados, com temor ouviam minha decisão.[46]

Riobaldo, o pactário, quer usar para os seus fins a brutalidade daquela gente e obscuramente se dá conta da "perversidade" desse gesto assimilando, à "mansa força" jagunça, a violência fora de qualquer controle ou legitimidade dos catrumanos. Mesmo assim, permanece firme no seu propósito, escolhendo, porém, uma perspectiva diversa da de Zé Bebelo para associar aquela gente "estúrdia" ao seu intento hegemônico: não quer impor "outra lei", mas valer-se daquela gente – gente que está fora de qualquer direito, banida e abandonada pelo poder – na sua pessoal guerra ao mundo, no seu projeto "ilegal" de autoafirmação, no seu desejo de glória:

> Adivinhei a valia de maldade dêles: soube que eles me respeitavam, entendiam em mim uma visão gloriã. Não queriam ter cobiças? Homens sujos de suas peles e trabalhos. Eles não arcavam, feito criminosos? – "O mundo, meus filhos, é longe daqui!" – eu defini. – Se queriam também vir? – perguntei. Ao vavar: o que era um dizer desseguido, conjunto, em que mal se entendia nada. Ah, esses melhor se sabiam se mudos sendo.[47]

---

46 *GS:V*, p.336.
47 Ibid.

Gente que não é gente (senão, repare-se, dentro e através da violência que a identifica na sua anomia e no seu anonimato, no seu ser turba); "raça diverseada distante" que não tem palavra, ou melhor, que só na sua mudez se torna compreensível; emblemas radicais, enfim, de uma corporeidade medonha e turbulenta, os catrumanos são a mão de obra barata e irrisória que o poder inclui no seu discurso, no mesmo gesto que os exclui. Povo miserável e essencial, marginalizado e fundamental, carente e faminto, que se dispõe no limiar incerto entre região e nação, entre sertão e cidade, entre o Brasil e o mundo, ficando longe dessas polaridades e, simultaneamente, preso dentro delas, na sua exceção e na sua intolerável evidência, que o torna alvo e agente de uma força profundamente injusta, de uma soberania absoluta e sem piedade:

> Aí foi que eu pensei o inferno feio deste mundo: que nele não se pode ver a força carregando nas costas a justiça, e o alto poder existindo só para os braços da maior bondade.[48]

Lugar continuamente aberto do degredo, espaço do banimento e do abandono, pátria, finalmente, de um direito bandido (jagunço), em que a lei vigora apenas em sua própria suspensão ou em sua ambígua caricatura (como no julgamento de Zé Bebelo), o *Grande sertão* se qualifica como a dimensão intermediária e de permuta, o limiar simbólico e real onde o Brasil e o mundo se espelham na sua recíproca negação: instâncias tão próximas e tão longínquas das quais decorre um poder autoritário que se aplica tão somente em seu próprio ausentar-se, de uma lei se manifestando apenas como força sem alvo ou tendo como único objetivo a sua pura e oca manutenção. Violência e autoridade – confundidas na crítica da *Gewalt* (palavra que mantém justamente, em alemão, esses dois significados) proposta

---
48 Ibid., p.295.

por Walter Benjamin – se articulam, por isso, em uma zona vazia e medonha em que a lógica histórica é revogada: território baldio colocado nos confins do tempo e habitado apenas por homens debruçados sobre o abismo horroroso se abrindo entre o ser e o nada; por homens póstumos e excetuados, que vivem, enfim, nos "avessos" de qualquer humanidade.

De quem é a culpa? O trágico e a falta em A hora da estrela

> [O Espírito] ganha a sua verdade apenas na medida em que ele encontra a si mesmo na absoluta devastação.
>
> G. W. F. Hegel, *Fenomenologia do espírito*

> O que escrevo é mais do que invenção, é minha obrigação contar sobre essa moça entre milhares delas. É dever meu, nem que seja de pouca arte, o de revelar-lhe a vida.
> Porque há direito ao grito.
> Então eu grito.
>
> Clarice Lispector, *A hora da estrela*

Às vezes, para entender um texto muito complexo é preciso iniciar pelas perguntas mais simples. E é por isso que começo colocando a questão sobre o que é na verdade *A hora da estrela*:[49] não um romance, talvez, pelo menos não um romance em sentido canônico, mas tampouco uma reflexão teórica ou um discurso crítico sobre a arte de escrever romances. E é com certeza inadequado pensar esse texto que Clarice Lispector deixou

---

[49] Todas as citações do romance que aparecem no presente ensaio foram tiradas da edição de 1998, organizada por Marlene Gomes Mendes e referida pela sigla *HE*.

atrás dela, na iminência da morte,[50] como um poema, como uma sinfonia ou como um afresco. Nem pode ser considerada um tratado filosófico ou um panfleto religioso essa obra estranha e cativante em que a voz da autora ecoa ainda no nosso presente; nem, de resto, ela pode ser incluída na categoria do melodrama ou da narrativa de cordel – embora essas definições,[51] assim como todas as outras que as precedem,[52] venham à tona ao longo de um texto que, ele próprio, tenta entender-se, tenta compreender-se dentro de um gênero, dentro de um "modo" literário ou, pelo menos, artístico no sentido mais amplo.

O que é, então, *A hora da estrela*? Provavelmente é tudo isso e muito mais. E podemos esperar, nessa perspectiva, que esse "excesso" seja contido nos limites de um livro tão curto? Creio

---

50 Como se sabe, Clarice morreu em 9 de dezembro de 1977, cerca de dois meses depois da publicação do romance.

51 "Este é um melodrama? O que sei é que melodrama era o ápice de sua vida, todas as vidas são uma arte e a dela tendia para o grande choro insopitável como chuva e raios" (*HE*, p.82). Quanto à inclusão da obra no âmbito da literatura de cordel, ela é expressa em um dos títulos (cf. *infra*); além disso, encontramos no interior do texto este aparte, colocado entre parênteses: "Eu bem avisei que era literatura de cordel, embora eu me recuse a ter qualquer piedade" (*HE*, p.33).

52 As referências à música são muito frequentes (apenas para dar um exemplo: "As palavras são sons transfundidos de sombras que se entrecruzam desiguais, estalactites, renda, música transfigurada em órgão. Mal ouso clamar palavras a essa rede vibrante e rica, mórbida e obscura tendo como contratom o baixo grosso da dor. Alegro com brio"; *HE*, p.16), assim como é evidente a natureza lírica de algumas frases (mais um exemplo, escolhido quase ao acaso: "Não tenho medo nem de chuvas tempestivas nem das grandes ventanias soltas, pois eu também sou o escuro da noite. Embora não aguente bem ouvir um assovio no escuro, e passos"; *HE*, p.18). Quanto à pintura, também ela é convocada na construção do discurso, como se vê neste trecho: "É que de repente o figurativo me fascinou: crio a ação humana e estremeço. Também quero o figurativo assim como um pintor que só pintasse cores abstratas quisesse mostrar que o fazia por gosto, e não por não saber desenhar"; *HE*, p.22). Quanto, enfim, à natureza filosófica ou religiosa do discurso clariceano, as citações possíveis seriam inúmeras ao longo do texto.

que seja possível, visto que, do interior do seu limite físico, a obra de Clarice respira no ilimitado e na "abertura" de uma interrogação suspensa, que obtém apenas respostas mudas ("Este livro é um silêncio. Este livro é uma pergunta").[53] Porque, de resto, se a obra não abrigasse um discurso interrogativo e aporético, se ela não ultrapassasse, ou melhor, se ela não perpassasse qualquer tentativa de identificação, a autora teria sentido a necessidade de listar um número tão alto de títulos eventuais (convém lembrá-los aqui: *A culpa é minha*; *Ela que se arranje*; *O direito ao grito*; *Quanto ao futuro*. – com um ponto antes e outro depois, como é claramente indicado pela autora[54] –; *Lamento de um blue*; *Ela não sabe gritar*; *Uma sensação de perda*; *Assovio no vento escuro*; *Eu não posso fazer nada*; *Registro dos fatos antecedentes*; *História lacrimogênica de cordel*; *Saída discreta pela porta dos fundos*, incluindo aliás – no segundo lugar da lista – *A hora da estrela*, o título definitivo com que a obra, aparentemente, resolve apresentar-se)?

Qual é então, nessa proliferação enigmática e contraditória de nomes, o nome verdadeiro que podemos atribuir ao texto que Clarice parece escrever à nossa vista, escondendo-o, porém, de nós, isto é, furtando-o à presa e à compreensão, embora precária, de um título? Talvez as definições que calham melhor sejam aquelas que remetem a um ato fático: *A hora da estrela* seria, nesse sentido, uma tentativa de estabelecer uma comunicação – ela seria, de fato, um grito ou um gesto extremo de chamamento que nos obriga a ajustar contas com uma culpa provinda de uma falta, a qual deriva, por sua vez, de "fatos antecedentes" que não se sabe quais sejam, ao passo que o "futuro" vacila, suspenso e indecifrável, entre dois pontos firmes. Mas que falta é essa, que silêncio é esse que se enche de palavras? E como identificar o culpado (*A culpa é minha*) se a própria autora se esconde atrás e

---

53 *HE*, p.17.
54 Ibid., p.13.

se revela através de um autor fictício,[55] identificado apenas pelo nome e pelas letras iniciais do sobrenome (Rodrigo S. M.)?[56] E todavia, *A hora da estrela* é também um longo ato de expiação ou talvez uma reza sussurrada e sem nexo, em nome e por causa de tudo aquilo (de todos aqueles) que a nossa indiferença – a nossa feroz indiferença de burgueses satisfeitos e distraídos – nos levou a marginalizar, a tirar da nossa vista, procurando até anular a sua realidade e evidência:

> Como a nordestina, há milhares de moças espalhadas por cortiços, vagas de cama num quarto, atrás de balcões trabalhando até a estafa. Não notam sequer que são facilmente substituíveis e que tanto existiriam como não existiriam. Poucas se queixam e ao que eu saiba nenhuma reclama por não saber a quem. Esse quem será que existe?[57]

A parábola, a breve e triste parábola existencial de Macabéa, se resume também, senão sobretudo, nisto: ela nos coloca diante das nossas culpas inconfessáveis, da nossa recusa a uma humanidade desajeitada, "raquítica",[58] miserável e de mau cheiro;[59] de uma humanidade "falha", enfim, até o ponto de não-ser – um

---

55 Como se sabe, a "Dedicatória do Autor", no limiar do romance, é acompanhada pela indicação, aparentemente pleonástica e colocada entre parênteses, "Na verdade Clarice Lispector" (*HE*, p.9).
56 Logo no início da obra – e em contraste evidente com a reivindicação da sua identidade autoral por Clarice na "Dedicatória" – encontramos esta afirmação: "A história – determino com falso livre-arbítrio – vai ter uns sete personagens e eu sou um dos mais importantes deles, é claro. Eu, Rodrigo S. M.". Obviamente, esse jogo de espelhos, em que autor real, autor fictício e personagens estão envolvidos, acaba criando uma situação de total heterotopia e, ao mesmo tempo, de contínua deslocação do sentido. Sobre esse aspecto, veja-se, aliás, o parágrafo seguinte.
57 *HE*, p.14.
58 Ibid., p.28.
59 Ibid., p.27.

não-ser tão completo e "exposto" que só pode provir de um total e absoluto "não-ter".

> Vou agora começar pelo meio dizendo que –
> – que ela era incompetente. Incompetente para a vida. Faltava-lhe o jeito de se ajeitar. Só vagamente tomava conhecimento da espécie de ausência que tinha de si em si mesma.[60]

> Há os que têm. E há os que não têm. É muito simples: a moça não tinha. Não tinha o quê? É apenas isso mesmo: não tinha.[61]

> Macabéa [...] era fruto do cruzamento de "o quê" com "o quê".[62]

> Sim, estou apaixonado por Macabéa, a minha querida Maca, apaixonado pela sua feiura e anonimato total pois ela não é para ninguém.[63]

Contar a história de Macabéa significa, no fundo, se expor a uma (com)paixão radical; significa tentar dar visibilidade a esse (quase) nada que ela, não sendo, é; significa dar voz, prestando-lhe ouvido, a esse coágulo não essencial de "o quê" com "o quê"; significa, enfim, acompanhar a sua breve existência compadecendo a sua ausência – ou seja, compartilhando e repartindo a sua falta como uma hóstia através da qual se experimenta "o insosso do mundo"[64] – para chegar até o momento em que ela se aproxima finalmente do limiar do ser, o instante supremo ou ínfimo em que ela, morrendo, vive a sua "hora da estrela".

---

60 Ibid., p.24.
61 Ibid., p.24-25.
62 Ibid., p.58.
63 Ibid., p.68.
64 "Por enquanto quero andar nu ou em farrapos, quero experimentar pelo menos uma vez a falta de gosto que dizem ter a hóstia. Comer a hóstia será sentir o insosso do mundo e banhar-se no não" (*HE*, p.19).

O resumo da vida e da morte da protagonista, aliás, parece provir diretamente de um romance popular, de uma daquelas "histórias lacrimogênicas de cordel", mencionadas, justamente, entre os títulos possíveis: se assim não é, é porque, transitando por esse excesso que beira o *kitsch*,[65] escondendo-se e revelando-se através da figura de Rodrigo S. M., Clarice chega a escrever o que só pode ser entendido no âmbito do "trágico-moderno".

Nesse sentido, o "excesso" caracterizando a obra, a sua superabundância passional e patética – ecoando, por um lado, na carência infinita da personagem e se refletindo, por outro, na presença constante e "simpatética" do autor narrador –, aparece funcional à definição paradigmática do texto, à sua inclusão em um gênero que o torna finalmente compreensível e antagonicamente significante, exatamente na sua natureza anômica e excedente. Quero dizer que, se eu tivesse de responder à simples pergunta que (me) coloquei no início, eu afirmaria, quase sem refletir, que *A hora da estrela* é, só pode ser uma tragédia.

"Tragédia moderna", como já disse, que – na assunção e, ao mesmo tempo, na distância paródica em relação a qualquer "técnica" da representação; na participação total e na alienação

---

65 Pode-se lembrar, nessa perspectiva, como o autor chega a afirmar que a obra que ele está escrevendo é patrocinada pelo "refrigerante mais popular do mundo", sem todavia que ele receba dinheiro por isso. A conexão entre a bebida "espalhada por todos os países" e o contexto trágico e mortal – o "estado de emergência e de calamidade pública" de que se fala já na "Dedicatória" (*HE*, p.10) – é logo confirmada, aliás, pela afirmação de que o mesmo refrigerante "patrocinou o último terremoto em Guatemala": "apesar de ter gosto do cheiro de esmalte de unhas, de sabão Aristolino e plástico mastigado. Tudo isso não impede que todos o amem com servilidade e subserviência. Também porque – e vou dizer agora uma coisa difícil que só eu entendo – porque essa bebida que tem coca é hoje. Ela é um meio da pessoa atualizar-se e pisar na hora presente" (*HE*, p.23). Sobre a relação entre o *Kitsch* e o Trágico na modernidade e, ainda, sobre a "gratuidade" do pensamento trágico ("gratuita é a volta rumo ao lugar em que a reflexão se entrega de novo à sua antiga solidariedade com o mito"), vejam-se as considerações de Givone, *Disincanto del mondo e pensiero tragico*, p.22-28 e 114-118.

irônica do autor ("na verdade Clarice Lispector") – deve atravessar o melodrama e o romance popular, o sensacional e o trivial, o disforme e o ridículo, a morbidez e o luto para alcançar uma dimensão pós-trágica, isto é, para chegar a significar o sublime sem grandeza (o trágico sem tragédia) de uma condição sem saída, determinada pelo fado e pela "horrenda casualidade".[66] Como dizer de outro modo, com outras palavras esse texto transversal, colocado de viés sobre os discursos, imbuído de oralidade, de sensações e de reflexões sobre o sentir – esse texto, enfim, que parece uma voz procurando a si mesma, se adiantando, porém, às cegas em uma escrita deslumbrante e definitiva? Como o definir e o entender sem, justamente, se ater a um cânone milenar que circunscreve o seu sentido sem o esgotar? Trágico, impuramente trágico é o andamento dessa obra em busca de si própria.

Meditar não precisa de ter resultados: a meditação pode ter como fim apenas ela mesma. Eu medito sem palavras e sobre o nada. O que me atrapalha a vida é escrever. [...] Essa história acontece em estado de emergência e de calamidade pública. Trata-se de livro inacabado porque lhe falta a resposta. Resposta esta que espero que alguém no mundo ma dê. Vós? É uma história em tecnicolor para ter algum luxo, por Deus, que eu também preciso. Amém para nós todos.[67]

---

66 Sobre o caráter ao mesmo tempo "obrigatório" e "gratuito" do texto, sobre a natureza desnecessária e premente da escrita, assim se expressa o narrador: "preciso falar dessa nordestina senão sufoco. Ela me acusa e o meio de me defender é escrever sobre ela" (*HE*, p.17); "esta história não tem nenhuma técnica, nem de estilo, ela é ao deus-dará. [...] Pensando bem: quem não é um acaso na vida? Quanto a mim, só me livro de ser apenas um acaso porque escrevo, o que é um ato que é um fato" (*HE*, p.36).
67 *HE*, p.9-10.

Essa meditação fechando-se sobre si mesma e sobre o nada, essa parábola "lacrimogênica" que se impõe em "estado de emergência" ou "de exceção", tem, então, o estatuto necessário de uma reza, de uma oração suspensa entre o silêncio e o grito, entre a escuridão e a visão "em tecnicolor". Ela é, nesse sentido, a representação fragmentária ou sucinta de um *mythos*, de um acontecimento originário modernamente repensado, que, justamente porque encenado e posto em palavras, justamente porque rodeado por cautelas e porque colocado no limiar da consciência, recebe dentro de si o trágico na sua necessidade ritual.

De resto, o caráter religioso – provindo de uma religiosidade quase ecumênica, baseada, eu diria, em um credo transparente e não confessional – é evidente, na obra, já a partir da denominação dos personagens que habitam nela: o nome da protagonista (como foi amplamente notado)[68] remete ao Antigo Testamento; o de seu "noivo", Olímpico de Jesus, alude ao mesmo tempo ao panteísmo clássico e ao cristianismo, colocando-se à raiz do sentimento religioso ocidental; as companheiras de quarto da nordestina aparecem como "as três Marias" (e outra amiga – aquela que vai "roubar" Olímpico de Macabéa – chama-se Glória); a identificação, finalmente, entre Macabéa e a Virgem Maria é várias vezes evocada no texto ("Macabéa, Ave Maria, cheia de graça").[69] Uma acumulação de elementos devotos, então, inscrevendo-se dentro de uma história ignorada por Deus, mas que a Ele, "revoltando-se", volta sem parar, na contramão de qualquer ortodoxia.

> Viu ainda dois olhos enormes, redondos, saltados e interrogativos – tinha olhar de quem tem uma asa ferida – distúrbio talvez da tiroide, olhos que perguntavam. A quem interrogava ela? a Deus?

---

[68] Veja-se, pelo menos, o trabalho fundamental de Gotlib, *Clarice: uma vida que se conta*, p.465-473.
[69] *HE*, p.82.

Ela não pensava em Deus, Deus não pensava nela. Deus é de quem conseguir pegá-lo. Na distração aparece Deus.[70]

[...]

Rezava mas sem Deus, ela não sabia quem era Ele e portanto Ele não existia.[71]

Essa iminência de um Deus ausente ("Se um dia Deus vier à terra haverá um silêncio grande"),[72] de um Deus mudo revelando-se apenas na falta, na interrogação constante e na "distração" infinita, é o que confirma, por um lado, o caráter ritual do texto e, por outro, sua natureza "excepcional", isto é, excessiva e de exceção que o torna compreensível apenas no excesso, na saída de si mesmo, na alienação e no abandono de qualquer (in)diferença de classe.

(Se o leitor possui alguma riqueza e vida bem acomodada, sairá de si para ver como é às vezes o outro. Se é pobre, não estará me lendo porque ler-me é supérfluo para quem tem uma leve forma premente. Faço aqui o papel de vossa válvula de escape e da vida massacrante da média burguesia. Bem sei que é assustador sair de si mesmo, mas tudo o que é novo assusta. Embora a moça anônima da história seja tão antiga que podia ser uma figura bíblica. Ela era subterrânea e nunca tinha tido floração. Minto: ela era capim).[73]

Então Macabéa é um arquétipo anônimo e faminto: é o símbolo antigo de uma humanidade tão "carente" a ponto de não se saber como tal, tão "ignorante" a ponto de não se conhecer no seu ser sujeito, encontrando-se, ao contrário, e identicando-se apenas na sua angustiante objetividade.

---

70 Ibid., p.26.
71 Ibid., p.34.
72 Ibid., p.86.
73 Ibid., p.30-31.

Nunca pensara em "eu sou eu". Acho que julgava não ter direito. Um feto jogado na lata de lixo embrulhado em um jornal. Há milhares como ela? Sim, e que são apenas um acaso.[74]

Mais um traço – essa consciência inconsciente do acaso, essa aceitação da "horrível casualidade" em que o homem é literalmente "jogado" desde o início – remetendo ao âmbito trágico e à sua expressão que só na paixão se torna possível e só na compaixão se abre ao seu significado.

O que eu quero dizer é que, para dar voz a uma "emergência", para dar conta de uma "calamidade pública", Clarice deve lidar com uma existência exemplar, guiada pela *díke*, dominada por um destino inelutável, sem medo de atravessar o grotesco e o ridículo para chegar a exprimir o "excesso" em que ela, perdendo-se, se encontra:

> O fato é que tenho nas minhas mãos um destino e no entanto não me sinto com o poder de livremente inventar: sigo uma oculta linha fatal.[75]

No processo de construção trágica, o próprio autor se acha então implicado ou implícito, suspenso entre uma verdade que ele controla e em nome da qual ele age e uma verdade que o transcende e da qual é passivo. E nesse sentido, Ananke, a necessidade não domina apenas a história de Macabéa, mas ela empurra e compele o autor que sobre ela é obrigado a escrever – com uma identificação entre narrador e personagem que é, aliás, explicitada no texto ("Vejo a nordestina se olhando ao espelho e – um rufar de tambor – no espelho aparece o meu rosto cansado e barbudo").[76]

---

74 Ibid., p.36.
75 Ibid., p.21.
76 Ibid., p.22.

Como todas as mulheres descritas por Clarice e nas quais ela se transcreve, com efeito, também Macabéa fica presa dentro de um mecanismo passional assentado no avesso da vontade, em uma atmosfera de espera messiânica, não prevendo nenhum fato verdadeiro, nenhuma conclusão ou síntese; também ela, como as outras, é movida pelas circunstâncias, padece e nos compadece na sua expectativa, na sua atração para uma dimensão mais profunda, abismal em que ela, finalmente, adquire a consciência de si mesma e do mundo. A diferença, em relação às outras personagens clariceanas, é que aqui o momento "epifânico", o apogeu e o apocalipse coincidem com a queda e com o fim: ou seja, é apenas no seu aproximar-se da morte ou no atravessá-la que a protagonista descobre o segredo da sua identidade e da sua essência, chegando, no seu não existir, a existir plenamente; na anulação do seu presente, a descobrir um futuro sibilino e indizível.[77]

> Aí Macabéa disse uma frase que nenhum dos transeuntes entendeu. Disse bem pronunciando e claro:
> – Quanto ao futuro.
> Terá tido ela saudade do futuro? Ouço a música antiga de palavras e palavras, sim, é assim.[78]

No momento em que Macabéa fica suspensa entre a vida e a morte, o que assoma e se materializa é a antiga harmonia verbal de um êxito que pode manifestar-se – pode literalmente "encarnar-se" – ou encolher-se na sua virtualidade muda. O divino, em todo caso, se revela justamente nessa indecisão, nessa

---

[77] Sobre o processo "epifânico", enquanto mecanismo marcante da narrativa clariceana, veja-se sobretudo: Sá, *A escritura de Clarice Lispector*, p.129-160. Para uma revisão em sentido "apocalíptico" desse processo (em particular em relação à *Paixão segundo G.H.*), remeto ao meu: *Apocalypsis H.G.: una lettura intertestuale della* Paixão segundo G.H. *e della* Dissipatio H.G.

[78] *HE*, p.85.

"distração",[79] nessa ambiguidade e nessa espera, quando nada é ainda decidido, quando nada ainda se cumpriu ou se cumpriu apenas em um estado de nostalgia do que vai ser – se manifesta, enfim, dentro de um improvável "futuro do passado".

> Macabéa por acaso vai morrer? Como posso saber? E nem as pessoas ali presentes sabiam. Embora por via das dúvidas algum vizinho tivesse pousado junto do corpo uma vela acesa. O luxo da rica flama parecia cantar glória.[80]

E um pouco mais adiante, confirmando o estado de *epokhé*, de entretempo no qual se encontram a protagonista, o narrador e a palavra vibrando entre eles, o texto assim nos fala:

> Então – ali deitada – teve uma úmida felicidade suprema, pois ela nascera para o abraço da morte. A morte que é nesta história o meu personagem predileto. Iria ela dar adeus a si mesma? Acho que ela não vai morrer porque tem tanta vontade de viver. [...] As coisas são sempre vésperas e se ela não morre agora está como nós na véspera de morrer, perdoai-me lembrar-vos porque quanto a mim não me perdôo a clarividência.[81]

Um narrador incerto, pelo menos duplicado, não pode senão localizar-se nessa zona dúbia, nessa eterna "véspera", em que, por um lado, transparece a ambivalência indecifrável do divino ("Um gosto suave, arrepiante gélido e agudo como no amor. Seria esta a graça a que vós chamais de Deus? Sim? Se iria morrer, na morte passava de virgem a mulher"),[82] e onde, por outro, volta a propor-se a questão – que eu diria própria do trágico-moderno –

---

79 "Na distração aparece Deus"; *HE*, p.26.
80 *HE*, p.82.
81 Ibid., p.84.
82 Ibid.

da tensão não resolvida entre livro e romance, entre a obrigação a escrever e o furtar-se a ela, entre o que é dito (e que resta) e o que fica por dizer (o "resto dos restos").[83] Colocados no cruzamento entre história e sentido, a protagonista e o seu *auctor* parecem, em suma, reencontrar a verdade na sua ausência e no seu silêncio – algo como uma "fotografia muda"[84] que, prenunciando o trágico (a soberania do destino, do fim, da vontade indecifrável de Deus, enfim), o ab-rogam na suspensão de todos os discursos e percursos, na encruzilhada duvidosa entre a culpa e o perdão, no sinal da cruz, enfim, em que o "sacrificado é inocente".[85]

Macabéa morre, de fato, derrotada pela sua *díke*, mas naquele instante em que o *fatum* se suspende no *nefas*, naquele tempo parado e restante (messiânico, enfim), a religiosidade, mais uma vez, rebenta e se diz na reza:

> Rezem por ela e que todos interrompam o que estão fazendo para soprar-lhe vida, pois Macabéa está por enquanto solta no acaso como a porta balançando ao vento no infinito.[86]

Entregue sem culpa ao sacrifício, Macabéa continua se propondo como emblema do sagrado, objeto inevitável de culto dentro e através da sua morte. Em um mundo leigo e secularizado, em suma, ela encarna a imanência do divino, a precisão de uma transcendência assentando, por paradoxo, no seu avesso, no seu lado popular e *kitsch*. E nesse sentido, *A hora da estrela* pode ou deve ser lida ainda como uma denúncia, como um grito de protesto contra aquela situação de aporia ou de emergência trágica em que se encontram as classes mais pobres, expostas a uma religiosidade que não redime ou a uma morte que as

---

83 Cf. Baptista, *Autobibliografias: solicitação do livro na ficção e na ficção de Machado de Assis*, p.440-452 e *passim*.
84 *HE*, p.17.
85 Givone, op. cit., p.127.
86 *HE*, p.83.

santifica apenas na ausência – em um faltar ao mundo que é, ao mesmo tempo, um "tomar-cuidado" dele.

Personagem "oblíqua", "torta", "cariada",[87] a jovem nordestina é, aliás, o símbolo de tudo aquilo que, na cidade – na *pólis* – se opõe à lógica férrea do poder – da norma e do *nómos* propriamente políticos –, ao decorrer ordenado do tráfego ou dos "tráficos". Também na hora da morte, não por acaso, ela cai de atravessado na rua, fica de viés atrapalhando a legitimidade urbana e o seu "trânsito": aquela que "não sabe gritar" reivindica, na sua postura muda, o seu "direito ao grito", denunciando, sem a nomear, a obrigação ao presente, a angústia da presença em relação à qual ela se furta, se ausenta, perdendo-se e encontrando-se em um futuro inefável – "Quanto ao futuro". Nova Cassandra, Antígona moderna sacrificada ao Moloch urbano, Macabéa é, em relação a esses modelos, o anti-herói que, sem querer, na sua grotesca incultura e anomia, na sua inestética estranheza ao sentido comum, revoga a norma com o seu puro ausentar-se, com o seu encolher-se na falta. De fato, a sua hora, marcada por *Anánke*, é também a hora da sua vitória sobre o fado, a hora gloriosa em que ela, finalmente, conhece o mundo e se entrega ao (re)conhecimento do mundo; a hora, enfim, em que ela, em uma cópula suprema e mortal, é habitada e até "inundada" por Deus, passando de moça-virgem a mulher, do anonimato à fama (isto é, do não dito àquilo que todos podem ou devem dizer; do *nefas* ao *fas*, mais uma vez, atravessando o seu *fatum* – termos latinos cuja raiz, não por acaso, é sempre o verbo *fari*, "falar", "contar" aquilo que é justo ou que vai acontecer).

> E havia certa sensualidade no modo como se encolhera. Ou é porque a pré-morte se parece com a intensa ânsia sensual? [...] O destino de uma mulher é ser mulher. Intuíra o instante quase dolorido e esfuziante do desmaio do amor. Sim, doloroso

---

[87] Ibid., p.35.

reflorescimento tão difícil que ela empregava nele o corpo e a outra coisa que vós chamais de alma e que eu chamo – o quê?[88]

Macabéa, nesse instante supremo (doloroso e, ao mesmo tempo, orgástico) de entrega de si mesma, parece retomar nas mãos o fio do seu destino, deixando porém, atrás de si, uma verdade que resta e resiste a qualquer decifração.

> Vencera o Príncipe das Trevas. Enfim a coroação.
> Qual foi a verdade da minha Maca? Basta descobrir a verdade que ela logo já não é mais: passou o momento. Pergunto: o que é? Resposta: não é.[89]

De fato, a última obra de Clarice é imbuída dessa interrogação sem resposta – às vezes satírica, às vezes inteiramente trágica – sobre o mistério da existência e da morte, propondo o *mythos* como lugar mediano e opaco de resistência, tornando a escrita um testemunho compassivo de uma verdade indecifrável a que nem o próprio *auctor* tem acesso senão, justamente, na "distração" e na espera, no silêncio e na pergunta. Nesse sentido, Rodrigo S. M., testemunha e sobrevivente (*testis* e *superstes*, na ambígua definição proposta pelo direito romano),[90] não consegue ser um autor confiável; isto é, não chega a ser o "fiador" do acontecido e, por isso, se e nos coloca em uma situação de suspensão trágica, de "espera do significado, messiânico ou antimessiânico",[91] tornando, por isso, a novela de Macabéa um

---

88 Ibid., p.84-85.
89 Ibid., p.85.
90 Sobre a relação, formalmente jurídica e essencialmente "trágica", entre as figuras do *testis* e do *superstes* – ambas significando "testemunha" e ligando-se à questão fundamental da *auctoritas* (na fórmula do *auctor fio*) –, vejam-se as importantes considerações de Agamben, *Quel che resta di Auschwitz*, p.15-17, 135-40 e *passim*.
91 Steiner, *Le Antigoni*, p.335.

livro incompleto, residual, sem fim aberto aos nossos desejos e às nossas carências, às nossas certezas e às nossas dúvidas. Uma pergunta ou uma afirmação – ambas sem réplica, ambas suspensas em um silêncio gritante – que Clarice nos legou no limiar da sua pessoal "hora da estrela".

A obra – essa obra com tantos nomes e sem um nome; essa obra incerta entre o sublime e o trivial; essa obra que nos convida a rezar, e que nos suspende, e que nos expõe na mudez de Deus; essa obra em que a morte é, ao mesmo tempo, uma escolha e uma necessidade; essa obra em que sorrimos do que nos faz chorar e choramos pelo que é humanamente ridículo – essa obra, não por acaso, se conclui com um simples "sim" (como, aliás, já a "Dedicatória" se tinha fechado com um "amém"):[92] sinal extremo de aceitação do mistério, de abertura ao destino trágico o qual domina a nossa existência e, ao mesmo, de assunção de um dever testemunhal que continuamente recusamos, mas que incessantemente nos institui na nossa falta e na nossa inconfiabilidade.[93]

Porque sim, porque a culpa é a nossa, e apenas admitindo isso nos será permitido compreender e compadecer – dando assim um sentido necessário ao grito, testemunhando em "estado de emergência", escrevendo por "força de lei"[94] também em nome e por causa de quem nunca teve esse direito, de quem sempre foi "excetuado" pela norma, marginalizado pela *política*, de quem, enfim, nunca soube ou pôde gritar.

---

92 "Amém para nós todos"; HE, p.10.
93 "O homem [...] é o limiar central através do qual transitam sem parar as correntes do humano e do inumano, da subjetivação e da dessubjetivação, do tornar-se falante do vivente e do tornar-se vivente do *lógos*. Essas correntes são coextensivas, mas não coincidentes, e a sua não coincidência, a falha sutílima que as separa é o lugar do testemunho" (Agamben, *Quel che resta di Auschwitz*, p.125-126).
94 "Escrevo portanto não por causa da nordestina mas por motivo grave de 'força maior', como se diz nos requerimentos oficiais, por 'força de lei'"; HE, p.18.

Entre disposição e deposição: a escrita como exílio e como testemunho

> E se ninguém consegue explicar, este falar é todavia a tarefa da testemunha. Mas a testemunha já nos disse que, em primeira instância, ela testemunha o fato de escrever.
> Franco Rella, *Dall'esilio*

> Tens sempre a sensação de não pertencer. E de fato não pertences.
> Edward W. Said, *O meu direito à volta*

> Mas há também o mistério do impessoal que é o "it": eu tenho o impessoal dentro de mim.
> Clarice Lispector, *Água viva*

A palavra "exílio" encobre uma série muito ampla de significados e é atravessada por uma ambiguidade que poderia ser, de forma sumária, identificada na relação aleatória entre afastamento real e alheamento mental, entre uma distância medível no espaço e no tempo e outra totalmente interna ao ato de escrever e, mais ainda, de testemunhar. Quero aqui tratar dessa ambivalência a partir da obra de Clarice, tentando ler a sua relação com a escrita a partir do seu aparente "ausentar-se" de si mesma, para fugir à norma e ao poder de um discurso imposto, para tentar testemunhar o que deveria ficar fora do alcance das palavras. Nesse sentido, pode-se afirmar que, como todo grande escritor, também Clarice mantém a capacidade de deslocar-se e de desdizer-se, ao lado de uma teimosia poética contrastando e resistindo contra qualquer forma de integração ou de normalização, jogando com os signos e instituindo, "no próprio coração da língua servil, uma verdadeira heteronímia das coisas".[95]

---

[95] Como se sabe, são essas, fundamentalmente, as "forças" da grande literatura, na visão magistral de Roland Barthes: *"s'entêter"*, *"se déplacer"* (até chegar à abjuração) e *"jouer les signes"* (*Leçon*, p.25-28).

De resto, o ato de escrever encerra desde sempre – e a consciência disso se torna mais evidente no âmbito da literatura do século XX – um poder de alienação em relação ao Eu que o cumpre e que nele se deveria espelhar. Nesse sentido, descobrir-se outro e estrangeiro no signo ou no traço pode ser considerado uma experiência primária de *Ichspaltung*, de divisão irremediável do sujeito diante da qual se abrem duas soluções possíveis – ambas praticadas, com efeito, pelos escritores do século passado. A primeira prevê a possibilidade de se multiplicar, em uma espécie de fragmentação infinita da identidade na pluralidade da instâncias egóticas: é o caso, aliás muito conhecido, de Fernando Pessoa e da sua tentativa de criar tantas identidades quantas são as hipóteses discursivas que se abrem diante do sujeito, ou melhor, de existir tantas vezes como outro quantas são as disposições virtuais do Eu. A heteronímia pessoana pode, de fato, ser considerada um dispositivo (seja no sentido simplesmente retórico, seja no significado mais amplo e complexo que a esse termo atribuiu Michel Foucault)[96] pelo qual, embora mantendo intacto o limiar entre o si e o "estranho-a-si", seria possível se apoderar, de forma intermitente, de diferentes identidades as quais mantenham uma relação de tipo solidário com o sujeito que as inventa e as faz agir. Por paradoxo, essa modalidade de deslocação ou de exílio do sujeito em relação a si mesmo esconde uma tentativa extrema de controle sobre a dispersão: na objetivação dinâmica da relação entre o Eu e o outro, nessa espécie de abdicação à própria centralidade pelo sujeito do discurso, descobrimos, na verdade, um projeto de recomposição pânica, de domínio

---

[96] Aliás, na obra de Foucault o termo "dispositivo" é várias vezes evocado, mas nunca definido com clareza. À tarefa de circunscrever o(s) significado(s) dessa palavra utilizada pelo filósofo francês, se deram primeiro Gilles Deleuze e mais recentemente Giorgio Agamben, com dois ensaios que têm, por acaso, o mesmo título: "Qu'est-ce qu'un dispositif?" (*Michel Foucault philosophe. Rencontre internationale*) e *Che cos'è un dispositivo?*.

utópico sobre a dispersão que passa pelo apagamento de uma identidade homogênea para se encontrar, uno e plural, na heterogeneidade das coisas e do mundo (projeto, esse, que Pessoa desenvolve, de modo significativo e pelo menos no início, na esteira de Walt Whitman).

A segunda eventualidade que se abre diante do sujeito que escreve e diante da sua incapacidade de se encontrar no que ele mesmo escreve, no signo por ele deixado na página, é aquela de aceitar a fatalidade da divisão, de ratificar a impossibilidade de recompor uma identidade trabalhada e dilacerada pela prática. O processo, que poderia ser definido de deposição do Eu, tem como resultado a constatação de uma experiência: o sujeito, enfim, assume a distância entre o Eu e o si e a sanciona em uma espécie de exílio permanente em relação à sua identidade. O exemplo mais fácil é, aqui, o da pseudonímia de que temos inúmeros exemplos na literatura moderna e que, em alguns casos, chega a ser tangencial ou até a se sobrepor à heteronímia (pense-se apenas no famoso caso de Henry Beyle, escrevendo uma autobiografia que assina como Stendhal, mas que atribui a uma terceira pessoa, denominada Henry Brulard). A sanção da decomposição do sujeito, ou melhor, como vimos, da sua deposição assume nesse uma caso conotação estática, significando em si mesma e sem prever, como no dispositivo heteronímico, uma ulterioridade significante rumo a uma recomposição do sujeito dentro de uma nova constelação identitária. Para resumir, se por um lado poderíamos considerar a pseudonímia uma forma de confinamento do Eu atrás da máscara de um nome próprio, por outro, a heteronímia guardaria o valor de um deslocamento contínuo em direção ao outro, contrariando o poder nulificante de uma identidade imposta e estável (com todas as consequências de caráter ideológico, político ou ético que essa distinção comporta).

Na verdade, existe um caso ainda mais curioso e, talvez, útil para a minha reflexão: o da, assim dita, "homopseudonímia", ou seja, da "pseudonímia quadrática" lembrada por Giorgio Agamben[97] e teorizada, no registro irônico que lhe era típico, pelo escritor italiano Giorgio Manganelli, em um texto seu incluído no livro póstumo *La notte*. Nesse conto, intitulado justamente "(Pseudonimia)[2]", Manganelli é informado por um amigo e por outras pessoas confiáveis da publicação de um livro em seu nome que ele, apesar disso, sabe não ter escrito. Ele compra, todavia, o livro e o lê a contragosto, sem se reconhecer nem na forma e nem no conteúdo dele. A leitura, porém, dá asas a uma reflexão vertiginosa:

> Portanto, eu não tinha escrito nada; mas por "eu" entendia aquele dotado de nome e sem pseudônimo. Tinha escrito o pseudônimo? Provavelmente, mas o pseudônimo pseudoescreve, e é, tecnicamente, ilegível por parte do eu, no mais o é por parte do eu pseudônimo quadrático, que, obviamente, não existe; mas se o leitor é inexistente, eu sei o que ele pode ler; o que pode escrever o pseudônimo de grau zero, algo que não pode ser lido por ninguém a não ser pelo pseudônimo quadrático, o inexistente. Com efeito aquilo que é escrito é o nada.[98]

Trata-se, em aparência, de um fenômeno parecido com aquele da ortonímia pessoana, só que o escritor italiano acrescenta a consciência de poder escrever "eu" apenas assumindo por completo a sua pesudonímia e indo, assim, ao encontro de uma anulação completa daquilo que escreve, ou melhor, de uma atribuição daquilo a um pseudônimo ao quadrado, isto é, a uma identidade que só existe no lugar daquele "eu" inicial, o qual renuncia, assim, a existir. E nesse estonteante paradoxo, a consistência do sujeito se esgarça em uma nebulosa precariedade, levando aquele que escreve ou fala a se propor como

---

97 Agamben, *Quel che resta di Auschwitz*, p.122-123.
98 Manganelli, *La notte*, p.14.

inevitavelmente cindido e sempre residual, debatendo-se entre a certidão de um nome e o naufrágio em um anonimato desolador. Em todos esses casos, como resistência ou como deriva em relação à ordem do discurso, o Eu seria aquilo que sobrevive à sua própria morte e que nessa sobrevivência, no seu ser resto ou fragmento de uma identidade partida, encontra todavia a possibilidade de testemunhar: enquanto supérstite, justamente, que fala ou escreve no lugar de um sujeito já sem voz ou não mais componível na sua individualidade humana. Como sublinhou Giorgio Agamben a propósito da sobrevivência e da natureza residual do testemunho, tudo isso pode levar à conclusão de que "o homem tem lugar na fratura entre o que vive e o que fala" e que ele "é o ser que falta a si próprio, consistindo apenas nessa falta e no errar que ela instaura".[99] A grande literatura do século passado nos propõe com frequência esse ausentar-se do sujeito, esse furtar-se a toda compreensão e à procura que dele se origina, confirmando a fatalidade do exílio do humano de si mesmo para tentar testemunhar, em uma sobrevivência anônima e com muitos nomes, a condição trágica do indivíduo na sociedade contemporânea. Entre os muitos exemplos possíveis, sinto a obrigação de me deter mais um pouco sobre *A hora da estrela*, obra que, como vimos, Clarice Lispector deixou no limiar da sua morte real e em que surpreendemos justamente essa fratura ou hiato inevitável entre o viver e o falar, esse ser em falta cuja salvação consiste não em existir, mas em desistir; não em pertencer, mas em "despertencer" – ou seja, em considerar a existência, pela qual ela é "excetuada", através de uma espécie de olhar exilado que encontra a sua realidade apenas no seu afastamento e na sua estranheza.

A triste história da jovem nordestina, imigrada na grande cidade onde morre atropelada por um carro, pode ser de fato considerada o remate simbólico de uma trajetória ideológica e

---

[99] Agamben, *Quel che resta di Auschwitz*, p.125-126.

estética marcada pela desistência em relação ao humano, por uma despersonalização que, como Clarice já escrevia em 1964, representa "a maior exteriorização a que se chega", acrescentando que "quem se atinge pela despersonalização reconhecerá o outro sob qualquer disfarce: o primeiro passo em relação ao outro é achar em si mesmo o homem de todos os homens".[100] O outro, o lado desumano de toda humanidade é, na *Hora da estrela*, Macabéa, moça sem dinheiro e sem atrativos, aparentemente impermeável a qualquer emoção e desprovida de qualquer ambição, cuja trajetória vital é contada – exatamente pelo fato de ela habitar o limiar entre a identidade e o seu outro – por uma espécie de heterônimo masculino ou de pseudônimo beirando o anonimato, Rodrigo S. M.: é ele a testemunha e o supérstite da mísera parábola existencial da nordestina; é ele quem, sendo uma instância disposta entre autor e personagem, depõe em nome e por causa de ambos. De fato, o narrador fictício é o produto precário de um jogo de identificação e desidentificação muito mais complexo, sendo um pseudônimo atrás do qual a autora real esconde, em aparência, o seu nome verdadeiro, sem todavia renunciar ao seu poder sobre a escrita, visto que, como já apontei, logo na "dedicatória do autor" ela acrescenta entre parênteses "na verdade Clarice Lispector" – respondendo, assim, à saída de si, imposta pelo ato de escrever, com a reafirmação da sua identidade autoral. E que o romance é um questionamento constante sobre o lugar do Eu e sobre a sua capacidade de testemunhar é demonstrado pela alternância, no seu corpo, de identificação e alheamento, de proximidade e distância, em um processo que – aludindo ainda, como já fiz várias vezes, à recorrência do prefixo "des-", tão típica da escritora[101] – poderia ser

---

100 Lispector, *A Paixão segundo G.H.*, p.170.
101 A frequência no uso desse prefixo pode ser considerada mais um elemento de semelhança entre Clarice e Fernando Pessoa. Veja-se, a respeito, o importante ensaio de Eduardo do Prado Coelho, "Pessoa: lógica do desassossego", no seu livro *A mecânica dos fluidos: literatura, cinema, teoria*, p.21-31.

definido como desafastamento, ou seja, como um movimento paradoxal em que as noções de "perto" e de "longe" perdem o seu sentido. Nessa perspectiva, se o sujeito que escreve e o que conta se reconhecem, sem se identificar por completo, em uma espécie de limiar fictício, de instância terceira e inconsistente – que poderíamos chamar de "alias", remetendo ao mecanismo heterotópico do álibi[102] –, por sua vez o narrador fictício se identifica progressivamente com a sua personagem que, em vez de ser movida por ele, de forma imperiosa e sofrida, o faz agir: "Eu não inventei essa moça. Ela forçou dentro de mim a sua existência".[103] Macabéa então, no seu não-ser e no seu "não--ter", grita a sua existência e a sua vontade de possuir o que lhe é negado, reclama o seu direito de sobreviver e testemunhar, ainda que pelo trâmite de um terceiro, de um autor que depõe no lugar dela (segundo a fórmula testemunhal da *auctoritas* ou do *auctor fio*, ou seja, de alguém que se responsabiliza por quem não pode ainda ou não pode mais falar). O drama social de que a nordestina é símbolo e vítima é, enfim, posto à luz e denunciado através de um "alias" que a inventa e que é, ao mesmo tempo, inventado por ela, sem conhecer claramente nem o início nem os desdobramentos da história que ele conta: "Logo eu que constato que a pobreza é feia e promíscua. Por isso não sei se minha história vai ser – ser o quê? Não sei de nada".[104] Toda a incerteza em relação a uma tarefa que o excede, toda a perplexidade perante sua personagem – de quem, no início, nem o nome conhece ("Ah que medo de começar e ainda nem sequer sei o nome da moça")[105] – reforça, por um lado, o seu alheamento de burguês obrigado a falar de uma situação de degradação humana

---

102 Sobre esse mecanismo poético e identitário, já me detive longamente no meu livro *O álibi infinito: o projecto e a prática na poesia de Fernando Pessoa*.
103 *HE*, p.29-30.
104 Ibid., p.22.
105 Ibid., p.19.

e intelectual de que declara não ter nenhuma experiência direta, mas, por outro, vai levar o narrador fictício a uma identificação progressiva com a sua criatura ("a ação desta história terá como resultado minha transfiguração em outrem").[106]

É esta, enfim, a tarefa impossível que Clarice atribui a si mesma, recusando uma existência marcada pelo poder e pela ordem do discurso, para se aproximar de um absoluto material em que o sujeito se afaste de si mesmo se identificando, todavia, em um si milenarmente abandonado. E nesse sentido, também Clarice, como Pessoa ou Whitman (em tempos e com registros obviamente diferentes) parece acalentar, no limiar da sua morte real, a hipótese ou a utopia de uma recomposição pânica do Eu na dispersão fatal da identidade. Recomposição, essa, que só se pode dar, pela escritora brasileira, atravessando a morte e se reencontrando em uma "terceira pessoa", na descoberta de um impessoal (de um "alias") que seja o produto de uma perda/identificação eventual de si mesma. Dito de outra forma, Clarice depõe na *Hora da estrela* sobre uma "carência", sobre um "estado de emergência e de calamidade pública" que é tanto social quanto existencial e que ela denuncia pelo trâmite de uma voz heterônima, oscilando entre o balbucio e o grito ("porque há o direito ao grito"),[107] até chegar a descobrir o mistério que se esconde no abandono, a riqueza que é implícita na falta.

A escrita nesse sentido, no seu caráter transitório e na sua latência, se apresenta, todavia, como um refúgio em relação ao horror da divisão e do alheamento, da distância a um si que se reconhece apenas como outro, ou melhor, como estrangeiro e estranho em relação ao Eu. A escrita, então, como *phármakon* levando, por um lado, as coisas a existirem e, por outro,

---

106 Ibid., p.20.
107 Ibid., p.13.

abismando-as na ausência;[108] remédio salvando, por um lado, o sujeito na memória de uma identidade neutra e primordial (o *it* clariceano), e envenenando-o, por outro, com o esquecimento a que condena fatalmente todo discurso, uma vez que ele é escrito ou levado a agir:

> Desculpai-me mas vou continuar a falar de mim que sou meu desconhecido, e ao escrever me surpreendo um pouco pois descobri que tenho um destino. Quem já não se perguntou: sou um monstro ou isto é ser uma pessoa?
> Quero antes afiançar que essa moça não se conhece senão através de ir vivendo à toa. Se tivesse a tolice de se perguntar "quem sou eu?" cairia estatelada e em cheio no chão. É que "quem sou eu?" provoca necessidade. E como satisfazer a necessidade? Quem se indaga é incompleto.[109]

O escritor é aquele que não se reconhece senão nesse exílio de si mesmo, ou seja, habitando o seu alheamento, enfileirando palavras que são pensadas "por fora", por uma instância neutra e terceira, que é, porém, a nossa mais íntima essência:

> Com esta história vou me sensibilizar, e bem sei que cada dia é um dia roubado à morte. Eu não sou um intelectual, escrevo com o corpo. E o que escrevo é uma névoa úmida. As palavras são sons transfundidos de sombras que se entrecruzam desiguais, estalactites, renda, música transfigurada de órgão. Mal ouso clamar palavras a essa rede vibrante e rica, mórbida e obscura tendo como contratom o baixo grosso da dor [...]. Sei que estou adiando a história e que brinco de bola sem a bola. O fato é um ato? Juro que este livro é

---

[108] A alusão, aqui explícita, é às teorias bem conhecidas de Jacques Derrida sobre "La pharmacie de Platon", contidas em seu livro *La Dissémination*, 1972.
[109] *HE*, p.15.

feito sem palavras. É uma fotografia muda. Este livro é um silêncio. Este livro é uma pergunta.[110]

Nessa interrogação muda que emerge do corpo, nessa condição de ausência e de pergunta, Clarice Lispector encontra-se toda e tudo reencontra: o sentido de si mesma, do mundo e de si mesma no mundo; o mistério da sua identidade em perene trespasse, sempre em exílio ou êxodo, sempre estrangeira a si mesma e sempre presente à obrigação de dizer essa estranheza, embora atravessando a úmida nebulosidade do seu estilo que envolve o coração silencioso da palavra.

Testemunhar a "carência", seja em sentido social, seja a nível existencial, se torna uma obrigação, uma necessidade sufocante que precisa da respiração da palavra escrita ou da não referencialidade da reza e do grito ("porque há o direito ao grito"),[111] sempre aguardando uma resposta ou uma justificativa que ninguém pode dar:

> Por que escrevo? Antes de tudo porque catei o espírito da língua e assim às vezes a forma é que faz conteúdo. Escrevo portanto não por causa da nordestina mas por motivo grave de "força maior", como se diz nos requerimentos oficiais, por "força de lei".[112]

Levada por uma urgência de escrever e de testemunhar ("é preciso falar dessa nordestina senão sufoco. Ela me acusa e o meio de me defender é escrever sobre ela"),[113] Clarice, na véspera da sua pessoal "hora da estrela", constata, então, que o humano é o ser que se ausenta de si mesmo, consistindo apenas nesse "abandono", nessa ausência e na procura que dela provém.

---

110 Ibid., p.16-17.
111 Ibid., p.12.
112 Ibid., p.18.
113 Ibid., p.17.

Procura inconclusa e inconcludente, como ela admite desde a dedicatória assinada com o seu verdadeiro/falso nome, mas que deve ser empreendida para se defender do nada que nos acusa, construindo "toda uma voz" para combater a pobreza que nos rodeia, escrevendo para quebrar o silêncio que nos interroga e que nos define na nossa humana, trágica insuficiência. Porque Macabéa é, de fato, uma instância que, no seu anonimato e no seu abandono, remete sempre a uma obrigação de falar e é remetida, no seu trespasse, a um incontornável *amor fati* em que todos nós nos encontramos em nosso anonimato e abandono, em nosso "fatal" ser para a morte e a partir dela.[114]

"Amém para nós todos."

Nefas ou de como se poderia escrever a violência

> Temos prazer em olhar as imagens mais cuidadas das coisas cuja vista nos é penosa na realidade, por exemplo, as formas de animais perfeitamente ignóbeis ou de cadáveres.
>
> Aristóteles, *Poética*, 1448b, 9-12

> E você? Sou assassino de mulheres – podia ter dito, sou escritor, mas isso é pior do que ser assassino.
>
> Rubem Fonseca, *Agruras de um jovem escritor*

A escolha de falar da representação da violência a partir de uma análise de alguns contos de Rubem Fonseca pode parecer (e talvez seja) óbvia a ponto de dispensar qualquer justificativa, toda reflexão sobre a razão pela qual uma obra é eleita como exemplar. Na verdade, entre os escritores contemporâneos,

---

[114] Cf. J.-L. Nancy. *L'essere abbandonato*, p.20: "O ser abandonado é remetido ou deixado à *phoné*, e ao *fatum* que, por sua vez, dela deriva. *Amor fati* se reporta à lei e à sua voz".

Fonseca pode ser considerado um dos que, com maior contundência e com grande arte (para retomar o título de um seu famoso romance), vem tratando o tema da brutalidade nas relações humanas, da conexão indissolúvel entre poder e força no universo urbano. E isso a partir dos seus primeiros textos, em que já aflora a sua atenção para fenômenos ligados, de um lado, à situação da marginalidade no contexto das grandes cidades brasileiras e, de outro, à ferocidade de uma burguesia empenhada em defender os seus, pequenos ou grandes, interesses e cruelmente atenta à manutenção do *status quo*. Desde as suas primeiras provas narrativas, a partir do começo dos anos 1960, Rubem Fonseca tem testemunhado, de fato, a degradação de um contexto ambiental (e político, e ético, e econômico...) que vai desembocar, enfim, no AI-5 – que pode ser considerado, nesse sentido, a consequência fatal e a consagração normativa de um processo de polarização social já evidente nos anos anteriores e de que o autor tinha prestado fiel testemunho nas suas obras.

Feliz Ano Novo, publicado pela primeira vez em 1975, apreendido pela Polícia Federal (após ter já vendido, porém, cerca de trinta mil cópias) e liberado para reimpressão só em 1989, depois de um demorado processo, representa, com certeza, uma etapa fundamental nessa longa fidelidade a uma obrigação testemunhal que, de fato, atravessa toda a escrita ficcional de Fonseca. Livro "obsceno" então, no entendimento dos censores, como todo livro tentando dar conta, de modo integral, de uma realidade histórico-social moralmente degradada, em que o diálogo entre as classes é substituído por relações de força que atingem tanto o lado orgânico (ou biopolítico) quanto o lado psicológico (ou psicopatológico) de uma humanidade aparentemente sem rumo. O "estado de exceção" (determinado pelo AI-5) em que os contos são compostos e que eles acabam por implicar, representa, nesse sentido, não apenas um pano de fundo, mas a própria razão de ser deles.

Porém, a questão da escolha dessa coletânea de contos para um estudo da representação da violência não tem tanto a ver com a situação histórica "violenta" em que ela foi composta e (em) que ela (se) reflete, quanto com uma análise de como a violência é descrita no plano literário, ou seja, da forma como ela se inscreve no universo ficcional. Para ser mais claro, é óbvio que o contexto histórico influi na seleção temática e na disposição dos conteúdos, mas o grande problema reside no modo (o "estilo") utilizado na representação desses conteúdos, ou seja, como se apresenta a *mise en texte* desse contexto. De fato, a questão de como "escrever a violência" implica de imediato uma instância que, de modo geral, poderia ser chamada "ética", visto que ninguém – e tanto menos quem se coloca na posição da testemunha – pode escapar de uma reflexão sobre o seu posicionamento em relação às situações (vividas ou apenas imaginadas) sobre as quais ele está escrevendo.

O exemplo talvez mais claro desse dilema moral é o debate que se vem desenvolvendo nos últimos anos no âmbito da antropologia dita "científica": como guardar uma atitude imparcial (científica, justamente) na descrição e na análise de fenômenos, sociais ou simplesmente humanos, extremos? Um pesquisador que pretende estudar acontecimentos históricos marcados por uma brutalidade gritante e insuportável (que podem ir da organização e da atuação de bandos de jovens marginais nas periferias urbanas até os, aparentemente infindáveis, genocídios que ponteiam a nossa época) deve manter uma atitude puramente descritiva ou, ao contrário, assumir uma posição crítica, de aberta condenação dos mecanismos que superintendem a violência? Alternativa esta que fica todavia não resolvida, visto que uma participação emocional do pesquisador pode prejudicar o êxito do seu trabalho e, por outro lado, a reivindicação da imparcialidade do observador é, pelo menos, discutível, se não impossível – deixando espaço, aliás, à suspeita de uma certa cumplicidade, de uma complacência mórbida com a violência representada, por parte do espectador-cientista.[115]

De fato, o paradoxo em que o antropólogo se choca pode ser assimilado ao paradoxo da testemunha, como ele é definido, por exemplo, por Giorgio Agamben no âmbito da Shoah:

> exatamente pelo fato de o testemunho ser a relação entre uma possibilidade de dizer e o seu ter lugar, ele pode se dar apenas através da relação com uma impossibilidade de dizer – ou seja, apenas como *contingência*, como um poder não-ser. [...] O testemunho é uma potência que se dá realidade através de uma impotência de dizer e uma impossibilidade que se dá existência através de uma possibilidade de falar.[116]

Colocado em uma situação extrema, que ele tem a obrigação de descrever e analisar, o antropólogo deveria preliminarmente enfrentar a questão de como, baseado em uma impossibilidade, dar conta desse poder, isto é, de como relatar a violência a partir daquele silêncio ou daquela língua "outra" em que se expressa o sujeito/objeto (a vítima/algoz) dessa violência. As perguntas são, afinal, sempre as mesmas: como representar o que – por ser indício do nada que o institui, ou melhor, por ser um significante de um significado deslocado e, às vezes, incompreensível – permanece irrepresentável na sua integralidade? Adotando qual linguagem ou ponto de vista se torna, enfim, legítimo falar do que, por natureza própria, fica (também no seu sentido etimológico) "nefando"?

Acostumado a habitar o paradoxo, o estudioso, muitas vezes, nem percebe (ou até recalca) a impossibilidade sobre a qual

---

115 Sobre essas questões, veja-se a introdução de Fabio Dei ("Descrivere, interpretare, testimoniare la violenza") à coletânea de ensaios *Antropologia della violenza*, organizada por ele (p.7-75).
116 Agamben, *Quel che resta di Auschwitz*, p.135-136.

assenta a possibilidade de exercer a sua profissão, recorrendo a um estilo aparentemente "factual" que o deveria preservar de qualquer contaminação com o horror representado. Em outros casos, ciente da natureza fora da ordem, excedente e excessiva, dos eventos testemunhados, ele pode também escolher a via da ficção, abrindo mão de toda pretensão cientificista para armar uma história que seja o reflexo ou o resumo das histórias que ele tem acompanhado como pesquisador (no caso brasileiro, temos o exemplo bastante próximo e muito conhecido de Paulo Lins e da sua *Cidade de Deus*). Em todo caso, o paradoxo não pode ser apagado por completo, deixando que a escolha de como "escrever a violência" seja resolvido em um plano que poderíamos chamar de "retórico". Existe, de fato, uma gama muito ampla de opções que vai da adoção de um grau zero da escrita até a implicação (ideológica, política ou apenas emocional e psicológica) do narrador nos fatos narrados, passando pela eventualidade de um manejo irônico dos fatos, que permite aproximar-se do horror afastando-se dele.

Claro que a tarefa do antropólogo difere da do artista, mas é igualmente claro que o espetáculo do horror e a representação da degradação humana colocam questões parecidas tanto ao cientista social quanto àquele que não tem nenhuma pretensão de estudo ou análise dos fatos violentos. O que une as duas práticas é, no fundo, ainda e sempre a vontade ou a necessidade de testemunhar a violência, ou melhor, de passar de uma fase de observação a uma atividade de descrição ou de refiguração dos eventos observados, em que o que está em jogo é a capacidade individual de transmitir o vivido através da palavra ou da imagem, e em nome daqueles que "não podem falar". Nesse sentido, antropologia e arte (juntamente com outras disciplinas, mas com um grau maior de consciência e autorreflexão, talvez) são expressões marcantes daquela "era da testemunha" em que se transformou a nossa época – mantendo, no mundo atual, a mesma obrigação de mostrar o Mal nas suas formas extremas, colocando-nos diante de um espetáculo do qual todos nós somos, no fundo, também atores, participando, sem querer, daquele "estado de emergência" que, segundo Benjamin, "não é mais a exceção, mas a regra". Na verdade eu não quero, aqui, adiantar-me em um estudo articulado das *Figuras do mal* (título de um livro magistral de Franco Rella, ao qual remeto)[117] presentes na cultura contemporânea, mas apenas refletir sobre como um escritor do porte de Rubem Fonseca tem tentado solucionar, a partir da sua coletânea de contos de 1975, o problema de dar conta da violência, nas suas diferentes manifestações, implícita no universo urbano (e, mais especificamente, carioca).

De fato, o título do primeiro conto, coincidindo com o título do livro, não poderia ser mais explícito: "Feliz Ano Novo" tem a função para-textual de marcar um início, de delimitar um tempo que é novo na sua antiguidade e ciclicidade (tanto assim que, de modo mais claro e retomando o título de outro romance muito conhecido, poderia ser trocado por "Feliz Ano Velho"). Tempo da violência, claro, relatada aqui de forma, eu diria, referencial: crônica crua de um assalto que acaba em uma tragédia sem trágico, de um crime vivido através do olhar (e da linguagem, e da sensibilidade...) dos seus agentes. O conto inicial tem, nesse sentido, o valor de um introito, de um proêmio em que o autor nos declara imediatamente e de modo quase impessoal o assunto ou a instância poética que liga todos os outros contos: a violência, justamente, aqui explícita e explicitada na forma de um relato sem comentário, depois, nos contos que restam, retrabalhada a partir de um ponto de vista cada vez diferente.

Creio que a variedade de situações que vamos enfrentando ao longo do livro seja representativa não apenas do horror habitando as relações interpessoais, mas dos modos como é possível testemunhar o Mal. Um leque de opções oscilando entre uma escrita irônica ou, às vezes, grotesca em que o autor se mostra no

---

117 Rella, *Figure del male*.

seu esconder-se atrás dos personagens, até a imersão sem escape em um mundo psicótico onde a voz do escritor parece apagar-se, para deixar a cena à violência em si mesma, embora não sempre tão patente ou declarada como no conto inicial. E o que permanece em tudo isso – nessa relação, às vezes humorística, às vezes alucinada, com as manifestações do horror cotidiano – é, por um lado, o que pode ser ainda chamado "a banalidade do mal" e, por outro, a interrogação constante sobre como se relacionar com ela, sobre como relatar, sem condescendência, esse elemento trivial que habita a vida diária das cidades.

O que eu quero sublinhar, nesse sentido, é a presença, ao longo do texto da coletânea, de uma reflexão metatextual sobre como o escritor pode ou deve posicionar-se em relação à sua própria escrita – sobre como, em suma, medir a distância entre escrever e descrever, entre ficção e relato, entre testemunho (mais uma vez) e literatura, no momento em que se decide tratar de um tempo marcado pela brutalidade. E isso, repare-se, já a partir do segundo conto ("Corações solitários"), em que, depois da crônica – angustiante, no seu tom asséptico – do crime presente em "Feliz Ano Novo", aparece como protagonista um repórter policial que, demitido do jornal por falta de "crimes interessantes" na cidade, passa a trabalhar em uma revista feminina. Além de escrever roteiros de fotonovelas, ele é incumbido, pelo diretor desse periódico, de uma falsa seção de correspondência, redigindo ele mesmo cartas de hipotéticas leitoras pobres e marginais, às quais responde com um incongruente otimismo (aliás, ao longo do conto aparece também a figura de um cientista social, classificado, não por acaso, como agente da "Grande Mentira", que a própria revista e o seu redator contribuem para montar). Aqui a violência real é claramente submetida ao filtro da ficção, a uma dissimulação contínua de identidades e de sentidos acabando em um inextricável jogo de cabra-cega, em que, como está escrito quase no fim do conto, "a vida dá um romance" e o romance se transforma em vida, deixando que a escrita seja autorreferencial e, por isso, totalmente supérflua e profundamente ridícula.

Rubem Fonseca, nessa perspectiva, parece contrabalançar de imediato a violência anômica e anônima presente no primeiro conto com essa encenação falsa da dura realidade dos habitantes da periferia por parte de uma burguesia que impõe os seus modelos de vida, fingindo que todos os dramas sociais não passam de uma grande carnavalização midiática. O espetáculo do horror, em vez de se tornar mais suportável, é, de um lado, amplificado por essa incongruência entre uma realidade trágica e a sua reprodução fictícia, evidenciando, de outro, toda a complexidade de uma descrição da violência que chegue ao âmago do irrepresentável, ao núcleo indizível do "nefando". A pergunta que o escritor se e nos coloca continua sendo, então, como manter um justo compromisso entre a pura e impessoal crônica dos acontecimentos (se isso é realmente possível) e a sua inscrição em um contexto ficcional que mantenha a capacidade de dizer o que a ficção se recusa a dizer de forma direta (a realidade da violência em si mesma). Pergunta, repare-se, que acaba abalando a própria identidade social e as certezas ideológicas tanto do escritor quanto do leitor, presos, ambos, em um mecanismo que é, ao mesmo tempo, de compaixão e repulsa.

Com efeito, a resposta ou a possível saída, diante desse impasse, é, a meu ver, o contínuo, tresloucado oscilar entre um e outros polos – entre verdadeiro e verossímil, entre o que é e o que finge ser – em uma espiral na qual a violência se dobra e desdobra na sua natureza, ao mesmo tempo, factual e ficcional, física e psicológica. Espiral, turbilhão ou turba,[118] arrastando tudo consigo, desfazendo qualquer protesto ou proclamação de inocência, porque todos nós somos culpados, porque todos nós participamos de um poder se manifestando apenas como força e como opressão. Nesse perene "estado de emergência", de fato,

---

118 Cf. Serres, *Genèse*, p.112-113.

não existe salvação possível, nem mesmo para quem assumiu a tarefa de observar e descrever (aparentemente, de um lugar a salvo e afastado) a brutalidade do torvelinho social em que estamos. E é por isso que Rubem Fonseca não imagina apenas a violência, mas mergulha nela, nela se espelha e se reconhece, identificando-se, como autor, com o "assassino", com o agente e o portador da violência. Poderia citar outro conto de *Feliz Ano Novo*, como "Agruras de um jovem escritor", ou tratar dos dois "Passeios noturnos" em que o autor se apresenta como *flâneur*, observador erradio de uma violência urbana também ela sempre "em andamento", sempre deslocada e sem alvo, sem princípio nem fim, sem sujeito nem objeto (tema, aliás, de outro famoso conto de Rubem Fonseca, "A arte de andar na ruas do Rio de Janeiro", incluído em *Romance negro e outras histórias*, publicado em 1992). Temos, porém, um exemplo ainda mais explícito desse espelhar-se do escritor no texto que é bom olhar de perto antes de concluir esta breve reflexão: é a metanarrativa fechando a coletânea e intitulada "Intestino grosso".

Aqui o autor se desdobra nas figuras de um jornalista que entrevista e de um escritor entrevistado por ele. Rubem Fonseca expõe ironicamente, nesse falso diálogo (muito rentável, aliás, visto que as respostas são pagas "por palavra"), as suas ideias sobre a razão pela qual começou e continua a escrever ("Acho que foi aos doze anos. Escrevi uma pequena tragédia. Sempre achei que uma boa história tem que terminar com alguém morto. Estou matando gente até hoje";[119] "Nenhum escritor gosta realmente de escrever. [...] É uma doença");[120] sobre a necessidade da pornografia ("Isso que chamam pornografia nunca faz mal e às vezes faz bem";[121] "A pornografia está ligada aos órgãos de excreção e de reprodução, à vida, às funções que caracterizam a

---

119 Fonseca, *Feliz Ano Novo*, p.163.
120 Ibid., p.174.
121 Ibid., p.170.

resistência à morte");[122] sobre, enfim, a própria literatura (apesar de possuir "cerca de cinco mil" livros, o autor declara: "Odeio o Joyce. Odeio todos os meus antecessores e contemporâneos",[123] acrescentando que não existem nem uma literatura latino-americana, "nem mesmo uma literatura brasileira", "existem pessoas escrevendo na mesma língua, em português, o que já é muito e tudo").[124]

Uma série de afirmações, como se vê, marcadas fundamentalmente por duas instâncias que já temos encontrado ao longo de *Feliz Ano Novo*: a necessidade do realismo, por um lado:

> Eles [os editores] queriam os negrinhos do pastoreio, os guaranis, os sertões da vida. Eu morava num edifício de apartamentos no centro da cidade e da janela do meu quarto via anúncios coloridos em gás néon e ouvia barulho de motores de automóveis. [...] Os meus livros estão cheios de miseráveis sem dentes,[125]

e, por outro, a exigência da ironia ou até do *nonsense*:

> O que eu proponho é uma nova religião, superantropocêntrica, o Canibalismo Místico. [...] Eu não teria a menor repugnância em devorar o meu pai. É possível ainda que alguém queira devorar a mãe assada, inteirinha, como uma galinha, para depois lamber os dedos e os beiços, dizendo, mamãe sempre foi muito boa).[126]

A testemunha, obrigada a dar conta das misérias e dos horrores que habitam o universo urbano, é ainda quem tenta vencer a violência no seu próprio terreno, assumindo-a como princípio inspirador da sua escrita, mas para apagá-la em um gesto de

---

122 Ibid., p.171.
123 Ibid., p.170.
124 Ibid., p.173.
125 Ibid., p.164.
126 Ibid., p.172.

escárnio. É como se o "nefando", uma vez dito ou escrito, se tornasse o princípio oculto de qualquer linguagem, revelando o fundamento ferino do homem:

> No meu livro *Intestino grosso* eu digo que, para entender a natureza humana, é preciso que todos os artistas desexcomunguem o corpo, investiguem, da maneira que só nós sabemos fazer, ao contrário dos cientistas, as ainda secretas e obscuras relações entre o corpo e a mente, esmiúcem o funcionamento do animal em todas as suas interações.[127]

É, talvez aqui, nessa tentativa de chegar até o núcleo recalcado da brutalidade humana, o sentido da procura de Rubem Fonseca: fazer o que os cientistas não sabem ou não podem fazer, explicar o misterioso funcionamento de um mecanismo de destruição do "outro".

Esse é o único diálogo social possível, a única relação viável entre quem está dentro do poder e os que são "excetuados" (isto é, "tomados fora") dele. E com isso, depois de termos experimentado vários modos de "escrever a violência", voltamos à constatação de uma impossibilidade que está no interior de toda possibilidade de testemunhar o horror – em um círculo terrível em que o que resta é uma sensação, angustiante e trivial, de que o humano consiste apenas na sua desumana inconsistência, no seu puro ser-para-a-morte, no heideggeriano *Sein zum Tode*: "esta entrevista parece um *Dialogue des Morts* do classicismo francês, de cabeça para baixo", conclui o jornalista. E o que sobra desse diálogo é, de fato, apenas o montante pago, um tanto por palavra, ao escritor, é a obscenidade do dinheiro – que foi, aliás, o motor do assalto relatado no primeiro conto de *Feliz Ano Novo* – que não pode porém resgatar a obscenidade da vida nem apagar a tragédia sem trágico de uma relação diária e violenta com a morte.

---

127 Ibid., p.171.

Há no entanto uma questão ética e uma obrigação ideológica que nenhum véu trágico pode esconder – pelo contrário, que toda tragédia continua mostrando na sua nudez e na sua obscena evidência. De fato, como foi denunciado, talvez não haja nem haverá tempo,[128] mas é preciso, todavia, cavar com urgência, no interior dessa falta de tempo, um intervalo para refletir sobre aquilo que, em aparência, não tem palavra ou que, talvez, é apenas o significante enigmático de um significado deslocado, sempre ulterior. É preciso, em suma, identificar e habitar um tempo restante e virtual entre o agora e o fim, um tempo interposto em que colocar a nossa reflexão e o nosso protesto: porque o pensamento e a indignação, uma atitude lógica e uma posição ética são as instâncias necessárias, as vozes que devem continuar ecoando no vazio do silêncio, ou melhor, são o que deve permanecer para além da acumulação de palavras ocas e triviais submergindo o silêncio das vítimas.

Antes de chegar ao âmago da violência e da sua representação literária, creio que devemos atravessar uma série de lugares-comuns sobre a relação entre a realidade e as imagens que recebemos ou construímos dela, enfrentando, então, ainda a antiga questão da mímesis. Porque (devo repetir quase *ad nauseam*), se existe a realidade da violência, existe também a questão de como a testemunhar, ou melhor, de como fazer que a representação dela fique, ainda hoje, na margem impossível entre participação e complacência, entre a simpatia e a morbidez. E tudo isso, repare-se, em uma época cada vez mais vinculada à representação midiatizada do real, ou seja, sempre mais filtrada pela internet e por uma televisão globalizada, sobretudo em relação à época em que atuaram Guimarães Rosa e Clarice Lispector

---

128 Estou aqui simulando um diálogo com o belo, apaixonado e envolvente artigo intitulado "Estou sangrando, vó", publicado por Francisco Foot Hardman no caderno "Aliás" de *O Estado de S. Paulo*, de 21 de outubro de 2007. Na verdade, aquele editorial começava assim: "Não haverá tempo".

e, de resto, também à época em que Rubem Fonseca começou a sua carreira de romancista. Basta olhar como os lutos e as vítimas, as atrocidades e as misérias são representados pela mídia, para se dar conta de que aí desponta uma questão fundamental, que tem a ver com a aporia própria de qualquer testemunho: ou seja, uma possibilidade de dizer fundada em uma impossibilidade de falar.[129] Mostrar, nesse sentido, nunca é apenas mostrar, e o lugar terceiro e imune de quem testemunha e daqueles que olham (ou leem) é apenas uma fábula ou, talvez, um pesadelo.

Quanto a nós, os espectadores, nós oscilamos sempre entre o medo e o prazer que ele nos proporciona, na medida em que gostamos da violência representada e, ao mesmo tempo, nos sentimos a salvo – perto e, contemporaneamente, longe dos "fatos". É a razão simples, na sua ambivalência, pela qual assistimos aos filmes de horror, certos do medo que eles vão suscitar e do gosto que vamos experimentar por estarmos fora das situações representadas – gosto que não pode ser, na minha opinião, definido como aristotelicamente "catártico", mas que desempenha apenas uma função de compensação e consolo em relação a uma situação vivida como irreal. Há casos, porém, em que um evento extremo (e, dessa vez, não ficcional) pode modificar o nossa percepção da realidade: talvez o exemplo mais significativo e mais próximo seja o ataque e o colapso das Torres Gêmeas, em que (como mostrou Slavoj Žižek) não temos, na verdade, uma intrusão da realidade no nosso imaginário, mas uma imagem modificando para sempre a nossa relação com a realidade ou com aquilo que consideramos real – e irreal, por consequência.[130] E não por acaso, temos assistido a fenômenos de rejeição ou de recusa do acontecido, que chegam quase a assimilar, na diferença radical dos modos e dos tempos, as teorias fantásticas

---

129 Agamben, *Quel che resta di Auschwitz*, p.136.
130 Žižek, *Benvenuti nel deserto del reale. Cinque saggi sull'11 Settembre e date simili*, p.22-23.

sobre o Onze de Setembro à negação da Shoah: diante do horror mudando a nossa percepção do que é humano, ou melhor, do que achamos que o homem pode realmente experimentar e aguentar, somos levados a uma forma de recalque, substituindo o fato por uma imagem fictícia, o que realmente aconteceu por um fetiche ou um fantasma preenchendo o vazio do impensável e do insuportável.

Penso que, se a violência representada chega, no fundo, a redefinir os nossos parâmetros éticos, é porque ela continua sendo o inesperado habitando a nossa espera e apagando as nossas esperanças, tornando, aos poucos, normal o que deveria, em princípio, ficar fora de toda norma humana. O elemento que continua faltando é, mais uma vez, o tempo:

> porque em tempos de guerra e de barbárie, se alguma história pudesse ainda ser chamada de humana, e se assim sendo pudesse valer algum sentido para além da fugacidade de toda imagem-espetáculo [...], esta improvável história deveria ser de todos os homens e de cada um, a um só tempo.[131]

Um tempo, então, que não tem lugar, mas que fica na única possível dimensão em que podemos habitar: o "em-toda-parte" ou o "algures" dominado por uma razão global pela qual tudo corresponde a uma lógica, pela qual tudo se submete a uma política tão avassaladora que chega a tomar conta da vida na sua inteireza – a uma biopolítica, enfim, no sentido apontado por Foucault e depois retomado e retrabalhado por Agamben.[132]

Situação trágica (mas daquele trágico sem teodiceia nem catarse, próprio da modernidade) ligada a um estado de exceção permanente, ao fato de estarmos colocados em um espaço estranho e estrangeiro que no entanto é a nossa única possível

---

131 Hardman, "Estou sangrando, vó".
132 Cf. Agamben, *Homo sacer*, p.131-149.

pátria, tomados fora (*ex-cetuados*) por um poder que nos inclui no mesmo gesto de nos excluir. Poder ligado à posse e que se alimenta, por paradoxo, da luta infinita entre quem não tem nada e quem tem tudo: polos antagônicos que encontram, justamente, na própria excetuação, uma estranha solidariedade, baseada em uma força sem lei. A São Paulo de maio de 2006, o episódio da verdadeira guerra entre o governo estadual e o Primeiro Comando da Capital (PCC), representou, a meu ver, a deflagração desse conflito e a reafirmação de um solidarismo entre o que consideramos o poder e o que nomeamos antipoder: duas placas, para usar uma metáfora geológica, que, como em um incessante movimento tectônico, podem deslizar uma sobre a outra ou chocar-se provocando, em ambos os casos, terremotos e desastres, perdas e destruição até encontrar um novo equilíbrio.

O que resta é a contagem nunca certa das vítimas, dos que não têm palavra, nem lugar próprio, senão talvez o espaço do jazigo, as sepulturas de onde continuam falando a nós na sua linguagem incompreensível. Mas a história – e não apenas a história do Brasil – é imbuída desse silêncio cheio de palavras virtuais ou balbuciadas, dele se sustenta e se alimenta sem remorso. Porque pedir justificativas e reclamar em nome e por conta dos mortos nunca foi tarefa dos historiadores, apenas, talvez, das testemunhas que, também elas, falam do interior da sua vergonha de sobreviventes. Quem pode, então, dar ouvido e denunciar, refletir e protestar sobre os infindáveis atos de violência cometidos contra quem "não possui nenhum poder nenhum"?[133] Penso que apenas a literatura, frequentemente considerada acessória e inútil, guarda essa possibilidade, justamente pelo fato de reinventar a realidade, de dar conta do

---

133 A expressão, como já vimos, é de Riobaldo em *Grande sertão: veredas* e refere--se aos catrumanos (cf. o primeiro parágrafo deste capítulo, Rosa, *Grande sertão: veredas*, p.248).

impossível, ou seja, de testemunhar, em outro nível, aquilo a que ninguém presta atenção e que, aliás, poderia ser relatado apenas por quem não pode falar, por quem, na verdade, permanece a "testemunha integral" de uma experiência de desumanidade e violência por que tem passado, mas que não consegue transmitir aos outros.

No âmbito da literatura brasileira contemporânea, Rubem Fonseca é, a meu ver, um dos que, com mais contundência, tentaram ensimesmar-se nessa condição ao mesmo tempo extrema e essencial, liminar e incontornável dominada pela brutalidade de um poder sem nome. Um escritor, aliás, que uma parte da crítica liquida como simples autor de romances policiais, mas que, na minha opinião, tenta indagar exatamente esse lado violento e censurado da sociedade brasileira. Escritor que se proclama "realista", embora a realidade seja por ele constantemente representada de forma que eu diria anamórfica, ou seja, em modos cambiantes, de pontos de vista sempre únicos. A partir da sua primeira produção, temos, com efeito, uma gama muito ampla de estilos e registros através dos quais o escritor enfoca a realidade urbana, com a sua carga de violência e anomia.

Esse constante polimorfismo permite ao autor desfazer e reatar, de modo incessante, os laços miméticos que ligam escrita e realidade, até chegar a uma dimensão de significado na qual o que é e o que parece se misturam em uma representação que eu chamaria de suprarrealista do real. Para retomar o que eu dizia no início, penso, enfim, que o autor consegue em muitos casos contornar os lugares-comuns pelos quais o real ultrapassa a ficção, ou o ficcional antecede o que pode ou vai de fato acontecer. Para fazer isso, para chegar a esse resultado, ele é obrigado, muitas vezes, a se incluir no seu próprio discurso, não, porém, de forma direta, e sim se projetando na voz dos protagonistas das suas obras que, com efeito, são frequentemente, como ele, escritores de profissão ou *en titre d'office*. Fonseca se torna, nesse sentido, testemunha fiável – sempre na medida do possível – de uma violência que, se não chega a atingir o lado autobiográfico, inclui todavia o autor na representação daquele lado ferino e maldito do homem que já vimos testemunhada por Rosa e que ele endossa na forma de uma autoanálise.

Já em *Feliz Ano Novo* encontramos, como acabamos de ver, várias figuras de escritores que ou são assassinos, ou são cúmplices de uma violência ao mesmo tempo verdadeira e imaginada. Em "Agruras de um jovem escritor", por exemplo, o protagonista é um escritor totalmente impotente (tanto do ponto de vista sexual quanto em sua capacidade de concluir o "grande romance" por ele projetado), vivendo a sua vida no meio de uma realidade brutal e alienante e, ao mesmo tempo, dentro de uma dimensão literária, se apresentando como assassino sem na verdade ter matado ninguém (tanto assim que a certa altura, interrogado sobre a sua profissão, ele responde "sou assassino de mulheres – poderia ter dito, sou escritor, mas isso é pior do que ser assassino"). O conto transcorre em um cenário urbano de violência e degradação, e quando a amante do "jovem escritor" se suicida, deixando um bilhete de despedida, ele decide reescrever de forma poética a mensagem, forjando a assinatura da morta e rasgando a breve carta deixada por ela. Naturalmente ele vai ser acusado de tê-la assassinado e quando, preso, desce as escadas do prédio em que ele mora, com seu romance incompleto debaixo do braço, conclui, em uma espécie de delírio de imagens sobrepostas e de palavras truncadas: "meu pensamento polifásico – romancista famoso acusado de crime de morte – editores em fila batendo nas grades do xadrez – consagr".[134]

Mais uma vez, a escrita finge a vida, mas a vida fecha a possibilidade de um resgate através da literatura. E isso porque vida e escrita são ambas experiências de uma alienação beirando o irreal e de que apenas uma forma de suprarrealismo (ou seja, um estilo não simplesmente surrealista, mas, por assim dizer,

---

[134] Fonseca, *Feliz Ano Novo*, p.104.

hipermimético e sempre ulterior a qualquer representação homotética ou ideológica da realidade) consegue dar conta, tornando o autor, ao mesmo tempo, sujeito e objeto da escrita, agente de e levado a agir por uma força sem alvo e sem lei. E tudo é questão de visibilidade, de olhar e de ser visto, de se mostrar e de ser reconhecido em uma sociedade anônima em que a fama ou apenas uma misérrima identidade se adquirem através da autorrepresentação, de uma afirmação tresloucada de si mesmo, com altos pontos de *share*. No momento em que eu escrevia este texto, ouvia nos rádios, via nas televisões e lia nos jornais o caso de um adolescente finlandês (não um favelado, então, não um pobre morador ou um narcotraficante das imensas e violentas periferias brasileiras, mas um habitante da sonolenta e fria periferia da Europa) que matou nove pessoas e feriu várias outras, suicidando-se depois da chacina. Massacre preanunciado, mais uma vez, no YouTube ou no MySpace: o garoto se apresentando armado em uma "imagem congelada"[135] e ameaçando a humanidade inteira, culpada por não se ter submetido à seleção natural.

Ato de loucura de um adolescente, certamente, mas também sintoma (várias vezes reiterado, aliás; basta pensar nos massacres de Columbine, de Virginia Tech e de muitos outros lugares emblemáticos do nosso presente sangrento, onde há quase sempre a presença da câmara e da autofilmagem), indício de que nessa civilização doentia não há mais lugar a salvo, que o homem escolhendo o seu lado ferino não habita mais nem nos filmes sangrentos, nem em um "rancho sem paredes", em um recanto remoto do sertão, onde ele pode morar (como, na verdade, sempre morou) no "em-toda-parte" de um espaço global, colocado à vista de todos. Mas enfim, é essa violência de olhar e de ser olhado o que distingue a nossa condição pós-moderna? Assistir, imunes, apagados ou falsamente horrorizados a fatos de que, até há pouco tempo, a gente apenas ouvia ou lia em crônicas

---

135 Hardman, op. cit.

assustadoras, em folhetos ou em romances quase grotescos? Penso que, no momento em que nos interrogamos sobre as representações da violência na cultura contemporânea, devemos levar em conta esse olhar que, como em um espelho, nos olha e que tentamos dirigir rumo a uma realidade que consideramos cada vez mais insuportável, mas que, justamente por ser continuamente colocada sob os nossos olhos, não só conseguimos, apesar de tudo, suportar, mas a respeito da qual nos mostramos cada vez mais exigentes, levando à frente o limite da indignação, observando sem reticência e sem vergonha a nudez indecente da vida, a nefanda e execranda exibição do "homem sacro".

Existe, nesse sentido, um conto de Rubem Fonseca que sempre achei, desde a primeira leitura, inquietante e, no fundo, terrível: trata-se de "Olhar", incluído em *Romance negro e outras histórias*, de 1992. Texto cheio de sangue e, todavia, texto em que não temos propriamente a representação de um crime, mas que, talvez por isso mesmo, se pode tornar uma parábola da nossa violência cotidiana e de como ela perpassa nossa relação visual com a realidade. O protagonista da história é, mais uma vez, um escritor, mas, nesse caso, um escritor de renome, "clássico" ou, mais ainda, "acadêmico", vivendo, por isso mesmo, afastado da realidade, passando "os dias em casa escrevendo e, quando não estava escrevendo, ouvindo Mozart e relendo Petrarca".[136] Ele, aliás, come muito pouco e sempre o mesmo prato vegetariano (um suflê de espinafre), até que um dia desmaia pela inanição e quando acorda, em um estado sonâmbulo, escreve um poema delirante e cheio de "palavras grosseiras" intitulado "Os trabalhadores da morte". Levado, pelo próprio médico a quem se dirige, para um restaurante especializado em peixe, ele percebe que uma das trutas do aquário o olha com um olhar "meigo e inteligente": escolhe aquela truta e a come com gosto inesperado. Daí para a frente o escritor passa a comer só animais que

---

[136] Fonseca, *Romance negro e outras histórias*, p.62.

pode fitar nos olhos, até comprar um coelho que ele vai matar e esquartejar (é a única definição possível) na banheira do seu apartamento, em uma espécie de delírio de sangue, saboreando, depois, o coelho, "delicadamente, em pequenas porções" e projetando a matança de outros animais maiores.

> Quem fora mesmo quem me dissera que os cabritos tinham um olhar ao mesmo tempo meigo e perverso, uma mistura de pureza e devassidão? E o olhar dos seres humanos? Uhm... Aquela banheira era pequena.[137]

Não é a primeira vez que Rubem Fonseca assimila a profissão do escritor ao ato de comer o outro, até chegar a uma exaltação do canibalismo (remetendo, em parte, ao conto "Intestino grosso" de *Feliz Ano Novo*), mas aqui esse processo de violenta absorção da realidade passa através do olhar, do gosto perverso de olhar e de ser olhado, desembocando em uma espécie de autofagia. A conclusão do conto é, de fato, esta:

> Fiquei vendo meu rosto no espelho. Olhei meus olhos. Olhando e sendo olhado – uma coisa afinal irrefletida, um eixo de aço, lava de um vulcão sendo expelida, nuvem infindável.
> O olhar. O olhar.[138]

Como o onceiro de "Meu tio o Iauaretê", ou melhor, como o narrador de "O espelho" de Guimarães Rosa, também o protagonista de Rubem Fonseca descobre, na imagem refletida, o seu lado animal, a brutalidade que nos funda e alimenta e que, tornando-se visível (como acontece no espelho obscuro da televisão ou do YouTube), nos proporciona um prazer asqueroso e, ao mesmo tempo, humano, "demasiado humano".

---

137 Ibid., p.73.
138 Ibid.

Essa espiral de violência, esse redemoinho do horror se alimentando continuamente é aquilo que nenhuma palavra consegue dizer, é o *nefas* exigindo o nosso silêncio, diante dos "mortos que não nos pertencem". Mas o tempo ainda não esgotou, porque continua ecoando, no vazio do tempo, no nosso infindável entretempo, a voz de quem consegue todavia pensar e se indignar, ultrapassando os limites da palavra, quebrando o *inter-dito* com o seu "dizer entre", querendo testemunhar em nome e por conta de uma realidade sem registro e sem linguagem. É porventura essa voz despedaçada, prestes a se desfazer no choro ou na reza, tudo o que nos resta, o que sobra entre o agora e o fim, olhando e sendo olhado por uma realidade que devoramos e que continua mastigando a nossa, já muito manca, humanidade.

Referências bibliográficas

ABDALA JR., B. Globalização e novas perspectivas comunitárias. In: ABDALA JR., B.; SCARPELLI, M. F. (Orgs.). *Portos flutuantes*: trânsitos ibero-afro-americanos. São Paulo: Ateliê Editorial; Capes, 2004. p.61-72.

ABREU, C. de. *O descobrimento do Brasil pelos portugueses*. Rio de Janeiro: Laemmert & C., 1900.

AGAMBEN, G. *Che cos'è un dispositivo?* Roma: Nottetempo, 2006.

_____. *Homo sacer:* il potere sovrano e la nuda vita. Torino: Einaudi, 1995.

_____. *Il linguaggio e la morte*. Torino: Einaudi, 1982.

_____. *Il regno e la gloria*. Vicenza: Neri Pozza, 2007.

_____. *Infanzia e storia:* distruzione dell'esperienza e origine della storia. Torino: Einaudi, 1978.

_____. *L'aperto:* l'uomo e l'animale.Torino: Bollati Boringhieri, 2002.

_____. *La comunità che viene*. Torino: Einaudi, 2000.

_____. *Quel che resta di Auschwitz*: l'archivio e il testimone. Torino: Bollati Boringhieri, 1998. (Homo Sacer, 3).

_____. *Signatura rerum*: sul metodo. Torino: Bollati Boringhieri, 2008.

_____. *Stanze*: la parola e il fantasma nella cultura occidentale. Torino: Einaudi, 1977.

_____. *Stato di eccezione*. Torino: Bollati Boringhieri, 2003.

AINSA, F. *Identidad cultural de Iberoamérica en su narrativa*. Madrid: Gredos, 1986.

ALBUQUERQUE, L. de. *As navegações e a sua projecção na ciência e na cultura*. Lisboa: Gradiva, 1987.

_____. *Introdução à história dos descobrimentos portugueses*. 4.ed. Lisboa: Europa-América, [s.d.].

ALENCAR, J. de. *As minas de prata*. In: ALENCAR, J. de. *Obra completa*. Rio de Janeiro: Aguilar, 1958.

_____. *O guarani*. In: ALENCAR, J. de. *Obra completa*. Rio de Janeiro: Aguilar, 1958. v.2.

ANDERSON, B. *Reflections on the Origin and Spread of Nationalism*. 2.ed. London: New York: Verso, 1991.

ANDRADE, M. de. Manuel Bandeira. In: LOPEZ, T. P. A.(Org.). *Manuel Bandeira*: verso e reverso. São Paulo: T. A. Queiroz, 1987. p.73-82.

_____. *Macunaíma*: o herói sem nenhum caráter. Ed. crítica org. por Telê Porto Ancona Lopez. 2.ed. Madrid: Paris: México: Buenos Aires: São Paulo: Rio de Janeiro: Lima: ALLCA XX, 1996 [1988]. (Coleção Arquivos, 6).

ANDRADE, O. de. *A utopia antropofágica*. São Paulo: Globo; Secr. de Estado da Cultura, 1990.

ANTELO, R. Genealogia do vazio. *Rivista di Studi Portoghesi e Brasiliani*, Pisa, v.1, p.57-68, 1999.

_____. Macunaíma: apropriação e originalidade. In: *Macunaíma*. Ed. crítica por Telê Porto Ancona Lopez. 1.ed. Madrid; Paris; México; Buenos Aires; São Paulo; Rio de Janeiro; Lima: ALLCA XX, 1988. p.255-265.

_____. *Algaravia*: discursos de nação. Florianópolis: UFSC, 1998.

ARANTES, O. B. F.; ARANTES, P. E. *Sentido da formação*. São Paulo: Paz e Terra, 1997.

ARENDT, H. Walter Benjamin. In: _____. *Homens em tempos sombrios*. São Paulo: Companhia das Letras, 1998.

ARIOLI, A. *Le isole mirabili*: periplo arabo medievale. Torino: Einaudi, 1989.

ARRIGUCCI JR., D. O cerco dos ratos. *Folha de S.Paulo*, São Paulo, 6 jun. 2004. Mais!, p.12-13.

_____. Posfácio. In: Machado, D. *Os ratos*. São Paulo: Planeta, 2004.

_____. Móbile da memória. In: *Enigma e comentário*. São Paulo: Companhia das Letras, 1987. p.83-88.

ARRIGUCCI JR., D. O humilde cotidiano de Manuel Bandeira. In: *Enigma e comentário*. São Paulo: Companhia das Letras, 1987. p.9-27.

_____. *Humildade, paixão e morte:* a poesia de Manuel Bandeira. São Paulo: Companhia das Letras, 1990.

AUERBACH, E. *Mimesis:* il realismo nella letteratura occidentale. 4.ed. Torino: Einaudi, 1956. v.2. [Ed. orig.: *Mimesis*. Dargestellte Wirklicheit in der abendländischen Literatur. Bern: A. Francke, 1946].

AVELLA, N. L'eden, il buon selvaggio e l'isola: considerazioni su alcuni topoi mitologici nella cultura brasiliana. *Letterature d'America*, Roma, v.2, n.8, p.89-111, 1981.

BAKHTIN, M. *Estetica e romanzo*. Torino: Einaudi, 1979.

BANDEIRA, M. *Estrela da vida inteira*. 9.ed. Rio de Janeiro: José Olympio, 1982.

_____. *Poesia completa e prosa*. Rio de Janeiro: Nova Aguilar, 1983.

BAPTISTA, A. B. *Autobibliografias:* solicitação do livro na ficção e na ficção de Machado de Assis. Lisboa: Relógio D'Água, 1998.

BARTHES, R. Le désir du neutre: introduction au cours de 1978, et première figure. *La Regle du Jeu*. Paris, v.2, n.5, 1991.

_____. *Aula*. São Paulo: Cultrix, 1988. [Ed. orig.: *Leçon*. Paris: Seuil, 1978.]

BARTOLI, R. A. *La navigatio sancti Brendani e la sua fortuna nella cultura romanza dell'età di mezzo*. Padova: Dott. di Ricerca in Filologia Romanza e Italiana, 1990.

BATAILLE, G. *La parte maledetta*. Verona: Bertani, 1972. [Ed. orig.: *La part maudite*. Paris: Minuit, 1967.]

BENJAMIN, W. Eduard Fuchs, historiador e collecionador. In: *O anjo da história*. Lisboa: Assírio & Alvim, 2006. [Ed. ital.: Eduard Fuchs, il collezionista e lo storico. In: *L'opera d'arte nell'epoca della sua riproducibilità técnica*. Torino: Einaudi, 1966.]

_____. Tesi di filosofia della storia. In: *Angelus novus*: saggi e frammenti. Torino: Einaudi, 1962.

BETHENCOURT, F. A simbólica do espaço nos romances de cavalaria. In: CENTENO, Y. K.; FREITAS, J. L. (Orgs.). *Simbólica do espaço*: cidades, ilhas, jardins. Lisboa: Estampa, 1991. p.109-119.

BHABHA, H. K. DissemiNation: Time, Narrative and the Margins of the Modern Country. In: *The Location of Culture*. 7.ed. London: New York: Routledge, 2002. p.139-170.

BLANCHOT, M. *L'infinito intrattenimento*. 2.ed. Torino: Einaudi, 1977. [Ed. orig.: *L'entretien infini*. Paris: Gallimard, 1969.]

BODEI, R. *Se la storia ha un senso*. Bergamo: Moretti & Vitali, 1997.

BÖLLE, W. Grande sertão: cidades. *Revista da USP*, n.24, dez. 1994-fev. 1995.

_____. *grandesertão.br*. São Paulo: Duas Cidades; Editora 34, 2004.

BOLOGNA, C. *Flatus vocis*: metafisica e antropologia della voce. Bologna: Il Mulino, 1992.

_____. Introdução. In: STAROBINSKI, J. *Ritratto dell'artista da saltimbanco*. Torino: Boringhieri, 1984. p.7-35.

BOMPIANI, G. *L'attesa*. Milano: Feltrinelli, 1988.

BORGES, J. L. El hacedor. In: *Obra completa*. 2.ed. Buenos Aires: Emecé, 2002. v.2.

BORNHEIM, G. A invenção do novo. In: NOVAES, A. (Org.). *Tempo e história*. São Paulo: Companhia das Letras, 1992.

BOSI, A. O tempo e os tempos. In: NOVAES, A. (Org.). *Tempo e história*. São Paulo: Companhia das Letras, 1992.

_____. Por um historicismo renovado: reflexo e reflexão na história literária. *Teresa: Revista de Literatura Brasileira*, São Paulo, n.1, p.9-47, 2000.

_____. *Dialética da colonização*: São Paulo: Companhia das Letras, 1993.

_____. *História concisa da literatura brasileira*. São Paulo: Cultrix, 1986.

BOTELHO DE OLIVEIRA, M. de. *Ilha da maré*. In: *Música do Parnasso*. Lisboa, 1705.

BRANDÃO, R. de O. Poética e vida em Bandeira. In: LOPEZ, T. P. A. (Org.). *Manuel Bandeira*: verso e reverso. São Paulo: Queiroz, 1987.

BRANT, S.; GOEDEKE, K. *Das Narrenschiff*. Wiesbaden: Marixverlag, 2010. [1.ed.: Basel, 1494.]

BRAYNER, S. O "humour" bandeirano ou as histórias de um sabonete. In: BRAYNER, S. (Org.). *Manuel Bandeira*. Rio de Janeiro: Brasília: Civilização Brasileira; INL, 1980. p.340-345. (Coleção Fortuna Crítica, 5).

BUARQUE DE HOLANDA, H. *Macunaíma*: da literatura ao cinema. Rio de Janeiro: José Olympio; Embrafilme, 1978.

BUARQUE DE HOLANDA, S. *Caminhos e fronteiras*. 3.ed. São Paulo: Companhia das Letras, 1994.

_____. *Raízes do Brasil*. Rio de Janeiro: José Olympio, 1936.

_____. *Visão do paraíso*. 3.ed. São Paulo: Cia. Editora Nacional, 1977.

CACCIARI, M. *Krisis*: saggio sulla crisi del pensiero negativo da Nietzsche a Wittgenstein. Milano: Feltrinelli, 1976.

_____. *L'Angelo necessario*. Milano: Adelphi, 1986.

CALLADO, A. *Quarup*. 4.ed. São Paulo: Círculo do Livro, 1976.

CÂMARA, L. A poesia de Manuel Bandeira: seu revestimento ideológico e formal. In: BRAYNER, S. (Org.). *Manuel Bandeira*. Rio de Janeiro: Brasília: Civilização Brasileira; INL, 1980. p.161-171. (Coleção Fortuna Crítica, 5).
CAMÕES, L. V. de. *Os Lusíadas*.
CAMPOS, H. de. Bandeira: o desconstelizador. In: *Manuel Bandeira*. BRAYNER, S. (Org.). *Manuel Bandeira*. Rio de Janeiro: Brasília: Civilização Brasileira; INL, 1980. p.279-285. (Coleção Fortuna Crítica, 5).
CANDIDO, A. A revolução de 1930 e a cultura. In: *A educação pela noite e outros ensaios*. 2.ed. São Paulo: Ática, 1989. p.181-198.
_____. Crítica e sociologia. (1961). In: *Literatura e sociedade*. 7.ed. São Paulo: Companhia Editora Nacional, 1985.
_____. Estrutura literária e função histórica. In: *Literatura e sociedade*. 7.ed. São Paulo: Companhia Editora Nacional, 1985.
_____. Literatura como sistema. In: *Formação da literatura brasileira*: momentos decisivos. 6.ed. Belo Horizonte: Itatiaia, 1981. v.1.
_____. Literatura de dois gumes. In: *A educação pela noite e outros ensaios*. 2.ed. São Paulo: Ática, 1989. p.163-180.
_____. O significado de raízes do Brasil. Prefácio (1967). In: BUARQUE DE HOLANDA, S. *Raízes do Brasil*. 12.ed. Rio de Janeiro: José Olympio, 1978. p.21.
_____. *Formação da literatura brasileira*: momentos decisivos. 6.ed. Belo Horizonte: Itatiaia, 1981. v.1.
_____. *Teresina etc*. Rio de Janeiro: Paz e Terra, 1980.
CARROLL, L. *The Complete, Fully Illustrated Works*. 3.ed. New York: Gramercy Books, 2002.
CASTELNAU, F. de. *Expédition dans les parties centrales de l'Amérique du Sul, de Rio de Janeiro à Lima et de Lima au Pará, exécutée par ordre du gouvernement français pendant les années 1843 à 1847*. Paris: P. Bertrand, 1850-1859. 6v.
CASTRO, E. V. de. *A inconstância da alma selvagem*. São Paulo: Cosac & Naify, 2002.
CAVARERO, A. *Orrorismo ovvero della violenza sull'inerme*. Milano: Feltrinelli, 2007.
CERQUEIRA, R. *Crítica, memória e narração*: um estudo dos textos memorialísticos de Antonio Candido. Campinas: IEL; Unicamp, 2008.
CERTEAU, M. de. L'absent de l'histoire. In: *Histoire et psycanalyse*: entre science et fiction. 2.ed. Paris: Gallimard, 2002. p.208-218.
_____. de. *L'absent de l'histoire*. 1.ed. Paris: Mame, 1973.

CHALHOUB, S. *Machado de Assis, historiador*. São Paulo: Companhia das Letras, 2003.

CHIAPPINI, L. Além do eu: literatura, história e memória em Teresina etc, de Antonio Candido. *Letterature d'America*, Roma, v.22, n.92, p.31-51, 2002.

COELHO, E. do P. Pessoa: lógica do desassossego. In: *A mecânica dos fluidos* literatura, cinema, teoria. Lisboa: IN-CM, 1984. p.21-31.

COELHO, J.-F. *Manuel Bandeira pré-modernista*. Rio de Janeiro: Brasília: José Olympio; INL, 1982.

COMPAGNON, A. *La seconde main ou le travail de la citation*. Paris: Seuil, 1979.

CORTESÃO, J. *História dos descobrimentos portugueses*. 2.ed. Lisboa: Círculo de Leitores, 1979. v.2.

CRUZ, C. C. A. da. *Literatura e cidade moderna*: Porto Alegre 1935. Porto Alegre: EdiPUCRS; IEL, 1994.

CUNHA, E. da. *À margem da história*. São Paulo: Martins Fontes, 1999.

_____. *Os Sertões*. Ed. org. por Leopoldo Bernucci. 2.ed. São Paulo: Ateliê Editorial, 2002.

_____. da. *Um paraíso perdido*: ensaios, estudos e pronunciamentos sobre a Amazônia. Org. por Leandro Tocantins. Rio de Janeiro: José Olympio; Estado do Acre, 1986.

DÄLLENBACH, L. *Le récit spéculaire*: essai sur la mise en abyme. Paris: Seuil, 1977.

DE SANCTIS, F. *Storia della letteratura italiana e antologia*. Org. por C. Bassi e E. Conte, 4v. Gorle: Velar, 1996. v.3.

DEI, F. Descrivere, interpretare, testimoniare la violenza. In: *Antropologia della violenza*. Roma: Meltemi, 2005. p.7-75.

DELEUZE, G. À quoi reconnaît-on le structuralisme?. In: CHÂTELET, F. (Org.). *Histoire de la philosophie, idées, doctrines*. Paris: Hachette, 1973. (Le XXe siècle, 8).

_____. Qu'est-ce qu'un dispositif?. In: *Michel Foucault philosophe*: rencontre internationale. Paris: Seuil, 1989.

_____. *Le bergsonisme*. 3.ed. Paris: PUF, 2007.

DENIS, F. *Brésil*. Paris: Firmin Didot Frères, 1837. [Ed. bras.: *Brasil*. Belo Horizonte: Itatiaia, 1980.]

_____. Carta do achamento. In: *Le Brésil*. Paris: Nepveu, 1822.

_____. *Résumé de l'histoire littéraire du Portugal, suivi du résumé de l'histoire littéraire du Brésil*. Paris: Lecointe et Durey, 1826.

_____. *Scènes de la nature sous les tropiques*. Paris: Chez Louis Janet, 1824.

DERRIDA, J. La pharmacie de Platon. In: *La dissémination*. Paris: Seuil, 1972.

_____. *Donare il tempo*. Milano: Cortina, 1996. [Ed. orig.: *Donner le temps*. Paris: Galilée, 1991.]

DERRIDA, J.; DUFOURMANTELLE, A. *L'ospitalità*. Milano: Baldini & Castoldi, 2002. [Ed. orig.: *De l'hospitalité*. Paris: Calmann-Levy, 1997.]

DIAS, C. *Catalogue du fonds Ferdinand Denis*. Paris: Bibliothèque Sainte--Geneviève; Institut Français des Hautes Études Brésiliennes, 1971.

DIEGUES, A. C. *Ilhas e mares*: simbolismo e imaginário. São Paulo: Hucitec, 1998.

DRUMMOND DE ANDRADE C. Manuel Bandeira. In: BRAYNER, S. (Org.). *Manuel Bandeira*. Rio de Janeiro: Brasília: Civilização Brasileira; INL, 1980. p.213. (Coleção Fortuna Crítica, 5).

_____. *Nova reunião*: 19 livros de poesia. Rio de Janeiro: José Olympio, 1985. 2v.

_____. *Passeios na ilha*: divagações sobre a vida literária e outras matérias. Rio de Janeiro: José Olympio, 1975.

FIMIANI, M. *L'arcaico e l'attuale*. Lévy-Bruhl, Mauss, Foucault. Torino: Bollati Boringhieri, 2000.

_____. *Paradossi dell'indifferenza*. Milano: Angeli, 1994.

FINAZZI-AGRÒ, E. A epifania do herói na Ilha dos Amores. *Brotéria*, Lisboa, v.111, n.1-2-3, p.89-100, jul.-set. 1980.

_____. Ir algures: a delimitação do ilimitado na literatura de viagens dos séculos XV e XVI. *Vértice*, Lisboa, v.2, n.11, p.81-89, fev. 1989.

_____. L'isola meravigliosa: l'invenzione del Brasile. In: CECCUCCI, P. (Org.). *Le caravelle portoghesi sulle vie delle Indie*. Roma: Bulzoni, 1993. p.139-150.

_____. O duplo e a falta: construção do outro e identidade nacional na literatura brasileira. *Revista Brasileira de Literatura Comparada*, Campina Grande, v.1, p.52-61, mar. 1991.

_____. O neutro e o multíplice: identidade e alteridade no primeiro modernismo brasileiro. In: *Dimensões da alteridade nas culturas de língua portuguesa*: o outro. Lisboa: Departamento de Estudos Portugueses da Universidade Nova, 1988. v.2. p.441-448. (Simpósio Interdisciplinar de Estudos Portugueses, 1. Actas).

_____. Postais do *Inferno*: o mito do passado e as ruínas do presente em Alberto Rangel. In: CHIAPPINI, L.; BRESCIANI, M. S. (Orgs.).

Literatura e cultura no Brasil: identidades e fronteiras. São Paulo: Cortez, 2002. p.221-228.

FINAZZI-AGRÒ, E. *Apocalypsis H.G.*: una lettura intertestuale della *Paixão segundo G.H.* e della *Dissipatio H.G.* Roma: Bulzoni, 1984.

_____. *O alibi infinito*: o projeto e a prática na poesia de Fernando Pessoa. Lisboa: IN-CM, 1987.

_____. *Um lugar do tamanho do mundo*: tempos e espaços da ficção em João Guimarães Rosa. Belo Horizonte: UFMG, 2001.

FINAZZI-AGRÒ, E.; VECCHI, R.; AMOROSO, M. B. (Orgs.). *Travessias do pós-trágico*: os dilemas de uma leitura do Brasil. São Paulo: Unimarco, 2006.

FINAZZI-AGRÒ, E.; VECCHI, R. (Orgs.). *Formas e mediações do trágico moderno*: uma leitura do Brasil. São Paulo: Unimarco, 2004.

FONSECA, R. *Feliz Ano Novo*. 2.ed. São Paulo: Companhia das Letras, 1989.

_____. *Romance negro e outras histórias*. São Paulo: Companhia das Letras, 1992.

FOUCAULT, M. Nietzsche: la généalogie, l'histoire. In: BACHELARD, S. et al. *Hommage à Jean Hyppolite*. Paris: PUF, 1971.

_____. *Histoire de la folie à l'âge classique*. Paris: Gallimard, 1978. [Ed. orig.: *Storia della follia*. 2.ed. Milano: Rizzoli, 1980.]

FREUD, S. Lutto e melanconia. In: _____. *Opere (1915-17)*. Torino: Boringhieri, 1976. v.8.

FREYRE, G. Continente e ilha. In: *Problemas brasileiros de antropologia*. 4.ed. Rio de Janeiro: Brasília: José Olympio; INL, 1973. p.141-172.

GÂNDAVO, P. de M. *Tratado da terra do Brasil*: história da província de Santa Cruz. Belo Horizonte: São Paulo: Itatiaia; Edusp, 1980.

GARCÍA MÁRQUEZ, G. *Cien años de soledad*. Buenos Aires: Ed. Sudamericana, 1967.

GINZBURG, C. *Il formaggio e i vermi*: il cosmo di un mugnaio del 500. Torino: Einaudi, 1976.

GIRARD, R. *Des choses cachées depuis la fondation du monde*. Paris: Grasset, 1978.

_____. *La violence et le sacré*. Paris: Grasset, 1972.

GIUCCI, G. *Viajantes do maravilhoso*. São Paulo: Companhia das Letras, 1992.

GIVONE, S. *Disincanto del mondo e pensiero tragico*. Milano: Il Saggiatore, 1988.

GLEDSON, J. *Machado de Assis*: ficção e história. Rio de Janeiro: Paz e Terra, 1986.

GOETHE, J. W. von. *Viaggio in Italia*. 2.ed. Milano: Rizzoli, 2007.

———. Das Stundenämass der Italiäner. *Der Teutsche Merkur*. Weimar, n.4, 1788.

GOMES R. C. Deslocamento e distância: viagens e fronteiras na cultura latino-americana – dramatização de marcas identitárias. In: ABDALA JR., B.; SCARPELLI, M. F. (Orgs.). *Portos flutuantes*: trânsitos Ibero-afro-americanos. São Paulo: Ateliê Editorial; Capes, 2004.

GOTLIB, N. B. *Clarice*: uma vida que se conta. São Paulo: Ática, 1995.

GRAF, A. *Miti, leggende e superstizioni del medio evo*. Roma: Plurima, 1989. v.1. [1.ed.: Torino, 1892]

GRIGNANI, M. A. Introdução. In: *La navigazione di San Brandano*. Milano: Bompiani, 1975.

GROTOWSKI, J. *Apocalypsis cum figuris*. Vigo: Maldoror, 2003.

GUGLIELMI, G. *La letteratura come sistema e come funzione*. Torino: Einaudi, 1967.

HARDMAN, F. F. Antigos mapas gizados à ventura. *Letterature d'America*, Roma, v.10, n.45-46, p.87-114, 1992.

———. Antigos modernistas. In: NOVAES, A. (Orgs.). *Tempo e história*. São Paulo: Companhia das Letras, 1992.

———. Estou sangrando, vó. *O Estado de S. Paulo*, 21 out. 2007. Aliás, p.248.

HARRISON, R. P. *Forests*: the Shadow of Civilization. Chicago: Chicago UP, 1992 [Trad. italiana: *Foreste*: l'ombra della civiltà. Milano: Garzanti, 1992.]

———. *The Dominion of the Dead*. Chicago: Chicago UP, 2003. [Trad. italiana: *Il dominio dei morti*. Roma: Fazi, 2004.]

HEIDEGGER, M. *Essere e tempo*. 4.ed. Milano: Longanesi, 1976. [Ed. orig.: *Sein und zeit*. Tübingen: Max Niemeyer, 1927.]

———. *In cammino verso il linguaggio*. Milano: Mursia, 1973. [Ed. orig.: *Unterwegs zur Sprache*. Pfullingen: Günther Neske, 1959.]

———. *L'abbandono (Gelassenheit)*. Genova: Il Melangolo, 1983.

JANKÉLÉVITCH, V. *L'ironia*. Genova: Il Melangolo, 1987. [Ed. orig.: *L'ironie*. Paris: Flammarion, 1964.]

———. *La mort*. Paris: Flammarion, 1977.

JOZEF, B. Manuel Bandeira: lirismo e espaço mítico. In: SILVA, M. de C. (Org.). *Homenagem a Manuel Bandeira*: 1986-1988. Niterói: Rio de Janeiro: UFF; Soc. Sousa da Silveira; Monteiro Aranha; Presença, 1989.

KLEIN, R. Appropriazione ed alienazione. *In: La forma e l'intelligibile*. Torino: Einaudi, 1975. p.507-522.

KOSELLECK, R. *Futuro passato*: per una semantica dei tempi storici. Genova: Marietti, 1986. [Ed. orig.: *Vergangene zukunft:* zur semantik geschichtlicher zeiten. Frankfurt: Suhrkamp, 1979.]

KOTHE, F. R. *O cânone colonial.* Brasília: UNB, 1997.

KOYRÉ, A. *Du monde clos à l'univers infini.* Paris: PUF, 1962.

_____. *La révolution astronomique.* Paris: Hermann, 1961.

LACAN, J. *Le séminaire.* Paris: Seuil, 1973. v.11.

LANCIANI, G. Introdução. In: BANDEIRA, M. *Libertinagem* e *Estrela da manhã.* Coordenado por Giulia Lanciani. Madrid: Paris: México: Buenos Aires: São Paulo: ALLCA XX, 1993. p.25-28. (Coleção Arquivos, 33).

LE GOFF, J. Il deserto-foresta nell'Occidente medievale. In: *Il meraviglioso e il quotidiano nell'Occidente medievale.* 2.ed. Bari: Laterza, 1988. p.25-44.

_____. *Tempo della chiesa e tempo del mercante.* Torino: Einaudi, 1977.

LEITE, S. *Cartas dos primeiros jesuítas do Brasil.* São Paulo: Comissão do IV Centenário da Cidade de São Paulo, 1954. v.2.

LEONARD, I. A. *Los libros del conquistador.* México: Fondo de Cultura Económica, 1953.

LESTRINGANT, F. Fictions de l'espace brésilien à la renaissance: l'exemple de Guanabara. In: JACOB, C.; LESTRINGANT, F. (Orgs.). *Arts et légendes d'espaces.* Paris: Presses de l'École Normale Supérieure, 1981. p.205-256.

_____. Fortunes de la singularité à la renaissance: le genre de l'Isolario. *Studi Francesi*, Roma, v.28, n.3, p.415-436, sett.-dic. 1984.

LÉVINAS, E. La mort et le temps. In: *Dieu, la mort et le temps.* Paris: Grasset, 1993. p.15-133.

LÉVI-STRAUSS, C. *Il pensiero selvaggio.* 6.ed. Milano: Il Saggiatore, 1976.

LIMA, L. C. Antropofagia e controle do imaginário. *Revista Brasileira de Literatura Comparada*, Campina Grande, v.1, p.62-75, 1991.

_____. *História, ficção, literatura.* São Paulo: Companhia das Letras, 2006.

_____. *O redemunho do horror*: as margens do ocidente. São Paulo: Planeta, 2003.

_____. *Pensando nos trópicos.* Rio de Janeiro: Rocco, 1991.

_____. *Terra ignota*: a construção de *Os sertões.* Rio de Janeiro: Civilização Brasileira, 1997.

LIMA, J. de. Fundação da ilha. In: *Invenção de Orfeu.* Rio de Janeiro: Record, 2005.

LIMA, N. T. *Um sertão chamado Brasil*. Rio de Janeiro: Revan; IUPERJ; UCAM, 1999.

LISPECTOR, C. *A hora da estrela*. Org. por Marlene Gomes Mendes. Rio de Janeiro: Rocco, 1999. (1.ed.: 1977).

_____. *A Paixão segundo G.H*. 7.ed. Rio de Janeiro: Nova Fronteira, 1979.

LOPEZ-PEDRAZA, R. *Ermes e i suoi figli*. Milano: Ed. di Comunità, 1983. [Ed. orig.: *Hermes and his Childrens*. Dallas: Spring Publ., 1977.]

MACHADO, D. *Memórias de um pobre homem*. Org. por M. Zenilda Grawunder. Porto Alegre: Instituto Estadual do Livro, 1990.

_____. *O cheiro de coisa viva*. Rio de Janeiro: Graphia, 1995.

_____. *Os ratos*. 20.ed. São Paulo: Ática, 1997.

MACHADO DE ASSIS, J. M. A nova geração. In: *Obra completa*. 5.ed. Rio de Janeiro: Nova Aguilar, 1985. v.3. p.809-836.

_____. Notícia da atual literatura brasileira: instinto de nacionalidade. In: *Obra completa*. 5.ed. Rio de Janeiro: Nova Aguilar, 1985. v.3. p.801-808.

MAGALHÃES, D. J. G. de. Discurso sobre a história da literatura no Brasil. In: *Opúsculos históricos e literários*. 2.ed. Rio de Janeiro: Garnier, 1865.

MAGRIS, C. *Itaca e oltre*. Milano: Garzanti, 1982.

MANFIO, D. Z. Um prefácio desejado: 1929?. In: ANDRADE, M. de. *Macunaíma*. Ed. crítica por Telê Porto Ancona Lopez. 1.ed. Madrid; Paris; México; Buenos Aires; São Paulo; Rio de Janeiro; Lima: ALLCA XX, CNPq, 1988. p.383-385.

MANGANELLI, G. *La notte*. Milano: Adelphi, 1996.

MARIN, L. *Utopiques*: jeux d'espaces. Paris: Minuit, 1973.

MARQUES, A. H. de O. *História de Portugal*. 4.ed. Lisboa: Palas, 1974. v.1.

MARTINS, A. C. A. *Morus, moreau, morel*: ilha como espaço da utopia. Brasília: UnB, 2007.

MATOS, L. de. *Les Portugais en France au XVIe siècle*. Coimbra: Imprensa da Universidade, 1952.

MAUSS, M. *Saggio sul dono*. 3.ed. Torino: Einaudi, 2002. [Ed. orig.: "Essai sur le don", *L'année Sociologique*, Paris, 1923-1924.]

MCALISTER, L. N. *Dalla scoperta alla conquista*: Spagna e Portogallo nel nuovo mondo (1492-1700). Bologna: Il Mulino, 1986. [Ed. orig.: *Spain and Portugal in the New World, 1492-1700*. Oxford: Oxford U.P., 1984.]

MELLO E SOUZA, G.; CANDIDO, A. Introdução a Manuel Bandeira. In: BANDEIRA, M. *Estrela da vida inteira*. 9.ed. Rio de Janeiro: José Olympio, 1982. p.13-14.

MIRANDA, W. M. Imagens de memória, imagens de nação. *Scripta*, Belo Horizonte, v.1, n.2, p.132-135, 1. sem. 1998.

MONTALBODDO, F. de. *Paesi novamente ritrovati et novo mondo da Alberico Vesputio Florentino intitulato*. Vicenza: [s.n.], 1507.

MONTEIRO, P. M. Sergio Buarque de Holanda e as palavras: uma polêmica. *Lua Nova*: Revista de Cultura e Política, São Paulo, n.48, p.145-159, 1999.

MONTEIRO, P. M. *A queda do aventureiro*: aventura, cordialidade e os novos tempos em Raízes do Brasil: Campinas: Unicamp, [s.d.].

MORETTI, F. *Opere mondo*: saggio sulla forma epica dal *Faust* a *Cent'anni di solitudine*. Torino: Einaudi, 1994.

_____. *Segni e stili del moderno*. Torino: Einaudi, 1987.

MULLINI, R. *Corruttore di parole*: il fool nel teatro di Shakespeare. Bologna: CLUEB, 1983.

NANCY, J.-L. *L'esperienza della liberta*. Torino: Einaudi, 2000. [Ed. orig.: *L'expérience de la liberté*. Paris: Galilée, 1988.]

_____. *L'essere abbandonato*. Macerata: Quodlibet, 1995.

NIETZSCHE, F. *Idilli di Messina*: la gaia scienza. scelta di frammenti postumi 1881-1882. Ed. crítica de G. Colli e M. Montinari. Milano: Mondadori, 1982.

_____. *Segunda consideração intempestiva*: da utilidade e desvantagem da história para a vida. Rio de Janeiro: Relume Dumará, 2003.

NORA, P. (Org.). *Les lieux de mémoire*. Paris: Gallimard, 1984-1986. 3v.

NUNES, B. Experiências do tempo. In: NOVAES, A. (Org.). *Tempo e história*. São Paulo: Companhia das Letras, 1992. p.133.

O'GORMAN, E. *La invención de América*. 2.ed. México: Fundo de Cultura Económica, 1984. [Ed. bras.: *A invenção da América*. São Paulo: Editora Unesp, 1992.]

OLIVEIRA, F. de. O medievalismo de Bandeira: a eterna elegia. In: BRAYNER, S. (Org.). *Manuel Bandeira*. Rio de Janeiro: Brasília: Civilização Brasileira; INL, 1980. p.241-247. (Coleção Fortuna Crítica, 5).

PEDROSA, C. *Antonio Candido*: a palavra empenhada. São Paulo: Edusp, 1994.

PENNA, J. O. de M. *Utopia brasileira*. Belo Horizonte: Itatiaia, 1988.

PENNAFORT, O. de. Marginália à poética de Manuel Bandeira. In: BRAYNER, S. (Org.). *Manuel Bandeira*. Rio de Janeiro: Brasília: Civilização Brasileira; INL, 1980. p.108-111. (Coleção Fortuna Crítica, 5).

PESAVENTO, S. J. *O imaginário da cidade*: visões literárias do urbano. Porto Alegre: UFRGS, 1999.

PESSOA, F. *Poemas de Álvaro de Campos*. Org. por Cleonice Berardinelli. Lisboa: Imprensa Nacional; Casa da Moeda, 1990.

PINCHERLE, M. C. *La città sincopata*: poesia e identità culturale nella San Paolo degli anni venti. Roma: Bulzoni, 1999.

PIZZORUSSO, V. B. Uno spettacolo per il re: l'infanzia di Adamo nella carta di Pero Vaz de Caminha. *Quaderni Portoghesi*, Pisa, n.4, p.49-81, 1978.

PONTIERO, G. A expressão da ironia em *Libertinagem*, de Manuel Bandeira. In: BRAYNER, S. (Org.). *Manuel Bandeira*. Rio de Janeiro: Brasília: Civilização Brasileira; INL, 1980. p.267-278. (Coleção Fortuna Crítica, 5).

PRADO, A. A. Entrevista. *Teresa: Revista de Literatura Brasileira*, São Paulo, n.1, p.132, 1. sem. 2000.

RABELAIS, F. *Oeuvres complètes*. Paris: Seuil, 1973.

RADIN, P.; JUNG, C. G.; KERÉNYI, K. *Il briccone divino*. Milano: Bompiani, 1979. [Ed. orig.: *Der göttliche schelm*. Zürich: Rhein-Verlag AG, 1954.]

RAMUSIO, G. *Delle navigationi et viaggi*. Veneza 1550. Ed. moderna org. por Marica Milanesi. Torino: Einaudi, 1978.

RANGEL, A. *Inferno verde*. Prefácio de Euclides da Cunha. 4.ed. Tours: Tipografia Arrault, 1927. [1.ed.: Genova: Tipografia Bacigalupi, 1908.]

REIG, D. *Île des merveilles*: mirage, miroir, mythe. Paris: L'Harmattan, 1997. [Colloque de Cerisy, 2-12 de agosto de 1993.]

RELLA, F. *Dall'esilio*: la creazione artistica come testimonianza. Milano: Feltrinelli, 2004.

_____. *Figure del male*. Milano: Feltrinelli, 2002.

_____. *Il silenzio e le parole*: il pensiero nel tempo della crisi. Milano: Feltrinelli, 2001.

_____. *La battaglia della verità*. Milano: Feltrinelli, 1986.

_____. *Metamorfosi*. Milano: Feltrinelli, 1984.

_____. *Miti e figure del moderno*. Parma: Pratiche, 1981. [2.ed. Milano: Feltrinelli, 1993.]

_____. *Pensare per figure*: Freud, Platone, Kafka, il postumano. Roma: Fazi, 2004.

RICOEUR, P. La distance temporelle et la mort en histoire. In: DELACROIX, C.; DOSSE, F.; GARCIA, P. (Orgs.). *Historicités*. Paris: La Découverte, 2009. p.13-27.

_____. *La mémoire, l'histoire, l'oubli*. Paris: Seuil, 2000.

RILKE, R. M. *Duineser elegien*. Frankfurt am Main: Insel Verlag, 1923. [Trad. it.: *Elegie duinesi*. Torino: Einaudi, 1978.]

ROMERO, S. *História da literatura brasileira*. Rio de Janeiro: José Olympio, 1954. v.5.

ROMERO, S.; RIBEIRO, J. *Compêndio de história da literatura brasileira* (edição comemorativa). Organizada por L. A. Barreto. Rio de Janeiro: Imago, 2001.

ROSA, J. G. Cara-de-bronze. In: *Ficção completa*. Rio de Janeiro: Nova Aguilar, 1994. v.1.

_____. *Grande sertão: veredas*. 15.ed. Rio de Janeiro: José Olympio, 1982.

ROUANET, M. H. *Eternamente em berço esplêndido*: a fundação de uma literatura nacional. São Paulo: Siciliano, 1991.

ROVATTI, P. A. Elogio del pudore. In: ROVATTI, P. A.; LAGO, A. D. *Elogio del pudore*. Per un pensiero debole. Milano: Feltrinelli, 1989.

_____. Il dono dell'altro. In: FERRETI, G. (Org.). *Il codice del dono*: verità e gratuità nelle ontologie del novecento. Pisa-Roma: IEPI, 2003. p.123-132. (Atti del IX colloquio su filosofia e religione, Macerata 2002.).

SÁ, O. de. *A escritura de Clarice Lispector*. Petrópolis; Lorena: Vozes; Fatea, 1979.

SANTILLANA, G. de. *Hamlet's Mill*: an essay on myth and the frame of time. Boston: Gambit, 1969. (Escrito em colaboração com Herta von Dechend). [Trad. italiana: *Il mulino di Amleto*. Milano: Adelphi, 1983.]

_____. *Reflections on Men and Ideas*. Boston: MIT, 1968. [Trad. italiana: *Fato antico e fato moderno*. Milano: Adelphi, 1985.]

SCHWARZ, R. *Um mestre na periferia do capitalismo:* Machado de Assis. 4.ed. São Paulo: Duas Cidades; Editora 34, 2000.

SEGALEN, V. *Essai sur l'exotisme* Fata Morgana: Saint-Clément-de--Riviére, 1978.

SENNA, H. Viagem a Pasárgada. In: BRAYNER, S. (Org.). *Manuel Bandeira*. Rio de Janeiro: Brasília: Civilização Brasileira; INL, 1980. (Coleção Fortuna Crítica, 5).

SERRÃO, J. V. *História de Portugal*. Lisboa: Verbo, 1978. v.3.

SERRES, M. Géométrie de l'incommunicable: la folie. *Hermes I: La Communication*. 2.ed. Paris: Minuit, 1984. p.167-190.

_____. *Gênese*. Paris: Grasset, 1982.

_____. *Roma: il libro delle fondazioni*. Firenze: Hopeful Monster, 1991. [Ed. orig.: *Rome: le livre des fondations*. Paris: Grasset, 1986.]

SILVA, M de C. (Org.). *Homenagem a Manuel Bandeira*: 1986-1988. Niterói: Rio de Janeiro: UFF; Soc. Sousa da Silveira; Monteiro Aranha; Presença, 1989.

SLOTKIN, R. *Regeneration through Violence*: the Mythology of the American Frontier (1600-1860). 4.ed. Middletown: Wesleyan U.P., 1987.

SOUZA, E. M. de. *A pedra mágica do discurso*. Belo Horizonte: UFMG, 1988.

SOUZA, L. de M. e. *Inferno atlântico*: demonologia e colonização séculos XVI-XVIII. São Paulo: Companhia das Letras, 1993.

SOUZA, L. de M. e. *O diabo na terra de Santa Cruz*. São Paulo: Companhia das Letras, 1989.

SPERBER, S. F. *Guimarães Rosa:* signo e sentimento. São Paulo: Ática, 1982.

STADEN, H. *Wahrftige historia*. Marburg, 1557. [Trad. bras.: *Duas viagens ao Brasil*. Belo Horizonte: Itatiaia, 1974.]

STARLING, H. *Lembranças do Brasil*: teoria, política, história e ficção em *Grande sertão: veredas*. Rio de Janeiro: Revan; UCAM; IUPERJ, 1999.

STAROBINSKI, J. *A piene mani*: dono fastoso e dono perverso. Torino: Einaudi, 1999. [Ed. orig.: *Largesse*. Paris: Editions de la Réunion des Musées Nationaux, 1994.]

_____. *L'occhio vivente*. Torino: Einaudi, 1975. [Ed. orig.: *L'Oeil vivant*. Paris: Gallimard, 1961.]

_____. *Les mots sous les mots*: les anagrammes de Ferdinand de Saussure. Paris: Gallimard, 1971.

_____. *Ritratto dell'artista da saltimbanco*. Torino: Boringhieri, 1984. [Ed. orig.: *Portrait de l'artiste en saltimbanque*. Genève: Skira, 1970.]

STEINER, G. *Le Antigoni*. Milano: Garzanti, 1990.

SURDICH, F. *Verso il nuovo mondo*: l'immaginario europeo e la scoperta dell'America. 2.ed. Firenze: Giunti, 2002.

SÜSSEKIND, F. O escritor como genealogista. In: PIZARRO, A. (Org.). *América Latina*: palavra, literatura e cultura. São Paulo: Campinas: Memorial; Unicamp, 1994. v.2. p.451-485.

_____. *O Brasil não é longe daqui*: o narrador, a viagem. São Paulo: Companhia das Letras, 1990.

TELES, G. M. Os limites da intertextualidade. In: TELES, G. M. *Retórica do silêncio I*. 2.ed. Rio de Janeiro: José Olympio, 1989.

TODOROV, T. *La conquista dell'America*. Torino: Einaudi, 1984. [Ed. orig.: *La conquête de l'Amérique*: la question de l'autre. Paris: Seuil, 1982.]

_____. *Nous et les autres*: la réflexion française sur la diversité humaine. Paris: Seuil, 1989.

UNALI, A. *La carta do achamento di Pero Vaz de Caminha*. Milano: Cisalpino-Goliardica, 1984.

VARNHAGEN, F. A. de. *Crônica do descobrimento do Brasil*. 1840.

VECCHI, R. Ratos cordiais e raízes daninhas: formas da formação. In: PESAVENTO, S. J. (Org.). *Leituras cruzadas*. Porto Alegre: UFRGS, 2000.

VERÍSSIMO, J. *História da literatura brasileira*. Brasília: UnB, 1981 [1.ed.: 1916].

VEYNE, P. *Comment on écrit l'histoire*. 2.ed. Paris: Seuil, 1996.

VIRNO, P. *Il ricordo del presente*: saggio sul tempo storico. Torino: Bollati Boringhieri, 1999.

WALDENFELS, B. *Fenomenologia dell'estraneità*. Napoli: Vivarium, 2002.

WEINRICH, H. *Lete*: arte e critica dell'oblio. Bologna: Il Mulino, 1997. [Ed. orig.: *Lethe*: kunst und kritik des vergessens. München: Beck, 1997.]

WHITE, H. *Metahistory*: the historical Imagination in Nineteenth-Century Europe. Baltimore: Johns Hopkins UP, 1973.

ZAGANELLI, G. Introduzione. In: *La lettera del Prete Gianni*. Parma: Pratiche, 1990. p.7-44.

ZILBERMAN, R.; MOREIRA, M. E. *O berço do cânone*. Porto Alegre: Mercado Aberto, 1998.

ŽIŽEK, S. *Benvenuti nel deserto del reale*: cinque saggi sull'11 settembre e date simili. Roma: Meltemi, 2002. [Ed. orig.: *Welcome to the Desert of the Real: Five Essays on September 11 and Related Dates*. London: New York: Verso, 2002.]

ZUMTHOR, P. *La mesure du monde*. Paris: Seuil, 1993.

SOBRE O LIVRO

Formato: 14 x 21 cm
Mancha: 27,5 x 49 paicas
Tipologia: Iowan Old Style 10/14
Papel: Off-set 75 g/m² (miolo)
Cartão Supremo 250 g/m² (capa)
1ª *edição:* 2013

EQUIPE DE REALIZAÇÃO

Capa
Igor Daurício

Edição de texto
Ligia Gurgel (Copidesque)
Vivian Miwa Matsushita (Revisão)

Editoração Eletrônica
Sergio Gzeschnik (Diagramação)

Assistência Editorial
Alberto Bononi

GRÁFICA PAYM
Tel. (11) 4392-3344
paym@terra.com.br